2017年度国家民委后期资助项目

中国土司学导论

李良品 著

中国社会科学出版社

图书在版编目（CIP）数据

中国土司学导论／李良品著．—北京：中国社会科学出版社，2017.9

ISBN 978－7－5203－1083－3

Ⅰ.①中… Ⅱ.①李… Ⅲ.①土司制度—研究—中国 Ⅳ.①D691.4

中国版本图书馆 CIP 数据核字(2017)第 236545 号

出 版 人　赵剑英
责任编辑　孔继萍
责任校对　赵雪姣
责任印制　李寡寡

出　　版　中国社会科学出版社
社　　址　北京鼓楼西大街甲 158 号
邮　　编　100720
网　　址　http://www.csspw.cn
发 行 部　010－84083685
门 市 部　010－84029450
经　　销　新华书店及其他书店

印　　刷　北京明恒达印务有限公司
装　　订　廊坊市广阳区广增装订厂
版　　次　2017 年 9 月第 1 版
印　　次　2017 年 9 月第 1 次印刷

开　　本　710×1000　1/16
印　　张　28.25
插　　页　2
字　　数　462 千字
定　　价　118.00 元

目　录

自　序

中国土司研究已经走过110年的历程，“土司学”的提出也已快10年了，但至今尚无“中国土司学”方面的专著，这无疑是时代之憾。习近平总书记于2016年5月17日在哲学社会科学工作座谈会上发表重要讲话时说：“这是一个需要理论而且一定能够产生理论的时代，也是一个需要思想而且一定能够产生思想的时代。”① 同时，他要求我国广大的哲学社会科学工作者继承古代知识分子“为天地立心，为生民立命，为往圣继绝学，为万世开太平”的优良传统，立时代之潮头、通古今之变化、发思想之先声。这是对当今哲学社会科学工作者的极大鼓励。本书既不是“为往圣继绝学”的旷世名作，也不是“通古今变化”的“扛鼎之作”，而只是“中国土司学”发先声之作。古人云：“始生之物，其形必丑。”《中国土司学导论》一书虽丑陋无比，但它毕竟是旷古“始生”，我们有理由相信，本书一定会对我国“土司学”建构以及土司研究起借鉴或指导作用。

一　“中国土司学”的时代内涵

元明清时期西南地区土司与西南边疆的形成密切相关，特别是与元明清两代云南、广西两省边地土司的归附与离析紧密相关。翻检历史文献，我们就会清楚地发现，元明清中央王朝对边疆土司地区的治理策略、治理能力往往随着国力的盛衰而改变。当国力强盛时，中央王朝会进一

① 习近平：《在哲学社会科学工作座谈会上的讲话》，《人民日报》2016年5月19日。

步加强对边疆土司的管控和治理；当国力衰退时，中央王朝对边疆土司的管控和治理就会有所放松。云南和广西的边地土司也随着明清中央王朝的国力盛衰，时而归附，时而离析，这也导致明清时期西南地区的疆域时而外扩，时而内缩。当清朝政府的藩属体系逐渐消失之后，英国和法国逐步占领了缅甸和越南，西方殖民主义者逐渐将云南西南部、广西南部边外土司区域纳入其殖民统治范围之内，并通过界务条款以制度化的形式予以固化。当今缅北地区经常出现动荡和各自为政的现象，其根源在于元明清时期的土司制度以及云南的边地土司或边外土司。“中国土司学”的构建，其重要作用在于总结元明清中央王朝的治边策略和历史经验教训，这对国家治理边疆地区和民族地区具有重要的理论价值。可以说，《中国土司学导论》始终以国家治理为主线，探讨元明清中央王朝在国家治理下逐渐实现国家统一与地方自治的地方行政管理制度，特别是“齐政修教”“因俗而治”“以夷治夷”“土司地理分布”等章节能够为当前在民族地区、边疆地区推进国家治理现代化提供有益借鉴和智力支持。因此，本书具有鲜明的时代内涵。

二　“中国土司学”的学科主体

“中国土司学”虽是一门新兴的综合性学科，但有望成为一门“显学”。就目前看，在国家学位办制定的学科名录中，“土司学”或“中国土司学”并没有成为一门独立的专学。“中国土司学”不是一门学科，但它应该像红学、科举学、敦煌学等类似的社会科学中的一门专门学科[①]，也可以说“中国土司学”是以我国历史上存在的土司制度及其运作的历史为研究对象的一个专门研究领域。[②]鉴于此，著者认为，“中国土司学”是以“齐政修教”“因俗而治”“以夷治夷”“天下一统”为理论基础，以土司及实施土司制度相关的思想、事实、制度、行政等为研究对象，以土司制度、土司问题、土司现象、土司文化等为主要

---

① 成臻铭：《论土司与土司学——兼及土司文化及其研究价值》，《青海民族研究》2010年第1期。

② 李世愉：《关于构建“土司学”的几个问题》，《云南师范大学学报》2011年第2期。

研究内容，以历史学、民族学、政治学、社会学、管理学、经济学、军事学、法学等多学科理论及研究方法相融合的专门研究领域（或一门专学）。[①] 从国内外大局出发，构建具有中国特色的“中国土司学”学科体系，对推动民族地区、边疆地区的社会稳定、科学发展具有重要的现实意义。

自 2010 年以来，全国哲学社会科学规划办公室对土司和改土归流等内容立项资助的重大项目、重点项目、一般项目、青年项目和西部项目计 23 项，这些项主要集中于土司制度、土司的政治文化、土司的调适与族群认同、土司的国家认同等方面，尤其是 2016 年的一些项目已聚焦于土司制度与多维治理（即国家治理、边疆治理、地方治理、社会治理、乡村治理、土司区治理）等方面。应该说，社会科学工作者们抓住了“中国土司学”建构中的最核心的要素——“国家治理”这个主旨，其内容包括两个方面：一是土司制度与元明清中央政府治理民族地区、治理边疆地区，地方的朝廷命官治理土司和与土司共同治理土司地区，这里涉及国家治理的政策、方略、措施、结果、得失及影响；二是在“家国同构”格局下的另一类朝廷命官——土司治理土司辖区——民族地区、边疆地区以及自身家族，这同样涉及土司治理策略、方式、手段、措施、结果、得失及影响等内容。总结元明清时期中央政府治理边疆地区和民族地区的历史经验，用“治国先治边”的治国理政观分析强边固防出现的新情况、新问题、新变化，把握边疆地区和民族地区的现实问题，有助于建构中国土司学的学科体系。

三　“中国土司学”的学科体系

学科是知识的分类，“中国土司学”的构建对象和研究内容是由组成这门专学的知识元素的相互联系所组成的。“中国土司学”的架构体系包括学术概念、国家治理理念、多学科视野以及中国土司学的研究对象、理论体系、研究内容、基本路径、研究方法、注意的问题等知识元素，由“国家治理”这一理念纽带串联组合，在理论创新的基础上，初步形

---

① 李良品：《构建“土司学”的几点思考》，《青海民族研究》2014 年第 2 期。

成《中国土司学导论》的架构体系。通过本书的出版，如能促进“土司学”或“中国土司学”列入历史学下面的二级学科名录或民族史学的一个专门研究方向，搭建中国土司研究的学科平台，这将是一件功在当代、利在千秋的事业。这不仅能够填补历史学的学科空白，而且有利于促进中国史、民族史、边疆史研究的深入发展，有利于推进民族地区、边疆地区的社会发展与建设。这是因为“中国土司学”事关国家的西部发展战略、外事战略、西南边疆国防战略。因此，“中国土司学”是以中国土司为研究对象，以土司、土司制度、土司问题、土司现象、土司文化等为主要研究内容的学术理论与实践应用相结合的专学，也是新兴的社会综合研究领域，具有理论性、实践性和综合性。从一门专学或专门研究领域的角度来讲，所谓“导论”就是用较为概括的语言来论述这一门专学或专门研究领域的最基本的和整体的思想、研究对象、主要内容、基本路径、研究方法等，从而指导读者对该专业学科或专门研究领域有较为整体的把握，指导土司研究的专家学者对土司制度、土司问题、土司现象和土司文化等方面的研究有较为系统的理解。

四　“中国土司学”的学术创新

学术创新是一部学术专著的灵魂，如果没有学术创新，专著就失去了灵魂。《中国土司学导论》以“导论”的形式，以“国家治理”为学科建构理念，以中国土司为研究对象，以土司制度历程、土司地理分布、土司权力运行、土司职官、边地土司、土司规建、土司地区经济、土司军事、土司教育、土司地区习俗、土司人物、土司文史等为主要研究内容，突出了解土司制度历史、掌握国家治理理论、总结国家治理经验、加强民族地区和边疆地区建设、实现国家长治久安的学术思想，使本书具有鲜明的学术性。中国土司制度是一种“齐政修教”“因俗而治”的政治制度，是元明清中央王朝在国家治理观念下逐渐实现国家统一与地方自治的地方行政管理制度。元明清时期土司的地理分布虽然呈现出民族性、边缘性、差异性和阶段性等特点，但实质上是元明清中央政府的政治行为在地理空间上的表现形式，与帝国边陲的边地治理、王朝权力的国家治理和近代国家的边疆治理等因素密切相关。元明清中央政府在对

“中心”区域和“边地”“边疆”地区的治理上，无论政略还是战略也都有所区别。因此，以“国家治理”为本书主旨，是抓住了“中国土司学”构建的核心和根本内容。构建“中国土司学”不仅在于促进土司制度、土司文化、土司现象等方面的研究走向深入和系统，使土司制度、土司文化、土司现象等研究综合化和理论化，而且在于提高和丰富土司研究者对元明清时期土司制度及土司现象的认识和理解，为当前在民族地区推进国家治理现代化以及民族区域自治提供有益借鉴与智力支持。这对构建“中国土司学”、深化土司制度与土司文化研究、加强国家治理研究均具有创新价值。

作为综合性很强的“中国土司学”，其研究方法可以多种多样，关键问题是要找准突破口。本书以“导论”的形式呈现给读者，对“中国土司学”的丰富内容进行系统表述，就能发挥提纲挈领的作用，使读者一目了然。建构“中国土司学”和研究元明清时期的土司问题，必须与国家治理的基本理论相结合，否则，诸多问题会使研究者无所适从。“国家治理”是元明清中央政府在西南、中南、西北少数民族地区实施土司制度的主要目标，当然，在实现这一目标时是从模糊到清晰的过程。因此，建构“中国土司学”和研究中国土司问题抓住了“国家治理”这个纲，就能对土司问题和“中国土司学”的相关内容和知识要素系统化。在元明清600余年的历史长河中，虽然各朝各代对民族地区、边疆地区施政的政策和方式不尽相同，但无不体现当时统治阶级的意志和国家治理的目标任务。为此，本书“土司地理分布”一节中突出了两个中心与两个边缘的关系。在元明清历史发展进程中，相对于中央王朝的政治中心以及处于内地的地域中心而言，土司地区无疑是处于帝国边陲。元明清时期实施土司制度实际上是中央王朝“天下观”的“中心”与“边缘”结构问题的实践。相对于中央王朝的“中心”而言，土司地区大多是“边缘”。作为国家政权在边地的“正统”代理人，土司政权机构、土司衙署又成为土司地区的“中心”，土民的聚居地相对于土司衙署，又成了“边缘”，这就形成了土司再造“中心”与“边缘”的政治格局。这就是研究土司问题的“中心”与“边缘”观，这不仅使错综复杂的土司问题得到梳理，而且使“中国土司学”建构和表述更具系统性和学科化，这是《中国土司学导论》在研究方法上的创新之处。

众所周知，中国和平崛起的过程并非一帆风顺的，一些国际敌对势力“西化”“分化”我国的战略图谋以及国内分裂势力对这一图谋的内外呼应，都为我国和平崛起带来诸多的障碍。基于此，本书以“国家治理”作为主旨，对我国土司研究中出现的“泛化”“美化”“扩大化”“碎片化”以及“西方理论中国化”的问题有所涉及，主要在于提醒土司研究学者的高度警觉。“中国土司学”作为一门从多学科角度对我国土司制度与土司文化等开展综合性研究的新兴、边缘和交叉学科，必须提高和丰富我们对元明清时期土司制度及土司现象的认识和理解，探讨土司制度形成、发展及消亡的规律，并为今天的民族区域自治提供历史借鉴，以促进民族地区、边疆地区与中心区域的联动发展以及和谐稳定，确保西南边疆与周边邻国的和谐相处。本书无论是从学术理论构建还是实践应用指导上看，对土司研究的专家学者都是有益的。

是为序。

李良品

绪　论

“土司学”作为一门专学名词在学术界出现后的几年时间里，虽然呼应者寥若晨星，但“土司学”的探讨还将持续下去。鉴于土司制度是我国特有的历史文化现象，著者认为，使用“中国土司学”更为恰切。构建“中国土司学”是全国土司研究者肩负的一项历史重任。套用马大正先生的话说：创立一门以探求中国土司制度与土司文化为目的新兴、边缘和交叉学科——“中国土司学”，这就是中国土司研究工作者的历史使命![1]

一　中国土司学的学术史回顾

土司制度在我国西南、中南和西北民族地区前后延续了近七百年，留下了大量的土司研究史料和土司文化遗址，也因此掀起了中国土司研究的热潮。自1908年云生发表论文《云南之土司》以来，中国土司研究已走过整整一个世纪的学术历程，历经数百名专家学者的不断探索、推陈出新，并在土司制度探究、土司文化探讨、土司实物考证、土司遗址发掘以及土司遗产保护利用等方面取得丰硕成果和显著成就。自2009年由成臻铭教授提出“土司学”概念以来，土司学研究不仅为湖南、湖北、贵州三省三地成功申报世界文化遗产做出了巨大贡献，而且还大大推动

① 马大正、刘逖：《二十世纪的中国边疆研究——一门发展中的边缘学科的演进历程》，黑龙江教育出版社1997年版，第83页。

了中国土司学的建构与发展。[①]

（一）中国土司学构建的历程

任何新概念的提出，都不能是无根之木、无源之水，土司学这一专学概念是我国百余年土司研究的硕果，有着漫长的发展历程。

1. 中国土司学概念的正式提出

2009 年成臻铭先生在广西来宾市忻城县举办的“全国土司文化研讨会”上首次提出“土司学”概念，从而开启了我国“土司学”从无到有的学术发展史研究历程。而后，成臻铭先生在接受采访时谈道：“土司学不是一门学科，它像红学、科举学、敦煌学、甲骨学、徽学等一样，是社会科学中的一门专门学，是研究土司现象以及发展规律的专门学。土司学的研究对象，是土司、土司制度、土司文化和土司现象。”[②] 成臻铭先生这一“土司学”定义，不仅从学术层面论证了“土司学”的核心概念和研究对象，而且从学科层面定位了“土司学”的专学属性。2010 年，成先生发表论文《论土司与土司学——兼及土司文化及其研究价值》，总结之前的论证成果，正式将“土司学”从概念探究上升到学术研究之中，并就土司学的历史发展、土司学的研究对象、土司学的研究主题与主要内容、土司学的核心层面、土司学的现代意识等内容一一论述，深入探讨。[③]

2. 中国土司学的近期研究

2011 年，成臻铭先生从 1958 年江应樑发表的《明代云南境内的土司与土官》一文算起，对近 54 年的明代土司研究进行分析和整理，发表了系列论文：《五十四年来明代土司研究取得的成绩》（《广西民族师范学院学报》2011 年第 2 期）、《五十四年来明代土司研究存在的问题及对策》（《广西民族师范学院学报》2011 年第 4 期），旨在通过对这 54 年明代

---

① 廖佳玲、谭清宣：《中国土司学的研究历程、内容及理论构建》，《西北民族大学学报》2016 年第 2 期。

② 杨天波：《土司学：类似红学的专门学——访吉首大学中国土司历史文化研究中心主任成臻铭》，《中国社会科学报》2010 年 12 月 21 日。

③ 成臻铭：《论土司与土司学——兼及土司文化及其研究价值》，《青海民族研究》2010 年第 1 期。

土司研究的成效、现状及不足进行系统梳理，以此论证土司学研究的已有基础。

2012 年至 2014 年，成臻铭先生又以 1908 年云生发表《云南之土司》算起，对我国百余年的土司研究历程进行了分期与总结，发表了系列论文，他在《时势造学：土司残留时期的中国土司学——1908—1959 年土司研究理论与方法探源》中认为，1908—1959 年土司残留时期，土司学本体胚胎结构已经形成，多学科介入趋势明显，立足于“东北—西南弧线形”土司文化残留带之上的土司学在该时期尤其是抗日战争时期，具有强烈的现代意识。① 成臻铭在《1960—1999 年土司研究理论与方法演进轨迹》中认为，1960—1999 年，中国土司学以惊人的速度发展，呈现了前为“浪谷”后为“波峰”的发展状态。此间，土司学的研究对象初步明确，研究主题逐步明朗，研究内容日益丰富，凝集成了历史学本位的政治学和民族学核心层面，依托于现行的民族区域自治政治的土司学，具有较强的现代意识，体现了为民族自治政治服务的功能。② 成臻铭在《新世纪十三年内的中国土司学——2000—2012 年土司研究的理论与方法论的取向》中认为，新世纪 13 年内，中国土司研究成果总量超过以前任何同一时段，来势迅猛。一些新视野、新概念的频频出现，反映了中国土司学界正在酝酿着一场前所未有的学术转型。尽管土官、土官衙门、土司等词出现的语境尚未完全澄清，但 13 年的研究已初步展示了有关土职和土官衙门的历史图景。土职、土司政府、土司区、土司关系和土司制度等五大研究主题的精细化，为最终介入土司区域社会总体史研究打下了基础。中国土司学构建经过长达 90 年的前期积淀，在 13 年内业已形成有政治学、历史学、社会学等 18 个学科门类介入的格局，它们略呈五个梯次聚焦于土司。学科聚焦后的针对土司的历史与现实影响力、土司文化的再利用和土司制度文化的现当代启示的研究，将为中国国家与社

---

① 成臻铭：《时势造学：土司残留时期的中国土司学——1908—1959 年土司研究理论与方法探源》，《青海民族研究》2012 年第 1 期。

② 成臻铭：《1960—1999 年土司研究理论与方法演进轨迹》，《广西民族大学学报》2012 年第 6 期。

会的稳定与发展提供更多的借鉴。[①] 这是分阶段对百余年的土司研究成果进行详细的分类、细致的统计和全面的梳理，进而实现对土司学研究历程的全面把握。

“土司”是历史学、民族学等学科众多学者的重要研究对象，随着土司文化的保护、开发利用、“中国土司学”的理论构建以及中国土司遗址成功入选世界文化遗产，土司研究渐成学术热点，有成为“显学”的趋势。在2015年和2016年的“土司学”理论构建研究中，不仅成臻铭的土司学基本概念和提法得到了土司学界的进一步认可，而且在李世愉、成臻铭、李良品等一大批专家学者的呼吁和推动下，“中国土司学”基本理论和方法研究也走向深入和系统，更加综合化和理论化。其中，戴晋新、李世愉、龚荫、彭武麟、李良品、邹建达、陈季君、彭福荣、岳小国、葛政委、贺祥明、张万东、谭清宣、廖佳玲等一大批专家学者继续就“土司学”的基本理论与方法研究着力甚多。

与此同时，著者于2011年发表论文《中国土司研究百年学术史回顾》（《贵州民族研究》2011年第4期），总结中国土司研究百余年的学术历程，结合成臻铭先生将中国土司百余年土司研究分为了启蒙期（1908—1949年）、低迷期（1950—1979年）、快速发展期（1980—1998年）和鼎盛期（1999—2010年）的四分法，对学界目前已有的土司研究成果和相关研究内容予以全面梳理。[②] 2015年，著者整理出版了4部土司研究年度报告，即《中国土司制度与土司文化研究发展报告（1908—2012）》（群言出版社2015年12月）、《中国土司制度与土司文化研究年度发展报告（2013）》（宁夏人民出版社2015年1月）、《中国土司制度与土司文化研究发展报告（2014）》（群言出版社2015年12月）、《中国土司制度与土司文化研究发展报告（2015）》（九州出版社2016年9月），通过年度报告的形式，对土司研究现状进行学术归类和系统梳理，以呈现土司学研究的现状与水平。

此外，不少学者还围绕近年来的六次土司制度与土司文化研讨会成

---

① 成臻铭：《新世纪十三年内的中国土司学——2000—2012年土司研究的理论与方法论的取向》，《青海民族研究》2014年第2期。

② 李良品：《中国土司研究百年学术史回顾》，《贵州民族研究》2011年第4期。

果开展研究，凭借撰写会议研究综述和整理会议论文集等方法，对中国土司学构建予以丰富和补充。如：成臻铭与张凯《多学科拓展土司学视野——首届“中国土司制度与民族文化”研讨会回顾与思考》（《民族论坛》2012 年第 16 期）、张永帅《第二届中国土司制度与边疆社会国际学术研讨会综述》（《中国史研究动态》2013 年第 1 期）、余仙桥《第三届“中国土司制度与土司文化暨秦良玉国际学术研讨会”综述》（《铜仁学院学报》2014 年第 3 期）、李跃平《“第四届中国土司制度与土司文化国际学术研讨会”述要》（《民族学刊》2014 年第 6 期）、唐燕飞和魏登云《土司制度与土司文化的当代思考——第五届中国土司制度与土司文化国际学术研讨会综述》（《遵义师范学院学报》2015 年第 5 期）、蓝武《年会视角下中国土司制度研究的进展近况及其多元特征探析》（《长江师范学院学报》2017 年第 1 期）等。

3. 中国土司学构建的前期铺垫

虽然“土司学”这一概念在 2009 年才正式提出，但土司学概念得以形成还应归功于如佘贻泽、凌纯声、江应樑、陈永龄、徐松石、葛赤峰、吴永章等一大批前辈学者的前期性研究，其历史贡献在成臻铭先生和著者的系列文章中多次提及和肯定。此外，尚有诸如龚荫、李世愉、方铁、游俊、邹建达、陈季君、彭福荣、刘正寅、彭武麟、苍铭、李大龙、古永继、王明东、蓝武、李小文、黄家信、马国君、秦和平、姜先杰、曾超、贾霄锋、瞿州莲、罗维庆、田敏、武沐、张生寅、张科、温春来、彭陟炎、周凌玉、齐德舜、葛政委、李莹、莫代山、胡晨、田利军、谭清宣、罗康智、冉红芳、尤佳等一大批专家学者近年来的深入探究和不懈努力。

（二）中国土司学的构建历程与现状

自 2009 年成臻铭先生提出建构“土司学”以来，“土司学”概念及其学科理论建构就得到了专家学者的不断丰富、补充和完善。在此，将从两个方面对近八年来中国土司学构建的现状进行归类整理。

1. 中国土司学构建的内容

（1）中国土司学基本概念的研究

中国土司学是中国土司研究的学科化，但作为一门新兴专门学科，中国土司学必须有科学的概念表述。目前学界对中国土司学基本概念的探究不多，且观点基本趋同，因此，本书主要以成臻铭、李世愉和李良品3位的表述为证。

成臻铭先生不仅提出了“土司学”概念，并首先对这一概念进行科学论证和表述：“这里所言之土司学，不是一门学科，但它像红学、科举学、敦煌学、甲骨学、徽学等一样是社会科学中的一门专门学，是研究土司现象以及发展规律的专门学。”① 自此，中国土司学的研究对象基本明晰，专学属性得以确立。同时，为了进一步深化对土司学概念的理解，成先生还就如何认识土司学进行了说明：“土司学含义的确定取决于人们对土司现象的看法。随着土司制度的终结以及社会科学的发展，土司学研究对象与研究领域也会不断地发生变化。”②

而后，李世愉先生基本肯定了成先生“土司学”的提法：“我们所说的‘土司学’与大家所熟悉的朱子学、红学、徽学、敦煌学、甲骨学、科举学等性质相同，是以某一具体人物、著作、文物、制度等为研究对象的专门学问或专门研究领域。……而‘土司学’与科举学一样，则以一制名学。”③ 在“土司学”的研究对象上，李先生认为：“顾名思义，‘土司学’的研究对象是‘土司’。这里的‘土司’，主要是指土司制度，或者说是土司现象、土司问题”④，“‘土司学’应是以中国历史上存在的土司制度及其运作的历史为研究对象的一个专门研究领域，或者说是以土司制度发展的历史及与其有直接关系的内容为研究对象的一门专学”⑤。

2014年，著者以成臻铭、李世愉二位先生的中国土司学基本概念表述为起点，在《构建“土司学”的几点思考》一文中提出：“‘土司学’是以‘因俗而治’‘天下一统’‘华夷一体’为理论基础，以实施土司制度相关的思想、事实、制度及行政等为研究对象，以土司、土司制度、土司问题、土司现象、土司文化等为主要研究内容，以历史学、文化人

---

① 成臻铭：《论土司与土司学——兼及土司文化及其研究价值》，《青海民族研究》2010年第1期。

② 同上。

③ 李世愉：《关于构建“土司学”的几个问题》，《云南师范大学学报》2011年第2期。

④ 同上。

⑤ 同上。

类学（民族学）、政治学、行政学、社会学、行为学、经济学、法学等多学科理论及研究方法相融合的专门研究领域（或一门专学）。”[①] 这里肯定了土司学的专学属性，凝练了土司学的学科理论。

除了成臻铭先生《再论土司学的对象与研究方法》、李世愉先生《关于构建“土司学”的几个问题》、著者《构建“土司学”的几点思考》《中国土司制度与土司文化研究应注意的八个问题》《深化土司研究的突破点》《土司研究者的社会重任：构建“中国土司学”》等论文就土司学基本概念进行表述外，马大正《深化中国土司制度研究的几个问题》、毛佩琦《关于土司研究的几点思考》、邹育《分析土司结构与改革和土司学的研究意义》等也就土司学的基本概念进行了论述和补充，进一步丰富了土司学的学科内涵。

特别是李世愉先生在《深化土司研究的几点思考》一文中针对土司遗址申遗成功，提出了未来土司研究有三个问题应引起研究者的关注：一是要重视制度层面的研究，因为没有对制度层面的研究，其他方面的研究往往难以深入；二是要规范使用土司制度中的基本概念；三是要纠正研究中的偏差，避免对土司制度的美化和泛化。[②] 这无疑是给土司研究学界指明了前进的方向。

（2）中国土司学主要内容的探讨

土司学是以“土司”“土司活动”“土司文化”、土司现象或土司形态等为研究对象的专学。[③] 作为一门专学，其研究内容独特且丰富，主要包括土司制度、土司文化、改土归流、土司遗产保护以及伴随土司遗址申报世界文化遗产而备受重视的申遗地研究等。

第一，土司制度研究。土司制度研究是中国土司研究的传统领域和主要探究对象，同时也是中国土司学构建的核心，是支持土司学理论研究和学科构建研究的起点。土司制度研究包括土司制度基本史实研究，土司制度历史地位及其土司制度评价研究，土司制度与政治、经济、军

---

① 李良品：《构建“土司学”的几点思考》，《青海民族研究》2014 年第 2 期。

② 李世愉：《深化土司研究的几点思考》，《辽宁大学学报》2015 年第 4 期。

③ 成臻铭：《论土司与土司学——兼及土司文化及其研究价值》，《青海民族研究》2010 年第 1 期。

事、文化、社会等相关内容研究，土司制度与国家权力、国家治理、国家认同以及土司制度与地方治理、区域社会与民族关系等关系研究。近六年来，中国土司制度研究得到了进一步的深化和拓展，如龚荫先生结合自身五十余年土司制度研究的经验，提出继续深入研究：一是土司制度的重大意义；二是历代土司的重要奉献；三是土司制度如何“古为今用”等问题。[①] 李世愉在《深化土司研究的几点思考》中提出：必须“重视制度层面的研究，规范土司制度中土官、土司、土职、土牟、土目、土舍等基本概念的使用，纠正土司制度研究的美化和泛化偏差等观点”[②]。著者在《“土官”与“土司”概念之再辨》文中提出：“从‘土官’与‘土司’的概念来看，他们在指称官员（或人）之时，基本内容是相同的，但‘土司’却增加了指称政权机构或衙门的内涵。故二者在有的情况下可以相通互用，在有的情况下是不能通用。具体区分主要从世袭地方官和土司政权机构（衙门）各自的诸多要素予以分辨。”[③] 对二者的概念分辨有一定作用。李思睿《播州杨氏土司军事关隘的设置与海龙屯的管理》（《贵州民族研究》2014 年第 3 期）、赵秀丽《明清时期容美土司与朝廷交往策略研究——以武陵地区为例》（《广西民族师范学院学报》2014 年第 5 期）、贾霄锋《明清时期藏区土司地区政治体制模式研究——以土流参治为核心》（《青海民族研究》2011 年第 2 期）等论文则是土司制度与军事、土司制度与国家治理、土司制度与地方社会等研究的典型。

第二，土司文化研究。土司文化是反映土司制度与土司社会最为生动的镜子，也是中国土司学构建必不可少的部分，是土司学学科得以独立、土司学理论研究得以完善的重要凭借。在以往土司文化的研究中，学界对土司文化关注不够，多隐藏于土司制度研究与土司地区民族研究之中。2009 年以来，研究土司文化的文章明显增多，且内容丰富、地域突出、视角多元。如内容上涉及土司文化教育、土司文化遗产、土司地区民族文化、土司文化旅游、文化生态环境以及土司体育文化、音乐文

① 龚荫：《关于土司制度研究问题》，《西南民族大学学报》2015 年第 3 期。

② 李世愉：《深化土司研究的几点思考》，《辽宁大学学报》2015 年第 4 期。

③ 李良品：《“土官”与“土司”概念之再辨》，《广西师范学院学报》2016 年第 5 期。

化、建筑文化和土司文学等；地域上涵盖西南、西北、中南多个省市的众多土司；研究视角实现了单一的文学研究到经济学、旅游学、人类学、民族学等多元视角拓展。比较典型的研究有：余继平与董顺伟《忻城莫土司建筑艺术及文化内涵》（《文艺争鸣》2010 年第 2 期）、李莹、李雨衡《“土司体育文化”研究综述》［《搏击（武术科学）》2014 年第 3 期］、彭福荣《试论土司文学的特征》（《西南民族大学学报》2010 年第 9 期）等。

第三，改土归流研究。改土归流研究是百余年土司研究中继土司制度制度之后，最受学者关注且研究数量最多的部分，也是未来中国土司研究的重点。改土归流研究的内容主要包括改土归流的原因、政策、举措、影响及评价研究，改土归流后的制度调整、政治部署、文化变迁、社会调适研究以及改土归流与国家治理、地方治理、社会重构等的关系研究。近六年的改土归流研究，在原有评论改土归流事件与功过的基础上进一步拓展，地域性、个案化研究更加明显，实地考察研究方法与对比研究思路的运用更加突出；如刘志伟《浅议雍正时期西南地区改土归流与地名更易》（《中国地名》2010 年第 2 期）、吴晓蓉《明清时期对乌撒地区改土归流和土司制度之探究》（《农业考古》2011 年第 1 期）、马国君《论清前期漠西蒙古入藏与西南边疆“改土归流”的关系——以康区的“改土归流”为视野》（《思想战线》2011 年第 2 期）、瞿州莲《改土归流后移民家族的建构及其意义——以湖南永顺县青龙村林氏为例》（《广西民族大学学报》2011 年第 2 期）、李红香《论土司地区贡赋变化对农业生产结构的影响——以播州土司改土归流前后为视野》（《遵义师范学院学报》2015 年第 1 期）等。

第四，土司遗产保护与申遗地研究。土司遗产保护与申遗地研究是近年来中国土司学构建的热点，从计划申报世界文化遗产开始，土司遗产保护与申遗地研究就自觉向地域明确、主题鲜明的实用性研究靠近。在具体研究中，土司遗产保护更加切合土司地区旅游经济的开发和文物保护单位共建研究的探究，如钟金贵《播州土司文化遗产的保护与开发研究》（《沧桑》2011 年第 6 期）、葛政委《土司文化遗产的价值凝练与表达》（《长江师范学院学报》2014 年第 5 期）、罗维庆《桑植土司文化遗产的利用与开发》（《民族论坛》2011 年第 3 期）等。而围绕湖南永顺老司城遗址、湖北唐崖土司遗址以及遵义海龙屯土司遗址联合申报世界文化遗产前、中、后展开的申遗地研究则呈现出如下三大特点：一是更加注重湖南、湖北、贵州三地土司遗址的特色打造，如永顺老司城的辉煌历史、咸丰唐亚土司衙署的建筑艺术和遵义海龙屯遗址的军事价值。郭伟民与柴焕波等《五溪之巨镇　万里之边城　老司城六百年辉煌》(《中国文化遗产 》2014 年第 6 期)、李德喜与康予虎《咸丰唐崖土司城衙署区建筑遗址复原初探》(《三峡论坛》2014 年第 4 期)、李飞《海龙囤　考古揭示的土司军事遗址》(《中国文化遗产》2014 年第 6 期)。二是积极关注申报世界文化遗产的具体要求，成臻铭《土司学面对申报世界遗产的研究取向》(《民族学刊》2014 年第 1 期)、李晓林《土司遗址跻身中国第 48 处世界文化遗产》(《中国民族》2015 年第 7 期)。三是开始反思世界文化遗产申报的利弊得失，如《论我国土司遗产的申报与保护——以永顺、唐崖、播州三土司城遗址联合申报为例》(《民族论坛》2014 年第 11 期)、汤强松《申报世界文化遗产为唐崖土司城址带来了什么》(《中国文化遗产》2014 年第 6 期) 等。

当然，中国土司学构建的主要内容远不止上述，所涉及的相关问题和研究事例也远不止这些。事实上，据不完全统计，近八年已发表的中国土司研究的学术论文多达千余篇，其探究的主题、研究的内容远非上述几个方面所能穷尽。

2. 中国土司学理论建构研究

中国土司学的理论建构是中国土司研究从问题研究向专学体系完善的重要标志，其实质是中国土司研究从单一走向综合，从稚嫩走向成熟。中国土司学的理论建构研究，按照李世愉先生的看法，目前学界有构建“土司学”的美好愿望和基本条件，但离真正建立“土司学”还有很长的路要走，“土司学”的构建，不可能一蹴而就，需要有一个逐步得到学术界广泛认同的过程。[①]

(1) 中国土司学学科理论建构研究

目前学界关于土司学学科理论构建研究的研讨较多，除成臻铭先生上述系列文章的系统梳理外，主要以李世愉、毛佩琦、邹建达、方铁等学者

---

① 李世愉：《关于构建“土司学”的几个问题》，《云南师范大学学报》2011 年第 2 期。

的研究为主，集中体现在土司学学科建构研究，土司学史料运用研究以及土司学与国家治理、国家权力、国家认同等相关内容的关系研究上。

第一，土司学的学科构建研究。土司学要以一门专学属性呈现，必须具备独立学科的学术价值。“中国土司学”学科构建还处于起步阶段，基本条件虽已具备，但不够成熟，仍有不少问题值得注意。一是在土司学学科构建的方法上，毛佩琦先生提倡扩大史料来源，强调社会调查；打通时代、打通区域（民族）、打通学科分界；解剖土司个案研究与深化土司宏观整合等方法。[①] 二是在构建土司学应注意的问题上，除毛先生提出的在研究中不强求统一、不急于定性、不急于做结论和成立土司学研究会[②]等建议外，著者提出：“目前土司学构建中存在‘土司学’的相关概念不统一，研究对象不一致，理论体系不健全，研究方法不全面等问题。”[③] 土司学研究者还应围绕“土司学”构建走向理论化，史料整理注重系统化，土司研究避免扩大化[④]等建议开展研究，并予以完善。

第二，土司学史料运用研究。土司学史料运用是土司学理论研究的重要内容，也是土司学理论构建探讨较多的话题。在土司研究史料相对丰富的今天，土司学史料运用必须系统，必须在传统史料运用上进一步提升，形成更为完备的学科方法体系。在土司学史料的收集、整理方面，李世愉先生提出具体要求：“要把收集、整理有关土司史料的工作做好，各地学者也不要放弃对地方上有关土司资料的收集整理工作，如碑刻、家谱、契约文书等，乃至外国传教士记录土司地区的情况。”[⑤] 同时，针对目前学术界土司研究忽视对档案（特别是清代档案）使用的倾向，他强调：“清代档案不仅能为土司制度的研究提供第一手的资料，而且还能提供大量为其他文献所未载的珍贵史料；充分利用清代档案，会对土司制度的研究有所突破，并能纠正以往研究中的某些观点和认识。”[⑥] 而方

① 毛佩琦：《关于土司研究的几点思考》，《云南师范大学学报》2011 年第 2 期。

② 同上。

③ 李良品：《中国土司制度与土司文化研究应注意的八个问题》，《民族学刊》2015 年第 3 期。

④ 同上。

⑤ 李世愉：《深化土司研究的几点思考》，《辽宁大学学报》2015 年第 4 期。

⑥ 同上。

铁先生在提倡深入发掘、整理和研究土司制度相关史料的同时，进一步提出了研究视角与方法的多样化，充分体现采取不同视角与方法形成的优势等建议。[①] 此外，邹建达先生还结合目前土司研究中存在的研究缺乏整体性、史料的碎片化运用和土司文化碎片化研究等问题展开论述，呼吁学界关注土司研究碎片化问题，并提出应避免土司研究碎片化、史料运用碎片化等系列建议。[②]

第三，土司学与国家治理、国家权力、国家认同关系研究。土司学作为一门独立的专学，必然涉及与诸多领域的关系研究，特别是与国家层面的关系。事实上，土司学与国家治理、国家权力、国家认同等方面的关系较为复杂，又十分密切，也引起了不少学者关注，当然，其研究的重要性不需更多言明。葛政委先生以容美土司为例，对影响国家认同的因素予以分析："在地缘政治、王朝经营、文明特性、区域族群关系等因素的影响下，容美土司完成了族群社会的再造。这些影响容美土司国家认同的因素大都渗透着国家整合意识和族群主体意识，并在'国家化'的进程中不断变迁、发展和沉积，并又反过来促进了容美土司的国家认同。"[③] 彭福荣先生则反过来，运用国家认同的视角窥视土司问题，开展土司研究。通过"内化""内地化""政治一体化"和"多元一体"等形式，将国家认同根植于土司研究之中。[④] 同时又以播州土司为个案，以乌江流域为背景，探究土司国家认同的自然环境和物质基础。[⑤] 彭福荣的《试论土司国家权力应对与明清"众建"改流策略——以秀山杨氏土司的军征为例》《试论中国土司国家认同的实质》《试论国家认同视野下的土司关系——播州例证》《国家整合视野下的元朝土司制度》等论文将国家治理、国家权力的理论体系根植于土司学研究之中，开启土司学关系研究的新领地。

尽管上述专家都对土司学的理论构建研究进行了深入的探究和独到

① 方铁：《深化对土司制度的研究》，《云南师范大学学报》2014 年第 1 期。

② 邹建达：《土司研究应避免碎片化》，《遵义师范学院学报》2015 年第 3 期。

③ 葛政委：《影响容美土司国家认同的因素分析》，《三峡大学学报》2014 年第 3 期。

④ 彭福荣：《国家认同：土司研究的新视角》，《广西民族研究》2012 年第 3 期。

⑤ 彭福荣：《乌江流域环境资源与土司国家认同研究——以播州为例》，《西南民族大学学报》2015 年第 3 期。

的解读，但是就中国土司学的理论建构而言，这只是开始，只能在探索中前行，因此，它还需要更多土司研究者的不懈奋斗和推陈出新。

（2）中国土司学学科方法应用研究

中国土司学之所以可以成其为一门专学，除了拥有完整的学科理论体系，还应具备系统的学科研究方法，因此，要完善中国土司学的建构，必须加强其学科方法应用的研究。事实上，传统的土司研究方法存在多种贴合人文社会科学研究的基本方法，但又不够具体，多侧重于历史学的研究方法，却又不全面等问题。而近年来的土司学方法探究，却很好地弥补了这一方面的问题。

第一，人文社会科学研究基本方法。著者在《中国土司研究百年学术史回顾》一文中指出：中国土司制度与土司文化研究属于人文社会科学研究，它既可以采取人文社会科学各学科普遍适用的一般研究方法，也可以采用人文社会科学各学科常用的若干具体研究方法，还可以吸取人类学、社会学、现象学、结构主义、人种志研究中的实证方法。[①] 同时，著者还在《中国土司制度与土司文化研究应注意的八个问题》中强调：土司研究要避免碎片化的毛病，尽可能地回归"总体史"的研究方法，力求把握三方面的内容：一是有鲜明的问题意识；二是长时段的时间观念；三是历史学的学科本位和多学科的交叉融合。[②] 著者的探究，不仅给诸如辩证唯物主义与历史唯物主义方法、对比研究方法和个案分析方法等人文社会科学基本研究方法在土司研究中的运用提供了理论依据，还对土司研究中坚持宏观研究与微观研究并重、整体性研究与个案性研究并重、历时性研究与共时性研究并重等研究路径提出了具体要求。[③]

第二，历史学基本研究方法。方铁先生《深化对土司制度的研究》一文，就历史学的传统研究方法进行了补充，实现了历史学本位思想下土司研究方法的深化与拓展，如历史时段研究方法和系统研究方法的运用。"历史时段研究方法，即将历史时间分为长、中、短3种时段，强调

① 李良品：《中国土司研究百年学术史回顾》，《贵州民族研究》2011年第4期。

② 李良品：《中国土司制度与土司文化研究应注意的八个问题》，《民族学刊》2015年第3期。

③ 同上。

不同时段的研究内容、重视发掘中长历史时段下隐藏的深层因素和事务发展规律，在研究的时间和空间方面，极大地拓展了人们的视野。系统研究法又称总体史研究方法，该方法视研究对象为一个由诸多要素组成的系统，总系统可细分为子系统及次子系统，不同系统之间以及诸多要素之间，都存在复杂的关联并呈现持续运动的状态。"[①] 这两种研究方法是传统历史学研究方法的革新，也是土司学研究应该进一步突破和深化的新领域。方铁老师在《土司制度研究方法述论》一文中认为，近年来土司制度的研究之所以能够取得较大进展，是因为应用了新的研究方法。他特别强调系统分析方法、历史时段方法、比较研究方法的应用，更有助于深入研究土司问题。[②]

第三，历史学本位，多学科交叉研究方法。成臻铭先生在《1960—1999 土司研究理论与方法演进轨迹》一文中，对这一时期的土司研究方法进行了总结。他通过对不同时段研究成果的整理，探究实证研究方法和多学科交叉研究方法在土司中的运用。他说："20 世纪 60 年代的 37 篇论文，是历史学本位下与政治学、考古学、经济学以及政治学与地理学、社会学、经济学、民族学会通的结果，这种会通在历史唯物论和政治经济学理论的指导下进行，运用了'论从史出'的史料实证方法。而 90 年代的 213 篇论文，则是历史学本位下，与政治学、民族学、宗教学、戏剧学、生态学、教育学、文学、社会学、军事学、地理学、法学、经济学、建筑学会通的结果，以及与文化学、地理学、政治学、社会学、经济学多学科交叉的结果，专业意识更强，学科整个水平更高。"[③] 成臻铭先生的梳理，很好地印证了中国土司学的历史学本位思想，同时，也为如研究土司史料、土司档案、土司族谱中常用的文献法；凭借口述史、民间传说、碑刻、族谱来证实土司的历史活动的实证法；通过田野调查和田野考古完成土司事物、土司遗址研究的调查研究法；对田野调查收集到的口述、图像资料、碑文、私人日记、家谱、民间传说等予以辨伪、进

① 李世愉：《深化土司研究的几点思考》，《辽宁大学学报》2015 年第 4 期。

② 方铁：《土司制度研究方法述论》，《云南师范大学学报》2017 年第 2 期。

③ 成臻铭：《1960—1999 年土司研究理论与方法演进轨迹》，《广西民族大学学报》2012 年第 6 期。

行分析的历史人类学研究方法等多学科方法借鉴研究提供数据支持。

总的来说，中国土司学的建构研究已经取得了长足的进步，中国土司学这一专学概念也得到了更多学者的认可和支持。当然，也必须承认，中国土司学构建还存在许多的问题与不足，伴随着更大数量文献材料的发现，更深层次土司遗迹的挖掘，更多领域土司研究的规范，土司学构建也将得到不断完善和系统规范。因此，我们在进行土司学构建的同时，还必须为新材料的发掘、新问题的出现留足余地。站在社会责任、历史高度看待土司学及其研究，推陈出新，精益求精，推动中国土司学的全面、健康发展。

二　中国土司学构建的意义与价值

在过往的土司研究中已取得了多方面的成就：一是站在国家“大一统”的视角，把握中华民族“多元一体”的规律，以“治学致用”为出发点，研究土司制度与王朝治夷、改土归流与地方社会发展、土司文化遗产与民族文化保护等热点、难点及重大问题。二是自觉地将土司制度、土司史料整理、土司文化、土司遗址申遗等有机结合，逐渐形成了“立足全国、走向世界”的研究视角及世界眼光，在学术研究与史料整理并重方面着力，并将土司研究置于历史学、民族学的学科本位下，与政治学、社会学、军事学、地理学、法学、经济学等多学科会通、交叉，建构多学科融通研究的范式。三是学术研究为土司遗址成功申报世界文化遗产提供了强有力的智力支撑。如中央民族大学苍铭教授针对土司遗产申报世界文化遗产需要提炼出“齐政修教”“因俗而治”八字作为土司制度的内涵，为本次申遗奠定了理论基础。他认为，“齐政修教”突出的是中央政府的权威和儒家文化的教化，“因俗而治”突出的是各民族的文化特点，尊重民族文化多样性的选择。[①] 四是加强土司遗产申遗地的研究。湖南永顺、湖北咸丰、贵州遵义三处申遗地除分别举办了大型的中国土司学术研讨会、出版了会议论文集之外，为土司遗址的成功申遗做出了

---

① 苍铭：《从申遗看土司制度研究存在的不足》，参见《唐崖土司学术研讨会论文集（序言）》，科学出版社 2014 年版。

巨大贡献。鉴于此，著者认为，中国土司学构建的意义与价值不可低估。①

（一）中国土司学构建的意义

“中国土司学”作为一门从多学科角度对中国土司制度与土司文化等开展综合性研究的新兴、边缘和交叉学科，在学科构建上刚刚起步，“中国土司学”的构建旨在弘扬民族精神和传承民族文化，对学术发展和学科建设起着十分重要的作用。在我国文化大繁荣大发展的时期，系统研究中国土司学既有理论意义，又有现实意义。

1. 构建“中国土司学”的理论意义

从总的来讲，构建“中国土司学”有利于探讨土司制度的发展规律，总结元明清中央王朝的治国治边策略和历史经验教训，提高和丰富对土司现象的认识和理解，使中国土司制度与土司文化研究走向深入和系统，使土司研究综合化和理论化，并为今天的民族区域自治提供历史经验。“中国土司学”要成为像红学、科举学、敦煌学、甲骨学、徽学等一样的社会科学中的一门专门学，其理论意义重要之在于促进土司制度、土司文化、土司现象等方面的研究走向深入和系统，使土司制度、土司文化、土司现象等方面的研究综合化和理论化。② 众所周知，“中国土司学”是以元明清时期的土司制度和土司制度推行过程中的问题作为重要研究对象的一门专学，它需要历史学、民族学等多学科会通、交叉研究。在以往的土司研究中，一般是分学科进行研究，如历史学、民族学、政治学、社会学、军事学等学科都有不少研究成果。鉴于每位专家学者研究的特点和专长，有的将土司制度划分为断代加以研究，如李世愉先生的《清代土司制度论考》；有的侧重于某一民族或某一地区，如田敏的《土家族土司兴亡史》和田玉隆等人的《贵州土司史》等。这些研究由于受学科的限制和影响，其成果难以兼及其他学科领域的研究。“中国土司学”既然称为“学”，就必然有其自身内在的逻辑体系。所谓“学”，就是学说、

---

① 李良品：《土司研究者的社会重任：构建“中国土司学”》，《青海民族研究》2016 年第 4 期。

② 李世愉：《关于构建“土司学”的几个问题》，《云南师范大学学报》2011 年第 2 期。

学理，也就是注重使土司制度、土司文化、土司现象等方面的研究走向学术性和理论化。“中国土司学”的构建强调“通”，也就是要会通、贯通、沟通，改变以往历史学、民族学、政治学、社会学、军事学、地理学、法学、经济学、管理学、艺术学等学科之间互不往来的状况，将各学科正在进行的研究融会贯通起来，使各学科的学者尽量交流沟通，使土司制度、土司文化、土司现象等各个层面得以汇聚交融，以达到整体大于局部之和的效果。因此，构建“中国土司学”的意义就在于必须将土司制度、土司文化、土司现象等方面的研究整合起来，作为一个专门领域而予以全面、系统、深入的研究。要实现这个目标，就必须将历史学、民族学、政治学、社会学、军事学、地理学、法学、经济学、管理学、艺术学等分散的土司研究结合起来，形成合力，使土司研究出现新的突破和质的飞跃。

元明清时期西南地区边地土司的归附和离析，与西南疆域的形成密切相关。当帝国的国力强盛时，中央政府会加强对边疆土司的管控和治理；当帝国的国力衰退时，中央王朝对边疆土司的管控和治理就会有所放松。而西南边疆的边地土司也随着中央王朝的国力盛衰，时而归附，时而离析，这也导致明清时期西南地区的疆域时而外扩，时而内缩。因此，“中国土司学”的构建，对于总结元明清中央王朝的治国治边策略和历史经验教训，对于当今国家治理边疆地区和民族地区具有重要的理论意义。

2. 构建“中国土司学”的现实意义

“中国土司学”构建的地域范围包括西南、中南及西北民族地区，这些地区也是当下和未来要面对的民族地区。构建“中国土司学”的现实意义在于：第一，加深、提高和丰富我们对元明清时期土司制度及土司现象的认识和理解，探讨土司制度形成、发展及消亡的规律，并为今天的民族区域自治提供历史借鉴。李世愉先生认为：“弄懂土司、土司制度、土司现象，是了解古代边疆社会的不可或缺的重要环节。透过数百年的土司发展历史，弄清楚为什么会出现土司制度，为什么会在相对落后的边远少数民族地区出现，它的出现对边疆地区的政治、经济、文化究竟产生了怎样的影响，进而探究历代中央政府所推行的民族政策、边疆政策，以及从中所反映出的治边思想，对于了解历代中央与地方的关系，中央对地方，特别是边疆地区的治理，是非常重要而有决定意义的。”① 虽然土司制度已成为历史陈迹，但土司遗址尚存，土司文化的影响至今犹存。在土司现象背后所反映出的土司制度形成、发展及消亡的规律、土司制度的核心思想，至今受政界、学界的高度关注。尤其在民族自治地区，更希望从元明清时期的土司制度中汲取历史的经验和教训。“中国土司学”的构建不是单纯研究已经成为历史的土司制度和土司历史，而是要关注土司制度的发展规律，以及对今天的影响。现在有许多人关注民族区域自治，希望从土司制度形成、发展及消亡的规律中看到它的发展轨迹，这应是“中国土司学”的任务。由此可见，构建“中国土司学”具有强烈的现实性。特别是在我国民族自治地区社会转型时期，以土司制度与国家治理等为切入点，研究元明清时期“齐政修教”“因俗而治”“以夷制夷”“天下一统”等民族政策及国家治理理念，将土司制度与国家治理、改土归流与地方治理、土司的国家认同与民族关系等作为研究重点，从元明清中央政府国家治理民族地区的过程中吸取养分，对于培养中华民族共同体意识、加强中华民族大团结、维护国家利益、促进民族地区的和谐发展以及推进国家治理体系和治理能力现代化，都具有现实意义。第二，随着湖南永顺老司城、湖北恩施唐崖土司城、贵州遵义海龙屯三处土司遗址成功列入《世界遗产名录》，土司遗址、土司城址、土司官寨、土司衙署与庄园、土司墓葬等文物的保护管理与旅游开发，以及第二次打包申报世界文化遗产等工作也应该列入议事日程，构建“中国土司学”并逐渐形成政府组织、企业行业、各类学校、专家学者、人民群众“五位一体”紧密结合的保护管理、合理开发与有效利用系统，对于土司遗址、土司城址、土司官寨、土司衙署、土司庄园、土司墓葬等文物的保护管理、合理开发与有效利用等同样具有现实意义。

（二）“中国土司学”构建的价值

评价一门专学或专著是否具有价值，关键应考察该门专学或专著是否具有学术价值和应用价值。“中国土司学”构建的价值在于具有创新性，也就是以元明清时期实施的国家制度——中国土司制度的历程、土

---

① 李世愉：《关于构建“土司学”的几个问题》，《云南师范大学学报》2011年第2期。

司的结构、土司制度的具体制度等相关理论为基础，以西南、中南、西北等土司地区为研究范围，以土司制度、改土归流、土司文化、土司现象等研究为主要内容，将土司制度与“齐政修教”“因俗而治”“以夷治夷”、天下一统等国家治理理念有机结合，运用历史学、民族学、哲学、经济学、法学、教育学、文学、理学、工学、农学、医学、军事学、管理学、艺术学等多学科视野，不仅有实实在在的鲜活个案，而且有透透彻彻的理性分析，避免了空洞的理论说教，验证和充实了现有理论。

1．“中国土司学”构建的学术价值

学术价值的意义在于其研究成果能否填补某项研究的空白或进入学科研究前沿，其最基本的要求和特点就是学术创新，主要观察点就是看最终成果是否提出了新问题，或开拓了新领域，或提出了新观点，或构建了新理论，或发掘了新材料等。从这个角度看，“中国土司学”构建的最终成果将有创新之处，必然具有一定的学术价值。如果说元明清时期的国家治理是一个国家制度和制度执行能力的集中体现的话，那么，地方社会治理就是地方政府（包括元明清时期土司衙门）对国家制度和制度执行能力的集中体现。元明清三代，由于统治者具有“天下观”和“一统观”，这不仅为保持国家领土主权的完整、推进中华民族的最终形成做出巨大努力，而且为建设与完善各种制度、加强国家治理取得重大成效；元明清时期的土司制度，上承唐宋时期的羁縻制度，下启当今的民族区域自治制度，前后持续近七百年，在我国历史发展进程中起着十分重要的作用，对国家制度建设和国家治理、奠定我国现有版图等功不可没；作为土司衙门来讲，它不仅在“治民权”（实际管治各地区民众的权力）方面积累了一定的经验与教训，而且在维护国家稳定、加强民族团结、促进民族地区共同繁荣发展方面也做出过一定贡献。因此，“中国土司学”的构建，既是对元明时期“齐政修教”“因俗而治”等民族政策的探讨，也是对土司制度、改土归流、国家治理、地方治理等研究的深化，又是对我党加强民族地区国家治理的探索，更是对国家治理体系与治理能力相关理论的充实与完善，因此，“中国土司学”对深入研究土司制度、发展和完善国家治理理论体系、提高国家与地方治理能力具有突出的学术价值。

2．“中国土司学”构建的应用价值

人文社会科学研究成果的应用价值主要是指某项成果对本学科领域，本研究方向或为国家、社会以及地方社会经济文化发展等提出了建设性的意见、建议。因此，“中国土司学”构建成果的应用价值在于为我国的现实服务。

一是为我国当前的国家治理服务。如前所述，“中国土司学”的构建除了研究土司制度之外，还必须高度关注土司制度的发展规律及对当前中国社会的深刻影响。“中国土司学”的主要任务之一是要从元明清时期土司制度的形成、发展及消亡中去探寻它的发展规律，为今天提供历史借鉴。当前我国政治稳定、经济发展、社会和谐、民族团结，同世界上一些国家和地区相比，总体发展向好。党的十八届三中全会把推进国家治理体系和治理能力现代化确立为全面深化改革的总目标。特别是在我国民族自治地区社会转型时期，以土司制度与国家治理等为切入点，研究元明清时期“齐政修教”、“因俗而治”、以夷制夷、恩威并用、天下一统等民族政策及国家治理理念，从元明清中央政府国家治理民族地区的过程中吸取养分，对于培养中华民族共同体意识、加强中华民族大团结、促进民族地区和边疆地区的和谐发展及推进国家治理体系和治理能力现代化，具有十分重要的应用价值。

二是为保护、开发利用土司文化遗产服务。对于土司研究学界来讲，2015 年 7 月 4 日是一个可喜可贺的日子，因为学界翘首以盼的土司遗产申报世界文化遗产终于在德国波恩召开的第 39 届世界遗产大会上获准列入《世界遗产名录》，成为我国第 34 项世界文化遗产。此次申报的湖南永顺老司城遗址、湖北唐崖土司城遗址和贵州播州海龙屯遗址是我国土司遗产的代表。“土司遗址”的申遗成功表明了世界遗产委员会各成员国和国际古迹遗址理事会等国际权威专业咨询机构对我国政府保护珍贵遗产的工作的认可，同时也表明了“土司”制度的历史价值。土司遗产后申遗时代，土司遗址、土司城址、土司官寨、土司衙署与庄园、土司墓葬与其他单体建筑的文物保护、开发利用等也列入议事日程。虽然随着“三省三地”土司遗址联合申报世界文化遗产的顺利推进，拥有大量土司文化的三地政府部门对土司文化高度重视，湘鄂黔三省三地还分别颁布了《湘西土家族苗族自治州老司城遗址保护条例》《唐崖土司城址保护管理办法》《海龙屯保护管理办法》，这三个条例有利于各地土司文化的保护与利用。但作为专家学者以及“中国土司学”，对土司文化的概念、内涵、类型、保护、开发利用等问题，尤其是对于土司文化遗产“五位一体”——政、产、学、研、民（即政府机关、各种企业、各级学校、研究机构、人民群众）如何各司其职，保护与利用好祖宗给我们留下的这份“祖业”等问题的研究，同样具有异常重要的现实价值。

三 中国土司学的学科特点与思路

近年来，土司研究备受学界关注，“中国土司学”已在土司、土司制度、土司问题、土司现象、土司文化等内容的研究中取得了巨大的成就，在逐步探索学科理论构建、多学科方法运用方面已初见成效，但在“中国土司学”的学科特点和研究思路方面还存在较大差距与分歧。①

（一）“中国土司学”的学科特点

“中国土司学”特定的研究对象和内容决定了它既是历史与现实的结合，又是基础理论研究与应用理论研究的结合，其研究不但要追寻中国土司制度发展的历史轨迹与规律，而且应探求土司遗址文化的现实和未来，这决定了“中国土司学”的学科特点必须体现在以下五个方面。

1. 内容的丰富性

中国土司制度实施上起元代，下讫民国时期，前后近七百年，地域涵盖今云南、贵州、四川、广西以及重庆、湖南、湖北、甘肃、青海、广东、海南等省市的部分地区，研究中国土司制度，涉及土司制度的形成、发展、消亡的历史及规律，涉及土司地区的政治、经济、军事、法律、社会、民族、宗教、科技、文化、教育等诸多方面的内容。虽然这些具体研究领域大都有相应的学科，但也有相应学科没有涵盖的研究范围，但结合历史与现实，中国土司问题的综合研究，只能选择与红学、

---

① 李良品：《土司研究者的社会重任：构建“中国土司学”》，《青海民族研究》2016 年第 4 期。

敦煌学、科举学相类似的“中国土司学”。[①] 根据这一学科特点，“中国土司学”构建者在研究过程中应打通土司研究的内容分割，深化研究内涵，拓展研究领域，总结过去研究中多集中在历史学、民族学等少数学科领域，且多从历史学或民族学等单一学科开展研究的不足，力图将土司问题视为一个问题共同体，凡与土司问题相关的因素，都可纳入“中国土司学”构建的视野，以最大限度、最多学科融入土司研究。

2. 对象的地域性

元明推行土司制度的地区主要集中于云南、贵州、广西、四川、湖广（今湖北、湖南），至清代又新增了甘肃、青海、西康等地，但总体上，土司制度实施过程中的地点、人物、事件等均严格限制在上述空间范围内，因此，研究者关注的就是这样一个地域。在土司研究专家学者目前已获得的 24 项国家社科基金中，有王继光、蓝武、彭福荣、葛政委、瞿州莲、陈季君、莫代山、李良品、罗康智、罗维庆、冉红芳、尤佳、谭清宣等 20 项冠有地域名称；在教育部人文社科项目涉及土司问题的 10 项课题，有李良品、邹立波、田利军、齐德舜、王慧婷等 9 项同样以地域冠名。上述比例直观、深刻地向我们展示了中国土司学科的地域性特色，而已经出版的土司研究专著以地域冠名的更是多如牛毛，如高士荣的《西北土司制度研究》、田玉隆等人的《贵州土司史》、杨士宏的《卓尼土司历史文化》、蓝武的《从设土到改流——元明时期广西土司制度研究》、彭福荣的《石砫土司文化研究》、李良品等人的《播州杨氏土司研究》、陈季君的《播州土司史》等。当然，已经发表的土司问题相关学术论文冠以地名的，更是不胜枚举。但这还不够，我们还应该紧紧围绕元明清时期中央政府对土司地区“齐政修教”“因俗而治”做文章，在突出不同行省、不同地区、不同民族、不同时期、不同土司因时而治、因地而制的地域差异性中深入研究，深挖“中国土司学”的地域空间，打造“中国土司学”独一无二的地域特色。

3. 学科的综合性

在土司研究中，某一问题往往涉及多个领域、多个方面，甚至多学科相互交叉、相互渗透、相互交融，因而单一的理论体系和学科方法根

---

① 马大正：《关于构筑中国边疆学的断想》，《中国边疆史地研究》2003 年第 3 期。

本无法继续开展研究，研究者必须将多学科理论和研究方法结合在一起，以更加多样化的视角来审视中国土司制度和土司文化的历史和现状。回顾近几十年来的土司研究概况，多是以历史学、民族学为主要学理依据，从哲学、经济学、法学、教育学、文学、理学、工学、农学、医学、军事学、管理学、艺术学等多学科角度进行，专家学者在具体研究土司问题的过程中，在政治经济学、经济思想史、经济史、社会学、人口学、人类学、民俗学、民族学、马克思主义民族理论与政策、中国少数民族经济、中国少数民族史、中国少数民族艺术等一二级学科中，均能够找到学科对应点。对土司问题展开综合、交叉研究，这就要求研究者不仅要研究土司制度与土司文化的核心价值，研究土司制度的历史地位、影响与作用，研究儒释道融为一体的土司文化内涵，研究土司遗址文物考古，还要在13个学科门类的70个二级学科中均找到相应的研究内容，呈现出多学科结合、跨学科研究的新态势。①

4. 研究的现实性

中国土司研究的范围虽然包括元明清时期的治国方略、土司制度的历程、内涵、成就与衰弱等，但它主要面对的是民族地区的今天和未来，这也是“中国土司学”构建的最终目的。在我国民族地区社会转型时期，以元明清时期土司制度与国家治理等为切入点，从元明清中央政府国家治理民族地区的过程中吸取养分，对于培养中华民族共同体意识、加强中华民族大团结、维护国家利益、促进民族地区的和谐发展以及推进国家治理体系和治理能力现代化，都具有现实意义。同时，随着湖南永顺老司城、湖北恩施唐崖土司城、贵州遵义海龙屯3处土司遗址成功列入《世界遗产名录》，土司遗址、土司城址、土司官寨、土司衙署与庄园、土司墓葬与其他单体建筑的文物保护与旅游开发等也列入议事日程，深入构建“中国土司学”以及全国各地土司文物保护单位的有效保护、开发利用等同样具有现实意义。

5. 学术的创新性

在“中国土司学”学科建构的创新性上，土司研究的专家学者应自觉将“国家治理”“国家认同”“民族和谐”等理论纳入其中。方铁先生

---

① 马大正：《关于中国边疆学构筑的几个问题》，《东北史地》2011年第6期。

在《土司制度与元明清三朝治夷》中提出，元明清三朝重视土司制度，一方面缘于土司制度与南方类型蛮夷社会的内在机制暗合，进而形成元明清王朝治理夷狄，注重了解统治对象社会的结构与文化的传统；另一方面，在预期目标、治策设计与施行效果方面，元明清三朝治夷也存在个性化差异。[①] 李世愉先生在《土司制度历史地位新论》中认为，土司制度在社会发展史上的地位与影响为人类文明的传承与发展提供了一个范本，具体表现在区域社会管理的新模式、文化包容和管控的新实践、女性社会地位的提高、土司治理地区生态环境的保护，这是土司制度对人类文明承续和发展的重要意义。[②] 上述两文均是对土司制度与国家治理深入研究的杰作。彭福荣在《中国土司国家认同的逻辑起点与利益法则》指出，历代土司认同元明清中央王朝的逻辑起点是王朝国家的存在。土司寻求与保有利益的工具性动机是历代土司认同王朝国家的根本原因，即经济利益是物质共赢，政治统治是权益交集，土兵武装是利益保障，文化变革是利益维系。[③] 该文是对国家认同理论的有效运用。此外，还有不少专家学者从“民族和谐”理论高度来认识和探讨土司与中央政府、土司与行省督抚、土司与周边土司、土司与辖区民众的关系。李良品的《论播州“末代土司”杨应龙时期的民族关系》、陆群的《土司政权与民族关系——基于桑植白族本主信仰的口述史分析》等论文，不仅充分体现了土司研究的学术前沿，而且彰显了“中国土司学”的学术创新。在未来的“中国土司学”构建中，“国家治理”“地方治理”“边疆治理”“乡村治理”“土司区治理”等理论观点应进一步融入研究中，进一步创新“中国土司学”的学科理论。特别值得一提的是，土司研究应结合2014年召开的中央民族工作会议有关精神，将“中华民族大团结”“文化认同”“中华民族共同体意识”等有关新观点融入其中。

（二）中国土司学的研究思路

构建土司学既是土司研究者孜孜以求的期盼，也是一种社会重任。

---

① 方铁：《土司制度与元明清三朝治夷》，《贵州民族研究》2014年第10期。

② 李世愉：《土司制度历史地位新论》，《长江师范学院学报》2015年第3期。

③ 彭福荣：《中国土司国家认同的逻辑起点与利益法则》，《青海民族研究》2015年第2期。

因此，必须找到系统的研究思路和研究方法，以便顺利完成这一历史使命。

"中国土司学"应系统梳理数百年相关制度发展过程的纵向视野以及具有全国性综合研究的横向视野。研究过程中运用历时性方法纵向研究国家治理下土司制度的缘起、形成、兴盛及终结的历程与演变，实施过程中不同地区、不同民族的动态性与差异性，运用共时性方法横向研究土司制度在国家治理下的内容、体系及能力，土司文化遗址的分布、现状与保护开发；综合运用哲学、经济学、法学、教育学、文学、历史学、理学、工学、农学、医学、军事学、管理学、艺术学等学科理论，在理论梳理基础上，采用"研究缘起—理论基础—学科体系—总结建议"的研究思路（见下图）。

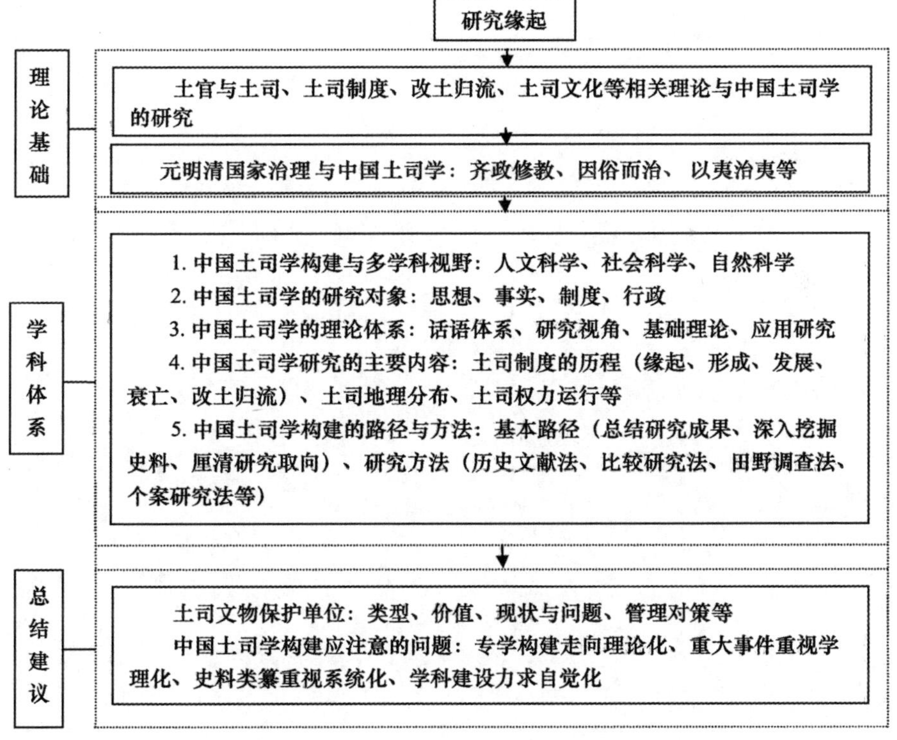

总之，"中国土司学"是在探讨土官、土司、土司制度、土司文化、改土归流等学术概念的基础上，认真分析元明清时期"齐政修教""因俗

而治”“以夷治夷”等民族政策及国家治理理念，围绕土司制度相关的思想、事实、制度、行政以及土司文化遗产保护、开发利用等问题展开基础理论研究和应用理论，采用多学科视野和多种研究方法，逐渐构建起“中国土司学”，这是土司研究者的一项长期、艰巨的任务。土司研究者只有构建起“中国土司学”，才无愧于时代，无愧于历史，无愧于社会。

第一章

中国土司学的主要学术概念

学术的基本内涵是“学”与“术”的表述及其关系的阐释。“学术”一词一般指学问、道术。综合我国近代以来的观点，我们可以将“学术”分解为两方面。“学”是指学理，它讲究渊源、承继、发展和创新，自成严密的理论体系；“术”是指方术，探究方法、技术、应用，具有实践性。学术概念是迁移的，并非一成不变，所以，对学术概念的研究或描述必须摈弃凝固的思维定式。因为学术以及学术研究与人类的实践活动相伴而生，由于客观事物的发展变化和人类实践活动的不断变化，学术研究也永无止境。因此，学术概念的跃动特质是与时俱进的理论诉求和学术凸显。基于此，有专家学者认为，学术是理论与实践、学理与方法的统一。[①] 在“中国土司学”的理论构建中，一些基本的概念，诸如土官、土司、土司制度、改土归流等，随着时代的发展、社会的进步以及学术的与时俱进，学术概念也不断赋予了新的内涵，且有多学科间的交叉、渗透、融合与分化的趋势。

第一节　土官与土司

在元明清施行土司制度的近700年历史长河中，形成了成千上万个反映土司发展史、土司制度的名词概念、专用术语和词汇，再加上百余年土司研究过程中概括后提炼出的一些词语和概念，就构成了“土司学”

---

① 郑东：《学术概念的特质与学术发展的动能》，《河北学刊》2005年第2期。

庞大而专门的名词概念、专用术语和词汇体系。[①] 其实，诸如土司、土司群体、土司人物、土司事件、土司文化、土司文献、土司文物等概念，更是不胜枚举。作为“中国土司学”构建中最基础的“土官”“土司”两个概念，至今都没有一个较为恰切的界定，这对于众多土司研究者来讲，无疑是一种遗憾。关于土官与土司两个概念的争论由来已久，最早可以追溯到20世纪30年代的佘贻泽[②]，紧接着是凌纯声[③]，其后是江应樑[④]，再接下来是杜玉亭、龚荫、韦文宣、白耀天、成臻铭、李世愉、王慧婷[⑤]等，至于论争的这段历史，李世愉先生早有叙述[⑥]，此不赘述。

一　土官与土司的概念

土官与土司的概念由于多种原因，至今学界还一直未达成共识，在此，有必要对此进行区隔，以彰显二者的异同点。[⑦]

（一）土官

“土官”一词自古有之。从来源来讲，它是针对“流官”而出现的一个词语。从词的内涵来讲，其含义十分丰富。一是指主管水土之官。《礼记·月令》有“（季月之夏）其神后土”的句子，郑玄将其注释为：“后土，亦颛顼之子，曰黎，兼为土官。”可见，这里的土官是一种古官名，其主要职责是主管水土。二是指五行属土之官。《宋书》卷17《礼志四》中有“社主土神，司空土官”一句，这里的土官指司空，也就是金、木、水、火、土这五行属土的官员。三是指土地神。唐代陆龟蒙在《祝牛宫辞序》中有“冬十月耕牛为寒，筑宫纳而皁之，建之前日，老农请乞灵

---

① 李世愉：《关于构建“土司学”的几个问题》，《云南师范大学学报》2011年第2期。

② 佘贻泽：《清代之土司制度》，《禹贡》1936年第5期。

③ 凌纯声：《中国边政之土司制度》，《边政公论》1943年第11—12期。

④ 江应樑：《明代云南境内的土官与土司》，云南人民出版社1958年版，第2页。

⑤ 杜玉亭：《土司职称及其演变考释》，《学术研究》1963年第6期；龚荫：《明清云南土司通纂》，云南民族出版社1985年版，第15—16页；韦文宣：《“土官”与“土司”》，《广西民族研究》1987年第4期；白耀天：《土官与土司考辨》，《广西地方志》1999年第3期；成臻铭：《清代土司研究：一种政治文化的历史人类学观察》，中国社会科学出版社2008年版，第9页；李世愉：《土司制度基本概念辨析》，《云南师范大学学报》2014年第1期；王慧婷：《明代甘青地区的“土官”与“土司”》，《贵州文史丛刊》2012年第3期。

⑥ 李世愉：《深化土司研究的几点思考》，《辽宁大学学报》2015年第4期。

⑦ 李良品：《“土官”与“土司”概念之再辨》，《广西师范学院学报》2016年第5期。

于土官，以从乡教”的句子，这里的土官就是指土地神，即农民平时所言的土地菩萨。四是指土人或部落的酋长。宋代洪迈在《容斋四笔》卷十六《渠阳蛮俗》称：“蛮酋自称曰官，谓其所部之长曰都幙，邦人称之曰土官。”这里的土官是指土人的酋长。如果说前三种土官之名与土司制度中的土官无什么关联的话，那么，第四种称谓就与土司制度中的土官的内涵比较接近了。[①] 五是指统治少数民族的官职或官员。这种称呼自唐末五代至宋初开始。当时的土官是指封建中央王朝赐封的独霸一方、能够世袭的官员或统治者。如唐代末年的杨再思在降附于楚，受封为诚州刺史后，取得官府认可，成为十峒首领，以其当地豪族姓散掌各州峒，并以杨氏字派“再、正、通、光、昌、盛、秀”为等级建立了严格的领土制度，成为独霸一方的统治者。六是指土司制度下的土官。论者认为，元代虽然实行了土司制度，但由于宣慰司、宣抚司、安抚司、招讨司等地方行政机构的长官多为蒙古人和色目人担任，且都是流官。只有“土人为之”者为土官，并不能代表该司。武沐和王素英在《元代只有土官之名没有土官之制》中提出元代是土官大量出现的时期，但元代只有土官之名而无土官制度的观点。而从几个方面来证明自己的观点：第一，元代土官大体可归类为未被朝廷任命的土官（即土酋）和已被朝廷任命的土酋（属于元朝官僚体系之内的官员）两大性质的土官。第二，元代土官有流内官和流外官之别，而无文、武之分。第三，元代“土官”一词并未广泛使用。明人修纂《元史》之所以广泛使用“土官”一词，是因为明代史官按照明代的习惯所致的结果。第四，元代土官仅是一个表明身份的称呼，指此官职为土人担任，并不能证明元代就已经实施了土官制度。[②] 鉴于此，著者认为，在土司制度下的土官是指明清中央政府在推行西南、中南及西北实施土司制度的地区任命少数民族首领充当世袭地方官的统称。这里的土官必须是由中央政府任命，由当地少数民族首领充当的世袭地方官，这个土官必须纳入中央政府的官制体系。与此相关的是李世愉先生提出的“如何区别一个地方家族势力在进入土司制度

---

① 李世愉：《土司制度基本概念辨析》，《云南师范大学学报》2014 年第 1 期。

② 武沐、王素英：《元代只有土官之名没有土官之制》，《中国边疆史地研究》2015 年第 1 期。

阶段前后的身份和地位”的问题[①]，如湖南永顺彭氏土司、四川（今重庆市）酉阳冉氏土司、四川播州（今贵州遵义市）杨氏土司以及其他一些地区一些历史悠久的土司，他们的先世在该地区实施土司制度之前已经是地方首领或地方官，或者说是独霸一方的统治者，但毕竟还不是土司。因此，我们在研究某个具体土司时不能把土司的先世称为土司，只能称为土官。称土司的时间界限是，只有当这个地方首领或地方官在归附元廷或明廷，朝廷赐予该地方首领或地方官诰敕、印章、号纸及冠带等信物作为朝廷命官的凭证、纳入中央政府的官制体系之后才能算起。如播州杨氏的世系始于唐末杨端，一共历经唐、宋、元、明 4 个朝代 29 世共 725 年。但播州杨氏担任土司一职始于元朝至元十五年（1278 年），结束于 1600 年杨应龙时期的平播之役，一共历经 15 代土司，承袭共计 323 年。播州杨氏在前面的 402 年只能称为土官，后面的 323 年才能称为土司。

（二）土司

迄今为止，专家学者对“土司”一词也没有精准的解释。佘贻泽《中国土司制度》说：“土司者，即以土著之人分封官职官守也。”[②] 黄开华在《明代土司制度设施与西南开发》解释为：所谓土司，即统辖苗蛮之地之官署，亦即土官之或称也。[③]《清代典章制度辞典》认为，土司一词包括机构名称和土官官名两个含义。土司的机构名称是指自元以来置于少数民族地区，由土官为世袭长官的地方行政机构之统称。土司的土官官名是指元明清时及民国时期由少数民族地区部族首领世袭之各级文武土司长官的统称。[④] 在有代表性的著述中，仅李世愉、成臻铭、龚荫三位将土官衙门与具体土官结合起来解释。如李世愉先生的解释为：“土司一词，除指土官衙门外，也指具体的土官。”[⑤] 成臻铭的解释为：广义土司既指少数族地区的土人在其势力范围内独立建造的且被国家法律允许

---

① 李世愉：《深化土司研究的几点思考》，《辽宁大学学报》2015 年第 4 期。

② 佘贻泽：《中国土司制度》，正中书局 1944 年版，第 10 页。

③ 黄开华：《明代土司制度设施与西南开发》，见《明史论丛》，香港诚明出版社 1972 年版，第 34 页。

④ 朱金甫等：《清代典章制度辞典》，中国人民大学出版社 2011 年版，第 42 页。

⑤ 李世愉：《清代土司制度论考》，中国社会科学出版社 1998 年版，第 14 页。

的治所，又指“世有其地、世管其民、世统其兵、世袭其职、世治其所、世入其流、世受其封”的土官。狭义土司专指“世有其地、世管其民、世统其兵、世袭其职、世治其所、世入其流、世受其封”的土官。[①] 龚荫的解释为：土司，“土”指边疆地区少数民族大小首领；“司”指当地土司的官署（无论是土官或土司官署均称司）。[②] 综上可见，土司不仅指与土官官名相联系的政权机构或衙门，而且也指元明清政府在土司地区任命的世袭地方官的本人。

从土司时期“土官”与“土司”的概念来看，他们在指称官员（或人）的时候，基本内容是相同的，但“土司”却增加了指称政权机构或衙门的内涵。因此，二者在有的情况下可以相通互用，在有的情况下是不能通用的。

二　土官与土司分类的几种情况

从佘贻泽发表《清代之土司制度》[③] 对土官、土司这两个概念有不同认知以来的 80 年里，争论一直未能停止。并非如李世愉先生所说的“1949 年以前的论述尚未关注于此，且学者之看法及使用大体相同……进入 20 世纪 50 年代后，则出现了不同看法及争论。”[④] 正是由于学界对土官、土司这两个概念的形成及内涵见仁见智，尚未形成定论，才造成了土职分类的不尽一致。归纳起来，主要有以下三种情况。

（一）“土官即土司说”

这种分类是将土官与土司视为一类。最早持这一观点的是杜玉亭先生，他于 20 世纪 60 年代在《土司职称及其演变考释》一文中指出，自元代以来所盛称的土官一名，在清代中叶以后便逐渐让位于土司一名，至民国以后，土司一名更成为人们对各种土职的一种俗称，而由来已久的土官一名几乎很少再使用。其原因在于，与当时的土府州县已经不多，而宣慰、宣抚等司又有所增减有一定关系。鉴于此，土官之名仍然没有

---

① 成臻铭：《清代土司研究：一种政治文化的历史人类学观察》，中国社会科学出版社 2008 年版，第 9 页。

② 龚荫：《中国土司制度史》（上册），四川人民出版社 2012 年版，第 1 页。

③ 佘贻泽：《清代之土司制度》，《禹贡》1936 年第 5 期。

④ 李世愉：《深化土司研究的几点思考》，《辽宁大学学报》2015 年第 4 期。

失去统称各种土职的意义，而土官、土司这两个名称仍然是作为同义词而互相使用着。进而指出，土官与土司并无根本区别，土司只不过是土官的同义语，任何将土官、土司分门别类，并试图从实质上加以区别的种种说法，都是与土司名称的演变史实不符的。[①] 对“土官即土司说”这一观点论述最充分、最肯定的是韦文宣先生，他在《“土官”与“土司”》一文中认为“土官即土司说”比较符合历史实际，并列举八条理由：第一，土官或土司，都是由当地少数民族上层人物（首领或拥有权势者）经王朝正式册封充任的，故都在官和司之前冠以“土”字，是以与封建王朝从外面派来的官员称为“流官”。第二，土官、土司权力一样，都是军事、民政兼领，都是集辖区内一切政治、经济、军事、文化、司法等大权于一身的地方治者、土皇帝，而这些特权又都是封建王朝认可的。第三，土官土司其职位不仅可以世袭罔替，而且都可以世领其土，世长其民。第四，无论是土官或土司，对封建王朝的政治关系和应承担的义务都是一样，毫无二致。第五，土司土官虽同属王朝地方官员，但都是有职无俸。第六，土官或土司制度，同属于封建性的上层建筑范畴，其经济基础大体是封建领主制或称农奴制。第七，在土官和土司域内，都实行严格的等级制度。第八，实行土官土司制度的地区，其内部结构都保持着本地区本民族自古以来固有的社会的政治形态。由此，他认为，既然构成土官或土司制度的基本内容都一样，那么，“土官”和“土司”除了名称不同、隶属有别而外，再也没有什么不同之处了。他得出结论：称“土官”或称“土司”均无不可，二者可以相通互用，实质上根本没什么区别。[②] 近年来，李世愉先生在强调概念使用上的规范性时[③]，在承认土官、土司的内涵“有所不同”的情况下，基本倾向于土官与土司“二者并没有实际的区别”。持这种观点的主要是从土官与土司的基本内容来界定的，认为二者之间无本质区别。

（二）“文武两类说”

这种分类是将土职划分文职和武职两类，最早提出这一观点的是江

---

① 杜玉亭：《土司职称及其演变考释》，《学术研究》1963 年第 6 期。

② 韦文宣：《“土官”与“土司”》，《广西民族研究》1987 年第 4 期。

③ 李世愉：《土司制度基本概念辨析》，《云南师范大学学报》2014 年第 1 期；《深化土司研究的几点思考》，《辽宁大学学报》2015 年第 4 期。

应樑先生，他在《明代云南境内的土官与土司》一书中将云南境内设置的土职分为土官与土司两大类。江应樑先生主要是从行政系统来划分的，他认为，土官属吏部铨委，土司属于兵部任命，其实质是由于明代中央政府将云南划分为两种不同的行政区域而产生的。一种是“内域区”，在这种区域内设置的土职称“土官”；一种是“羁縻土司区”，在这种区域内设置的土职称“土司”。[①] 龚荫先生在《中国土司制度》一书中，无论是对明代土司的统计还是清代土司的统计，均是按照文职土司和武职土司分类统计的，且土司职称或土司名称十分详尽。[②] 崔永红在《土官与土司》一书中虽然不是将二者并称，但却是将青海的土职分为前后两个阶段，元代及明代的土职称土官，清代的土职称土司。[③] 成臻铭主张“土官不是土司”，他在《清代土司研究：一种政治文化的历史人类学观察》认为，“土官”在“土司”一词产生以后，其概念发生了变化，“无治所、未入流”成为“土官”与“土司”的主要区别，如果土官具备了“世治其所、世入其流”的特征之后便成为土司。[④]《阿坝州志·合纂稿》补遗篇《土司（土官）》中同样是将土司分为文职和武职。该州志认为，文职官有土知府（从四品）、土同知（从五品）、土知州（从五品）、土通判（正六品）、土知县（正七品）、土县丞（正八品）、土典吏、土巡检、土驿丞（未入流）等官吏；由吏部验封司任命，而由当地省、府、厅、州、县管辖。武职官有指挥使司指挥使（正三品）、宣慰使司宣慰使（从三品）、宣抚使司宣慰使（从四品）、安抚使司安抚使（从五品）、长官司长官（正六品）、长官司副长官（正七品），以及土千户（从五品）、土百户（正六品），还有土都司（正四品）、土守备（正五品）、土千总（正六品）、土把总（正七品）、土外委（正八品）等官；由兵部武选司任命，而由各省督抚大臣、武官和当地省、府、厅、州、县分别管辖……有的将文职官称为“土官”，武职官称为“土司”；有的则只称指挥使司、宣慰使司、宣抚使司、安抚使司、长官司长官、长官司副长官为“土司”，

① 江应樑：《明代云南境内的土官与土司》，云南人民出版社 1958 年版，第 2 页。

② 龚荫：《中国土司制度》，云南民族出版社 1992 年版，第 58—61、112—115 页。

③ 崔永红：《土官与土司》，青海人民出版社 2004 年版。

④ 成臻铭：《清代土司研究：一种政治文化的历史人类学观察》，中国社会科学出版社 2008 年版，第 9 页。

其余则称为“土官”。[①] 由此可见，这种分类的标准是，凡属明清中央政府吏部管理的地方土职官员称为“土官”，凡属中央政府兵部统辖的土职称为“土司”。土官与土司之间的根本区别不在于内涵，而在于隶属不同，所司各异。

（三）佘贻泽的“土司三分说”

这种划分源于民国时期的佘贻泽。佘贻泽在《清代之土司制度》一文中，将清之土司按照武职隶属于兵部，文职隶属于吏部划分，其中隶属于兵部的又分为两类，一类是土司，包括指挥使（正三品）、指挥同知（从三品）、宣慰使（从三品）、指挥佥事（正四品）、宣抚使（从四品）、副宣抚使（从五品）、安抚使（从五品）、千户长（正五品）、副千户（从五品）、百户（正六品）、长官司（正六品）、副长官司（正七品）；另一类是土弁，包括土游击（从三品）、土都司（正四品）、土守备（正五品）、土千总（正六品）、土把总（正七品）。隶属于吏部的土官包括土知府（从四品）、土同知（正五品）、土通判（正六品）、土经历（正六品）、土知事（正六品）、土知州（从五品）、土州同（从六品）、土州判（从七品）、土县丞（正八品）、土巡检（从九品）以及土推官、土吏目、土知县、土主簿、土典史等。[②]佘贻泽先生后来在《中国土司制度》一书中又将中央政府对土司地区所封官职分为土官、土司、土吏三种：土官如土知府、土知州、土知县、土县丞等之类；土司如宣慰司、宣抚司、安抚司、招讨司、长官司、指挥司等领兵之官，为武官之类；土吏如土巡检、土典史、土驿丞、土主簿等吏目之类。[③] 佘贻泽先生虽然均分为三类，但未提出土官与土司的根本区别以及分类标准。

（四）凌纯声的“土司四分说”

凌纯声在《中国边政之土司制度》一文中将清代土职分为土司、土官、土弁和土屯四类。土司包括指挥使、指挥同知、指挥佥事、千户、副千户、百户、副百户、百长、宣慰使、宣慰同知、宣慰副使、宣慰佥

---

① 阿坝藏族羌族自治州地方方志编委会：《阿坝州志（1991—2005）》（第三十三篇），四川民族出版社 2010 年版。

② 佘贻泽：《清代之土司制度》，《禹贡》1936 年第 5 期。

③ 佘贻泽：《中国土司制度》，正中书局 1944 年版，第 1 页。

事、经历、都事、宣慰使、宣抚同知、宣抚副使、宣抚佥事、知事、照磨、安抚使、安抚同知、安抚副使、安抚佥事、招讨使、副招讨使、长官、副长官、吏目、土舍、土目等名目。又列举土官包括土知府、土同知、土通判、土推官、土经历、土知事、土知州、土州同、土州判、土吏目、土知县、土县丞、土主簿、土巡检、土典史、土驿丞等名目；土弁包括土游击、土都司、土守备、土千总、土把总、土外委千总、土外委把总、土外委额外。"土屯只有土屯守备、土屯千总、土屯把总、土屯外委四种。"只要将这两位先生的分类及土职名目进行对比，我们就会发现，凌纯声除先生增加了"土屯"之外，其余的土职无论是分类还是名目与佘贻泽先生均无多大差别。土司研究者都清楚，清乾隆年间，清政府平定了大小金川的土司叛乱和改土归流后，将原大小金川土司辖区划分为五个屯田区，朝廷命令当地藏民、招募来的内地汉民以及驻守在大小金川的绿营兵丁进行大规模屯田，史称"改土为屯"。凌纯声先生将"改土为屯"的土职分为一类，表明他对"改土为屯"后的土屯的高度重视。

三　土官与土司概念产生歧义的原因

无论是"土官"还是"土司"，其实它们只是土职的泛称，具体名称极为复杂，同时因时因地而异，并非完全统一。出现上面诸多类型，除了专家学者对二者认知的差异性而导致分类的多样性之外，著者认为，还有下列三种原因。

（一）历史文献使用的随意性

毋庸置疑，从土官和土司的内涵来看，二者之间肯定有所不同。造成上述诸种不同的分类，与明清时期众多历史文献使用的随意性不无关系。在明清中央政府推行土司制度的过程中，在统治阶级编纂的史书和日常官方文件中，对土官与土司名称的使用没有定制，十分混乱，有时在同一文件中土官与土司这两个名称同时出现。如张廷玉主持纂修的《明史》和赵尔巽主持纂修的《清史稿》都专列有《土司传》，且把西南、中南和西北（《清史稿》加有"甘肃土司"）的土职都置于本传之中，统称为"土司"，而明代无名氏编纂的《土官底簿》则又把以土官为主而兼有土司的土职概称为“土官”。[①] 这无形之中就让后来的专家学者认为“土官即土司”。特别是在《明会典》和《钦定大清会典事例》等官书中，二者的使用极为混乱。如《明会典》卷之六“土官承袭”条就提到“宣慰、宣抚、安抚、长官等官”[②]；在该书卷之一百二十一《铨选四》“土夷袭替”条中又提及“土司告袭”[③] 之事；在《钦定大清会典事例》卷一百四十五《吏部·土官》“土官承袭”条中更是35次提及“土司”[④] 一词。在《清实录》中，无论是文职还是武职，则一律称土司。清代及民国编纂的地方志中，无论是“土司传”“土司志”，还是“土官传”“土官志”，其所记内容均包括文职和武职土司。对于这个问题，李世愉先生有详细的论述[⑤]，在此不必赘述。官书、地方史志用语使用的随意性，是让专家学者对土官与土司概念产生歧义的第一个原因。

（二）中央政府官员设置的混乱性

《万历野获编》补遗四“土司文职”条载：“本朝设土司，除知府、知州、知县俱文职，其品秩一如流官。此外夷官，则有宣慰司、宣抚司、安抚司、长官司、蛮夷长官司，俱为文官，属吏部文选司除授，是宜竟为左列矣。然查《会典》则又不然，户部所开州县凡宣慰司三，仅四川之播州属焉。四川宣抚司三，一属户部、二属兵部，长官十六司属户，廿九司又属兵，何也？至云南之宣尉司凡七，俱在徼外，即朝贡亦不尽如期，而亦载之户部版图中，抑异矣。至若湖广一省，则永顺、保靖二宣慰，以至四宣抚、九安抚及诸长官司，又俱隶兵部，无一入户曹者。而贵州宣慰一司，则又属户部矣。似此职掌分裂，当以守土管军民者与掌兵不同耶？但自宣尉而下，既为文臣，何以俱属都司钤辖？又如云南之澜沧军民指挥使司，乃武官也，何以又统浪蕖州文官耶？此皆官制之紊当议者。且宣慰司虽从三品文职，终是夷人。嘉靖末年，以献大木功加永顺，致仕宣慰彭明辅为都指挥使，则文而以武优之是矣。其子彭翼

---

① 韦文宣：《“土官”与“土司”》，《广西民族研究》1987年第4期。

② （明）申时行：《明会典》，中华书局1989年版，第31页。

③ 同上书，第626页。

④ （清）昆冈等：《钦定大清会典事例》卷一百四十五《吏部·土官》“土官承袭”条，中华书局影印本1991年版。

⑤ 李世愉：《土司制度基本概念辨析》，《云南师范大学学报》2014年第1期。

南先以倭功加右参政，至是又加云南右布政使，遂跻藩臣极品。若正德间，加播州宣慰使杨域为四川按察使，是以纲纪重臣，下领夷酋，抑更异矣！”① 这段文字反映出几种情况：一是将“宣慰司、宣抚司、安抚司、长官司、蛮夷长官司，俱为文官”；二是同属武职官，有的隶属户部，有的则隶属兵部，导致“职掌分裂”；三是武职统领文职官员；四是武职官员加授文职官衔。明代中央政府设置和加授官员的混乱性，隶属关系的不规范性等，这无疑也导致政府官员和专家学者对这些官职认知的盲目性，理解的差异性。

（三）土司制度实施地域的复杂性

土官与土司概念在理解过程中出现歧义的另外一个原因是由于元明清时期实行土司制度地域十分宽广，主要包括现今的云南、贵州、四川、重庆、广西、广东、海南、湖南、湖北、甘肃、青海、西藏、江西等省市区。据明代沈德符所著《万历野获编》补遗四“土教官”条载：“土官之设，惟云、贵、川、湖及广西，而广东琼州府，亦间有抚黎之土县佐。若内地则绝无，惟江西赣州府、安远县、信丰县、会昌县内四巡司，各置流官一员，土副巡检一员，以土人李梅五等为之，亦宣德间事，从巡抚侍郎赵新之言也。又成弘间，赣州之龙南县又设土官主簿一员，则不忆何年间，容再考。成化间，广东琼州府感恩县有土官知县姜鉴。”② 由于土官与土司都是由元明清中央政府册封的地方统治者，所以，因土职设置地域的复杂性以及官职名称的不一致，这也难免导致政府官员和专家学者对这些概念理解有偏差。这里特别指出的是，实施土司制度的空间范围，基本上以《明史》和《清史稿》所列“土司传”为准。《明史》中《土司传》地域范围为湖广（今湖南、湖北）、四川（今四川、重庆）、云南（包括今云南省及缅甸、老挝北部）、贵州（今贵州省）、广西（包括今广西、广东、海南）。《清史稿》中《土司传》地域范围为四川、云南、贵州、广西四省（区）再加上甘肃、青海和西藏。著者反对将土司分布的空间无限延伸，但事实就是确是必要的。

---

① （明）沈德符：《万历野获编》补遗四《土司》，中华书局 1997 年版，第 926—927 页。

② 同上书，第 933 页。

四　如何消解土官与土司概念的歧义

著者认为，作为土司制度中的土官，是指元明清及民国时期由少数民族地区部族首领世袭之各级文武土司长官的统称。① 土官既指宣慰、宣抚、安抚、招讨、长官等司土职官员，也指担任土府、土州、土县等土职官员，是专门指称人。而作为土司制度中的“土司”一词则包括土职机构名称和土职官衔名称两个含义。换言之，土司不仅指与土官官名相联系的政权机构或衙门，而且也指担任土官的本人。当“土官”与“土司”都指称少数民族首领充当世袭地方官的时候，其内涵是一致的；当其中一个名词既指称少数民族首领充当世袭地方官，又指称指少数民族首领充当世袭地方官的政权机构或衙门的时候，其内涵就不尽一致。换言之，土官只指如宣慰使、长官司、土游击、土都司、土千总、土把总等官名，土司既指诸如宣慰使、长官司、土游击、土千总、土把总等官名，也指诸如宣慰司、招讨司、宣抚司、安抚司、长官司、土府、土州、土县、土都司、土巡检司等官署名。

至于有的专家学者将是否“领土兵”作为划分土官、土司为文职或武职的观点是站不住脚的。因为在明清时期，无论文职或武职的土官与土司，他们均领有一定数量的土兵，只是因为品级的高低和管理人口的多少，土兵的数量有一定差异而已。当然，或许有的学者认为，在“土司”一词尚未出现之前的土职用“土官”比较合适，在“土司”一词出现之后用“土司”更为恰当。著者认为，由于元明清时期土职名称因不同时段有不同名称，尊重历史事实更是学者的历史担当。作为研究者，如何消解土官与土司概念的歧义？著者提出一种区分方法，当土官与土司都指称世袭地方官的时候，二者可以通用，最好用“土司”一词。当“土司”一词只指称土司政权机构或衙门的时候，就不能用“土官”一词，只能使用“土司”一词。这里特别列举二者之间区别的一些要素。

（一）世袭地方官

作为元明清政府实施土司制度过程中的世袭地方官，有几个要素是必须具备。一是土司职官名称，诸如宣慰使、招讨使、宣抚使、安抚使、

---

① 《辞源》修订组：《辞源》（第一册），商务印书馆1986年版，第583页。

长官司、土知府、土同知、土知州、土知县、土县丞、土游击、土都司、土守备、土千总、土把总、土巡检司、土指挥同知、指挥佥事、土千户、土百户、土通判、土目、土把总、土把事、土知洞、土舍等。二是土司的品级。《明会典》卷十《资格》“土官资格”载：宣慰使为从三品，宣慰使司同知为正四品，宣慰使司副使、宣抚司宣抚为从四品，宣慰使司佥事、宣抚司同知为正五品，土知州、招讨使司招讨、宣抚司副使、安抚司安抚为从五品，土通判、长官司长官、招讨司副招讨、宣抚司佥事、安抚司同知为正六品，土州同知、安抚司副使、长官司副长官为从六品，土知县、安抚司佥事、蛮夷长官司长为正七品，宣慰司经历司经历、招讨司经历、蛮夷长官司副长官为从七品；土县丞、宣慰使司经历司都事、天全六番招讨司都事为正八品，土知事、宣抚司经历司经历为从八品，土宣抚司经历司知事、宣慰司知事为正九品，宣慰使司儒学教授、宣慰司毕节仓大使、巡检司巡检、千户所吏目、安抚司吏目、招讨司吏目、宣抚司吏目为从九品。[①] 土司职官名称和品级决定了该土司的身份地位和等级。三是有无中央政府授予的诰敕、印章、号纸、冠带及符牌等信物，这是土司作为中央王朝命官的凭证。四是世袭与否。明清中央政府有时对土司往往采取一些诸如不世袭、土司分袭等处置办法。如《土官底簿》规定某土司“不世袭”或“不做世袭”之处就多达168次。有时甚至威胁土司，“若不守法度时换了”或“废了”。一般而言，元明清时期世袭的土官才能称为“土司”。

（二）土司政权机构（衙门）

作为土司政权机构或衙门，它必须具备下列要素：一是机构名称，元明清时期，无论是宣慰司、宣抚司、安抚司、长官司，还是土知府、土知州、土知县，均是国家在土司地区设置地方行政机构，必须管理当地的军事和民政事务。如元明时期播州杨氏土司衙门的机构设置情况十分复杂，据《遵义县志》记载，明代播州各级土司政权机构设置及官员配置如下[②]：宣慰司置宣慰使一人，从三品，同知一人，正四品；副使一人，从四品；佥事一人，正五品；经历司经历一人，正七品；都事一人，

① （明）申时行：《明会典》，中华书局1989年版，第64—67页。

② 葛镇亚：《遵义县志·播州土司》，贵州人民出版社1992年版，第1201—1202页。

从八品。安抚司置安抚使一人，从五品；同知一人，正六品；副使一人，从六品；佥事一人，正七品；吏目一人，从九品。长官司置长官一人，正六品；副长官一人，从七品；吏目一人，未入流。播州宣慰司下设“总管、总领、把总、提调、书吏，各理事务”，其中“杨氏总把官”，“冠带管事”的权力很大。二是办公场所，如土司衙门、土司官寨等。三是疆域和土地面积，如《古今图书集成》对“奉议土州”疆域和土地面积考述：“东滨右江州治，与田州城对岸仅隔一里，西至雷枕岭镇安府界一百零五里，南至三齐山田州界九十里，北至怕律山田州界五十里；东南至里赖沟田州界五十五里，西南至绿略岭向武洲界一百三十里，西北至老坡山与镇安府联界一百一十里，东北至播龙沟田州界三十五里，由州治至府城四百五十五里。东西袤一百零五里，南北广一百里。”① 四是行政系统，包括内务系统、立法会议、行政机构、司法机构、军事机构和监察机构。五是行政权力，包括立法权、行政权、司法权、军事权、监察权等。

总之，自“土司”一词在明代嘉靖年间出现后，使用频率远比“土官”一词高得多。据李世愉先生统计，《清实录》中“土司”一词计出现3678次，“土官”一词仅使用339次；《清史稿》中“土司”一词出现842次，而“土官”也仅使用113次。② 这个统计数字说明，自清代以降，无论是政府官员，还是学界文人，已习惯使用“土司”一词了。特别是在构建“土司学”的过程中，尽量使用“土司”和“土司制度”出现以后的专用语更为恰当。这既符合人们约定俗成的习惯，更是为了学术的规范化。

第二节　土司制度

“土司制度”一词是研究中国土司制度的核心概念之一。但迄今为止，专家学者们对“土司制度”一词的解释依然是见仁见智。本节除了

---

① （清）陈梦雷：《古今图书集成》卷一千四百五十《方舆汇编·职方典》，中华书局1934年影印本。

② 李世愉：《土司制度基本概念辨析》，《云南师范大学学报》2014年第1期。

对这一概念予以界定之外，拟就土司制度的结构与功能等问题进行一定程度的探讨。

一　土司制度的概念阐释

元明清时期的土司制度，不仅是封建王朝在我国西南、中南及西北等边疆民族聚居地区和杂居地带实行的封闭自治的政治制度和管理制度，而且是一种“国家在场”的制度，它体现了国家政治的强性控制和国家在土司地区的乡村社会中始终占据主导性地位，国家权力在土司地区乡村社会的不断延伸。[①]

（一）学界对土司制度的各种解释

自1930年葛赤峰提出“土司制度”一词并探讨其成立与流弊[②]以来，“土司制度”一词作为特定政治制度名词使用至今。著者以目前较有代表性的著述为例列表于下（见表1－1）。

表1－1　“土司制度”解释一览表

序号	著者	词义	出处
1	吴永章	土司制度是我国封建王朝在统一的领土内的某些地区（即主要是南方少数民族聚居和杂处处）采取一些有别于汉族地区的措施进行统治的一种制度	《中国土司制度渊源与发展史》第1页
2	李世愉	土司制度是元明清三朝统治者对西南少数民族地区实行的一种特殊的统治方式，即由中央政府任命少数民族贵族为世袭地方官，并通过他们对各族人民的管理，达到加强对边疆地区统治的目的	《清代土司制度论考》第1页

① 李良品、赵毅：《土司制度：国家权力在西南土司地区的延伸》，《长江师范学院学报》2014年第5期。

② 葛赤峰：《土司制度之成立及其流弊》，《边事研究》1930年第5期。

续表

序号	著者	词义	出处
3	白　钢	所谓土司制度，就是利用当地各族头领或权威人士，授以大小不等的官号，并列入朝廷行政序列的一种特殊统治形式	《中国政治制度通史》（第十卷）第253页
4	胡少华	土司制度是一种封建的政治制度，它是元明清封建王朝在少数民族聚居区和杂居区实行的一种特殊的统治制度	《羁縻郡县制度与土司制度的对比研究》，见《民族史研究》第2辑
5	成臻铭	土司制度是羁縻制度向流官制度过渡的地方行政制度，既是指朝廷管理土司政府的制度，又是指土司处理周边关系与管理土司区的制度	《清代土司研究：一种政治文化的历史人类学观察》第28页
6	蓝　武	土司制度是元明清封建中央王朝乃至民国时期中央政府在少数民族地区实施的一种特殊的政治制度和统治政策	《从设土到改流——元明时期广西土司制度研究》第1页
7	龚　荫	土司制度就是封建王朝中央政府对边疆地区少数民族大小首领授予世袭官职的制度	《中国土司制度史》（上册）第1页
8	［日］谷口房男	土司制度指的是在中国西北、西南的少数民族地区，由当地的少数民族首领（土酋）实施的间接统治体制，是以该地区为施政范围的地方行政制度	《百色学院学报》2007年第3期
9	方　铁	土司制度是元明清王朝在西南边疆及其他南方类型的蛮夷地区实行的一种统治制度	《云南师范大学学报》2017年第2期

上述对“土司制度”的解释，虽然或强调统治制度，或强调政治制度，或强调行政管理制度，或强调世袭官职制度，但基本上趋向于土司制度是统治或管理制度。对于这个概念，成臻铭教授的论述很有参考价值：土司制度既是中央王朝管理土司及调节土司与土司关系的政治制度，又是土司本着中央王朝政策、根据自身实力与周边土司订立的契约，还

是土司管理境内基层土官政权和家族村社以及调节他们关系的社会制度。①

（二）“中国土司学”构建中的解释

建立“中国土司学”，土司研究者必须对“土司制度”这一涉及“土司学”核心问题的词语有一种精准的界定，否则，“土司学”就无法构建。著者曾经在发表论文时认为，土司制度是封建王朝在边疆民族聚居地区和杂居地带实行的封闭自治的地方政治制度。封建王朝对内附的各民族或部落的首领封以官爵、赐以名号，对其世袭统治辖地百姓，实行中央王朝对民族地区的间接统治；各民族首领承认自己是中央王朝委派的官吏，领地属于封建王土，同时服从军事征调，按期缴纳相应的贡赋。② 如果要对土司制度做界定，那么，著者认为，土司制度是一种“齐政修教”“因俗而治”的政治制度，是元明清王朝在国家治理观念下逐渐实现国家统一与地方自治的地方行政管理制度。这个解释不仅指出推行土司制度的时间和制度性质，而且重点强调了土司制度的实施是在国家体制下进行。与唐宋时期的羁縻制度相比，土司制度完全纳入中央政府对地方行政管理体系之中，中央政府赋予各地土司统治的合法性，允许土司世袭，授予土司相应的职衔及品级，并颁发诰敕、印信、号纸等信物，土司则承认中央王朝统治的合法性，且与中央政府正常的隶属关系，并“额以赋役，听我驱调”③。同时，中央政府对西南、中南及西北地区的土官和土司实行严格的管理与考核，无论某个土司是恭顺还是叛逆，各地土司所管辖的“一亩三分地”永远属于行省管辖，这个性质从元代至清代都没有改变。这里主要强调的是土司制度的推行与中央政府的关系和国家治理民族地区的问题。

二　土司制度的结构

制度是人类理性精神的结晶和社会文明的重要载体，是社会稳定、和谐发展的保障。作为促进社会进步的良性制度，它不仅具有工具性，

---

① 成臻铭：《再论土司学的对象与研究方法》，《民族论坛》2012 年第 8 期。

② 李良品：《历史时期重庆民族地区的土司制度》，《重庆邮电大学学报》2011 年第 3 期。

③ （清）张廷玉：《明史》卷 310《土司》，中华书局 1974 年版，第 7981 页。

而且具有学理性。从学理上看，制度本身还具有独特的属性、结构和功能，是思想、道德、文化和政策所不能代替的。[①] 从现有文献看，土司制度的结构分为上、中、下 3 个层次，最上层的土司制度是中央王朝代表国家而制定的成文制度，中层的土司制度是各地土司颁布文告、法令，下层是土司地区各族民众形成的一些民间制度。从宏观、中观和微观角度看，国家成文制度属于宏观的土司制度，中观的土司制度是各地土司成文制度，微观的土司制度为土司地区民间制度。从学理层面诠释元明清时期土司制度的结构，以揭示它为人类文明的传承发展所起的作用，并为“土司学”的构建和当前制度创新提供有力的理论支撑。[②]

（一）国家成文制度

国家成文制度是指中央王朝依据“齐政修教”“因俗而治”的国家治理理念制定的适用于西南、中南及西北少数民族地区的土司制度。我们首先有必要弄清楚“国家”的概念。汉语中的“国家”一词最早出现在《周易》中，该书中有“是以身安而国家可保也”的句子。秦汉以后以一国而统天下，加之儒家文化强调“家国同构”，“国家”主要是指一国的整体。可见，我国古籍中的“国家”并非近代民族国家的观念，而是“天下”的观念。按照《现代汉语词典》的解释，国家是阶级统治的工具，同时兼有社会管理的职能。[③] 国家是一种拥有治理一个社会的权力的机构，在一定领土范围内拥有外部和内部的主权，也就是马克斯·韦伯的所谓“国家是一种持续运转的强制性政治组织，其行政机构成功地垄断了合法使用暴力的权力，并以此维持秩序”[④] 的意思。土司制度的结构中涉及的“国家”的概念，我们应该理解为：明清时期“家天下”的国家，是一个成长于社会之中而又凌驾于社会之上的、以暴力或合法性为基础的、带有相当抽象性的权力机构，在其管理的领土内拥有外部和内

---

① 田广清、李倩、刘建伟：《制度的十大功能：学理层面的诠释》，《北京行政学院学报》2007 年第 5 期。

② 李良品、吴晓玲：《论明清时期土司制度的构成——学理层面的诠释》，《三峡论坛》2016 年第 3 期。

③ 中国社会科学院语言研究所词典编辑室：《现代汉语词典》，商务印书馆 2006 年版，第 520 页。

④ ［德］马克斯·韦伯：《经济与社会》，转引自王焱《宪政主义与现代国家》，北京三联书店 2003 年版，第 31 页。

部的主权。在“朕即国家”的皇权时代，各种适用于全国性的制度均由朝廷制定，经皇帝批准后颁行全国，这就成为国家成文制度。明清时期的中央政府，根据不同时期、不同情况制定并颁行了一整套土司制度。

1. 明代国家成文制度

从现有资料看，土司制度一般包括中央王朝的律、典、例等形式之中。这些制度具有普遍的效力，并且系统化，形成了一个结构有序、较为完整的制度体系。[①] 在明代，国家成文制度主要汇集在《明会典》和《礼部志稿》中。如《明会典》卷之四《官制三》“外官”条对各宣慰使司、各宣抚司、各安抚司、招讨司、长官司、蛮夷长官司、蛮夷官、千夫长、百夫长、军民万户府经历司等土司机构正官、副官、首领官等官员人数的设置[②]；《明会典》卷之六《验封清吏司》对土官承袭的各种制度性的约束[③]；又如该书卷之一百零八《朝贡四》和卷之一百一十三《给赐四》对全国土司朝贡物品、朝贡时间、朝贡名单以及回赐物品、数量等的规定。[④] 该书卷之一百二十一《铨选四》对“土官袭替”“土官就彼袭替”“土官袭替禁例”“夷人袭替”等均有制度规定。[⑤] 在《礼部志稿》卷一“敦教化之训”“远边学校之训”“怀远人之训”等条中对云南、四川、贵州、广西以及广东儋州等“边境土官皆设儒学”，以实现中央王朝“风化达于四海”之目的；该书卷五“朝贡之训”“诸司朝觐仪”等条中，对土司朝贡年限以及朝觐时的礼仪均有严格的规定；该书卷十七中，对岁贡额数、起贡时间、土官入学等规定十分严明。尤其是对土官朝贡方物、进贡时间、朝贡通例、信符金牌等有严格的规定，基本上能够使土官朝贡的事宜做到有章可循。《礼部志稿》卷三十八《主客司职掌》之“给赐”条有以下内容：

湖广、广西、四川、云南、贵州腹里土官，朝觐进到方物及中

---

① 刘笃才：《中国古代地方法制的功能结构与发展》，《北方法学》2012 年第 1 期。

② （明）申时行：《明会典》，中华书局 1989 年版，第 23 页。

③ 同上书，第 31 页。

④ 同上书，第 581—586、597—598 页。

⑤ 同上书，第 626 页。

途倒死马匹，例不给价。到京马匹，每匹赐钞一百锭，其赐各不同。凡三品、四品，回赐钞一百锭，彩段三表里，惟播州、贵州二宣慰使，赐锦二段，彩段六表里；五品，钞八十锭，彩段三表里；六品、七品，钞六十锭，彩段二表里；八品、九品，钞五十锭，彩段一表里。杂职衙门并头目人等，自进马匹、方物，钞四十锭，彩段一表里。弘治十四年，琼州、崖州，起至土官，每人赏钞三十锭，绢二匹，绢衣一套。差来通事、把事头目，各钞二十锭，彩段一表里；随来土官弟男，并把事头目人等，钞二十锭；从人伴吏，钞十锭。播州差来长官，钞四十锭，（彩段）一表里；通把头目人等，各钞三十锭。贵州差来舍人，钞二百五十锭，（彩段）二表里；把事十五锭，（彩段）一表里；通事十锭，绢一匹；头目从人，赏钞如例。凡进马一二匹及方物，轻者，止照杂职例赏。嘉靖元年奏准，朝觐到京，以马数多寡为差。进马一二匹者，准一人作差来；名色赏钞二十锭，彩段一表里；三四匹者，作二人；五六匹者，作三人，彩段钞锭照数递加。二年题准，若所差系土官弟侄儿男，进马四匹以上，与方物重者，照旧例以衙门品级高下为差。其马少、物轻者，照杂职例。若所差系通把头目人等，照新例，以马数方物多寡为差。凡到京过期，减半给赏。弘治三年，以后五月内，到者亦全赏。二月到者，减半该赏；半表里者，折与阔生，绢二匹。隆庆五年题准，过期半年以上，不给赏。凡谢恩，差来人与杂职，赏同。贵州土官，减钞二十锭；随来通把从人，给钞如朝觐例。凡庆贺，贵州差来舍人，赏钞五十锭，彩段二表里；把事，钞十五锭，彩段一表里；通事、从人，钞如朝觐例。四川土官差来人进马者，钞二十锭，彩段一表里。降香、茶蜡等物者，钞二十锭，绢二匹，随来人，钞十锭。①

这些对“湖广、广西、四川、云南、贵州腹里土官”给明代中央王朝进贡后予以回赐的规定，既有职衔级别、人员身份、回赐物品名称及

① （明）林尧俞、俞汝楫：《礼部志稿》，景印文渊阁《钦定四库全书》，鹭江出版社2002年版。

数量的不同，也有随着进贡名称、期限及贡物的不同而具有一定差异。这种国家成文制度十分具体、明确，具有可操作性。

2. 清代国家成文制度

时值清代，在乾隆《大清会典》、嘉庆《钦定三部则例》和光绪《钦定大清会典事例》中对土司制度的规定更加具体、明确。如《钦定大清会典则例》卷三十《土官》之“土官承袭”规定①：“顺治初年，定土知府、同知、通判、知州、州同、州判、吏目、知县、县丞、主簿、典史、经历、知事、巡检、驿丞等文职承袭。由部给牒，书其职衔、世系及承袭年月，名曰‘号纸’。其应袭职者，督抚察实，先令视事，令司府州县、邻封土司具结及本族宗图，原领号纸，咨部具题请袭。又定承袭之土官，嫡庶不得越序，无子，许弟袭。族无可袭者，或妻或婿；为夷众信服，亦许袭。子或年幼，由督抚题明注册，选本族土舍护理，俟其年十五岁请袭。又定，土官年老有疾，请以子代者，听。又定，土官亲生之子，未满十五岁者，该督抚题明注册，将土司事务委族人护理，俟其子长成，具题承袭。如土官叛逆被戮，即推夷众所素爱者，以继其职。康熙二十一年议准，土官受贿、隐匿凶犯、逃人者，革职提问。不准亲子承袭，择本支伯叔兄弟、兄弟之子继其职。三十年覆准，土官公罪，应降三级以内调用者，降一级留任；应降五级以内调用者，降二级留任；应革职者，降四级留任。如有贪酷不法等罪，仍革职。遇罚俸，各按品级计俸罚米（每俸银一两折罚米一石）。雍正三年覆准，土官支庶子弟中有驯谨能率众者，许本土官申请、督抚题给职衔，令其分管地方事务，其所授职衔，视本土官降二等，其分管疆土，视本土官或三分之一，或五分之一；再有子孙可分者，分土如前例，授职再降一等。”

明清中央王朝通过《明会典》《大清会典》《礼部志稿》《钦定三部则例》《钦定大清会典事例》和《钦定大清会典则例》等制度的颁行，由此构成了职官制度、承袭制度、征调制度、朝贡制度、赋税制度、奖惩制度、礼仪制度、文教制度、司法制度、抚恤制度、分别流土考成制度、裁革土司安插制度等完整的土司制度体系。明清中央政府从“因俗而治”的国家治理理念出发，或适应土司地区的不同情况，或根据各地

① （清）乾隆：《钦定大清会典则例》，乾隆十三年（1748）抄本。

土司的不同要求，由中央政府制定和发布了上述专门的制度或法规。

（二）土司成文制度

成文制度本应是以体现国家意志的成文规章和行为准则，但在长期的历史发展中，一些土司地区的土司也形成了一套具有本民族特色的法律体系和成文制度。

1. 傣族地区

明清时期的云南傣族地区，在实施土司制度的过程中，由于傣族社会与中央王朝的交往促使社会生活各方面发生了较大变化，其成文制度历经从元代的习惯法到明代的成文制度的转变，如《芒莱法典》《西双版纳傣族的封建法规和礼仪规程》《孟连宣抚司法规》《西双版纳傣族封建法规》《西双版纳傣族法规》等傣族土司成文制度，不仅记载了傣族政治、社会生活、经济发展中的重大事件，而且也记载了傣族民众大量的生产和生活的资料，对我国制度文化的发展和人类文明的进步产生了十分重大而深远的影响。

2. 土家族地区

作为朝廷命官的土家族土司有以各不相同的名义发布的文告、告示、法令等各种不同的制度。《卯洞土司志校注》中有明代正统至景泰年间湖广卯洞宣抚司宣抚使向那吾颁布的《等级仪制告示》，其全文如下：①

为定等级以肃仪制事。照得司内之员，亲莫亲于护印，而权司、总理次之；贵莫贵于权司，而总理、中军次之。权司、总理、中军，为司职极品。上则资其辅相，下则任其指挥，非才德兼全莫任其职。中军辖五营。五营有总旗，旗长次之，旗鼓又次之，千总、把总为弁之末。至若内侍之千总，出入护卫；外卫之把总，奉使出差，较之各营千、把，伊则尊焉，司以外，佥事为一房首领，见五营而却卑，临巡抚而民右，职同峒长，权亦无异。署事、马杵，虽曰弟兄，究分低昂。署事次于巡捕，马杵次于署事。各房外峒长，为一峒之主，无征伐之权，有刑名之任，旗长与之敌体。长官又系属员。总之，五营以上，非舍不用，总旗以下，异姓同官。除新、江两峒外。

① 张兴文等：《卯洞土司志校注》，民族出版社2001年版，第33—34页。

自权司至千、把，贤能则委任终身，不肖则革职另选。备宜恪守，俾参谒间，仪制森严。有不遵定制，妄自尊大，藐视上属，除革职外，另行重究。特示。

明清时期在推行土司制度的过程中，西南、中南及西北各地区、各民族按照原有的民族身份、地位分化为不同的封建等级，并由此形成了十分严格的地方行政体制规范。上面这则《等级仪制告示》不仅对卯洞宣抚司内外、各房内外及辖区内各级领导等级、亲疏和上下级关系等以制度的形式做了明确规定，而且对各色人等的职权、责任及任用标准也做出了具体规定，同时规定了“不肖”者、“妄自尊大，藐视上属”者的处理办法。

3. 藏族地区

明清时期藏族地区的土司制度可谓形形色色，既有政教联合管理制、政教合一土司制、土千户土百户制、“特区”管理制、土屯结合管理制、额外副宣抚司制，也有土流并存管理制，还有比较健全的土司管理体制。因此，该地区的土司成文制度也各具特色。如清初川西德格土司为了有效控制该地区社会稳定，制定成将民事、刑事及军事等有机结合的13条成文法规，著者整理成表格如下（见表1－2）。

表1－2　　德格土司成文制度一览表

序号	罪名	处罚办法
1	叛国罪	反抗和颠覆土司头人统治；或投奔与土司为敌的土酋；或引联外部势力进攻土司辖区的“政治犯”。处以死刑中的挖眼刑罚
2	逃亡罪	逃亡的农奴捉回后，先抽100皮鞭，关监悬吊6次，按数缴纳罚金，再遣送至土司、头人指定的地方居住
3	欠债	逾期不还的农牧民，债主可以抄没其家产抵债，家资无法抵债的，欠债额以利滚利方式延期偿还
4	抗差案	抗拒支服乌拉差役的农奴，服加倍的乌拉差役处罚并挞以30皮鞭

续表

序号	罪名	处罚办法
5	杀人罪	多判以赔偿命价：凡平民杀死头人或喇嘛，赔偿一等命价藏洋 25 秤；头人杀死头人，赔偿二等命价藏洋 22 秤；百姓杀死百姓，头人杀死百姓，赔偿三等命价藏洋 8 秤；汉人杀死藏族百姓，或赔偿三等命价或抵命；藏民杀死汉民则抵命。犯杀人罪的犯者，除赔偿命价外，处以囚禁 1 年的刑罚
6	伤人罪	致人伤残的犯者，轻伤赔偿血价，重伤赔偿重价。犯者捉捕关监后，如被害人因伤致死，按杀人罪论处；如伤者痊愈，赔偿全部医药费并处以不等的血价费处罚
7	盗窃罪	惯盗惯匪处以肉刑，将其悬吊于木架上，由喇嘛在旁念经，每念完 20 遍放下 1 次，连续反复 9 次，仍未致死，即宣告无罪释放；小偷小摸，除责成退还原物外，再罚以到寺庙叩长头 2000 个以上，称“洗罪”
8	妇女不贞案	对淫乱不贞妇女，剪去头发，以示惩罚
9	诬良为盗罪	查证原告物证，如无证物，则由双方赌咒，以辨真伪，以不敢发誓者为败；若双方都不愿赌咒，则由审理人指定一方赌咒，被告被证实有罪则从重处罚，原告若是错告或诬告，须向被告人道歉，罚赠哈达 1 条、狐皮 1 张
10	离婚案	夫妻离婚，若女方主动提出，由女方赔偿男方脱婚费；若男方主动提出，由男方赔偿女方脱婚费；双方均提出离婚，由审理人主持，双方平分家产后，各自分居。夫妻离异时若有子女，则男归其父，女归其母
11	强奸罪	处罚男犯赔偿女方部分财物（马、牛、羊），并责令当众认罪，如致女方怀孕，育后由男方负责抚养成人
12	渎神罪	偷寺庙的东西，侵犯神山、神树、神像，皆以渎神罪论处，将犯者用毛绳捆其足指，倒吊鞭打，再用烧红铁针在罪犯前额上烙一“十”字，戴上纸帽，用驱鬼方式，驱逐出境
13	逮捕人犯规定	执行逮捕和传讯者的伙食，缉捕人员的一应开支，归案前由原告承担，归案后则由被告负担。在逮捕和传讯过程中，对被告不能体罚

资料来源：甘孜州志编纂委员会：《甘孜州志》，四川人民出版社 1997 年版，第 805—806 页。

上述这些条款，虽然没有明确说明针对何人，但我们都知道，这明显是适用于德格土司辖区内的所有民众。

4. 壮族地区

壮族地区土司的成文制度较多，且大多以碑文的形式勒石示民，如清朝乾隆年间，广西太平府安平土州李氏土司为了维护自己的地位，取悦于当地民众，在保护既得利益的基础上，对“每年规例银两、米谷以及长短夫役”进行了适当裁革，并以制度安平土州《永定例规碑》的形式“勒石晓谕”，企盼土司自身和当地民众“永远遵行”。全文如下：

广西太平府安平土州，为檄委查审军事。本年七月初二日，奉本府正堂李驿、盐道宪张准、藩宪杨奉督抚部院宪鄂杨批准，本署司会同贵道呈详安平土州每年规例银两、米谷以及长短夫役，应革应留各项，理合遂一开列，勒石晓谕，永远遵行：

一项，每年准收八化额例公用共七色银一千一百四十八两一钱五分。

一项，每年准收八化额粮共七色银二百四十八两四钱零。

一项，每年准照雍正十年之数，收六甲米共五十三石六斗，谷六十六石七斗。

一项，每年准收州判柴马七色银六十三两，□□□□□。一项，夫役除。

钦差经临，南关启闭，应用人夫，六甲照旧供役外，其余人夫，六甲每年缴钱二百四十串；上、中、食三化，每年另缴七色银二十七两五钱。听本官自行雇备。

一婚丧两项，凡本身婚丧，每次准收七色银一千两；长男长女婚嫁，每次准收七色银一千两；至次男次女，概行禁革。

一项，每年上、中、食三化，准令纳谷八石，免其□马送革。

一项，额设士兵五百名，轮流把守九处隘口，捍卫地方，防守边界，仍照旧例。

一项，每年领销府埠四季余盐二万斤，每盐一斤，收小钱二十八文，变价归府。

一项，每年承袭银两永革。

一项，八化折柴炭银永革。

一项，站马永革。

一项，瓦草银永革。

一项，鱼花银永革。

乾隆十二年（1737）七月□日立[①]

由于明清时期各地土司是中央王朝任命的朝廷命官，是国家权力在地方行使的象征，各地土司是集立法、司法、行政、军事指挥诸多权力为一体的权力代表，因此，在土司制度推行的过程中，全国的土司地区不可能使用统一的行为规范，而只能让各地土司的辖区内自行制定适应当地的行为规范——“土法”“土律”，并由各地土司强力保障制度的实施。在一定程度上讲，虽然这些制度属于“土法”“土律”，但却是国家成文制度在鞭长莫及的空隙地带的有效填补，是对国家成文的土司制度的补充和完善，有助于维护土司地区的社会稳定和乡村治理。

（三）土司地区民间制度

明清时期的土司地区，人们根据事实和经验制定了一些具有一定社会强制性的民间制度，主要包括土司家族谱牒、乡规民约、习惯法以及社会组织的规章制度等，这些制度有类似于国家成文制度的要素，在一定程度上具备了成文制度的功能，能满足人们生活实践的需要。民间制度虽在不同程度上具备了法律的标记和功能，但它依据某种民间社会权威或家族组织来确立和变化，依靠非官方民众的力量或社会组织来实施，主要通过书面、口头、行为、心理等方式在民间进行传播和继承，由于这些制度的制定、传承、执行、监督都发生在民间，因此称之为民间制度。

1. 土司家族谱牒

国有史，府州县有志，宗族有谱。在封建社会后期，维系宗族血缘关系且起纽带作用的是祠堂与族谱。作为地方势力强大的土司家族，谱牒中“宗祠规则”“家规”“家劝”“家戒”“家禁”等内容具有制度的

---

① 广西壮族自治区编写组：《广西少数民族地区碑文契约资料集》，民族出版社2009年版，第1页。

功效，对族人起到思想引领、行为规范和约束的作用。在今湖北省来凤县的卯洞土司向氏，保存下来的《卯洞土司志》中有一篇《家训》，它既有一般家训的内容，又有别于一般家训的内容，如将土司承袭方面的内容置于首条，这在其他“家训”中是绝无仅有的。《向氏家训》全文如下：

自古创业维艰，守成不易。我先人受安抚土司之职，历唐宋元明至我本朝，恳请辞职，蒙恩赐世袭千总。凡我子孙，须上报国恩，下光前烈。所拟家训条规，开列于后。

一、承袭官，须笃忠悃，公忘私，国忘家。靖共尔位，不堕清白之家声；恪守官箴，庶继前人之旧迹。

一、先孝弟，事父事兄，圣贤最重。务循冬温夏凊之典，体隅坐徐行之文，大端克立，乃为孝子悌。

一、在忠信，尔诈我虞，失其本性。宜尽己而全，固有行事，一本天良，三省常惕，庶几祖德无惭。

一、勤耕读，负耒横经，生人事业，必披星戴月力其事，朝渐夕摩深其功，孝弟力田，无不长发。

一、居乡党，父兄宗族在焉，敬耆老而慈幼稚。一本无乖，九族无紊，登堂自泯嚣凌之气，入室斯有亲逊之风。

一、待乡里，贵相亲睦。出入相友，守望相助，疾病相扶持。不可憎人便己，幸灾乐祸，以违先绪。

一、持家，固当量入为出，尤必忠厚待人。斗秤升斛，切勿大小异用，贫富异施，以至瞒心昧己，殄灭身家。

一、钱粮贡献之入，王章所垂，必当先期完纳。况身受国恩，止此一点敬奉，我为良民，切勿延缓。

一、戒淫行。淫为恶首，阴骘昭然，切勿望复关而微笑，指蔓草以偕臧，败绝门第，永世无耻。

一、赌博、六博、踏踘，非贤者事，或高堂缺养，或颠连子妻，甚至为匪为盗，亏躬辱亲，有何面目得不对祖宗而愿然乎？

一、崇礼让，礼行逊出君子哉。而子弟之秀顽虽殊，要宜卑以自牧，雍雍有儒者之气，循循有学士之风，庶乎堂构相承，箕裘克绍。

以上数事，各宜勉旃。①

在明清时期国家不安定和国法不明确之际，土司家族的谱牒犹如法规制度一样，充分发挥了稳定社会秩序、规范族人行为的作用。西南民族地区较为显赫的土司都十分重视家族教育，如明清时期四川酉阳的冉氏，在其《冉氏家谱》卷首《家规》“教约子弟”条云：

父兄之教不先，则子弟之率不谨。常见高明之家，衣冠赫奕，诗礼相传，后或溺爱子孙，纵容不教，渐至佚乐宴游，习惯成性，交引燕朋狎友，从事于酒色声歌，数年之后，家产当尽，流落飘零者，不可胜计。即此可见，教子弟之不可不谨矣。顾教之之法，无过于读书，贫乏富贵，俱当留意。盖子弟贤，读书即显达之资；子弟愚鲁，能多读书，多识字，亦必化其桀骜，开其颖悟。安本分，务正理，不以不肖贻父母羞也。若夫富厚之家性多悭吝，延师训读则痛惜金钱；争产谋田，则喜倾囊橐，以致子孙愚顽、圈鹿栏牛，为明哲所笑。未知我族中，有此等人否？有则改之，无则加勉，是予等之所属望也。读书之道，学习礼仪为先……冠裳在身，不忍不敬；父母之前，不忍不爱；师长之锡，不敢不恭，人情皆然。今使服习礼仪，大而丧祭冠婚，小而洒扫应对进退，无不以礼仪为之则。如此，而不为佳弟子者，吾不信也。②

在《冉氏族谱·总谱》中，保留了众多明清时期冉氏土司的文告，或督理谱牒事、或饬理宗政事、或恩给田土事、或办理宗政事，其中，冉奇镳作酉阳土司时的一则文告，对其冉氏家族教育具有十分重要的作用，全文如下：

---

① 张文兴等：《卯洞土司志校注》，民族出版社 2001 年版，第 103—105 页。

② 四川黔江地区民族事务委员会：《川东南少数民族史料辑》，四川民族出版社 1996 年版，第 266—267 页。

酉阳等处军民宣慰使司宣慰使冉。

为饬理以重国本事：照得本司，自唐分封，迄今千载。支衍屡代，蕃庶同不亿之裔孙；谊重维城，巩固存千年之带砺。前朝兵燹迭经，谱牒无不散佚。今值清治重熙，纪纲贵肃。业推宗长，用饬家规。除令劄外，为此牌仰宗长官舍天泽，一照后开条例，用实举行，务使宗政祗严，实于世基攸赖。毋得怠忽，有负至意。须至牌者。

计开宗政条规：

族蕃系分宗支，必列图册。兹委宗长官舍天泽临乡考核，详载一册，逐派亲供。如某房自某祖分支，凡几世，今存若干人，授田某处。

如本司申上，亲供册籍体式，详造册二本，呈本司备考，一呈本司参查。

凡族舍生子，三岁以上，必报宗长，转请命名，编入亲供图册，以防冒滥。

凡族舍有名在官执事者，不论在市居乡，凡遇朝贺祭祀大典，不拘远近泥雨，必须趋赴，点名习礼，诣公襄事，不许推故抗延，违者，宗长指名致罚。

凡族舍有贫不自存，雇工代佣于人者，宗长查实禀明，请赎，入名赈济册中，量将公费助给生活。如不治本分生理，流落飘零者，不在此例。

凡族舍彼此忿争，及受人欺凌，大小词讼，情不得已者，许赴宗长处预鸣，请给关防，对同赴公理质，不许朦胧呈递，亦不许借此生事紊烦。

舍户田土，例无征科，但每年遇有大典，例有成规派敛。自后一照世系图册，除有名在官执事者，定例不同。凡闲散居乡者，俱听宗长禀分督派，不许徇隐，亦不许恣意重轻。

以上数条，皆饬理宗祊之实政也，遵照举行，毋驰毋怠。

右牌仰宗长官舍天泽，准此。

顺治十八年（1661）正月初三日牌①

---

① 重庆酉阳冉氏族谱续修委员会：《冉氏族谱·总谱》，内部刊印，2007年，第80—81页。

明清时期的族规家训已相当完善，或者说已经基本定型，土司家族更是如此。如湖北鹤峰县《容阳田氏族谱》中有“宗祠条规”“祭礼”“祀祖仪注”“祭祖文”“教家”等方面的内容。如“家规二十四则”中就包括族谱之作以序昭穆和正名分以及端风化、族人应知孝顺为先、兄弟之间宜敦友爱、夫妻为人伦之首、人之于妻宜防其紊子之过、教训子弟宜本忠厚、子弟须入校读书、朋友交流要知谨慎、祖辈遗产分析须均匀公正、兄婶叔嫂礼最森严、女人宜守节、族人须和睦乡里、正直而不为盗贼、清明祭祀祖先、须遵守祠堂规则、买卖田宅应纳中人费、慎选族长、族长不得徇情枉法[①]等，这些内容有祠堂组织、祭祀方法、修谱藏谱、族产遗产、家庭关系与治家、睦族与族外关系、生活方式与为人处世、入校读书与教育子弟、宗族与国家关系等几大方面。《容阳田氏族谱》之“家规”，无论是举止行为，还是交友治家以及为人处世，其主旨就是推崇传统的忠孝节义、教导人们注重礼义廉耻，提倡什么和禁止什么，在“家规”中规定得十分清楚与具体。

2. 乡规民约

明清时期土司地区的乡规民约主要包括综合类、护林类、水利类、防抢防盗类、禁赌类以及移风易俗等类型，起到教化、告知、禁止、奖励、惩戒等作用。与国家成文制度或乡约制度相比，“乡规民约则要简单得多，它既没有定期的聚会、固定的活动场所，也没有繁琐的读约仪式，更没有一整套的组织机构。通常在规约制定出来并公布于众后，由该社会组织的成员共同遵照执行便是。只是在有人违反规约或遇到重大问题时，该组织的全体成员才可能聚在一起，共同商讨应对的办法。”[②] 因此，在“国权不下县”的明清时期，土司地区以乡规民约为代表的民间制度是根据自身的规则、运行方式在调节和维护土司地区的社会秩序。云南江川县土官田《永垂不朽》种树护林碑，是土司地区具有代表性的乡规民约，其全文如下：

---

① 五峰长乐坪：《容阳堂田氏族谱·教家》，民国三十三年（1942），五峰渔关朱东新石印本。

② 董建辉：《明清乡约：理论演进与实践发展》，厦门大学出版社 2008 年版，第 29 页。

从来有盛必有衰，有兴必有败。虽曰天数，岂非人哉。不有先人培植，何以见其盛，又何以见其兴；不有后人振作，则衰者将终衰矣，则败者不将终败乎。我土官田居旷野，人烟稀少，营头建立关圣宫，营后栽青松一岭，一以培植来脉，一以培植风水。人丁追思古人甚美也，但先前人心浑厚，共相护持而岭上青翠，村中人财兴旺，功名显达。近年人心不齐，互相践踏，而四野寂寥。树木一空，村中人烟稀少，贫苦难堪，所以合营老幼触目伤心，因而公同妥议，庶几反衰为盛转败为兴，亦以体先人志焉。故勒石为志：

——买松种乙石，按着银贰拾两，每家捐掛乙两。

——请人看山，每年用谷子两石。

——松木成材之时，不准乱砍。若有砍伐者，一棵罚银壹两。

——有砍伐松枝者，罚小三十文。

——有人拿获砍树者，赏小五百文。见而隐讳者，罚银五小。

道光二十三年三月初十日土官田合营老幼仝立①

上面这则乡规民约，主要有两方面的内容，一是土官田种树护林的缘由。这里将盛衰、兴败以及“人财兴旺，功名显达”结合起来，针对“近年人心不齐，互相践踏”的情况，为了实现“反衰为盛，转败为兴”的目的，必须种树护林，这体现了土司地区民众对环境与“人财兴旺”、种树护林与风水之间关系的深刻理解。二是对相关事项的规定。这些条款，具体明确，具有可操作性。由此可见，作为土司地区民间制度表现形式的乡规民约，虽然不属于地方的正式制度，但它植根于土司地区的民间社会，具有顽强的生命力。正因为如此，各地土司利用乡规民约，维护社会秩序和地方稳定。

3. 习惯法

明清时期土司地区的习惯法与国家制定的成文法之间的关系表现为，国家在“因俗而治”理念的指导下对土司地区民众行为的调控能尽量考虑当地少数民族的习惯法，少数民族民众的习惯法则通过土司的土规、

---

① 李荣高等编：《云南林业文化碑刻》，德宏民族出社 2005 年版，第 360—362 页。

土律得以集中体现，这些土规土律虽然被国家制定的成文法所容忍，但各地土司根据当地少数民族制定的土规土律不能与国家成文法的主要精神和基本原则相违背。从现有文献看，各地土司制定的土规土律的很多内容都是该地区少数民族原有的习惯法，土司通过民间制度的形式而使之规范化、固定化，使相关问题出现后能够有章可循。如四川牟托土巡检（今四川茂汶羌族自治县南新乡牟托乡）温氏土司曾有以下碑文：

今本司欲体皇上之恩，继美前人之盛，凡新旧土民，当遵土规，所有条程，序列于后，勒竖民以垂示不朽云尔：

——司地与州民接壤，各守各界，地角山隅，毋得强侵茂土。

——司地巨谷岩乡，易为藏奸匿匪，凡外来男女诸人，投宿安站，当经问来历清白，可留则可。

——司民婚丧酬神等事，酒后忌狂言妄语，惹祸生非。

——自项业土，当尽力耕种，毋好食惰农，累债逃亡。

——琐屑忿争，当忍耐消释，若甚不已事，方可来辕伸屈。

——应征大粮、盐税，六月二拾四日完，差事杂派钱，拾月廿日缴销完案。

——罗锅、耳柒等处投民，八月廿日应征盐税，收麦豆粮、黄腊。差事杂派，日行更夫一案。

——应纳差粮，年当旺期早定，毋得推迟日月。

以上数条，各宜恪遵，如违重究，定照土律治罪枷杖。①

明清时期土司地区的土规土律因为大多是少数民族习惯法中严守地域疆界、加强治安管理、严禁挑衅滋事、劝课农耕与蚕桑等内容的凝练与再现，且得到国家成文制度的认可，所以，牟托土巡检温氏土司土规开篇就宣称是“欲体皇上之恩”而制定，条文中不乏涉及辖区内民众如何交纳皇粮、盐税、差粮等规定，以求与国家成文制度的精神保持一致，对国家承担土司自身应有的法律义务。明清时期土司地区土规土律的大量涌现，标志着少数民族民间制度与国家成文制度之间进行了大规模的

① 四川文物管理局：《四川文物志》，巴蜀书社2005年版，第1244—1245页。

文化整合。当然，在文化整合的过程中，由于土司势力逐渐膨胀并与中央政府时有博弈与冲突，导致明中叶以降至民国时期，土司地区的土规土律的性质有发生异化的现象，不仅土规土律在某些方面与国家成文制度相对抗，而且对少数民族习惯法甚至公开背叛。①

总之，土司制度由国家成文制度、土司成文制度以及土司地区民间制度构成，表现为国家正式制度和非正式制度之总和，这个总和共同构成了明清时期完整的土司制度体系。这个具有整体性的制度体系是由国家政权主导、地方土司政府配合、土司地区民众积极参与而形成，它反映了明清时期土司地区乡村社会与国家关系之间互动与和谐、博弈与冲突、认同与调适的必然结果。这里对土司制度强调三点：第一，土司制度的协调性。明清中央政府制定的土司制度，是国家治理土司和土司地区的一种基本制度和纲领性的文件，土司成文制度与土司地区民间制度则是对国家成文制度的补充与完善，但并非可有可无的制度，这三个层次的制度相互协调，共同治理土司及土司地区乡村社会。特别指出的是，土司制度在政治运作和具体实施过程中由于制度的规定性而表现出极大的协调性。一方面是明清中央政府不仅承认各地土司统治的合法性，允许世袭，而且还授予相应的职衔及品级，颁发诰敕、印信、号纸等信物；另一方面，各地土司不仅承认中央政府统治的合法性，而且承认与中央政府的隶属关系，履行朝贡、纳赋、征调的义务。这就使中央政府与各地土司之间相互达成默契，体现一定的共济和协调。② 第二，土司制度的适应性。由于明清时期各地土司的成文制度以及以土司家族谱牒、乡规民约和习惯法为主体的民间制度是一种相对于国家成文制度而言的“准政治制度”和“准法律制度”，因此，这些“制度”具有很强的适应性。土司成文制度与土司地区民间制度不仅适用于封建领主制和氏族奴隶制乃至于原始村落等不同的社会形态，而且也适应于不同朝代和不同时期，它并没有因为明朝或清朝的灭亡或封建王朝崩溃而随之消亡。第三，土司制度的功用性。如果说国家成文形式的土司制度对各地土司的职衔、品级、承袭、贡赋、征调等起着决定性的作用，那么，土司成文制度与

① 龙大轩：《历史上的羌族习惯法与国家制定法》，《现代法学》1998 年第 6 期。

② 李世愉：《土司制度历史地位新论》，《长江师范学院学报》2015 年第 3 期。

土司家族谱牒、乡规民约以及少数民族习惯法等民间制度则在土司地区乡村社会治理中共同规范民众的行为方式，调节辖区内民众与民众之间、民众与土司官族之间、民众与土司政权之间的关系，化解各种社会纠纷与矛盾，维护乡村社会秩序的稳定。

三 土司制度的功能

土司制度是一种“齐政修教”“因俗而治”的政治制度，是元明清王朝在国家治理观念下逐渐实现国家统一与地方自治的地方行政管理制度。这里以中央政府制定的国家成文制度为基础，从学理层面探讨和诠释土司制度的功能，期盼为“土司学”的构建以及制度创新提供理论支撑。

（一）统治功能

翻检历史文献可见，明清时期中央政府通过一系列土司制度来管理土司和土司地区，对统治阶级来说，这套制度具有十分重要的统治功能。

1. 稳固统治

明清时期的土司地区，国家权力在不断延伸、扩张与下沉，中央政府期盼改变“王权止于土司”的局面[①]，因此，中央政府对土司的驾驭以及对土司地区的统治逐渐加强，其主要举措是通过《明会典》《大清会典》《大明律例》《大清律例》《钦定三部则例》和《钦定大清会典则例》等法典的颁行，由此构成涉及土司职官、承袭、征调、朝贡、赋税、奖惩、礼仪、文教、司法、抚恤、分别流土考成、裁革土司安插等较为完整的土司制度体系。如在贡赋制度方面，中央政府在土司地区既严格征收，同时又派官员加强监控，这就使一些心存异志的强大土司感到中央政府的威严而多有收敛，又使本身就俯首帖耳的弱小土司体会到朝廷的威严而更加恭顺，从而保证了中央政府对土司的绝对控制及对土司地区的牢固统治，从而使各地土司及土司地区民众自觉地维护封建统治。

2. 驾驭土司

在我国封建社会的官制中，不仅朝廷命官对皇帝存在着深深的依附关系，而且君臣之间、官员上下级之间也存在着严格的等级制度，这种

① 洪涵：《国家权力在民族地区的延伸——以云南德宏傣族土司制度为例》，《云南民族大学学报》2011 年第 2 期。

依附关系和等级制度无疑加强了皇帝的集权。众所周知，明清时期皇帝的命为“制”，令为“诏”，皇帝说的话就是法律，朝廷命官的义务就是绝对服从皇帝的意志。① 在这种官制下，整个国家制度都是围绕着便于皇帝驾驭官员、控制庶民百姓而精心设计的。因此，皇帝对朝廷命官自然是驾驭自如，操控方便。明清时期中央政府制定的土司制度也不例外，无论是从职官制度到承袭制度，还是从征调制度、朝贡制度，再到奖惩制度和抚恤制度，无不体现中央政府对各地土司的严格管理和有效驾驭。诸如强制要求应袭土司必须建造宗支图本、预造应袭名册等承袭文书，又如控制土司父死子继、兄终弟及、母女袭职、妻婿承袭、叔侄相袭等袭职顺序以及授予应袭土司诰敕、印信、号纸、冠带、符牌等信物，这充分显示了明清中央政府对各地土司的驾驭之术。这些举措不仅表明明清两代皇帝对土司官职有任免大权，各地土司必须唯命听从的客观事实，而且也证明了各地土司始终处于中央王朝的严格控制和有效驾驭之下。

3. 治理地方

从唐宋时期的羁縻制度到元明清时期的土司制度，这里有一个不断补充、逐渐完善的过程，最终形成了便于对各级各类土司进行组织和管理的法规体系——土司制度。在土司制度下，中央政府将土司的职衔与品级、承袭与裁革、征调与朝贡、奖励与惩罚等大权牢牢地掌握在皇帝手中，并从隶属关系上形成皇帝—省级督抚—府州县官员（卫所官员）—土司（佐贰官）等自上而下的层级管理和节制体系，形成十分稳固的统治系统。明清中央王朝在兵部设有武选司，主要掌管各地土司的选授、升调、承袭和功赏等事宜。土司中的指挥使、宣慰使、宣抚使、安抚使、长官司、土知府、土知州、土知县、土游击、土都司、土守备、土千总、土把总、土千户、土百户、土巡检等各级官员对皇帝和上级官员只能绝对服从，皇帝只需管理好朝廷官员，然后通过逐层逐级的隶属关系，对各地土司的管理进行督察，这就有利于治理好各地土司和土司地区。

（二）管理功能

如果说明清时期土司制度是共治时代的产物，那么，共治时代离不

---

① 赵瑞军：《中国古代文官制度的统治功能》，《现代人才》2012 年第 1 期。

开西南、中南和西北各地土司和土司地区民众自觉融入当时的社会，并承担共同管理土司地区的历史使命与社会责任，以期修正和完善土司制度的某些功能缺失，为该地区公共秩序的公平和管理水平的提高提供保障。因为土司制度是一个复杂系统，所以，它的构成要件、结构和效率等必然受到土司制度系统功能的支配和约束。[①] 从这个角度看，土司制度的管理功能就是指构成土司制度的要素及其内部结构与外部环境的相互作用所呈现的系统行为功效和能力。[②] 基于此，著者认为，土司制度的管理功能主要体现在以下几个方面。

1. 规则约束

明清时期国家成文的土司制度是中央政府与各地土司之间发生联系的行为准则，它是由中央政府与各地土司之间相互博弈与调适而决定的，反过来又规定着中央政府与各地土司的行为，决定了中央政府与各地土司相互行为的特殊方式。国家成文的土司制度之所以不同各地土司颁布的制度以及土司家族谱牒、乡规民约、习惯法等为主的民间制度，是因为它是中央政府制定的成文化、定型化、组织化的社会规范，具有一定范围的强制性，它要求中央政府与各地土司都遵守其规定。例如，各地土司在新政权建立后，必须迅速纳土归附，承认中央王朝统治的合法性，且与中央政府保持正常的隶属关系，并“额以赋役，听我驱调”[③]；中央政府在接受土司纳土归附后，必须授予土司相应的职衔及品级，并颁发诰敕、印信、号纸等信物，承认土司在其辖区统治的合法性，允许土司世袭。《明会典》卷之一百八《朝贡四》之“土官”条规定：

> 湖广、广西、四川、云南、贵州腹里土官，遇三年朝覲，差人进贡一次。俱本布政司给文起送，限本年十二月终到京，庆贺限圣节以前。谢恩无常期，贡物不等。[④]

① 教军章：《公共制度管理功能缺陷补救的公民参与途径》，《甘肃行政学院学报》2014年第1期。

② 辛鸣：《制度论——关于制度哲学的理论建构》，人民出版社2005年版，第114页。

③ （清）张廷玉：《明史》卷310《土司》，中华书局1974年版，第7981页。

④ （明）申时行：《明会典》，中华书局1989年版，第583页。

这里对土司朝贡的年限、次数、程序、期限等均有明确规定，便于各地土司照此执行。众所周知，任何一种制度的作用都是为人们的社会活动和社会关系制定规矩，国家成文的土司制度同样如此，它要求中央政府与各地土司的行为举止都要遵循已经确立的规矩，从而实现有效管理国家，控制土司行为，维持土司地区的社会稳定。[①]

2. 提高效率

一种良好的制度能利用各种资源的有效机制，提高政府的运转效能和国家管理能力。如果说制度是一个“无形齿轮”，那么，缺少这个“齿轮”，国家的政治、经济、社会、军事、文化系统就无法有效运转。明清时期虽然是人治为主，法律和制度失去其应有的独立价值，中央政府运用国家权力可以随意操纵政治，但是，由于全国的各级政府及官员必须听命于皇帝，加之国家政权与土司政权的长期博弈，基本上能实现权力运作的程序化，进而提高社会发展效率。如《钦定兵部军需则例》中《土司军功议恤》之“议叙土司军功”条规定：

> 土司土职随师效力者，有军功应行议叙者，止就原土职品级以次递加至三品及宣慰使、指挥使而止。如有余功，准其随带，仍以本土司职管事及袭替时亦止。以原世职承袭，其军功保列出众者，方准加衔一等。头等着加一级，二等者记录二次，三等者记录一次。其乡勇土兵列为出众者，赏银三两；头等者赏银二两五钱；二等者赏银一两五钱；三等者赏银五钱。[②]

明清时期中央政府对土司制度的制定、实施和管理主要是兵部、吏部、户部和礼部，各部门分工明确而又相互关联，在实施土司制度时，各个执行机构在各司其职、相互配合的前提下，不断提高执行效率。

3. 激励创造

良好的制度对人具有激励作用，能够给人的主观能动性以充分施展

---

① 董建新：《论制度功能》，《现代哲学》1996 年第 4 期。

② （清）阿桂：《钦定兵部军需则例》，见《续修四库全书》（第 857 册），上海古籍出版社 2002 年版，第 148—149 页。

的空间。也就是说，制度是最好的优选器，是塑造动力、焕发活力的机制性源泉。[①] 明清中央政府也十分精通这些道理。清朝对土司及土兵的军功奖赏规定十分明确，《钦定兵部军需则例·土司军功议恤》之“从优议叙土司军功”规定：

> 超等土官加衔一等，再加一级；头等土官，加衔一等；二等土官，加一级；三等土官，记录二次。超等土兵，赏银三两；头等土兵，赏银二两五钱；二等土兵，赏银一两五钱；三等土兵，赏银五钱。各按照本例应赏银数之外，再加赏三分之一。阵亡土官土兵以及受伤土官土兵，照绿营例全分给与赏银。[②]

有清一代，国家在《康熙会典》的基础上，又制定《六部则例》《大清律例》等成文制度，使《康熙会典》更加具体化，进而逐步形成了以典为纲、以例为目的规范化军事行政立法，使各地土司及土兵享受了绿营官兵的同等待遇，这对于激励西南地区土司及土兵奋勇杀敌确有正面的激励创造作用。

（三）法律功能

作为统治手段的土司制度之所以能维持六七百年之久，一是因为明清时期统治者对土司制度的继承、发展和完善，借助于统治阶级合法性的外表予以实施；二是明清中央政府目标的一致，即在维护中央王朝统治的前提下，具有实现“大一统”的目标追求；三是土司制度内容及操作过程具有灵活性。如明代皇帝在承袭问题上威胁那些目无法纪的土司，“若不守法度时换了”“废了”“不世袭”，这在《土官底簿》中成了常用语。无论军事实力多么强大、物质财富多么丰厚的土司，只要与中央政府对着干，其结果要么被剿灭，要么被裁革，要么被改流。从这个角度看，土司制度的法律功能主要体现在以下三个

---

① 田广清等：《制度的十大功能：学理层面的诠释》，《北京行政学院学报》2007年第5期。

② （清）阿桂：《钦定兵部军需则例》，见《续修四库全书》（第857册），上海古籍出版社2002年版，第148—149页。

方面。

1. 惩治处罚

明清时期，中央政府对土司的惩处及对事涉土司的当事人的惩治处罚，已有诸多的相关法律规定。这些法律规定，或集中于《明会典》与《大清会典》之中，或掺杂于各法律文书之中。如（万历）《大明律集解附例·名例职官有犯》规定："云贵军职，及文职五品以上官，并各处大小土官，犯该笞杖罪名，不必奏提。有俸者照罪罚俸，无俸者罚米。其徒流以上情重者，仍旧奏提。"① 《大明律集解附例·官员袭荫》之"条例"规定："各处土官袭替，其通事人等及各处逃流军囚客人，拨置土官亲族不该承袭之人，争袭、劫夺、仇杀者，俱问发极边烟瘴地面充军。"②《大清律例·吏律》之"官员袭荫"条也有类似规定："各处土官袭替，其通事及诸凡色目人等有拨置土官，亲族不该承袭之人争袭劫夺仇杀者，俱发极边烟瘴地面充军。"③ 从明清有关法律条文看，当时对土司的行政处罚和法律处置十分严厉，其处罚种类与程度有问罪、杖、罚、降级、革职、徒、流、刑、处死等项目，总体上是按照朝廷命官的惩处办法予以处罚。④

2. 警戒防备

明清时期关于土司的一些处罚制度，多数情况下具有警戒防备的功能。如《大清律例·名例律（下）》之三"徒流迁徙地方"条规定：

> 凡土蛮、猺、獞，有仇杀、劫掳及聚众捉人靴禁者，所犯系死罪，将本犯正法，一应家口、父母、兄弟、子侄俱令迁徙；如系军流等罪，将本犯照例枷责，仍同家口、父母、兄弟、子侄一并迁徙。系流官所辖者，发六百里外之土司安插；系土司所辖者，发六百里外之营、县安插，其凶恶未甚者，初犯，照例枷责，姑免迁徙；若仍不改恶，将本人仍照原拟枷责。亲属家口，亦迁徙别地安插，仍

---

① 怀效锋点校，《大明律附录》卷一《问刑条例》，辽沈书社1990年版，第345页。
② 同上书，第313页。
③ 《大清律例·吏律·职制》之"官员袭荫"条。
④ 成臻铭：《土司制度与西南边疆治理研究》，社会科学文献出版社2016年版，第433页。

严饬文武官稽查约束，出具印结，并年貌清册，于年底报部。①

这里用正法、迁徙、枷责、异地安插、稽疸约束等举措对土司予以警戒防备。明清中央政府在严格规定土司相关条款时，对故意压榨土官的流官也有采取强制措施加以严格限制与警戒防备，起到惩一儆百的作用。《大明律集解附例》卷之二十三“在官求索借贷人财物”条规定：“文武职官，索取土官、夷人、猺獞财物，犯该徒三年以上者，俱发边卫充军”；又规定：

云贵、两广、四川、湖广等处流官，擅自科敛土官财物，佥取兵夫征价入己，强将货物发卖，多取价利，各赃至满贯，犯该徒三年以上者，问发附近卫所充军。若买卖不曾用强及赃数未满者，照行止有亏事例问革，其科敛财物明白公用，佥取兵夫不曾征价者，照常发落。②

这里采取的办法主要是“边卫充军”或“照常发落”，对流官确实起到约束和震慑作用。

3. 安顿抚慰

明清时期中央政府对各地土司不仅有安顿、抚慰的法律，而且还有对土司的优抚政策，这无疑成为统治者稳定军心、维护土司地区稳定的良策。如《明会典》卷之六《吏部五·验封清吏司》“土官承袭”条载：

凡各处土官承袭。洪武二十六年定，湖广、四川、云南、广西土官承袭，务要验封司委官体勘，别无争袭之人，明白取具宗支图本，并官吏人等结状，呈部具奏，照例承袭。③

---

① 田涛、郑秦点校：《大清律例》卷五《名例律下》，法律出版社 1998 年版，第 131—132 页。

② 怀效锋点校，《大明律附录》卷一《问刑条例》《刑律六·受赃》，辽沈书社 1990 年版，第 422 页。

③ （明）申时行：《明会典》，中华书局 1989 年版，第 31 页。

《钦定大清会典事例》卷五百八十九《土司袭职》之“议叙”条规定：

土官效力勤劳，并投诚之后能杀贼拒逆，平定地方者，督抚具奏，优加升赏。康熙十一年题准，土官征解钱粮全完者，督抚赏银牌花红。二十二年议准，滇黔土官，无论逃人逃兵叛属，擒获六十名者，加一级，数多者递准加级，不及六十名者，督抚量加赏。[①]

明清两朝对各地土司的优抚政策也具有安抚作用。如《钦定大清会典事例》对土司的军功奖赏规定十分明确：

乾隆三十九年奏准，土司土职军功保列出者，方准加衔一等。头等者加一级，二等者记录二次，三等者记录一次。其土兵列为出者，赏银三两。头等者赏银二两五钱，二等者赏银一两五钱，三等者赏银五钱。乾隆四十九年奏准，土司土职奉旨从优议叙，将保列出土司加衔一等，再加一级。头等者加衔一等，二等者加一级，三等者记录二次。土兵于应得例赏之外，各按所列等第应得银数，加赏三分之一。[②]

《钦定兵部军需则例》卷之五“土司军功议恤”之“从优议叙土司军功”条中对土司征调的记功及奖赏有这样的规定：

超等土官加衔一等，再加一级；头等土官，加衔一等；二等土官，加一级；三等土官，记录二次。超等土兵，赏银三两；头等土兵，赏银二两五钱；二等土兵，赏银一两五钱；三等土兵，赏银五

---

① （清）昆冈等：《钦定大清会典事例》卷五百八十九“土司袭职”之“议叙”条，中华书局影印本1991年版。

② （清）昆冈等：《钦定大清会典事例》卷五百八十九“土司议叙”条，中华书局影印本1991年版。

> 钱。各按照本例应赏银数之外，再加赏三分之一。

并且还着重强调“阵亡土官土兵以及受伤土官土兵，照绿营例全分给与赏银”①。这就让土司享受了绿营官兵的同等待遇，这是对土司及家属的经济帮助和精神奖励。②

从上述内容看，土司制度具有明示、预防、校正以及扭转社会风气、净化社会环境的效益。对于维护统治者的地位以及土司地区的稳定均具有不可低估的作用。

（四）社会功能

明清时期中央政府在民族地区实施土司制度不仅是为了形成和维护国家权力，而是要运用国家权力实现一定的社会目标，或满足一定的社会需要。因此，土司制度的社会功能是它最根本的功能之一。

1. 目标定向

当明清时期土司制度被确立为地方行政管理制度后，它就事实上成为一个基本价值的目标框架，土司地区其他制度必须以土司制度为参照物，社会集团的合法政治活动就必须在土司制度框架内进行，中央政府制定的其他政策也要以土司制度这个框架为依据。从社会功能的角度看，土司制度是明清中央政府为了实现集体的目标而设定的一种制度，因此，它具有目标（或价值）定向功能。明清时期的土司制度“因缘宋元而更治以法规，乃完成为一制度焉”③。明太祖建立明朝后，为何要保存并继续实施土司制度呢？《明史》则说得十分清楚：

> 有明踵元故事，大为恢拓，分别司郡州县，额以赋役，听我驱调，而法始备矣。然其道（即设置土司之道）在于羁縻，彼大姓相擅，世积威约，而必假我爵禄，宠之名号，乃易为统摄，故奔走惟命。④

---

① （清）阿桂：《钦定兵部军需则例》，见《续修四库全书》（第857册），上海古籍出版社2002年版，第148页。

② 陈友力：《明前期优抚政策研究》，硕士学位论文，西南大学，2007年，第29页。

③ 佘贻泽：《明代之土司制度》，《禹贡》1936年第11期。

④ （清）张廷玉：《明史》卷310《土司》，中华书局1974年版，第7981页。

可以说，土司制度的存在是元明清时期封建帝王与民族地区土酋彼此互相利用的结果。由于在原来蛮族中，基本上保持酋长制度。当时的一些豪酋大姓，世代相传，统治其地，如湖广彭氏与田氏、广西田州岑氏、四川播州杨氏和酉阳冉氏、贵州安氏和宋氏、云南蒙氏和段氏等，都有百余年或数百年统治其各个部落的历史。元代得天下之后，分别给这些豪酋大姓以相当的职分，使他们管理其他小部落。明朝建立后，中央王朝认为，只要土司愿意归顺，在朝廷方面，不过给以官职，而得藩属其国，边地相安；在酋长看来，自己仍不失为本地统治者，还得到中央之官职，又何乐而不为？这种彼此互相利用的心理，明太祖更说得明白：贵州田仁智入朝，帝谕之曰："天下守土之臣，皆朝廷命吏，人民皆朝廷赤子，汝归善抚之，使各安其生，则汝可长享富贵。夫礼莫大于敬上，德莫盛于爱下，能敬能爱，人臣之道也。"[①] 土司制度得以存在的原动力在于明清时期中央政府的"以蛮攻蛮"政策。洪武二年（1369 年）庆远府八番溪峒归顺时，有廷臣言："宜如宋元制，录'其酋长'以统其民，则蛮情易服，守兵可灭。"[②] 这表示中央王朝以蛮酋统治其民，可以减少守兵的心理。正统四年（1439 年）南丹土官莫祯奏请使宜山等县所治之土民受其统治，帝曰："以蛮攻蛮，古有成说，……彼果能效力，朝廷岂惜一官？"[③] 可见，明王朝虽有开疆辟土的心思，但又怕蛮民不顺服，常常引起战争；而今南丹土官既能听朝廷的命令，又能管辖其民众，中央王朝难道"惜一官"？[④] 可见，土司制度不仅预定了国家权力的分配格局，而且预定了明清中央政府和各地土司对土司制度的认知。虽然二者的认知有很大差异，但却是双方的目标定向。

2. 价值（利益）分配

土司制度价值（利益）分配一方面是通过程序性规范（如中央政府对土司承袭有程序性的硬性规定）调节来实现，另一方面是通过指令性

---

① （清）张廷玉：《明史》卷 316《贵州土司》，中华书局 1974 年版，第 8168 页。

② （清）张廷玉：《明史》卷 317《广西土司一》，中华书局 1974 年版，第 8207 页。

③ 同上书，第 8209 页。

④ 佘贻泽：《明代之土司制度》，《禹贡》1936 年第 11 期。

规范（如土司承袭的指令性法规包括收缴前朝信物、规定承袭人年龄、限制承袭时间、规定袭替禁例等）来直接进行，但多数情况下是通过统治者的行政命令来分配中央政府与土司政权之间的利益（价值）。在一定程度上讲，土司制度的价值（利益）分配既可能促进民族地区的社会和谐，也可能加剧民族地区利益冲突或引起社会动荡或族群分裂。[①] 翻检史料可见，元朝入主中原以前，先以征服或迎降部落土酋，在土酋认同其合法统治地位之后，元政府就给他们以宣慰使、宣抚使、土总管、长官等官职，令其参加该地区的治理，或令其管辖原来的土地、民众，这就使土司制度初具规模。及至明朝，“踵元旧事，悉加建设，遍置土司，尽布籍属，于是土司之名兴而制度确立”[②]。正如毛奇龄在《蛮司合志》序言中所云：

> 明洪武初年，凡西南夷来归者，即用原官授之。而稽其土官土兵，及赋税、差役、驻防守御之制；但定铨选，不立征调。其定铨选法，凡土官名号：曰宣慰司，曰招讨使，曰安抚司，曰长官司。初皆隶吏部验封，而后以土兵相制，半隶武选。每袭替则必奉朝命，其无子弟者，即妻女皆得袭替。虽数年之后，万里之遥，亦必赴阙受职。迨天顺末，诏许土官，缴呈勘奏，即与袭替。于是控制稍疎，动多自恣。至成化中，又有纳谷备赈急公补授之令，则规取日陋，离畔日生。虽孝宗发愤厘革，而正德以还，陋习未除。暨嘉靖九年，始毅然复祖宗之旧，令该府州县正二经历巡检驿传三百六十隶验封；宣慰、宣抚、诏讨、安抚、长官一百三十三隶武选。其隶验封者，布政司领之；隶武选者都指挥使司领之。文武相继，机权攸寓，细大相关，股掌易运。[③]

时至清初，各地土司只要降附清政府，清政府同样授以原官，仍令

① 马德普：《论政治制度及其功能》，《郑州大学学报》2000 年第 5 期。

② 凌纯声：《中国边政之土司制度》，《边政公论》1943 年第 11—12 期。

③ （清）毛奇龄：《蛮司合志》（卷二），见《中国边疆少数民族古文献》（卷 43），四川民族出版社 1983 年版，第 1 页。

世袭。虽然清代对于土司制度有增损以及改土归流之举，但土司制度本身大体未变。[①] 由此可见，无论是价值分配还是利益分配，只要是通过土司制度来进行，它就是由强制性的国家权力来实施和保障。

3. 协调整合

明清时期的土司制度具有较强的妥协性和整合性，它是中央政府与土司政权相互博弈、调适的结果。可以说，在土司制度实施较为顺利的时期，土司制度不仅能够协调和整合中央政府、各省督抚、府州县官、各地土司以及土司辖区民众的意志，调适多方关系，而且具有化解冲突、增强合力、实现土司地区与中央政府之间共同发展的作用。如明朝对土司承袭之规定，由原来的“赴部袭职”改为“就彼袭替”[②]，这就降低了土司承袭的社会成本，调适和缓解各地土司与中央政府之间的矛盾冲突，使双方的利益冲突和矛盾关系在土司制度的框架内和平、有序地解决。时至清初，由于土司家族内部争袭事件频繁出现，中央政府为了协调和缓解土司家族、土司政权与中央政府之间的矛盾冲突，清政府对土司承袭的规定做了相关的微调，从清初的“嫡庶不得越序”到土司降等承袭和“分管地方”的承袭，均有助于避免或减少秩序的混乱和社会的无序。

（五）文化功能

任何制度不仅是文化的重要组成部分，而且还具有文化功能，土司制度作为元明清时期重要的少数民族地区管理的制度，同样也具有文化功能。具体来讲，土司制度的文化功能主要体现在以下几个方面。

1. 文化载体

土司制度本身承载着十分丰富的中国文化，是中国古代制度文化的主要载体。众所周知，土司制度至少包括职衔（官）制度、承袭制度、升迁制度、贡赋制度、土兵制度、奖惩制度、优抚制度以及文教礼仪制度。按常理，土司制度不仅是统治者的理想与社会现实之间的中介物和转化器，而且是先进理念的主要载体或承载物。明清时期的土司制度代表了封建统治阶级的思想理念，这些思想理念是在经过转化器之后，才变成了社会运行机制，作用于政治、经济、军事、文化等方面，使土司

① 凌纯声：《中国边政之土司制度》，《边政公论》1943 年第 11—12 期。

② （明）申时行：《明会典》，中华书局 1989 年版，第 626 页。

地区的乡村社会在土司制度的规范下得以运行。可以说，明清时期统治阶级关于土司及土司地区的治理思想、社会运行机制和轨道，三者共同构成了明清时期的土司制度。换言之，明清时期统治者的思想观念、理想是通过土司制度来落实和实现，土司制度无疑承载着统治者的思想观念、理想以及丰富的古代制度文化。

2. 文化整合

有研究表明，有明一代西南边疆至少有 18 个少数民族拥有 593 家土司，其中壮族 124 家，土家族 107 家，白族 106 家，彝族 90 家，傣族 41 家，布依族 31 家，苗族 20 家，蒙古族 19 家，侗族 13 家，纳西族 10 家，哈尼族 10 家，布朗族 7 家，回族 6 家，仡佬族 3 家，瑶族 2 家，阿昌族 2 家，普米族 1 家，景颇族 1 家。这些不同民族的土司无论在语言、分布地域、经济生活，还是在“共同文化上的共同心理素质”等方面均不同程度地存在着一定差异。[①] 中央王朝为了与少数民族土司保持着良性互动关系，在“因俗而治”思想的指导下，对土司制度进行了必要的文化整合。这里的“文化整合”，主要是指以汉族为主体构建的土司制度在近 20 个少数民族不同文化相互作用的过程中，以儒家文化为核心，对其他少数民族的文化特质进行了重建。在土司制度的文化整合中，儒家文化对其他少数民族文化具有协调和控制作用。[②] 文化整合后，让各地土司都知道，当某个土司在儒家文化支配下的行为与土司制度的有关规定相背离时（如不认同中央王朝、反叛中央政府等），就要遭到限制或惩罚。元明清时期推行的土司制度之所以能够维持六七百年，是因为汉民族的儒家文化与其他少数民族文化实现了一定程度的妥协。

3. 文化灌输

明清时期国家成文的土司制度是中央政府制定的用于协调和控制土司及土司地区民众行为的一个规则系统。通过这个系统，它无时无刻不在传递信息，教化土司必须按照中央王朝制定的土司制度行事，否则，不会有好结果，这是土司制度的文化灌输取得的功效。文化灌输是明清时期传统教育的重要原理和法则，是封建统治阶级巩固政权、确保国泰

---

① 成臻铭：《土司制度与西南边疆治理研究》，社会科学文献出版社 2016 年版，第 353 页。

② 王兆萍：《制度的文化功能》，《理论研究》2006 年第 3 期。

民安的有力举措。中央政府通过《大明会典》《大清会典》《大明律例》《大清律例》《钦定三部则例》和《钦定大清会典则例》等法典的颁行，使各地土司清楚地知道，在职官、承袭、征调、朝贡、赋税、奖惩、礼仪、文教、司法、抚恤等土司制度体系中，哪些事情是可以或者必须做好的，哪些事情是绝对不能做的。这样，自然地向各地土司及土司地区民众灌输中央政府的主流文化意识，达到思想统一、步调一致、保证土司制度顺利推行的目的。如《大清律例》"官员袭荫"条、"徒流迁徙地方"条、"盗卖田宅"条、"私越冒度关津"条等均对土司做出了严格的规定。加强灌输与教化，统一思想与观念，是包括明清中央王朝在内的历代统治者的执政理念。各少数民族土司及土司地区民众为了自身利益的最大化，必须对原有文化进行调整，这完全是出于他们改善自我的本能和需要，甚至是从被迫调整为自觉自愿。土司制度影响少数民族土司及民众的文化，这就是土司制度的文化灌输功能。

由此可见，明清时期国家成文的土司制度既是国家政权主导、土司政府配合、土司辖区民众积极参与而形成的产物，又是明清时期中央政府与各地土司互动与博弈、认同与调适的必然结果。有专家指出："制度是社会理想与社会现实之间的中介物和转化器，是先进理念的载体。"① 从明清时期的历史看，封建统治者的政治理想和远大目标要得以实现，必须制定一套符合现实需要的制度。明清中央政府在土司地区的国家治理方面，已制定了一套符合现实需要的从中央到地方的土司制度。从学理上看，土司制度是明清统治者秉持的思想、道德、文化以及各种政策不可代替的。土司制度功能的学理性主要呈现在两个方面：第一，土司制度的工具性。土司制度除了具有政治、管理、法律、社会及文化等具体功能以及给人们提供激励与约束等核心功能之外，它还具有很强的工具性。它的工具性体现在有助于解决土司的职衔、品级、承袭、征调、朝贡、抚恤等诸多问题。也就是说，包括土司职官制度、承袭制度、征调制度、朝贡制度、赋税制度、奖惩制度、礼仪制度、文教制度、司法制度、抚恤制度、分别流土考成制度、裁革土司安插制度等内容在内的

---

① 田广清等：《制度的十大功能：学理层面的诠释》，《北京行政学院学报》2007 年第 5 期。

土司制度不仅告诉土司及土司地区民众“应当怎样做”，而且还规定了土司及土司地区民众“必须怎样做”的具体程序、方法与路径。只有让各地土司及土司地区民众懂得“必须怎样做”之后，才能维护民族地区的社会稳定，缔造土司辖区的长治久安。第二，土司制度的稳定性。明清时期的土司制度虽然不是一成不变的，它随着当时的政治、经济、军事、文化以及社会状况的改变而改变，如土司承袭制度中的承袭程序、承袭次序、承袭范围、承袭变通方法及承袭法规等在明清两代，甚至在清代的康熙朝、雍正朝、乾隆朝等都在发生微调，但是这种变异与微调，并没有改变土司制度的职衔、品级、承袭、征调、朝贡、抚恤等主要内容和上述的五大基本功能，从这个角度讲，土司制度具有相对的稳定性。

第三节　土司文化

在元明清及民国时期近七百年的历史长河中，由于土司制度在西南、中南及西北地区的实施，各地土司在继承和发扬本民族文化的同时，不断接受汉民族文化的教育和熏陶，使少数民族文化与汉族文化不断融合，各民族民众的价值观、审美观、风土人情、生活习俗等不断得到修正，逐渐形成了一种被土司集团及当地民众共同接受的理念及行为，形成了特有的土司文化。[①]

一　土司文化的概念

“土司文化”作为学术术语，最先出现在余嘉华[②]的论文中。刘强、卫光辉在《古老而又年轻的江外土司文化》中结合云南土司的情况认为，土司文化是生活在云南境内的少数民族进入封建社会后在土司制度下形成和发展起来的文化，是边疆各民族人民在长期的社会历史发展过程中所创造的物质财富和精神财富。[③] 其实，这也并非对土司文化的界定。

① 李良品、袁娅琴：《土司文化的界定、特点与价值》，《遵义师范学院学报》2016 年第 4 期。

② 余嘉华：《雪山文脉传千古——兼谈土司文化评价的几个问题》，《民族艺术研究》1996 年第 2 期。

③ 刘强、卫光辉：《古老而又年轻的江外土司文化》，《创造》2001 年第 8 期。

（一）早期对“土司文化”的界定

2009 年，李良玉先生在《土司与土司文化研究刍议》中认为：“土司文化是历任土司在继承和发扬民族文化的同时，不断接受汉民族文化的教育和熏陶，使壮族文化与汉族文化融合在一起，人们的价值观、审美观、风土人情、生活习俗等得到不断的修正，逐渐形成了一种被社会集团成员共同接受的理念及行为，形成了特有的土司文化。”[①] 之后，成臻铭认为，土司文化是指在漫长的土司时期，由中央王朝和土司区各族民众共同创造的物质文化、制度文化和精神文化的总和。“土司文化是传统文化、民族文化、乡土文化、家族文化和政治文化的统一体，是一种具有多元性、原生性、本土性特点的民族文化。”土司文化具有“封建性”“民族性”“家族性”“政治等级性”等“传统性”特点，融传统文化、民族文化、乡土文化、家族文化和政治文化于一体，是土司区最具代表性的民族经典文化和贵族政治文化，因此，土司文化具有旅游文化研究、教育研究和政治研究等多重研究价值。[②]

（二）近期对“土司文化”的界定

李世愉先生认为这个概念“失之于宽泛”[③]。罗维庆在《土司文化的边际界定》中认为，“土司文化是民族文化的阶段性反映；家族文化是土司文化的组成部分；移民文化是土司文化的外来补充。”[④] 这也并非对土司文化概念的界定。李世愉先生在《试论“土司文化”的定义与内涵》一文中认为，从目前对“土司文化”概念的使用来看，主要有“土司时期的文化”“土司地区的文化”与“土司制度的文化”三种用法，但三者是不能互相取代的。“土司时期的文化”突出的是土司文化的历史性，“土司地区的文化”突出的是土司文化的地域性；土司制度文化则兼容两者，突出了土司文化的本质属性。严格来说，土司文化应该称为土司制度文化。他将土司文化界定为：土司文化是土司制度创建和推行过程中产生的一种特殊的历史现象。李先生指出，土司文化是土司制度推行过

① 李良玉：《土司与土司文化研究刍议》，《广西师范大学学报》2009 年第 3 期。

② 成臻铭：《论土司与土司学——兼及土司文化及其研究价值》，《青海民族研究》2010 年第 1 期。

③ 李世愉：《试论“土司文化”的定义与内涵》，《遵义师范学院学报》2016 年第 2 期。

④ 罗维庆：《土司文化的边际界定》，《遵义师范学院学报》2016 年第 2 期。

程中出现和存续的一种历史现象，土司文化不能简单等同于民族文化、乡土文化。[①] 在该文中，李世愉先生认为，土司文化应具备三个条件：一是必然产生于推行土司制度的少数民族地区，二是产生并存续于土司制度推行的历史时期，三是与土司制度密切相关。[②] 应该说，李世愉先生的这个界定比较符合实际。

（三）土司文化的规定

著者结合李先生提出的三个条件，拟对土司文化界定为：土司文化是指由中央王朝与西南、中南及西北各土司区各族民众在长期的社会历史发展过程中共同创造的与土司制度密切相关的物质文化、制度文化和精神文化的总和，土司文化是元明清及民国时期中央政府、民族地区土司政治、中原文化传播和儒家伦常观念与少数民族区域文化共同作用的产物。土司文化是民族经典文化和地方贵族文化的代表，是中国传统文化、家族文化、政治文化、民族文化、乡土文化等多元文化的统一体，特点鲜明而内涵丰富，具有重要的历史镜鉴和智慧启发的作用。土司文化在原土司地区至今仍然影响着人们的思想观念、言行方式和生产生活，具有不可忽视的重要价值。随着播州海龙屯、溪州老司城和唐崖土司城等成功入列世界文化遗产，中国土司文化的整理、挖掘与利用将成为社会各界讨论的重要话题，也为世界了解中华民族和当代中国打开了一个窗口。

二　土司文化的类型

土司文化是指生活在土司统治区域内的少数民族在土司时期形成和发展起来的与当地土司密切相关的文化。有的学者将土司文化分为有形文化和无形文化两类。有形文化包括土司的文化遗迹、历史文物、民居建筑、服饰、饮食、民族乐器、歌舞道具、宗教器物、交际礼品、工艺产品、生活用具、生产工具等；无形文化包括土司的神话传说、史传谣谚、故事寓言、音乐舞蹈、节庆活动、民间习俗、人生礼仪、宗教祭典、

---

① 李世愉：《试论“土司文化”的定义与内涵》，《遵义师范学院学报》2016 年第 2 期。

② 同上。

习惯法规等。[①] 土司文化有着非常丰富、深广的内涵，著者按照目前对文化的常规分类，将其分为 3 个层面。[②]

（一）物质文化

根据文化的呈现形式，物质文化或物态文化主要是指人们为满足人类生存和发展需要而创造的物质产品，是文化要素或文化景观的物质表现，与“非物质文化”相对而称。元明清等朝在大一统历史框架和地方行省管理体制下实施土司制度，王朝国家对西南等民族地区和少数民族实现政治共同体整合，使历代土司各族土民在与中央政府和民族交融中创造了深厚的物质文化，以物质形式呈现历代土司生活起居与军政活动和各族土民的衣食住行与观念情趣。

我国西南等地土司政权是军政一体的地方统治机构，土司文化是土司政治的集中反映。因此，土司物质文化首先就表现为与历代土司军政活动有关的对象，传统建筑主要包括土司时期的城池、王宫、观阁、亭榭、坛庙、陵墓、公馆、别墅、寺观、佛塔、楼祠、营盘、寨堡、摩崖、题刻等，其遗迹遗址显示出高超的艺术创造力和精湛的工艺水平，成为触发人们感化古今、缅怀兴亡、凭吊先贤的对象。[③]

西南等民族地区和少数民族特殊的经济、社会和文化发展状况及元明清等朝有限的集权统治能力与高昂的行政管控成本是中央政府创设实施土司制度的重要原因，各民族包括土司、土民等的人们在土司时期有着独特的生产劳动方式和生活消费习惯。因此，土司物质文化也表现在生产生活中器具及其制作工艺、使用方法，也包括物产资源及其加工销售，成为土司地区各族民众赖以生存发展的物质基础，如锄头、犁头、耙、镰刀、弯刀、斧头、风簸、连枷等农耕工具，铁锅、碗、瓢、盆、桶、铁铲、背架、背篓、碓、蓑、笠、囤箩、篾盆、簸箕、筛、砍柴刀、筷子、火钳、蒸笼、桌子、板凳等生活用具，动物、植物、矿物资源和手工业品、商品性农产品等，服饰、饮食、交通、兵器、娱乐等的物质

---

① 刘强、卫光辉：《古老而又年轻的江外土司文化》，《创造》2001 年第 8 期。

② 彭福荣：《乌江流域土司文化述略》，《长江师范学院学报》2016 年第 1 期。

③ 龙春燕：《水西土司物质文化述论》，《长江师范学院学报》2014 年第 5 期。

载体。[①]

（二）制度文化

制度文化是人类出于自身生存、社会发展而主动创制出来的有组织的规范体系，是人类在物质生产过程中结成各种社会关系的总和。土司制度是元明清等朝吸取羁縻统治和土官政治的经验教训，在大一统历史框架内和地方行省管理体制下而对西南等民族地区实行的特殊政治制度，是中国国家制度文明的创新、传统政治文明的丰富和国家治理体系的阶段性完善，对维护祖国统一、底定我国版图有着重要的作用，广泛深远地影响西南等民族地区和国家边疆民族的政治、经济、文化、观念、习俗。

作为元明清等朝国家整合的手段，土司制度文化首先表现为逐渐完善至废止、逐步强制历代土司遵守的土司制度，是中央政府续递羁縻统治传统、吸取土官经验教训的产物，涉及职衔承袭、朝贡纳赋、军事征调和崇儒兴学等方面，具体包括土司职官制度、承袭制度、贡赋制度、征调制度、奖惩制度、文教礼仪制度等的沿革、实施及效能。在元明清等朝与历代土司的利益博弈中，国家权威得到体现并逐渐延伸至少数民族和民族地区，中华民族的交流交往交融得到不断深化，一体多元的国家治理体系逐渐得以完善和巩固，各民族的政治、经济、文化的联系得到逐渐强化。

国家集权统治能力有效、行政管控成本高昂及西南等民族地区与少数民族总体发展滞后、程度各有差别的特定历史条件是元明清等朝创设实施土司制度的根本原因，制度设计和政治实践中“齐政修教，因俗而治”的属性使其具有高度的包容能力。历代土司以认同元明清等朝续递国家治统来换取自身的统治利益，历史形成、特色鲜明的民族传统制度仍然成为促进少数民族发展和维系民族地区秩序的有力手段，使中国土司制度文化呈现出区域性和民族性特征。贵州水西等地的彝族及先民形成军政一体的组织制度——则溪制度、水西土司政权内部独特完整的职官制度——九扯九纵制度、十二宗亲四十八目代表的宗法制度、布摩摩史引领的文教制度，成为水西彝族土司实践土司政治、发展壮大族群、

① 龙春燕：《水西土司物质文化述论》，《长江师范学院学报》2014年第5期。

维系社会秩序的重要手段。[①]

中国西南等地的历代土司是元明清等朝在边疆民族和民族地区的“王臣”，代表中央政府实现间接的国家统治，承担和履行社会事务治理的政府职能。因此，历代土司出于维持统治和维系秩序以谋求统治利益，在民族习惯法基础上，借助土司职衔、家族宗法的权威而制定出界于国家成文法与民族习惯法之间的法律条规，意在从家族内外最大限度地稳固其土司政权。西南等地的历代土司受中原文化和儒家伦常的影响，创造性地实现宗法制度与土司政治的整合，利用家族谱牒等形式强化土司统治。广西忻城莫氏土司有“训荫官”“遗训”“族示”“家训”等，劝导官族成员读书明理、忠孝耕织、服劳奉养、行商贸易、勤俭持家和勿忘本贪财等，土官莫振国《教士条规》16条规定家族子弟和土民精英的文教活动，从思想、政治、行为等方面约束家族子弟和各族土民，起到维系统治和秩序的作用。[②] 历代土司为维系自身统治和履行王臣义务，将其占有的山林土地——“官田”等以各种名目分给各族土民，靠剥削和占有其成果及服务来实现其土司统治。播州杨氏土司占有肥沃的“官田”，无偿占有土民的劳动成果，又按各种劳役不同分给土民“役田”，换取其对土司政治提供劳役服务。[③] 因此，历史文献记载和田野调查发现，西南等地的土司地区多有诸如“轿夫田”“兵田”“挑夫田”“渡夫田”“民田”等称谓。明代广南侬氏土司占有官田和无主荒田；农民仅占有自己开荒的己业田。清雍正年间改土归流以后，广南侬氏土司把土地分为“私田”和“公田”两种。“私田”即土司直接掌握经营的私庄。土司下面的小封建领主“布苏”“布斗”“伙头”等，则由土司分给“薪俸田”。“公田”即村社共同占有的部分，由“伙头”分给农奴的个体家庭使用，土司并不直接干涉这部分土地的分配和使用。土司下辖小头目有下列名称的田：布苏（小封建领主，土司身边分管政务官员）田、布斗（土司的基层官吏）田、旗丁（常备兵和集体为土司服兵役人员）田、伙头

---

① 马率帅：《水西安氏土司地方社会控制研究》，硕士学位论文，中南民族大学，2014年，第21—23页。

② 蓝承恩：《忻城莫氏土司500年》，广西人民出版社2006年版，第92—96页。

③ 李良品、李思睿、余仙桥：《播州杨氏土司研究》，华中科技大学出版社2015年版，第131页。

（为土司代管田庄的人员）田、贡赋徭役田（包括贡物田、拉狗田、烧烤田、汤粑田、扫把田、粽粑田、三牲田、烤火田、瓦窑田、织布田、哭丧田、守坟田、吹鼓田、喂奶田、放炮田、洗衣田、针线田、抹便田、松毛田）、养牛田、养羊田、养鹅田、养猪田、送鱼田、烧鱼田、烧柴田、献茶田、打酒田等。[①] 此外，西南等地少数民族历史形成的习惯法与国家实施的土司制度互相裨益，也是维系民族地区土司政治的重要手段，历代土司通过乡规民约，劝导各族土民禁绝偷盗、淆乱伦常、损坏公产及尊敬长上、扶危济困，有力维系民族地区的社会秩序。

由此可见，中国土司制度文化是元明清时期国家经略民族地区、管控民族社会的特殊文化形态，具有上下互动、一体多元的特征，体现我国传统政治文明的高度成就和国家治理体系的复杂结构，其内涵具有时代性、民族性和地域性等重要特征，闪耀着中国传统治国理政思想的光芒，也为促进中华民族团结繁荣交流、中国社会主义道路认同和中国国家认同提供历史镜鉴和制度参考。

（三）精神文化

精神文化是人类各种意识观念形态的集合，是人们在物质文化基础上形成的特有意识形态，具有人类文化基因的继承性及在实践中不断丰富完善的可能性，对创造物质文化、制度文化具有强大的推动作用和影响力量。中国土司精神文化的核心价值在于“忠信孝悌”的伦理观、尊祖敬宗的家族观、人际和谐的亲睦观、人地和谐的自然观、重视品行的道德观，是王朝国家倡导、中原文化影响和历代土司回应的结果，其表现形式也十分丰富。

历史实践证明，我国经略民族地区的传统方法是政治整合和文化改造，中原文化逐渐成为国家主流意识形态得到历代王朝的大力推崇，成为深化中华民族“多元一体”和中国国家“多元同创”的文化血脉。元明清等朝通过土司制度实现王朝国家的政治共同体整合，通过崇儒兴学和开科取士等形式，强化民族地区的中原文化传播和学校教育振兴，创建土司族裔专有并惠及土民精英的学校，延请汉族精英教化少数民族子

---

① 云南省广南县地方志编纂委员会编：《广南县志》，中华书局 2001 年版，第 796—797 页。

弟，在军政活动和儒学教育中推崇孔孟之道，宣扬“忠孝仁爱”，引导和强化各民族的中原文化认同，将儒家伦常观念内化为自身言行处事、发挥宗族文化的作用，通过修纂家谱、修建祠堂、制定族规、祭祀祖先、保留族田等形式强化各民族的血缘、地缘关联和民族地区的秩序稳定。[①]受土司制度实施和中原文化传播的影响，西南等地的少数民族不断进行自身宗教信仰与佛教、道教等全国性宗教的整合，根据中央政府的规定建立僧官制度以强化宗教信徒管理，修建庙宇寺观以倡导行善皈依，进行祭祀祠典以强化宗教文化认同，有效地利用宗教文化实现了化导民众、维护秩序和维系统治的目的。

随着中原文化传播和学校教育的兴起，西南等地的民族教育逐渐发展，出身少数民族的文化精英逐渐具备较高的文化水平和文艺修养，故而编纂史志文献、奏告地方事务及吟咏山水人文的活动催生了中国土司文学。中国土司文学既有志史、谱牒、碑文、公文檄书等文史类著述，又有诗歌、散文、辞赋、杂感等“纯文学”样式，自然山水、风土人情、自身交游和军旅行役等成为少数民族文人笔触所及的对象，内涵可谓丰富，作品具有鲜明的地域性、民族性和时代性的特征，融家族命运、个人际遇与国家兴衰为一体，投射出鲜明强烈的国家认同意识，成为中国土司精神文化不可忽略的重要部分。[②] 此外，西南等地各民族在土司时期传承表演艺术如音乐、舞蹈和综合艺术如戏剧、戏曲、曲艺等，使之成为表达理想、传承知识、反映社会、娱乐情绪的重要手段，而诸如附着在建筑、造型及服饰装饰等形式上的艺术成就显示了人们的审美情趣、社会理想和道德取向，成为民族文化的重要部分。

从物质、制度、精神层面看，中国土司文化的表层——土司物态文化变化最快，作为文化里层——土司心态文化变化最慢，土司物态文化承载土司制度文化的诸多内容，制衡土司和土民的言行观念，进而冲击土司精神文化。与此相反，中国土司精神文化由内而外，对土司文化的其他层面发生决定作用，民族传统文化具有强大的社会遗传性，左右着

---

① 李良品、李思睿：《明清时期西南民族地区宗族组织的结构、特点与作用》，《广西民族研究》2015 年第 1 期。

② 彭福荣：《乌江流域土司文化述略》，《长江师范学院学报》2016 年第 1 期。

土司政治中各阶层人们的言行举止和思想观念，进而转变为现代土司文化现象。

三 土司文化的特点

土司文化是受中央政府、土司政治以及儒家文化和地方文化的影响而产生的一种特殊文化，是民族经典文化和地方贵族文化的代表，是中国传统文化、家族文化、政治文化、民族文化、乡土文化等多元文化的统一体，具有多种特点。

（一）多元性

任何一个土司所传承的文化，都是多元文化。元明清时期每个土司承载和传承的心态文化包括思想理念、价值观念、礼仪习俗、人际关系等，所有心态文化影响各个不同土司内部成员的价值取向、道德情感，体现出个性特色。从各地土司的条规、族谱、诗文、楹联等内容看，其心态文化体现出多样性。第一，推崇和传播儒家文化。如播州杨氏土司在元明等朝致力于振兴学校和中原文化传播，杨汉英在元朝初年振兴儒学，中央王朝恩赐播川县杨朝禄成为进士。明代初年，播州杨氏土司受明太祖朱元璋“诏诸土司皆立儒学”的影响，将中原文化教育惠及土民，杨铿于洪武十三年（1380 年）建播州长官司学，于永乐四年（1406 年）升宣慰使司学。杨相于嘉靖元年（1522 年）得明世宗赐《四书集注》，儒家经典被用作播州地区生员的教材。可见，明代播州土司实施的学校教育受到中央王朝的高度关注，且文教日兴，使土司家族子弟的汉文化水平得到提升，获有不菲的成就。元代杨汉英“究心濂洛之学”并有《明哲要览》《桃溪内外集》等著述而成为学者和诗人。杨升执政时期“明断宽裕”，疑难“博询于众”，后九次赴京朝觐而得永乐皇帝“屡赐玺书褒奖”，杨纲、杨辉等土司颇有文艺才华。播州杨氏土司不仅在教育本族子弟和地方学子时以儒家经典为教材，而且在他们的诗文中也渗透了尊儒重道、忠君报国、仁义博爱、勤俭持家等思想，这些都是播州杨氏土司维护其统治地位的思想理念。第二，注重宗教信仰。如播州杨氏土司在竭力推崇儒家教化的同时，对佛教和道教采取了兼容并蓄的态度，积极加以改造利用，使其呈现出儒、释、道、巫混杂合流的特征。据有关史料记载，元明时期，播州杨氏土司先后修建万寿寺、普济庵、大德护国寺、净土庵、普慧寺、桃溪寺、茅衙寺等30余座佛寺。同时还十分重视道教，宝庆三年（1227年），宣慰使杨价于碧云峰下建大报天正一宫。元天历二年（1329年）大报天正一宫被毁后，杨嘉贞重建，其后屡毁屡建，直至杨氏土司灭亡时消失。明正德十二年（1517年）冬，播州宣慰使杨斌弃官修道，于城北高坪紫霞山建先天观修行。杨氏崇佛奉道，融会三教，极大地促进了佛教和道教在播州地区的传播与发展，打破了民族文化和宗教文化的狭隘界限，加速了儒释道巫混杂合流的步伐，对播州地区的佛教和道教文化影响甚大。[①]

（二）丰富性

土司文化是物质文化、制度文化、行为文化和心态文化的综合体，因此，任何一个土司的文化均十分丰富。如满足各地土司、土司家族及辖区民众生存和发展需要所创造的物质文化，包括建筑类、生产生活类、物产类、服饰类、饮食类、交通类、兵器类、娱乐类、办公用具等类型，各种类型又包括很多小类。在贵州水西地区，其交通方面素有“九驿”“十桥”之说。所谓“九驿”，就是洪武十七年（1384）奢香修建的龙场驿、陆广驿、奢香驿、金鸡驿、阁鸦驿、归化驿、毕节驿等驿站。“龙场九驿”全长三百多公里，其中龙场驿是九驿的交通枢纽，北抵重庆，西接毕节，南达贵阳，成为水西安氏土司的交通大动脉。而“水西十桥”实际上有二十几座，被称为前十桥和后十桥。前十桥是成化年间（1465—1487年）由贵州宣慰司安观主持修建，后十桥建于万历年间（1573—1620年），由安国亨主持修建。[②] 在广西忻城的莫氏土司衙署建筑群的装饰中，除人物形象外，动物有蝙蝠、蝴蝶、鹿、鹭鸶、仙鹤、喜鹊等，植物有松、竹、梅等，器物有石鼓等，文字有“卍”“寿”等字样，这些装饰都不仅体现了土司阶层追求“福、禄、寿”[③] 的思想观念，而且更彰显了土司文化的丰富性。

（三）民族性

土司文化由于长期根植于少数民族地区，与当地少数民族结下了不

---

① 李良品、李思睿、余仙桥：《播州杨氏土司研究》，华中科技大学出版社2015年版，第270—274页。

② 龙春燕：《水西土司物质文化述论》，《长江师范学院学报》2014年第5期。

③ 韦业猷编著：《忻城土司志》，广西人民出版社2005年版，第408—409页。

解之缘，其文化自然具有少数民族的烙印。因此，土司文化不仅是民族文化的重要组成部分，而且是某一个具体少数民族最具代表性的经典文化和精英文化。在现存的诸多土司文物中，诸如国家级文物保护单位的奢香夫人墓、大屯土司庄园、开阳马头寨古建筑群、孟连宣抚司署、南甸宣抚司署、兔峨土司衙署、叶枝土司衙署、纳楼长官司署、陇西世族庄园、莫土司衙署、卓克基土司官寨、沃日土司官寨经楼与碉楼、鲁土司衙门旧址等，省级文物保护单位的施南宣抚司土司皇城、邦角山官衙署、刀安仁墓、岑氏土司古建筑群、瓦氏夫人墓、巴底土司官寨等，无一不是它所代表的少数民族的文化经典杰作。据史料载，明清时期的“贵州宣慰府”有“九层八院”，所谓“九层”为沿中轴线往上依次排列九间大殿，“八院”即是从第二殿开始的等8个四合院落，包括更苴栋谷、恩奥栋谷、菲柯栋谷、够葛栋谷、拜项栋谷、姆骂栋谷、更兹栋谷、吉略栋谷、布摩栋谷九间大殿，分别具有不同的功能。整个宣慰府室内装饰及陈设都是依据彝族传统风格所修建而成，无不散发出彝族“龙虎文化”的神秘光芒。

（四）不可再生性

所谓的“不可再生性”，是指我国异常丰富的土司文化资源因政治原因或管理不善而遭到严重破坏，其损失已经无法挽回，即使千方百计采取人工措施进行修复或补救，也无法通过重新再造使其真正复原。在榜上有名的国家级和省级文物保护单位中，如湖南永顺老司城遗址、湖北唐崖土司城遗址和容美土司遗址、贵州遵义海龙屯遗址和纳雍县水西宣慰府遗址，甘肃永登县鲁土司衙门旧址、湖南保靖县洛浦土司故城遗址、贵州岑巩木召庄园遗址和九层衙门遗址等，均属不可再生性的土司文化。何谓“遗址”？它就是人类活动的遗迹。前面所列的这些遗址，主要是元明清时期各地土司为不同用途所营建的包括宫殿、官署、寺庙、作坊以及范围更大的村寨、城堡、烽燧等各类残迹建筑群体。昔人已乘黄鹤去，此地空余旧城址，这些遗址已经不可再生，无疑是我国土司文化的巨大悲哀。通过对这些土司遗址的调查发掘，可以揭示元明清时期的遗迹，进而考察有关土司的政治、经济、社会、文化等状况。

四　土司文化的价值

葛政委在《土司文化遗产的价值凝练与表达》一文中首次提出了土司文化遗产的最高价值和核心价值的问题，并且认为土司文化遗产的最高价值和核心价值表现在3个方面，一是三处土司遗产是中世纪时期全球山地传统城市的代表，二是三处土司遗址见证了世界上一种独特政治制度的产生、发展与衰亡，三是三处土司遗址反映了13—18世纪中国西南多族群独特的社会文化面貌。[①] 著者认为，这很有独创性。其实，土司文化蕴含着十分丰富的价值。

（一）思想价值

土司文化作为一种遗产，反映了元明清时期的哲学、政治、经济、军事、道德、文学等方面的思想观念。无论是永顺老司城、唐崖土司城、遵义海龙屯，还是孟连宣抚司署、南甸宣抚司署、叶枝土司衙署、兔峨土司衙署、纳楼长官司署等，无不昭示着一个努力维护中央王朝正统和国家统一的边缘或边疆少数民族的爱国情怀。《中华覃氏志》所载湖北利川土司《覃氏家谱》之“家规”就包括存心、修身、敬祖先、孝父母、敦手足、正家室、务耕读、和族邻、择师友、维风俗计10条，每一条的思想价值极高，如“务耕读”条云：“君子当尽其在我，不义而富且贵，于我如浮云。若勤耕而得富，则非不义之富也。若读而得贵，则非不义之贵也。古昔盛时有井田，以安天下之野人，故衣食足而国无游惰。有学校以教天下之士子，故礼义兴而朝多圣贤。秦汉而后田由民置，学尚虚文。然既生于世，即不得不勤耕苦读也。吾族朴者，宜归农，毋辞胼胝之劳，将仰足以事，俯足以畜，不期其富而自富矣；秀者，宜归学，毋畏就将之苦，则太上立德，其次立言，不期贵而自贵矣。”[②] 湖北利川覃氏土司在与中央政府以及汉族地区的交往过程中，不仅良性互动，积极学习汉族先进的思想和文化，从这些家规、家训、家禁等规定中反映

---

① 葛政委：《土司文化遗产的价值凝练与表达》，《长江师范学院学报》2014年第5期。

② 《中华覃氏志（利川卷）》编纂领导小组：《中华覃氏志（利川卷）》，内部刊行，2005年，第73页。

出明清两代覃氏土司独特的哲学、政治、文化等方面的思想。①

（二）历史价值

土司文化具有十分重要的历史价值。如作为物态文化的代表土司遗址和土司衙署，它具有见证元明清时期中央政府治理民族地区和边疆地区的历史价值。土司制度作为元明清时期重要的政治制度之一，对我国统一多民族国家的形成、延续与发展起过重要的历史作用。如遵义海龙屯完整地见证了由唐代至清代中央政府治理西南少数民族地区的政策由唐宋时期的“羁縻之治”到元明时期的土司制度再到明末的“改土归流”的历史变迁。永顺老司城同样是湘西少数民族历史、社会、文化等方面发展与变迁的见证。② 作为土司文化重要内容的中国土司制度史料文献，不仅系统地反映了元明清时期中国土司制度的起源、发展、兴盛与衰亡的历程，真实地记录了历代中央王朝、各级官府、各级土司与乡村社会的社会变迁、民族关系、国家认同与文化认同，而且更是了解中国历史特别是元明清时期近七百余年土司制度的实况及对社会影响的珍贵资料。

（三）学术价值

作为以历史学为基础的土司文化，其学术价值主要是指包括土司制度在内的土司文化在自身发展中的价值，土司文化如果一旦在研究领域的理论、史实与方法上有所突破、有所创新，那么它就具有较高的学术价值。一是土司制度的学术价值。土司制度的研究可以将历史学、民族学、政治学、社会学、管理学、经济学、军事学及历史人类学等学科的基本理论相结合，不仅可以丰富和完善相关学科领域的研究，而且还可以为构建“土司学”的理论体系奠定坚实基础。在学术理论方面，可以通过国家层面和地方层面土司制度的深入研究，深入探寻中国土司制度在不同民族、不同地域实施过程中的差异，彻底厘清历代封建王朝对西南、中南、西北少数民族各方面治理的成功经验和失败教训，认识历史发展规律。二是土司遗址的学术价值。一些土司遗址文物考古的新发现，可以起到补史证史的作用。如遵义海龙屯的考古发现，弥补传统文献记载缺失或歪曲所留下的遗憾。众所周知，播州杨氏土司家族以及播州土

① 葛政委：《土司文化遗产的价值凝练与表达》，《长江师范学院学报》2014 年第 5 期。

② 同上。

司历史，大多数古代历史文献的记载都过于简略，即使现在可考的文献资料，也基本上是按“成王败寇”立言。无论是李化龙的《平播全书》，还是张廷玉的《明史》，以及其他存世文献的立言者，均是属于胜利者一方，而对于失败者一方的播州杨氏土司家族以及播州土司历史却少有全面而客观的记载。甚至“改土归流”后的社会舆论和大量传世诗文，也都按照官方的意志进行褒贬和撰写，这就使对播州杨氏家族和播州土司历史的研究难免带有许多主观主义色彩。不过，随着播州土司文化遗存的陆续发掘，特别是海龙屯上的《骠骑将军示谕龙岩囤严禁碑》、高坪杨氏墓葬群中出土的《杨文神道碑》等珍贵文物，记载着众多关于杨氏家族和播州土司历史的发展情况，它不仅对研究播州土司制度、杨氏家族历史等均具有重要的史料价值，而且可以弥补杨氏家族以及播州土司历史研究中传统文献记载缺失或歪曲所留下的遗憾，使史学界对杨氏家族以及播州土司的研究回归历史本原。[①]

（四）教育价值

土司文化处处彰显出厚重的“忠孝文化”、国家认同意识以及爱国主义精神，具有十分重要的教育价值。一是忠孝教育。忠于国家、孝敬父母是其重要内容。如施南《覃氏族谱》之“家训”中“孝父母”条有如下内容：“诚以父母之恩，虽碎骨犹难酬也。今则人情不同，往往爱子恒觉有余，而爱亲常若不足。不知今日吾为人父，而吾之爱子如是，其至而迥异。吾为人子，吾亲之爱，吾身夫亦何独不然。且吾之于子，教养婚娶，为日甚长。而吾之于亲，年华筋骨，为欢无几，若能及时尽孝，则敦本重伦，亦或庶几近之矣。不然，亲有饥寒而漠焉置之，亲有疾痛而淡焉忘之，纵功名盖世，富贵惊天，而本宽先拔衾影，能无自惭？语云：五伦莫重于亲，百行莫先于孝，正此谓也。”[②] 二是认同教育。明清时期的很多土司在以身份职权得到中央政府认同后确立对国家的认同，他们即使处江湖之远，但每逢中央王朝的政权更迭，均能审时度势、迅速顺应历史发展潮流，主动归附中央王朝，且按例朝贡、奉调出征，且通过各种活动，使自己的土司身份认同愈加强烈，国家观念亦沉淀在土

---

① 魏登云、陈季君：《论播州土司文化遗产及其价值》，《攀登》2015 年第 5 期。

② 覃章义：《施南覃氏族谱校注》，内部刊行，2016 年，第 24 页。

司文化的历史之中。如施南《覃氏族谱》之“家训”包括孝父母、和兄弟、厚宗族、睦乡里、严闺阃、保祖茔、勤读书、端士品、重农事、急饷糈、尚节俭、解仇愤、慎交游、恤使从等条目，无一不是对国家主流认同后的精辟归纳。如“端士品”条云：“国家设立学校，原以兴行教化，砥砺名节。俾读书士子，忠君孝亲，持己不亏，秉礼守义，应世无惭。乃迩来士风不端佻，达成习，恃青衿为护符，辄敢借事生波，以刀笔为能技，遂尔成风打码，甚至隐粮占产、夺婚、掳良，种种刁险，毫无顾忌。不知一行有败，百行可疑，片言欺心，终身莫补。吾族士习切勿踵此积弊。”[①] 由此可见，施南覃氏土司在儒家思想的熏陶下，自觉接受礼治观念，儒家文化认同的升华使覃氏土司的国家认同逐步加深，对中央王朝的臣服和忠顺已深入骨髓。三是爱国教育。据文献载，明清时期的土司，当面临外来入侵或国内叛乱时，众多土司总是打着“卫道”“勤王”“援辽”“平叛”等旗号，以爱国主义为依归，反对分裂，维护祖国统一。石砫宣慰使秦良玉在维护国家统一、反对分裂割据方面做出了巨大贡献。这集中体现在秦良玉平定“奢（崇明）安（邦彦）之乱”所做出的贡献。天启元年（1621年）九月，秦良玉奉令回川扩兵援辽，抵石砫仅一日，适逢永宁宣抚使奢崇明反叛，并自称“大梁王”。秦良玉乃挥师西上救援。奢崇明慑于白杆兵的威名，派人赠金帛结援，秦良玉立斩来使，把金帛赠赏三军，派民屏、侄儿翼明、拱明率四千兵马倍道兼行，自带六千精兵长驱西进，使成都顺利解围，并一举收复重庆。随后又率师入黔，最后平定川黔一带分裂叛乱势力。从《明史·秦良玉传》所记看，正是秦良玉拒贿斩使，奋戈而起，及时申报朝廷，奢崇明叛乱才得以平定。《明实录》中还收录了秦良玉当时的奏折内容，其中云：“永宁奢酋，残杀各官，雄据渝城，大逆不轨，臣闻怒发上指，誓不与贼俱生。随即首倡大义，部精兵万余，自裹行粮，同弟民屏及兄邦屏子翼明、拱明，先发兵四千，卷甲疾趋，倍道兼行，潜渡渝城，扎营南坪关咽喉之地，以扼群贼归路。伏兵夜袭两河，破烧贼船，以阻东下。臣亲统杀手六千，令民屏督阵前锋，沿江而上，水陆夹攻。又留兵一千，多张旗帜，护守忠州一带地方，以为犄角。移文夔州府，把守瞿塘上下，

① 覃章义：《施南覃氏族谱校注》，内部刊行，2016年，第26页。

星夜进兵。”[①] 在平定奢崇明叛乱、收复重庆的战斗中，秦良玉所部起到了非常重要的作用，为维护国家的统一，尽心竭力，功勋卓著。[②] 正是由于各地土司以“忠孝、认同、爱国”作为在当地的执政理念，从而促进了土司地区社会稳定，使各地土司的统治长盛不衰。

（五）艺术价值

作为物态文化的土司遗产具有多种艺术价值。如一些现存的土司衙署拥有丰富多样的建筑、绘画、雕塑等土司文化遗产，人们在游览时可以感受到艺术之美、文化之美。如永顺老司城考古发现的不少瓷片或装饰品，可让人遐想中世纪的传统工艺之美。在唐崖土司遗址，明代的石人石马、牌坊仍然保留至今，可让人感叹唐崖覃氏土司为国奔走尽忠之美。[③] 在遵义海龙屯，人们可以感受到和谐、悲壮、残缺之美。一是人与自然和谐之美。从选址来看，海龙屯三面环水，一面衔山，四面群山环绕，屯在中央，形似群山环抱的“莲花”，是崇山峻岭中的一朵耀目奇葩。其选址完全符合阳宅“枕山、环水、面屏”的理想空间模式，既考虑了先天风水自然因素，又考虑了后天城堡防务之需，充分体现了人与自然和谐之美。二是军事城堡残缺之美。经过“平播之役”毁灭性的打击和四百余年风雨沧桑的销蚀，海龙屯当年盛世繁华之景早已不再，遗留在屯上的只有九个残缺的关口、残垣断壁的围墙，给后人留下了一种勾魂夺魄之美。[④] 在云南等地的一些现存的土司衙署，留给人们的却是另外一种审美艺术。南甸宣抚司署的布局和建筑形式仿照清代的藩台、臬台衙门，是四进宫殿式建筑群，具有“正立春秋”的特点。整个司署占地面积原为 10625 平方米，坐东南向西北，沿一条长 130 余米的中轴线上，由西北向东南依次排列大堂（审判厅）、二堂（议事厅）、三堂（会厅）、正堂（土司办公、起居处所），每进两侧附设厢楼，形成互相连通但又相对独立的四合院式。整座司署分为四个主院、十个旁院，共 47 幢 149 间房屋，计有粮库、军械库、监狱、佛堂、学堂、戏楼、绣楼、八角

---

① 《明实录·熹宗天启实录》（卷 16），上海书店 1982 年影印版，第 19—20 页。

② 李良品等：《石柱“秦良玉文化”的类型、成因与保护》，《重庆社会科学》2007 年第 11 期。

③ 葛政委：《土司文化遗产的价值凝练与表达》，《长江师范学院学报》2014 年第 5 期。

④ 魏登云、陈季君：《论播州土司文化遗产及其价值》，《攀登》2015 年第 5 期。

楼、字堂、经书堂以及花园、练兵场等建筑。现存的四进主院落的主体建筑为面阔五间，抬梁式土木结构，单檐硬山顶，青色筒瓦屋面，左右两侧又分布有各类亭阁、楼堂、庭院、花园等附属建筑，组成一组主次分明、高低有致的宫殿式建筑群。南甸宣抚司署是目前国内建筑规模最大、保存最为完整的傣族土司衙署之一，具有极高的文物价值和艺术价值。[①] 又如陇川宣抚使衙署布局、格式也系仿照清代的藩台、臬台所建，为四进的宫殿式建筑群，规模宏大，气势不凡。现存的第四进正殿及左右厢房坐东北朝西南，排列有正殿，两侧厢楼、厅堂等，呈四合院式。正殿建在较高的石砌台基上，面阔五间，抬梁式土木结构，单檐硬山顶式屋顶，筒瓦屋面。内檐拱形天花，呈穹隆式，梁柱间雕梁画栋，枋头作龙凤圆雕，梁垫、雀替部分做透雕，门窗做各种花饰，墙壁绘山水画，格调典雅，富丽堂皇。正殿前后布有走廊，过道铺孔雀、白鹭纹饰浮雕地砖。陇川宣抚使衙署同样具有极高的艺术价值。[②] 这些土司衙署给人们留下了建筑之美、雕塑之美和绘画之美。

（六）资源（经济）价值

我国的土司文化遗产不仅十分丰富，而且拥有大量的资源价值。在国家记录在案的土司文物保护单位中，现有世界文化遗产三个，即湖南老司城遗址、湖北唐崖土司城址、贵州遵义海龙屯遗址，国家级文物保护单位 16 个，即湖北鹤峰容美土司遗址，贵州大方县奢香夫人墓、毕节大屯土司庄园、开阳马头寨古建筑群，云南广南侬氏土司衙署、孟连宣抚司署、梁河南甸宣抚司署、兰坪兔峨土司衙署、维西叶枝土司衙署、建水纳楼长官司署、新平陇西世族庄园，广西忻城莫土司衙署，四川马尔康卓克基土司官寨和直波碉楼、小金县沃日土司官寨经楼与碉楼，甘肃永登县鲁土司衙门旧址；省级文物保护单位 20 个，即湖北省宣恩县施南宣抚司土司皇城和猫儿堡土司墓群，湖南省保靖洛浦土司故城遗址，贵州省岑巩木召庄园遗址、纳雍县水西宣慰府遗址、大方县九层衙门遗址和千岁衢及摩崖石刻、遵义高坪杨氏墓群（包括杨辉墓、杨烈墓）、道真明真安州城垣、黄平岩门司城垣，云南省景东卫城遗址、陇川县邦角

---

① 吴高仪等：《德宏州文化艺术志》，内部刊行，2001 年，第 70—71 页。

② 同上书，第 72 页。

山官衙署、宣威市倘可巡检衙署、盈江县刀安仁墓，广西西林县岑氏土司古建筑群、靖西县旧州岑氏土司墓群和瓦氏夫人墓，四川省丹巴县巴底土司官寨，此外，还有 60 余处区县级土司文物保护单位。这些土司文化遗存包括土司治所、城堡、官寨、衙署建筑群、庄园、墓葬（群）以及石刻、城垣、经堂等其他单一功能的土司建筑[①]，它们既是文化资源，也是经济资源和社会发展资源。在土司遗址成为世界文化遗产后，这些土司文化遗产在有效保护的前提下，其经济价值会自然地得到一定的开发。因此，这些土司文化遗产的价值不仅具有资源价值，而且也具有经济价值。

总之，正是因为土司文化具有这些特点与价值，所以成功获批世界文化遗产。在后申遗时代，我们必须认真思考如何保护与有效利用土司文化的问题。鉴于此，著者认为，应该建构土司文化遗产“五位一体”的保护与利用系统，让政府组织、企业行业、各类学校、专家学者、人民群众等不同组织共同发挥土司文化遗产保护与利用的作用。

第四节　改土归流

所谓“改土归流”，就是废除土司的政治、经济、军事等特权，由中央政府委派官吏直接控制土司辖区内的行政事务、土地、赋税、人口等。改土归流不仅是明清中央政府对西南民族地方事务从间接干预到直接干预的转变过程，而且是国家权力在西南民族地区乡村社会强烈扩张的有效途径。如果说元明清时期实施的土司制度是国家权力在土司地区乡村社会不断延伸的话，那么，改土归流无疑是国家权力在西南民族地区乡村社会的强烈扩张。[②]

一　西南民族地区改土归流的背景

总的来讲，明清中央政府在西南民族地区实施改土归流，是从被动

---

① 李敏等：《土司系列遗产的国内外同类遗产对比分析》，《中国文化遗产》2014 年第 6 期。

② 李良品、李思睿：《改土归流：国家权力在西南民族地区乡村社会的扩张》，《青海民族研究》2015 年第 2 期。

改流发展成为主动改流的。在一定程度上讲，改土归流既是一个长期、艰巨、复杂的过程，又是一项重大的政治、经济、军事、文化的变革。

元明清时期，中央政府实施土司制度的一个重要原因是将土司制度作为一种民族政策来推行。中央政府给西南地区土司颁发印信、号纸，授以官职，以加强对西南民族地区的管理与控制，中央政府以此实现对西南民族地区民众的控制和国家权力在西南民族地区的延伸。客观地讲，元明时期的土司制度在推动西南民族地区社会稳定、经济发展、民族和谐等方面发挥过重要作用。土司制度随着西南民族地区社会经济的快速发展，其落后性和残暴性在明代初期就开始暴露，特别是到了清朝康、雍时期，土司制度已逐渐成为封建经济和多民族统一国家发展的重大障碍。在这种情况下，国家政权与土司政权之间产生了剧烈冲突，中央政府为了国家权力的扩张，对各地土司实施改土归流采取了渐进的过程。康熙年间土司犯罪或有过失，主要采取的是“降级留任”“罚俸”“杖责”“革职”等措施，到了雍正、乾隆年间，土司犯罪或有过失，主要采取的是“革职”“改土为流”“别立土官”“治罪”等措施。

由于土司世有其土，世有其民，世有其政，俨然是独霸一方的土皇帝，对辖区内民众肆意进行政治压迫和经济掠夺。如“雍正五年，保靖土司骨肉相残，桑植土司暴虐不仁”[①]。蓝鼎元在《边省苗蛮事宜论》中言：“土司多冥顽不法，坐纵其行凶杀夺，而因以为利。……苗民受土司荼毒，更极可怜。无官民之礼，而有万世奴仆之势。子女财帛，总非本人所自有。”至于贵州省的土司，更是“一年四小派，三年一大派；小派计钱，大派计两。土民岁输土徭，较汉民丁粮加多十倍。土司一日为子娶妇，则土民三载不敢婚姻。土民一人犯罪，土司缚而杀之，其被杀者之族，尚当敛银以奉土司，六十两、四十两不等，最下亦二十四两，名曰‘玷刀银’”[②]。刘彬在《永昌土司论》中言：“彼之官，世官也；彼之民，世民也。田产子女，惟其所欲；苦乐安危，惟其所主。草菅人命若

① （清）严如煜：《苗防备览·述往录下·往哲》（点校本），岳麓书社2013年版，第708页。

② （清）蓝鼎元撰，蒋炳剑、王钿点校：《鹿洲全集（上）》，厦门大学出版社1995年版，第38页。

儿戏。然莫敢有咨嗟叹息于其侧者！以其世官世民，不得于父，必得于子于孙，且数倍蓰。故死则死耳，无敢与较者。嗟此夷民，何辜而罹此惨耶！汉人苦于所司，动辄鸣于土官。此则不敢鸣，即鸣之矣，彼固有所恃而不恐。岁时馈献，不过差目具文。一有提调，则闭匿深藏，负嵎以待，其洋洋然山头望廷尉。良以平日无事，宽容太过，及其有事，虽有谴罚之名，曾无惩创之实。彼固视为故事，自谓土官世职。莫可如何！以致骄纵滋蔓，尾大不掉，所由肆屠虐而不悛，玩法纪若罔闻者。故曰其为恶最深也。"作者在该文末尾感叹道："噫！岂独永为然哉！全滇之土司皆然也，天下之土司皆然也。"[①] 总的来讲，明清时期在西南民族地区进行改土归流的背景可以归纳为几点：一是暴虐淫纵，作威作福；二是私占横征，肆意苛索；三是扩充武力，专事劫杀；四是土司内部与土司间征战不已；五是抗命朝廷。正是由于上述情况的出现，明清中央政府为了国家权力在西南民族地区乡村社会的强烈扩张，废除土司制度、实施改土归流就成为一种历史的必然。[②]

二　西南民族地区改土归流的特点

李世愉先生认为，改土归流是历史的产物。作为明清中央政府，无论是被动改流，还是主动改流，其总体目标就是要使西南民族地区"比于内地"，置西南民族地区于国家权力的统治之下，实现全国的"大一统"[③]。但改土归流并非一帆风顺，当国家政权要利用国家机器剥夺地方土司政权的一切权力和利益的时候，西南民族地区的很多土司政权都不会心甘情愿拱手奉出维系数百年的权力和利益，因此，国家权力扩张到西南民族地区，实施改土归流的时候，中央政府要剥夺土官的世袭特权和地位，促使他们削职为民，其间的阻力、博弈、反抗、挣扎乃至战争等自然不言而喻。翻检史籍，我们就会清楚地发现，明清时期西南民族地区在触动甚至剥夺土司的权力和利益的时候，就呈现出如下特点。

---

① （清）刘彬：《永昌土司论》，参见（清）贺长龄《皇朝经世文编》（卷86）《兵政十七·蛮防上》。

② 吴永章：《中国土司制度渊源与发展史》，四川民族出版社1988年版，第251—254页。

③ 李世愉：《试论清雍正朝改土归流的原因和目的》，《北京大学学报》1984年第3期。

（一）认识观念上的差异性

明清两代的改土归流存在很大的差别：一是在改土归流的数量上，据有的学者统计，有明一代，中央政府在西南民族地区改流的县级以上土司90余家。清代仅雍正时期的西南地区改土归流的土司就多达160余家[①]；二是在改土归流的动因上，明代改土归流主要是外加的，也就是说，明代中央政府实施的改土归流是对西南土司地区发生的各种“特殊情况”的一种被动反应，而清代则是在“大一统”总体目标的指导下，切实贯彻执行国家权力在西南民族地区乡村社会的控制政策，确定了改流的总体规划，有较清晰的目的和实施步骤，是一种大规模的、主动的改土归流。这种差别主要来自于中央政府及朝廷命官认识观念上的差异。之所以会出现这样的差异，有的学者将其原因归纳为三个：[②] 一是明清两朝面对的边疆形势不同。如明代稳定西南地区的土司，除防范蒙元残余势力卷土重来之外，还要应对来自日益崛起的女真势力以及东面的倭寇。而清朝在入关之前已征服了包括朝鲜在内的所有东北地区，并与蒙古贵族结盟成立了八旗，且经历了顺、康两代的开拓，国力日强，加之雍正初年征服了西北面的所有少数民族，使清王朝必须主动实施在西南地区的改土归流。二是明清两朝统治者对待西南少数民族观念的不同。明王朝继续推行“守中制边”“夷夏大防”的传统民族政策，对西南少数民族实行了不同程度的民族隔离政策，如在苗疆地区修“边墙”等。而清朝统治者却打破传统的对少数民族的偏见，竭力提倡“满汉一家”的民族政策。发展到雍、乾时期，“满汉一家”“华夷一体”的民族政策扩展到西南少数民族与汉民族的关系，打破了原有的民族隔离，使汉民族与西南少数民族融合在统一的多民族国家之下，大规模的改土归流时机业已成熟。三是明清两代面对改土归流的时机不同。明代土司制度处于发展上升时期，中央政府将土司制度作为一种控制手段，全面改土归流的客观条件尚不成熟。清朝在康雍乾时期，国力强盛，在西南民族地区实施大规模改土归流的客观条件已然成熟，在雍正皇帝的“悉心筹划”下，改土归流的成功实施已水到渠成。

---

① 王春玲、于衍学：《清代改土归流成因分析》，《西北民族大学学报》2005年第4期。

② 栾成斌：《贵州改土归流源流考》，硕士学位论文，贵州大学，2010年，第62—66页。

（二）国家决策上的反复性

明清两代在西南民族地区实施的改土归流本质上是在少数民族地区废除世袭土官，改由中央政府任命流官进行统治的一种政治措施。这不仅是一场实实在在的制度性变革，而且也是一场充满刀光剑影的血腥过程。改土归流的推行势必会触及上至封建中央政府各个阶层或集团的既得利益，下至西南民族地区土司以及乡村社会广大民众的切身利益，因此，注定了这场制度性变革并非一帆风顺和一蹴而就，而是要经历一个尖锐而复杂的斗争过程，在改土归流过程中出现较大的反复性也在所难免。[①] 例如明中期以后，由于朝政腐败，中央政府几乎无力控制西南民族地区土司，以致有些改土归流的地方又重新废流为土，且这种现象不在少数。明代西南民族地区改土归流之所以出现较大范围内的反复性，是国家决策上的反复性所导致的结果。当然，这种决策与明代土司制度正处于上升或全盛时期、土司制度具有较大的合理性、西南地区少数民族民众能适应土司制度等客观因素密切相关。

关于广西改土归流后出现反复以致改流复土，蓝武、付光华、邹映、黄汝迪、覃成号等学者均有一定的研究。在一定程度上讲，明朝时出现数十起改流复土的现象，这充分反映了明代并不具备改土归流的成熟条件。加之明朝中后期国家力量式微，土司制度正处于兴盛之时，即便改土归流也不能对改流区进行有效的直接管理。因此，明代中央政府没有逆历史潮流而动，适时适地采取了改流复土的措施，这符合历史发展的规律。有的学者认为，改流复土是改土归流反复性的体现，是明代中央政府改土归流失败的体现。明代在西南民族地区虽然出现改流复土的现象，使国家权力在西南民族地区扩张过程中受阻，但却为有清一代实施的大规模改土归流提供了借鉴。[②] 时至清代，土司制度落后、腐朽甚至反动的一面已充分暴露，国家实力不断增强，改土归流已势不可当，国家权力在西南民族地区乡村社会扩张已指日可待。在此情况下，清代改土归流后，出现“改流复土”已屈指可数，这说明清代改土归流的条件完

---

① 蓝武：《认同差异与“复流为土”——明代广西改土归流反复性原因分析》，《广西民族研究》2010年第3期。

② 邹映：《明代云贵地区改流复土现象研究》，硕士学位论文，广西师范大学，2012年。

全成熟。

（三）实施过程中的长期性

作为国家层面来讲，明清中央政府实施改土归流的具体目标体现在四个方面：一是在政治上，要消灭地方反叛和割据势力，巩固封建专制主义的中央集权，维护西南民族地区社会的稳定与安宁；二是在经济上，要剥夺西南土司的既得利益，从西南各省获得更多的经济利益和物质财富；三是在军事上，要夺取战略要地，达到控制西南地区、巩固国防力量的目的；四是在思想文化上，要以汉族的传统观念影响西南各民族，达到“以汉化夷”，从思想文化上控制西南各族民众。① 作为地方政权的土司政权，在土司制度顺利推行之时，西南民族地区土司与明清中央政府结成了政治与经济的同盟，或称利益共同体。但当改土归流推行之时，西南民族地区各地土司与明清中央政府就不再是利益共同体，而是利益矛盾体或对立体。西南民族地区各地土司已由原来占有辖区土民的各种利益的剥夺者，转瞬之间成为中央政府的各种利益的被剥夺者，他们必将反抗乃至与中央政府相对抗，导致以战争的形式完成改土归流。因此，这就决定了改土归流是一项长期的工作，如贵州思南、思州的改土归流从明初一直持续到清中期。即明代从永乐十一年（1413 年）中央政府废思南、思州二土司开始，明清两朝中央政府在这一地区进行了持续的改土归流，一直到到清嘉庆十六年（1811 年）为止，前后持续近 400 年的时间，又如广西在清代至民国时期的改土归流就经历了 263 年的历史。清代广西改土归流长达 244 年，如果加上民国时期的改土归流，前后长达 263 年才完成。在清代，四川民族地区的改土归流同样可以得到印证。据有关史料及学者研究表明，清代四川的改土归流进程，从清初到清末，其进程分为前后两个重要阶段：第一阶段是清朝前期与中期，从雍正年间一直持续到嘉庆年间，主要解决东川、乌蒙、镇雄等土府改土归流的问题。乾隆年间，又解决大、小金川土司的反叛问题，最终于乾隆四十年（1775 年）平定金川地区，实施改土设屯。第二阶段是清朝晚期，即在光绪与宣统年间，主要解决懋功厅的沃日安抚司、绰斯甲布宣抚司，会理州境内披砂、会理村、苦竹、者保、通安舟五土司，康定府境内沈

① 李世愉：《试论清雍正朝改土归流的原因和目的》，《北京大学学报》1984 年第 3 期。

边长官司、冷边长官司、革咱安抚司、巴底宣慰司、巴旺宣慰司、霍耳竹窝安抚司、霍耳章谷安抚司、霍耳孔撒安抚司、霍耳甘孜麻书安抚司、霍耳白利长官司、霍耳东科长官司、林葱安抚司、上纳夺安抚司、瞻对长官司等。①

清代四川省改土归流从雍正六年（1728 年）到宣统元年（1909 年），前后一直持续 181 年。由此说明，任何一家土司无论是自愿改土归流，还是被迫改土归流，他们都不会轻易退出历史舞台，自愿献出各种权力和利益。特别是清代中央政府以武力征剿消灭的土司，在最后阶段都会做垂死挣扎。

（四）具体处理中的并重性

明清乃至民国时期的改土归流时，中央政府在国家权力扩张到西南民族地区的过程中往往采取“土流并重”的措施。如永乐十一年（1413 年）废除思南、思州二宣慰司，改以流官后，在原思南、思州二土司辖地之内，数十个长官司仍然存在。在此后的改土归流过程中，虽然明代中央政府持续地废土司，但思州、思南两地土司依然存在，只是土司的级别及衔品较低而已。同时，思州、思南二宣慰司罢废之后，田氏土司的后裔一直拥有出任土知府、同知的特权。播州杨氏土司被罢废之后，其后裔也一直世袭充任遵义府的土知府，直到清代康熙年间才裁废这一职位。又如龙泉坪长官司、贵竹长官司或因不称职，或因居民结构有改变而“改土为流”，设置了龙泉县或贵竹县，但末代土司本人以及后裔却有权世袭充任这两个县的土县丞。这足以证明改土归流仅是行政体制的转型，这种转型并不影响“土流并治”法规的延续。“土流并治”作为一种制度设计，不管经历过多少次“改土归流”，它依然有效，而且也被国家法规所承认。② 否则，土司、土职就不可能写入《明史》《清史稿》的《职官志》中。

“土流并重”在学界被称为“土流并治”“土流参用”或“土流兼用”等。杨庭硕先生认为，“土流并治”是一项制度性的安排，土司、土

① 安介生：《历史民族地理》（下册），山东教育出版社 2007 年版，第 860—861 页。

② 杨庭硕、李银艳：《土流并治：土司制度推行中的常态》，《贵州民族研究》2012 年第 3 期。

职、土弁以及民族地区统率土兵的各级土军军官等官员不仅全部处在朝廷职官范围之内，而且还是朝廷亲自任命、皇帝直接管辖的特殊职官，他们所管辖的地区是朝廷的直辖领地。从这个意义上讲，“土流并治”不仅意味着土官和流官可以并存，还意味着土官和流官之间可以相互转型，可以相互兼任。但有一点是肯定的，那就是土司与土职的任职情况、考成等始终处在流官的监控和朝廷的管辖之下。明清时期中央政府改土归流的实质既有改土官为流官的目的，也有依法管理土司和土职的功能和作用。

明代贵州省的行政建置的特点是“军政分管，土流并治”。随着国家权力的不断扩张，“土流并治”的局面在不断发生变化，总的趋势是土司势力在不断被控制、削弱、改流，府、州、县的权力在逐渐增加、扩展、加强。如明永乐十一年（1413 年）贵州出现第一次改土设流后，中央政府将思州、思南二宣慰司革除，在原思州宣慰司辖地置思州、黎平、新化、石阡四府，在原思南宣慰司辖地置思南、铜仁、乌罗、镇远四府，并将原属二宣慰司的三十九长官司及蛮夷长官司分属八府，置于流官统治之下。同年，以新开的八府、贵州宣慰司并安顺等三州为基础，建立贵州等处承宣布政使司，正式建省。后来，随着成化至隆庆百余年间以及万历年间的大规模改土设流，“土流同治”局面在不断改变，土司管辖的地方和势力在不断减少或削弱，流官管辖的地方在不断扩大和加强。①

无论是“土流并重”，还是“土流并治”，其目的之一在于：当国家权力在西南民族地区乡村社会扩张过程中遇到一定阻力时，中央政府和地方官员便借助土司的力量以实现国家权力扩张的目的。研究表明，“土流并重”，文武相维，能够增强中央政府在西南民族地区的统治力量，使各地土司能够谨守疆土，“修职贡，供征调”，稳定社会秩序，促进西南地区民族融合、社会发展和文化繁荣。

三　明清时期西南民族地区改土归流的举措

明代西南民族地区的改土归流是以军事干预为先导、以众建土司为

① 余宏模：《略论明代贵州建省与改土设流——纪念贵州建省 590 周年》，《贵州民族研究》2003 年第 4 期。

手段、以“剿抚兼施”为策略、以改土归流为目标而渐次展开，诸如永乐年间的思南、思州改流，万历年间的播州改流，明末的奢安土司改流等，无不如此。清雍正时期大规模的改土归流也大体相同。具体来讲，明清两代改土归流的举措有五。

（一）武力征剿

明清中央政府在实施改流过程中，武力征剿土司是用得最多的手段。尤其是明代，大凡土司反叛朝廷、土司之间仇杀、土司内部争袭，危害西南民族地区社会稳定时，中央政府往往通过武力征剿的形式以达到镇压和平定土司的目的。如《明史纪事本末》中有《麓川之役》《诛岑猛》《平杨应龙》《平奢安》等文，在《清史纪事本末》卷三十有《苗族及金川之征剿》一文，其中有“征剿”一词，所涉及的基本事实为：云南麓川宣慰司思任发和思机发父子的叛乱、广西田州府土官岑猛的叛乱、四川播州宣慰使杨应龙的叛乱、四川永宁宣抚使奢崇明、贵州水西宣慰同知安邦彦的叛乱，以及四川大小金川土司之乱，这些均是明清两代影响很大的土司叛乱；至于小规模的土司叛乱和土司之间仇杀的情况，则不可胜数。有学者统计，明代西南民族地区通过武力征剿的土司很多，云南有鹤庆军民府、孟连长官司、武定府、顺宁府、越州、罗雄州、麓川平缅军民宣慰司、大侯州、云龙州 9 家；四川有芒部军民府、龙州宣抚司、永宁宣抚司、太平长官司、播州宣慰司、真州长官司、播州长官司 7 家；贵州有思州、思南、贵州宣慰司，普安府，草塘、瓮水、黄平安抚司，金达、治古、答意、余庆、龙泉坪长官司 12 家；广西有田州府、思恩军民府、上思州、利州、南丹州、奉议州、崇善县、永康州、养利州、向武州、太平府、永安长官司 12 家。[①]

有明一代，在今贵州省的版图内，大凡对大土司的改土设流无一不是以军事实力为后盾、以武力征剿为手段进行的。其突出事例如下：一是思州、思南二土司地区的改土归流。永乐十一年（1413 年），思州宣慰使田琛与思南宣慰使田宗鼎互相仇杀，当地民众深受其害，明廷命顾成率兵五万直压其境，将田琛、田宗鼎执送京师，废土设流，并在此基础上设置贵州布政使司。二是播州地区的改土归流。万历二十七年（1599

① 王强：《明代西南地区改土归流研究》，硕士学位论文，浙江大学，2010 年。

年)，播州宣慰使杨应龙与明廷的“平播之役”战争，明王朝调集四川、贵州、陕西、甘肃、浙江、湖广、云南等省计 24 万兵力，分兵 8 路围攻播州，虽遭杨应龙数万土兵的顽强抵抗，终于在万历二十八年（1600 年）六月六日攻破海龙屯，杨应龙自杀，播州宣慰司及其属下一些安抚司和长官司被改土设流。这场“平播之役”，播州杨氏首领、土目、土兵被俘 1124 人，被斩首 22687 人，杨氏族属被俘 5539 人，招降播民 1262111 人。平播大军伤亡 3 万—5 万人，其中官兵阵亡将军 78 人，士兵 4645 人，重伤969 人，轻伤 2458 人，其余伤亡均为土兵。[①] “平播之役”虽然取得了胜利，但无论是对于官军及调入的土兵，还是对播州地区的土兵来讲，都付出了巨大的代价，社会生产造成了极大的摧残。这正如《清史稿》所言：“明代播州、蔺州、水西、麓川，皆勤大军数十万，殚天下力而后铲平之。故云、贵、川、广恒视土司为治乱。”[②]

（二）众建土司

分土司地，众建土司，是明代中央政府治理土司地区的一大策略。这一策略最早始于明朝著名政治家丘濬（1420—1495 年）的建议，他认为，广西左右两江地方的府州县正官以当地土人担任，而佐官参用流官为之，并建议在广西动乱的各个地方参照左右两江土官体制，众建土官。以此达到“众设其官，势分力敌，自足相制，不能为乱”[③] 的治理效果。实践众建土司之策，效果最好的当属明代嘉靖年间两广总督王守仁在平定广西思恩土目王受与田州土目卢苏造反之后，他曾上疏：“因请复设流官，量割田州地，别立一州，以岑猛次子邦相为吏目，署州事，俟有功擢知州。而于田州置十九巡检司，以苏、受等任之，并受约束于流官知府。帝皆从之。”[④] 他在制度设计上，使所有的土巡检都听命于流官知府，其官职虽可世袭，但其承袭必须经过流官知府的认同。这样，各土司由

---

① 遵义市汇川区高坪镇志编纂委员会：《遵义市汇川区高坪镇志》，方志出版社 2012 年版，第 576 页。

② （民国）赵尔巽：《清史稿》卷 512《土司一 · 湖广》，中华书局 1976 年版，第 14204 页。

③ （明）丘浚著：《丘浚集（第 5 册）· 广西众建土官议》，海南出版社 2006 年版，第 2394 页。

④ （清）张廷玉：《明史》卷 195《王守仁传》，中华书局 1974 年版，第 5167 页。

于所辖地域狭小，失去了叛逆作乱的实力，且新设的小土司完全置于当地流官知府控制之下，各地土司失去了叛乱的基础，从而加强了中央政府对土司的实际控制，维护了地方的稳定，有利于促进土司地方社会经济的发展。①

明朝末年，兵部尚书兼督贵州、云南、广西诸军务的朱燮元，在平定"奢安之乱"后，他采取"裂疆域，众建诸蛮"之策，并上疏曰："水西有宣慰之土，有各目之土。宣慰公土，宜还朝廷。各目私土，宜畀分守，籍其户口，征其赋税，殊俗内响，等之编氓。大方、西溪、谷里、北那要害之地，筑城戍兵，足销反侧。夫西南之境，皆荒服也，杨氏反播，奢氏反蔺，安氏反水西。滇之定番，小州耳，为长官司者十有七，数百年来未有反者。非他苗好叛逆，而定番性忠顺也，地大者跋扈之资，势弱者保世之策。今臣分水西地，授之酋长及有功汉人，咸俾世守。虐政苛敛，一切蠲除，参用汉法，可为长久计。因言其便有九：不设郡县置军卫，因其故俗，土汉相安，便一。地益垦辟，聚落日繁，经界既正，土酋不得侵轶民地，便二。黔地荒确，仰给外邦，今自食其地，省转输劳，便三。有功将士，酬以金则国币方匮，酬以爵则名器将轻，锡以土田，于国无损，便四。既世其土，各图久远，为子孙计，反侧不生，便五。大小相维，轻重相制，无事易以安，有事易以制，便六。训农治兵，耀武河上，俾贼遗孽不敢窥伺，便七。军民愿耕者给田，且耕且守，卫所自实，无勾军之累，便八。军耕抵饷，民耕输粮，以屯课耕，不拘其籍，以耕聚人，不世其伍，便九。帝咸报可。"② 明代统治者针对西南地区土司地大势强容易反叛朝廷的实际情况，采取传统的"众建诸侯而少其力"之策，力求通过和平手段促使土司力分而易制。

这种策略不仅被后人以"识者皆诵其言"（《蛮司合志》卷三）而赞美，而且也被清代统治者再度推行，所谓"其势既分，心即离异，日后纵欲鸱张，其中必互相掣肘，或畏惧相戒，则其邪谋自息矣"（见《朱批谕旨》卷二），这就是在明代地方官员（如朱燮元等）提倡并践

① 王强：《明代西南地区改土归流研究》，硕士学位论文，浙江大学，2010年。

② （清）张廷玉：《明史》卷249《朱燮元传》，中华书局1974年版，第6446—6447页。

行众建土司的基础上发展而来。[①] 明代“众建土司”之策对清朝政府在改土归流、处理民族关系、维护西南民族地区社会稳定等方面产生了重要影响。

（三）嗣绝改流

明代对土司的承袭人范围有明确规定。《明史》卷七十二载：“其子弟、族属、妻女、若婿及甥之袭替，胥从其俗。”[②] 可见，土司承袭人范围十分广泛。土司承袭有多种情况：父死子继，兄终弟及，叔侄相继，族属继承，妻妾袭替，女媳继职，子死母继。其承袭顺序是先嫡后庶，先亲后疏。事实上在如此广泛的继承范围之内，要找一个能继承土司职位的人应当极为容易。所以，所谓因嗣绝而改流只是明政府的一种借口而已。例如，《土官底簿》载：云南丽江府土府照磨“木苴刺故，绝……成化十二年九月二十四日除流官萧昇”[③]；广西上石西州土知州“何义护印亦故，无嗣，本宗别无以次儿男……成化十五年正月题准选除流官知州彭侃讫”[④]。有的学者研究表明，有明一代，西南民族地区因嗣绝而被改流的土司较多，如云南的马龙州、广西府、路南州、维摩州、楚雄府、曲靖土置安抚司；贵州的福禄永从长官司、水东长官司，广西的左州、上石西州、上思州、武靖州、上林长官司，均是因嗣绝而被改流。[⑤] 在清代，因嗣绝而改流者，自然不乏其例。此不赘述。

（四）自请改流

明代土司自请改流是极为少见的现象，有学者统计，仅云南靖安宣慰司和贵州金筑安抚司两家。在清代改土归流的高潮之中，由于清政府对西南民族地区土司土职人员的安排处理采取区别对待的政策，或强行改革，或异地安插，或宽免其罪，或给官俸以终其身等，因此，有的地方的土司就自请改流，如湖北以忠峒安抚司田光祖为首联合请改土归流

① 王强：《明代西南地区改土归流研究》，硕士学位论文，浙江大学，2010年。

② （清）张廷玉：《明史》卷72《职官一》，中华书局1974年版，第1752页。

③ （明）无名氏：《土官底簿》卷下，台湾商务印书馆1986年影印本，云南丽江府“本府照磨”条。

④ （明）无名氏：《土官底簿》卷下，台湾商务印书馆1986年影印本，广西“上石西州知州”条。

⑤ 王强：《明代西南地区改土归流研究》，硕士学位论文，浙江大学，2010年。

达15家之多，清政府根据不同情况分别给予迁徙、给房、给田的处置。

（五）裁革土司

裁革土司也是明清两代中央政府在改土归流中常用的手段之一。明代以各种理由被裁革的土司并不少，其原因或“人少官多”“地狭民稀”，或土司犯罪被裁革。如贵州乌罗土府因为原隶于其下的治古、答意二长官司叛乱被废除，所辖仅剩三长官司，不足以立府，因此于正统三年（1438年）被裁革；云南陆良州和贵州普定府因土官犯罪而被裁撤。明政府以这种理由裁革土司通常比较顺利。清代裁革土司的理由，往往是“因事”“滋事”“缘事”“因罪”等。《清史稿》对此记载较多，如《清史稿》列传三百《土司二》载，四川酉阳宣慰使司冉元龄于雍正十二年（1734年），“因事革职，以其地改设酉阳直隶州。原管有邑梅峒、平茶峒、石耶峒、地坝四长官司，均于乾隆元年改流”。又载：四川永宁道千万贯土千总杨明义“于雍正六年因云南米贴夷滋事案参革”。《清史稿》列传三百一《土司三》载，云南姚安府土同知李厚德于“雍正三年，以不法革职，安置江南”。《清史稿》列传三百二《土司四》载，贵州思南府蛮夷副长官李慧于雍正八年（1730年），“缘事革职”。在广西，裁革的现象较为普遍。如《清史稿》列传三百三《土司五》载，归顺州土司岑佐于雍正八年，因不法而“革职改流”；思明州土司观珠于雍正十年“以罪参革，改流”；上龙司土司赵殿灯于雍正三年“以贪残参革，析其地为上龙司、下龙司”①。

总之，明清时期的改土设流是封建中央政权与地方土司政权之间的激烈斗争，这场斗争的实质是封建地主制与封建领主制之间的斗争，是中央集权与地方分权之间的斗争，是中央王朝和地方土司争夺各种权力和利益的斗争。在这场根本利益的斗争中，虽然中央政府付出了惨重的代价，但通过改土归流，极大地削弱了西南民族地区土司的势力，加速了国家权力在西南民族地区扩张的历史进程，维护了西南民族地区乡村社会稳定。

---

① （民国）赵尔巽：《清史稿》卷516《土司五·广西》，中华书局1976年版，第14250—14301页。

第二章

元明清国家治理理念与中国土司学构建

土司制度是一种“齐政修教”“因俗而治”的政治制度，是元明清王朝在国家治理下逐渐实现国家统一与地方自治的地方行政管理制度。元明清中央政府在土司制度实施过程中充分体现了国家治理理念，具体来讲，“齐政修教”是这一时期的国家治理方略，“因俗而治”是国家治理的民族政策，“以夷治夷”是国家治理的一种手段，土司制度终结是实现国家治理的最终目标。政治学领域的“国家治理”通常是指政府如何运用国家权力（治权）来管理国家和人民。换言之，国家治理既是国家运用公共权力管理社会公共事务和实现公共利益需求最大化的活动和过程，也是治理主体之间不断调整、协调互动和综合平衡的过程。“国家治理”这一概念虽然在党的十八届三中全会中首次在党内文献中使用，但并非在这之前的元明清中央政府就没有考虑或没有注重国家治理的问题。在当前形势下构建“中国土司学”，必须将元明清中央王朝在土司地区的国家治理理念融入“专学”之中，方能体现其学术研究的与时俱进。

第一节　齐政修教

中央民族大学的苍铭先生针对土司遗产申报世界文化遗产需要文化价值做支撑的实际，提炼出“齐政修教”“因俗而治”八字作为土司制度的内涵①，为2015年土司遗址成功申报世界文化遗产奠定了理论基础。而国际古迹遗址理事会副主席、中国古迹遗址保护协会副主席兼秘书长郭旃在土司遗址申报世界文化遗产向大会做重要演讲时，也提出了土司遗址申报世界遗产的两个重要指标：其中之一就是“齐政修教”。其实，“齐政修教”是元明清时期国家治理土司地区的一种方略。对于这个方略，著者认为“修教”是国家治理的举措，“齐政”是国家治理的目标，即国家通过对土司地区统治阶层和普通民众“修教”的举措，以实现“齐政”的政治目标。②

一 “齐政修教”的内涵

“齐政修教”典出《礼记·王制》。该书云：“凡居民材，必因天地寒暖燥湿，广谷大川异制。民生其间者异俗：刚柔轻重迟速异齐，五味异和，器械异制，衣服异宜。修其教，不易其俗；齐其政，不易其宜。中国戎夷，五方之民，皆有其性也，不可推移。东方曰夷，被发文身，有不火食者矣。南方曰蛮，雕题交趾，有不火食者矣。西方曰戎，被发衣皮，有不粒食者矣。北方曰狄，衣羽毛穴居，有不粒食者矣。中国、夷、蛮、戎、狄，皆有安居、和味、宜服、利用、备器，五方之民，言语不通，嗜欲不同。达其志，通其欲：东方曰寄，南方曰象，西方曰狄鞮，北方曰夷。凡居民，量地以制邑，度地以居民。地、邑、民、居，必参相得也。无旷土，无游民，食节事时，民咸安其居，乐事劝功，尊君亲上，然后兴学。”如果我们把这段文字翻译成现代汉语，其译文如下：“凡安置百姓住处，必须考虑使百姓的生活习惯与当地的气候地势相适应。生在深山谷和长在大河边上的人外表就不一样，他们的风俗习惯也自然不同：有的性情急躁，有的性情迟缓，酸苦甘辛咸，各有偏爱，使用的工具各有不同，穿的衣服也各有所好。政府应当注重对他们进行礼仪方面的教育，不必改变其风俗；同时应当注重统一政令，不必改变

① 苍铭：《从申遗看土司制度研究存在的不足》，湖北省文物局等：《唐崖土司学术研讨会论文集》，科学出版社2014年版，第21页。

② 李良品、葛天博：《齐政修教：明清时期土司地区国家治理方略》，《中南民族大学学报》2017年第4期。

其习惯。由中原民族与四方少数民族构成的五方之民，各有不同的生活习性，不可互相转换。住在东方的民族叫夷，他们时兴剃光头，在身上刺花纹，其中有不吃熟食的人。住在南方的少数民族叫蛮，他们额头上刻着花纹，走路时两脚的脚趾相向，其中也有不吃熟食的人。住在西方的少数民族叫戎，他们披头散发，用兽皮做衣服，只吃禽兽的肉，不吃五谷杂粮。住在北方的少数民族叫狄，以禽兽的羽毛为衣，住在洞穴里，也是只吃禽兽的肉，不吃五谷杂粮。中原、夷人、蛮人、戎人、狄人这五方之民尽管生活习性不同，但各自都有自己认为安适的住所、自己认为好吃的口味、自己认为合适的衣服、自己认为便利的工具、自己认为完备的器物。五方的人民，虽然言语不通，嗜好不同，但当他们要表达各自的意思，沟通各自的想法时，有一种懂得双方语言的人可以帮忙。这种人，在东方叫寄，在南方叫象，在西方叫狄鞮，在北方叫夷。凡安置民众，必须根据土地的广狭来确定修建城邑的大小，根据土地的广狭来确定安置民众的多少，要使土地广狭、城邑大小、被安置民众的多少这三者互相配合得当。这样就会做到没有空闲的土地，没有失业的百姓，食饮节俭，各项工作都按部就班地进行，百姓都安居乐业，积极向上，尊敬国君，爱戴官长，然后可以兴办学校。”原文“修其教，不易其俗；齐其政，不易其宜”的意思是说，“政府应当注重对他们进行礼仪方面的教育，不必改变其风俗；同时应当注重统一政令，不必改变其习惯”。如果把“齐政修教”作为元明清时期治理土司地区的一个理念或方略，那么，“齐政修教”的内涵就是：国家在管理边疆民族地区时应当注重统一政令，政府要注重加强对少数民族地区民众进行礼仪方面的教育。可见，元明清中央王朝在西南、中南和西北地区实施土司制度，且强调“齐政修教”，其目的在于突出中央政府在土司地区的绝对权威和儒家礼仪文化教化的重要。

二　“齐政”：国家治理的目标

按照一般的解释，这里的“政”即政令，所谓政令是指政府发布的有关施政的命令，或者叫政策和法令。《周礼·天官·小宰》中有“掌建邦之宫刑，以治王宫之政令”。孙诒让解释为“凡施行为政，布告为令”。所谓“齐政”，就是要统一政令，使国家在执行过程中整齐划一。元明清中央政府在土司地区实施土司制度时，虽然有“因俗而治”的民族政策和“以夷治夷”的国家治理手段，但是在实际治理中，十分注重统一政令。土司制度是元明清中央政府在西南、中南和西北少数民族地区实行的一种特殊的行政管理制度，其目的在于中央政府逐步地、适时地对土司地区的重大事务进行干预，以实现国家治理“齐政”的目标。

（一）土司地区与经制州县政务的“齐政”

元明清中央政府在土司地区的国家治理，统治者期盼与全国经制州县在各个方面相一致，以便管理。

1. 基层行政组织的“齐政”

土司地区基层行政组织虽时有变化，但与土司地区周边经制州县基本一致。明清时期土司地区基本上实行乡、都、里、甲制。其基层政权组织主要掌管辖区内丁户房产、税赋兵役、文教医卫、婚丧生育、救灾济贫等事宜。明朝时，乡（都）下设里、甲，以110户为一里，推丁粮多者10户为里长，轮流为首，10年一轮；其余100户分10甲，甲设甲首。里长、甲首负责教化、赋税、争讼等事的处理。清代以乡、都、里、甲作为基层政权组织，同时设立牌甲制。顺治元年（1644年）规定：“州县城乡十户立一牌长，十牌立一甲长，十甲立一保长。”（《清史稿·食货志》）居民每户发给印牌，记载姓名、丁口、行踪，“出则记所行，入则稽所来”。牌长、甲长、保长负责维护治安、管理户籍、征收课税。《清史稿》卷120《食货一》之“户口田制”条对全国的牌甲制度有详细记载：“世祖入关，有编置户口牌甲之令。其法，州县城乡十户立一牌长，十牌立一甲长，十甲立一保长。户给印牌，书其姓名丁口。出则注所往，入则稽所来。其寺观亦一律颁给，以稽僧道之出入。其客店令各立一簿，书寓客姓名行李，以便稽察。”在“户口田制”中对西南民族地区也做了相应的规定：“一，苗人寄借内地，久经编入民甲者，照民人一例编查。其余各处苗、瑶，千百户及头人、峒长等稽查约束。一，云南有夷、民错处者，一体编入保甲。其依山傍水自成村落者，令管事头目造册稽查。一，川省客民，同土著一例编查。一，……其四川改土归流各番寨，令乡约甲长等稽查，均听抚夷掌堡管束……时各省番、苗与内地民人言语不通，常有肇衅之事。二十四年，定番界、苗疆禁例。……各省民人无故擅入苗地，及苗人无故擅入民地，均照例治罪。若往来贸易，必取具行户邻右保结，报官给照，令塘汛验放始往……凡此夷、汉之杂处，土、客之相猜，虑其滋事，则严为之防，悯其无归，则宽为之所，要皆以保甲为要图。”[①] 由此可见，由于明清中央王朝在土司地区的国家治理思想逐渐与国家“大一统”的理想相契合，诸多地方基层行政组织与内地府、厅、州、县的设置别无二致。

2. 土官衔品与流官的“齐政”

《明史》卷七十六志第五十二《职官五》中明确规定，文职土官“军民府、土州、土县，设官如府州县”。《明史》卷七十六对武职土司的衔品也有明确规定：“宣慰使司，宣慰使一人，从三品；同知一人，正四品；副使一人，从四品；佥事一人，正五品；经历司，经历一人，从七品；都事一人，正八品。宣抚司，宣抚使一人，从四品；同知一人，正五品；副使一人，从五品；佥事一人，正六品；经历司，经历一人，从八品；知事一人，正九品；照磨一人，从九品。安抚司，安抚使一人，从五品；同知一人，正六品；副使一人，从六品；佥事一人，正七品；其属，吏目一人，从九品。招讨司，招讨使一人，从五品；副招讨一人，正六品；其属，吏目一人，从九品。长官司，长官一人，正六品；副长官一人，从七品；其属，吏目一人（未入流）。蛮夷长官司，长官、副长官各一人，品同上。又有蛮夷官、苗民官及千夫长、副千夫长等官。”[②] 这是对土司衙门的名称、官员数量的设置、官员的衔品的规定，这就使土官衔品与流官衔品实现了对接。

3. 赋税之额“比于内地”

元明时期，中央王朝已在“籍户”的基础上制定了土司应纳赋税之额，并且其征收带有强制性。《元史》卷58载：“文宗至顺元年，户部钱粮户数一千三百四十万六百九十九，视前又增二十万有奇，汉、唐极盛之际，有不及焉。盖岭北、辽阳与甘肃、四川、云南、湖广之边，唐所谓羁縻之州，往往在是，今皆赋役之，比于内地。”[③] 这说明元代中央王朝已把土司地区“比于内地”。明代中央政府实行两税法，也就是每户按

---

① （民国）赵尔巽：《清史稿》卷120《食货一》，中华书局1976年版，第3481—3485页。

② （清）张廷玉：《明史》卷76《职官志五》，中华书局1974年版，第1875—1876页。

③ （明）宋濂等：《元史》卷58《志第十·地理志一》，中华书局1976年版，第1346页。

土地和财产的多少，一年分夏、秋两次收税。《万历会计录》中就详细记载了万历年间西南民族地区各地的田赋均是按照夏、秋两次收税，有的土司地区仅征收一次，条件相对较好的土司地区则征收两次，下面以明代四川部分土司田赋为例予以说明（详见表2－1）。

表2－1 《万历会计录》所载四川土司粮赋一览表（单位：斗）

地名	夏税米	秋粮米	备注
播州宣慰司	4241.34	43937.226	起运
播州长官司	9704.449	45006.84	起运
草塘安抚司	111.24	6771.9	起运
白泥长官司	658.2	4125.628	存留
容山长官司	124.5	118.367	留存
真州长官司	576.4	3538.79	存留
重安长官司	45	1813.6	留存
石砫宣抚司	126.84	1100.8	存留
泥溪长官司	1528.573	4502.122	
平夷长官司	1707.582	2900.152	
蛮夷长官司	408.217	1198.581	
永宁宣抚司	6368.687	12199.24	存留
九姓长官司	9259.57	10183.753	起运
太平长官司	1613.859	4708.1	留存
建昌卫并所属龙晋济昌州等长官司	2578.996	29920.16	起运
盐井卫并所属马喇长官司	1463.934	34953.569	留存

资料来源：（明）张学颜等：《万历会计录》，参见《续修四库全书》（831卷），上海古籍出版社2002年版，第734—752页。

由表2－1可见，除一些土司区或只缴秋粮，或差拨银两，或差拨马匹外，所列土司地区均须缴“夏税”和“秋粮”，这与其他经制州县已无区别，只是数量多少而已。到了清代，中央政府则采取了以征收货币的赋税制度，即一条鞭法和摊丁入亩。土司地区与全国其他地方一样，将原有固定下来的“丁税”平均摊到田赋中，征收统一的赋税地丁银。

4. 对被征调土司土兵享受官军同等待遇

明清中央政府为了安定军心、保障兵源、维系军队的战斗力，制定了一套政策来奖励、优待和抚恤那些在战争中卓有功勋或为国捐躯的土司官兵及受难者家属。从石硅土司土兵援辽时“应照关宁步兵之例，每兵一两四钱，而将官月禀亦照一体之例，不敢有异同”[①] 的情况看，土司土兵在被中央王朝征调或作战情况下，至少可以享有支给“行粮”的待遇。土司土兵参照官军“居有月粮，出有行粮”[②]“班军本处有大粮，到京有行粮，又有盐斤银”[③] 标准，土司土兵征调或作战俱有行粮口粮等，享受与官兵同等待遇。乾隆五十八年（1793 年）针对土司的相关规定，强调土司兵“与绿营同一效命疆场”，“均着照绿营之例”。《钦定兵部军需则例》中的“土司军功议恤”条例，则是将土司战时待遇、军功赏赐、阵亡伤亡、出征病故以及对其家属赐钱物和免役等规定明确，这是保障土司能够在战场上不惧血染沙场、马革裹尸的关键环节。如《土司阵亡伤亡恤赏》规定：

> 土司土职阵亡伤亡者，三品土官赏银二百五十两，四品土官赏银二百两，五品土官赏银一百五十两，六品土官赏银一百两，七品八品土官赏银五十两，俱加衔一等，令伊子承袭一次，仍以本身应得土职照旧管事，俟再承袭时将所加之衔注销，空衔顶带。八品土官例赏资，毋庸给与加衔。乡勇土兵赏给银二十五两。至天水土兵打仗受伤列为头等者，给银十五两，二等者给银十二两五钱，三等者给银十两（向例：尚有四五等伤给银之例，今四五等伤名，遵旨概行删除，详载土司出征受伤等次期限条内）。[④]

---

① 《续修四库全书》编纂委员会：《续修四库全书·史部》卷 485《度支奏议·薪饷司》卷十七《题定秦兵饷例不准盐菜布花疏》，上海古籍出版社 2002 年版，第 333 页。

② （清）张廷玉：《明史》卷 182《刘大夏传》，中华书局 1974 年版，第 4846 页。

③ （清）张廷玉：《明史》卷 90《兵志二》，中华书局 1974 年版，第 2231 页。

④ （清）阿桂：《钦定兵部军需则例》，见《续修四库全书》（第 857 册），上海古籍出版社 2002 年版，第 148 页。

让土司在征调、作战及阵亡伤亡后享受官军同等待遇的规定，强化了明清中央政府对各地土司优抚政策所带来的实惠，提高了土司对中央政府的信任度和认同感，避免了许多事件的发生。

（二）土司地区的土司相关制度“齐政”

元明清时期中央政府在实施土司制度的过程中，虽然在不同时段、不同地区、不同民族中或因为“因俗而治”的民族政策导致各地有些许差异，但作为工具性的土司制度必须解决土司的职衔、品级、承袭、征调、朝贡、抚恤等诸多问题。也就是说，包括土司职官制度、承袭制度、征调制度、朝贡制度、奖惩制度、抚恤制度等内容在内的土司相关制度，使各地土司在明确“必须怎样做”的具体程序与路径后，做到在土司制度的各种具体制度的执行过程中必须整齐划一，实现“齐政”目标，以维护土司地区的社会稳定和长治久安。

1. 土司承袭制度

土司承袭制度不仅是土司制度的核心内容，而且关系到土司政权的稳定以及中央政府对土司政权的有效管理。因此，元明清中央王朝均十分重视土司承袭问题，故在《明会典》《礼部志稿》《大清会典》《钦定大清会典事例》中对土司承袭制度的内容有详细记载。如《大明会典》卷之一百二十一对“土官袭替”“土官就彼袭替”“土官袭替禁例”“夷人袭替”等制度规定记载尤为详细。①《钦定大清会典则例》卷三十《土官》② 则对土司承袭的嫡子承袭、承袭年龄、族人护理以及“土官支庶子弟”分袭、降等分管、再降等分管分袭相关问题规定得十分具体、明确，不会让人产生歧义。土司承袭制度包括土司承袭程序、承袭文书、承袭次序与范围、中央政府颁发给土司的承袭信物、承袭变通方法及处置、承袭相关法规等。仅土司承袭程序就包括中央政府委官体勘查核、取具宗支图本、册报应袭子侄名册、官吏人等作保、邻封土司甘结、督抚具题请袭（呈部具奏）、赴阙受职（就彼冠带）等内容。这些规定就是让各地土司明白，凡承袭土司，必须按照这些制度执行，绝不含糊，没有伸缩空间和余地。

---

① （明）申时行：《明会典》，中华书局 1989 年版，第 626 页。

② （清）乾隆：《钦定大清会典则例》卷 30《土司》，乾隆十三年（1748）抄本。

2. 土司朝贡制度

元明清时期各地土司向中央王朝朝贡，既是各地土司表示忠顺中央王朝的一种表象，也是元明清统治者显示中央王权的一种招牌。[①] 如《明会典》卷之一百零八载：

> 凡土官差人到京，鸿胪寺即与引见，并投进实封奏本。其方物赴礼部验进。嘉靖元年议准，圣节止许各宣慰、宣抚、安抚官具方物差人赴京。其余佐贰官以下及把事头目、护印舍人，止许朝觐年入贡。每司量起的当，通把三二人，赍执方物，多者给与本册咨批，少者给与咨批，各给关文，应付马匹就彼变卖银两贮库。降香、黄蜡、茶叶等物，要实重五十五斤为一杠。每杠赏阔生绢二匹，照杠递加。其不由本布政司起送，或斤重不足、差人过多，不待朝觐之年擅自起贡，礼部不与进收，责谕遣回。赏赐应付通行停止。二年议准，前数项及过限一月，俱属违例，止减半给赏。若违例多端者，不赏。[②]

这里不仅对各地土司级别、朝贡时间、朝贡物品、朝贡回赐、贡品处理方式等做了规定，而且对违反朝贡程序、贡品数量不足、朝贡人数过多、不合朝贡时间等朝贡违例方面也有相应规定，这就使土司朝贡制度十分具体、明确，具有可操作性和一致性。

3. 土司抚恤制度

对土司在征调过程中伤亡者及家属制定了抚恤制度。明代中央政府对土司伤亡将士与家属的抚恤采取给予一定数量“安家银”的方式。如《题定秦兵饷例不准盐菜布花疏》中说：“即将松潘官兵三千三员名，每名给安家银四粮；石硅土兵七千名，每名给安家银二两。”[③] 土司在征调过程中的阵亡、伤亡及伤残等，基本上参照官军将士的抚恤规定执行。

---

① 李良品、廖佳玲：《明代西南地区土司朝贡述论》，《长江师范学院学报》2015年第3期。

② （明）申时行：《明会典》，中华书局1989年版，第584—585页。

③ 《题定秦兵饷例不准盐菜布花疏》，见《续修四库全书·史部》（卷485）《度支奏议·新饷司》（卷十七），上海古籍出版社2002年版，第333—334页。

清政府在《钦定兵部军需则例》中对征调中伤亡土司的抚恤有了明确的规定。在该则例《土司军功议恤》之“土司出征受伤等次限期”条规定：

头等伤，例限半年；二等者，应予限五个月；三等者，予限四个月。限内因伤亡故者，仍照阵亡例议恤。一等伤，限外因伤亡故者；头等伤，再予限六个月；二等伤，予限五个月；三等伤，予限四个月。俱令该管官出具印甘，各结报部，查办议恤。

在该则例《土司军功议恤》之“土司出征病故恤赏”条规定：

出征病故：三品四品土官赏银二十五两，五品六品土官赏银二十两，七品八品土官赏银十五两。其打仗奋勉，屡著劳绩，立功后病故，经该将军保列等地报部者，即照该土司应得议叙之加衔加级纪录，分别令伊子承袭土司时随带一次。

元明清中央政府针对土司的实际制定的抚恤制度，由兵部、户部和礼部协作执行，这不仅确保了优抚政策的执行力和可操作性，而且对各地土司战斗力的增强、政权的巩固和经济的恢复和发展起到了十分重要的作用。

三　“修教”：国家治理的举措

迄今为止，学界对“齐政修教”的理解仍然是见仁见智、众说纷纭。苍铭先生认为，“齐政修教”意思是管理边疆民族地区，并对这些地区实施礼仪教化。“齐政修教”突出中央政府的权威和儒家文化的教化。[①] 李世愉先生认为，“齐政修教”体现在土司继承人需入学习礼。如明太祖朱元璋时规定，“各土司皆设儒学”，土司的“储君”先要入学习礼，方能接任土司。明嘉靖时，还赐播州宣慰司儒学《四书集注》一部，以鼓励

① 苍铭：《从申遗看土司制度研究存在的不足》，湖北省文物局等：《唐崖土司学术研讨会论文集》，科学出版社2014年版，第21页。

土司向学。[①] 其实，他们讲的都是“修教”的问题，“齐政”的问题均未涉及。即便是“修教”的问题，目前学界也基本上无人涉及。著者认为，对元明清时期土司地区来讲，“修教”是国家治理的重要举措，也就是说，对土司地区的朝廷命官及民众实施礼仪教化，是元明清中央政府国家治理的重要措施。具体来讲，元明清中央政府对土司地区实施礼仪教化的措施有二。

（一）土司地区建立多种学校（官学、书院、社学）

在土司地区建立多种学校，是对土司、土司子弟及土司地区民众实施礼仪教化的最主要措施。现有史料显示，土司地区建学兴教始于明代，学校的主要类型有官学、书院、社学。有明一代，土司地区学校建立情况如表 2－2。

表 2－2　明代土司地区学校建立情况一览表（所）[②]

	湖广	四川	云南	贵州	广西	合计
官学	1	14	65	31	9	120
书院	—	—	33	14	2	49
合计	1	14	98	45	11	169

明太祖朱元璋建立明朝后，十分注重学校的建立，尤其强调学校教育对礼仪教化、移风易俗的作用。朱元璋于洪武二年（1369 年）“诏天下府州县皆立学”，“朕惟治国以教化为先，教化以学校为本。京师虽有太学，而天下学校未兴。宜令天下府州县皆立学校，延师儒，授生徒，讲论圣道，使人日渐月化，以复先王之旧”[③]。洪武二十八年（1395 年）又“诏诸土司皆立儒学”[④]。为克服生员语言障碍，明代中央政府还准许起用本族人为教职，《万历野获编补遗》卷四“土教官”条对土司地区准

① 付鑫鑫：《海龙屯：兴衰 725 年的土司城》，《文汇报》2015 年 7 月 22 日。

② 黄开华：《明清时期土司制度设施与西南开发》，参见《明清时期土司制度》，台湾学生书局 1968 年版，第 179—204 页。

③ （清）张廷玉：《明史》卷 69《选举一》，中华书局 1974 年版，第 1686 页。

④ （清）张廷玉：《明史》卷 5《太祖三》，中华书局 1974 年版，第 52 页。

许起用本族人为教职的变通处理办法有详细记载：

> 土官以文职居任，与流官同称者，自知府以下俱有之。惟教职必用朝廷除授，盖以文学非守令比也。惟宣德间，有选贡李源，为四川永宁宣抚司人，入监，宣抚苏奏：本司生员俱土獠朝家，所授言语不通，乞如云南鹤庆府事例，授源教职。上允之，命源为本司训导。盖是时滇蜀皆有之，然皆夷方也……又土官之设，惟云、贵、川、湖及广西，而广东琼州府，亦间有抚黎之土县佐。若内地则绝无，惟江西赣州府、安远县、信丰县、会昌县内四巡司，各置流官一员，土副巡检一员，以土人李梅五等为之，亦宣德间事，从巡抚侍郎赵新之言也。①

可见，中央政府不仅要求土司地区推行儒学，并且帮助土司地区解决土教官（相当于当前提出的“双语教学”的师资）的实际问题。在中央政府的高度重视下，土司地区各类学校教育得到快速发展。清代在明代学校教育的基础上，有了更大程度的普及。于是，学校教育成为明清中央政府对土司地区统治阶层和普通民众进行礼仪教化最重要、最得力的工具。

（二）强制土司及子弟入学读书

明清中央政府为了加强对土司地区统治阶层的礼仪教化，国家采取的举措有二：一是要求各地土司子弟进入国子监读书。明清时期的国子监是全国的最高学府，也是当时中央王朝掌管国学政令的最高官署，其教学科目有礼、乐、律、射、御、书、数等。明清中央政府为了让少数民族统治阶层学习儒家文化和礼仪，强制要求土司及其子弟进入国子监深造。对土司及子弟进入国子监深造的记载不绝于书。如《国榷》卷七载：“洪武十五年六月戊寅朔辛卯，云南北胜州酋长高策甫七岁，率所部降。后十年，入朝，送大学，及长，还为土官，令所历土官视效之。莅

---

① （明）沈德符著，黎欣点校：《万历野获编（下）》补遗卷四《土教官》，文化艺术出版社1998年版，第1004—1005页。

事之日，即禁通把事毋置田宅，以渔于民。边境赖之以宁。”① 《明史》载：“洪武二十一年，播州宣慰使司并所属宣抚司官，各遣其子来朝，请入太学，帝敕国子监官善训导之。”②（《明史·四川土司·二》）二是强制土司应袭子弟就近进官学（或司学、儒学）读书。据史载，明代在土司地区建立的儒学，其教育对象一般是土司子弟。因为明清中央政府为了促使各地土司行为和礼仪能逐渐符合朝廷命官的文化和礼仪规范，更好地为封建统治阶级效力，所以，明清中央政府强制各地土司应袭子弟必须进入儒学读书，否则，就不准土司应袭子弟承袭土司之职。土司应袭子弟就近入官学读书规定源于朝廷命官的奏议。洪武二十八年九月壬辰朔甲辰，监察御史斐承祖言：“四川贵、播二州，湖广思南、思州宣慰使司及所属安抚司州县，贵州都指挥使司，平越、龙里、新添、都匀等卫，平浪等长官司诸种苗蛮，不知王化，宜设儒学，使知诗书之教，立山川社稷诸坛场，岁时祭祀，使知报本之道。”从之。（《太祖实录》卷二四一）该奏议除建议在土司地区设立儒学外，还建议立山川社稷诸坛场，以作岁时祭祀之用，以使教化更为普及和推广。之后，明代中央政府对土司子弟入学读书要求更加明确。如弘治十六年（1503 年）规定：“以后土官应袭子弟，悉令入学，渐染风化，以格顽冥。如不入学者，不准承袭。”③ 清朝入主北京后，更加重视对土司及其应袭子弟入学教育，学习礼仪。因此，在一定程度上讲，明清时期土司地区官学教育能够快速发展，其重要原因之一在于，土官子弟要承袭宣慰使、宣抚使、安抚使、长官司等职，必须先进入当地官学读书后才能获准承袭。

四　“齐政修教”：国家治理的绩效

元明清时期中央政府在土司地区实施“修教”，在针对土司统治阶层进行礼仪教化的同时，也教化了当地的少数民族子弟，使教育面向土司地区下层民众的思想有所体现。从总的来讲，元明清时期中央政府在土司地区实施“齐政修教”的国家治理方略，其成效十分显著。

---

① （明）谈迁：《国榷》卷七，中华书局 1988 年版，第 621 页。

② （清）张廷玉：《明史》卷 312《四川土司二》，中华书局 1974 年版，第 8040 页。

③ （清）张廷玉：《明史》卷 310《土司》，中华书局 1974 年版，第 7997 页。

（一）“修教”加速了主流价值的广泛传播

从历史文献上得知，明清中央政府要求学校教学内容多为“四书”“五经”以及法律、童蒙教材等。据《明史》载：明代国子监“所习自《四子》本经外，兼及刘向说苑及律令、书、数、《御制大诰》”。而府州县学主要有：“国初举业有用六经语者，其后引《左传》《国语》矣，又引《史记》《汉书》矣。《史记》穷而用六子，六子穷而用百家，甚至佛经、《道藏》摘而用之，流弊安穷。”社学“兼读《御制大诰》及本朝律令”，“民间幼童十五以下者送入读书，讲习冠、婚、丧、祭之礼”①。贵州省清代的《绥阳县志》之《社学规条》涉及的教材书名有：《四书》《孝经》《小学》《五经》《性理》《四书集注》传注、《周礼》《仪礼》《三传》《国语》《国策》《文选》《八家文集》《文章正宗》《五大全》《性理大全》《朱子纲目》等。② 学童启蒙通用的教材有《三字经》《百家姓》《千字文》《千家诗》《幼学琼林》《弟子规》《小儿语》《续小儿语》《龙文鞭影》等。女学童发蒙时，多半读《女儿经》《妇女贤》《劝孝歌》《女四书》《女幼学》等。清雍正之后，土司地区义学除学习上述有关内容外，还要加学《圣谕广训》。③ 明清中央政府在土司地区创办官学、书院、社学和义学，不仅使土司阶层能“修教”，而且使土司地区少数民族子弟也能“修教”，这无形中加速了国家的主流价值内容在土司地区的广泛传播。也正因为如此，在现存很多土司家族的族谱中都充分体现了国家的主流价值观，如清代酉阳冉氏土司编纂的康熙《冉氏忠孝谱》、乾隆《冉氏忠孝谱》以及同治《冉氏家谱》在卷首“家规”中均有“孝顺父母、尊敬长上、友于兄弟、新睦宗族、和睦邻里、敦肃闺门、禁止争讼、勤习正业、定正名分、致谨坟墓、慎选婚姻、教约子弟、慎重继嗣”13条，这些内容与国家的主流价值是十分吻合的。从这一角度看，明清中央政府实施“修教”，不仅夯实了中央政府提倡的统一多民族国家的思想基础，而且促进了土司阶层和土司地区民众的国家认同。

---

① （清）张廷玉：《明史》卷69《选举一》，中华书局1974年版，第1690页。

② （清）陈世盛：《绥阳县志》，《贵州府县志辑》卷36，巴蜀书社2006年版，第213—214页。

③ 贵州省地方志编纂委员会：《贵州省志·教育志》，贵州人民出版社1990年版，第454页。

（二）“修教”改变了土司地区的风俗习惯

明清时期各地土司阶层及民众在自觉接受“修教”后，其中精通儒学的知识分子在实施“修教”和传播儒学的过程中，使土司地区崇儒学之风渐浓，对于改变土司地区落后的风俗习惯起到了积极作用。对于这些变化，在当时的地方志中有一定记载。明代谢东山在《（嘉靖）贵州通志》中赞扬贵州宣慰司属各族民众“俗尚朴实，敦重礼教，士秀而文，民知务本”[①]；明代贵州巡抚郭子章在《黔记》中对贵阳府民众有“礼宗考亭，不随夷俗；文教丕扬，人才辈出”[②] 的盛誉。在贵州宣慰使安氏土司大本营的大定府：“俗尚敦庞，冠、婚、丧、祭，渐能循礼。”[③] 在杨氏土司经营数百年的播州，经过杨氏土司的建学兴教，到“平播之役”后，该地区真正实现了移风易俗，“士愿而好学，女贞而克勤。及入清朝，士风尤盛，人才间出。士质而有文，民朴而易治。崇尚气节，不耻贫贱”[④]。因此，乾隆《贵州通志》对播州地区也有“冠、婚、丧、祭，不尚奢华。人知向学，深山穷谷，尤闻弦诵声。虽夜郎旧地，当与中土同称”[⑤] 的赞美之词。可见，明清时期随着儒学、书院、社学、义学等学校教育在土司地区的普及，“修教”真正使一直被“边缘化”的土司地区逐步纳入中央政府的儒家教化体系之中，明清中央政府的“修教”，促进了土司地区各族民众风俗习惯的改变。

（三）“修教”维护了土司地区的社会稳定

明清中央政府在土司地区实施“修教”，使土司阶层和土民懂得“三纲五常之道”（《太祖实录》卷239），并通过“立山川社稷诸坛场，岁时祭祀，使知报本之道”（《太祖实录》卷241），使土司阶层和土司地区各族民众自觉肩负起维护社会稳定的责任。酉阳冉氏土司在接受“修教”之后，整个土司阶层的思想得到提升，在康熙《冉氏忠孝谱》“家规”中的“孝顺父母、尊敬长上、友于兄弟、新睦宗族、和睦邻里、敦肃闺门、

---

① （民国）刘显世、谷正伦：《贵州通志．舆地志・风土志》（点校本），贵州大学出版社2010年版，第371页。

② 同上。

③ 同上书，第381页。

④ 同上书，第383—384页。

⑤ 同上书，第384页。

禁止争讼”等7条，其中“和睦邻里”条中讲明这样的道理：“古者，乡田同井，出入相友，守望相助，疾病相扶持。盖邻里之中，非本支即世戚，朝夕相接，其谊即休戚相关，洽比之谊，不可不讲也。我族众之于邻里，当和以相处，礼以相接，有无相济，急难相接。毋失色于乾馂，无起争于瓯脱，则有以得睦姻任恤之道，而里为仁里，邻亦德邻矣。”在“禁止争讼”条云：“除本族雀角，各房长会议处分，不使成讼外，如本族与外姓有争，事情重大，付之公断。若止户婚田土，以及些小纷争，宗长询托致讼之家亲族，令其劝息。曲在本族，饬令服理。曲在异姓，委曲调停。禀官请息，虽少屈抑，亦自家讨便宜处。否则，一事之微，尝有破家荡产，忘身辱亲者，讼则终凶，《易》所以垂象也。至于阴险之徒，唆人争讼，己复为之关说，此或以贪饕起见，或以报复行私，堕彼术中，追悔无及。我族人记宜凛之戒之。”[①] 这7条，从族内“父母、长上、兄弟、闺门、宗族”开始，再到族外的“邻里”与“争讼”，无一不是维护土司家族和土司地区的社会稳定的体现。在其他土司家族的族谱中也不乏“孝父母”“和兄弟”“敦手足”“睦邻里”等内容，这些内容用以教育族众，长时间的潜移默化，有助于维护土司地区的社会稳定。

（四）“修教”促进了改土归流的顺利实施

清代继承明代强制土司及土司子弟入学“修教”的传统，且要求更具体，执行更彻底，普及更广泛，效果更显著，如此一来，土司阶层也能审时度势，到清朝雍正年间实施大规模改土归流时，由于“国家声教远敷，而任事大臣又能宣布朕意，剿抚兼施，所在土司俱以望风归向，并未重烦兵力，而愿为内属者，数省皆然”[②]。从历史文献看，雍正年间的改土归流除了在彝族地区有一定规模的战争外，其他土司地区多以和平方式进行，并且没有出现改而复设、设而又改的现象。众多土司没有产生对抗朝廷而另立“独立王国”的思想，这无疑是他们接受的“修教”之后对改土归流所产生的正效应。所以，“自此土司所属之彝民，即我内地之编氓；土司所辖之头目，即我内地之黎献”[③]。这种和平、彻底的改

① （清）冉奇镳、冉天泽：《（康熙）冉氏忠孝谱》，康熙二十二年（1683年）刻本。

② （清）张天如等：《永顺府志》卷首《上谕》，乾隆二十八年（1763年）抄刻本。

③ 同上。

土归流方式，如湖南永顺宣慰使彭肇槐以及湖北以忠峒安抚司田光祖为首的15家土司均自请改土归流，使土司地区避免了重大的战争破坏，维护了中央王朝在土司地区的统治。由此可见，明清中央政府实施的“修教”，不仅实现了中央政府原定的对土司地区统治阶层和普通民众进行礼仪教化的目标，而且对土司地区实施改土归流起到了实质性的推动作用。

第二节　因俗而治

“因俗而治”是辽代统治者创立并实施的一种民族政策。从历史上看，辽朝时由于其统治疆域辽阔、民族众多、经济社会发展极不平衡，面对这种复杂情况，辽代统治者实施“因俗而治”的政策，实践证明这种政策的施行是成功的。“因俗而治”政策的实施既可以使处在不同发展阶段的各民族在原有的基础上继续前进，又避免了划一制度可能带来的碰撞和矛盾，有利于社会的稳定，有利于民族之间的交往融合。[①] 因此，辽代“因俗而治”的民族政策为元明清统治者提供了历史的经验和有益的借鉴。

一　“因俗而治”的内涵

由于我国幅员辽阔，地理环境、自然条件相差很大，东西南北之间社会发展程度存在很大差异。早在先秦之时，我国就形成了以华夏族为中心的东夷、西戎、南蛮、北狄5大民族集团，这些多民族群体之间在生产生活方式、社会发展方面存在很大差异。我国历代统治者为了解决国内复杂的民族问题，大都对国内各民族采取“因俗而治”的民族政策。

“因俗而治”一语出自《辽史》第45卷《百官志一》，其原文为：“契丹旧俗，事简职专，官制朴实，不以名乱之，其兴也勃焉。太祖神册六年，诏正班爵。至于太宗，兼制中国，官分南、北，以国制治契丹，

① 王德忠：《论辽朝“因俗而治”统治政策形成的历史条件》，《求是学刊》1999年第5期。

以汉制待汉人。国制简朴，汉制则沿名之风固存也。辽国官制，分北、南院。北面治宫帐、部族、属国之政，南面治汉人州县、租赋、军马之事。因俗而治，得其宜矣。"① 这里的"因俗而治"是指辽代统治者根据不同地区、不同民族的风俗、社会发展状况实施统治或管理。

专家学者对于"因俗而治"概念的理解，历来是见仁见智。有学者认为，"因俗而治"是元明清中央政府在土司地区实行的一种政治上任用当地部落首领依据当地民族和地方习惯法自主管理地方民众事务，经济上不改变当地的经济形态和发展模式，文化上顺应当地少数民族的风俗习惯，社会结构上不改变其原有社会形态，并且在与内地的交往中不断向内地经济形态和儒家文化学习并最终趋同一致的治理模式。② 马尚云在其博士学位论文中认为："'因俗而治'的统治政策就是指在实现政治统一的前提下，保持各民族地区原有的社会政治制度、生产方式和文化形态，并根据各民族生产、生活方式的不同习惯采取不同的统治政策。"他同时指出："中国历史上历代王朝实行的'因俗而治'的民族政策，承认了国内各民族在历史、地理、生产、生活方式及风俗习惯上存在的差异性，并根据不同民族的实际情况采取不同的统治政策，在不同的历史时期都发挥了重要的作用，较好地解决了当时国内的民族问题，维护了当时王朝的政治统治。"③ 这些理解均有一定道理。著者结合元明清时期中央政府在西南、中南、西北民族地区实施土司制度的实际情况，更趋向于将"因俗而治"理解成为一种民族政策。

因此，著者认为，"因俗而治"是元明清统治者根据土司地区少数民族的政治制度、历史传统、风俗习惯、生产生活方式、社会发展程度及宗教信仰等制定的国家治理土司地区的民族政策。"因俗而治"的民族政策源于我国历史上少数民族特殊的居住格局以及中国古代儒家"大一统"思想和"夷夏之辨"思想的影响。在实施土司制度的过程中强调"因俗而治"的民族政策，这体现了元明清中央政府对多元文化的包容性。事

---

① （元）脱脱等撰：《辽史》卷45《百官志一》，中华书局1974年版，第685页。

② 陈跃：《"因俗而治"与边疆内地一体化——中国古代王朝治边政策的双重变奏》，《云南师范大学学报》2012年第2期。

③ 马尚云：《辽代"因俗而治"的民族政策与社会发展研究》，博士学位论文，内蒙古大学，2007年，第8—10页。

实上，元明清中央政府在土司制度实施“因俗而治”的政策，其目的在于解决多民族国家内部的民族矛盾，调整族际关系。因此，从性质上讲，“因俗而治”应属于民族政策的范畴。① 如有清一代，中央政府在一些新设土司地区，就不强求当地的少数民族剃发易服。如乾隆四十一年(1776年)，清帝派军平定大、小金川之乱后，下谕旨安民曰：“谕军机大臣等，本日文绶等奏覆，番众薙发一折。据称：‘新疆番众，久经薙发，并半已穿戴内地民人衣帽。至西南北三路沿边土司番众，亦均已遵制薙发。并无仍沿旧俗之事’等语。所办未免过当，两金川等番众，自收服以后，隶我版图，与屯土练兵，一并遵例薙发，自属体制当然。至沿边土司番众，如德尔格、霍尔等处，自可听其各仍旧俗，毋庸饬令一律薙发，更换衣饰。将来伊等轮班进京朝贡，衣服各别，亦可见职贡来朝之盛，何必令其换衣服，以生其怨也。即现在收服之两金川等番众，亦止须遵制薙发，其服饰何妨听从其旧，又况沿边土司番众，何必更改服饰耶?”② 由此可见，“因俗而治”的民族政策是适合土司地区少数民族社会生活实际的一种行之有效的政策。③

二 中央政府的“因俗而治”

元明清时期的土司制度是在保留土司地区各个少数民族文化的基础上建立起来的一种行政管理制度。在这种制度下，各土司地区少数民族的历史传统、宗教信仰、风俗习惯、生产生活方式得以继续保留、传承与发展，因此，这种“因俗而治”的民族政策，不仅有利于促进土司地区的社会稳定、民族和谐，而且有利于促进土司地区多民族文化的包容与共处，保护与传承民族文化的多样性。具体来讲，从中央政府这个层面看，“因俗而治”主要体现在以下几个方面。

（一）在行政体制方面，实施“多轨制”

元明清时期，“流官”与“土官”是两个相对的概念。在内地以行省

---

① 马尚云：《辽代“因俗而治”的民族政策与社会发展研究》，博士学位论文，内蒙古大学，2007年，第11页。

② 《清高宗实录》卷1103，“乾隆四十五年三月辛丑”，台湾华文书局1969年影印本，第22册，第16194页。

③ 李世愉：《土司文化：沟通边疆与中央的桥梁》，《文史知识》2016年第4期。

(或布政使司)、府、州、厅、县的行政结构中，上自督抚，下至知州、知县等地方官员，都是由中央王朝遴选和委派的“流官”。而与之相对的广袤的边疆地区，如四川西部、云南、贵州、广西、湖广西部、甘肃西部等地区，自元代开始，中央政府则实行册封少数民族头人管理土地和人民的土司制度，这些头人则称为“土司”或“土官”，他们的家族世袭统治所辖区域的民众。就元明清时期在土司地区的行政体制来看，是实施的“多轨制”。

有元一代，是土司制度开启的朝代。其土司机构的设置有两类：一是在边疆少数民族地区的边境地区、通衢要道和军事要地，一般设置有宣慰司、宣抚司、安抚司、招讨司和长官司。设置在边远民族地区的宣慰司，常常是宣慰司兼都元帅府或管军万户府。《元史》卷九十一志第四十一上《百官七》有载：“宣慰司，掌军民之务，分道以总郡县，行省有政令则布于下，郡县有请则为达于省。有边陲军旅之事，则兼都元帅府，其次则止为元帅府。其在远服，又有招讨、安抚、宣抚等使，品秩员数，各有差等。”① 二是在靠近内地或经济社会较发达的地区，则设置路总管府或军民总管府、土府、土州、土县等行政机构。这两种行政机构，均参用土酋为官，由中央王朝直接任命，对西南、中南民族地区的土司机构和土职官员具有一定的约束力。

明代是土司制度最兴盛的一个朝代。有明一代，国家管理土司事务的机构主要有吏部、兵部、礼部等。吏部管理土司的机构主要是验封司，《明史》载：“掌封爵、袭荫、褒赠、吏算之事，以赞尚书。……土官则勘其应袭与否，移文选司注拟。”② 吏部管辖的军民府、土府、土州、土县，其设官情况与经制府州县相同。③ 兵部管理土司的机构主要是武选司，“掌卫所、土官选授、升调、袭替、功赏之事。……凡土司之官九级，自从三品至从七品，皆无岁禄。其子弟、族属、妻女、若婿及甥之袭替，胥从其俗”④。兵部管辖的有宣慰、宣抚、安抚、长官诸司领士兵

① （明）宋濂：《元史》卷91《百官七》，中华书局1976年版，第2308页。

② （清）张廷玉：《明史》卷72《职官一》，中华书局1974年版，第1735页。

③ （清）张廷玉：《明史》卷76《职官五》，中华书局1974年版，第1876页。

④ （清）张廷玉：《明史》卷72《职官一》，中华书局1974年版，第1751—1752页。

的土司。其中，宣慰使司设有宣慰使、宣慰同知、宣慰副使、佥事、经历、都事等职；宣抚司设有宣抚使、宣抚同知、宣抚副使、佥事、经历、知事、羁縻等职；安抚司设有安抚使、安抚同知、安抚副使、佥事、吏目等职；招讨司设有招讨使、副招讨、吏目等职；长官司设有长官、副长官、吏目等职。其他未入流的有蛮夷长官司，设有长官、副长官等职；另设有蛮夷官、苗民官及千夫长、副千夫长等官。① 明代在地方设置的管理土司的机构，既有布政使司、府州县，又有都指挥使司、行都指挥使司、羁縻卫所。一般情况下，布政使司管理设置在民族聚居地区的军民府和土府、土州和土县等土官机构；都指挥使司和羁縻卫所管理设置在靠近内地的土府、土州和土县等土官机构以及边疆少数民族地区的宣慰司、宣抚司、安抚司、招讨司、长官司、蛮夷长官司等土司机构以及蛮夷官、苗民官、千户长等官吏。明代在行政体制上，既有国家管理土司事务的机构，也有地方管理土司事务的机构；国家层面既有兵部的管理，又有吏部的管理，还有礼部参与管理；地方层面既有布政使司和府州县的管理，也有都指挥使司和羁縻卫所的管理，真正实现了土司管理机构的“多轨制”。

清代是土司制度逐渐走向衰微的朝代。在清前期，中央政府基本上沿袭明代土司管理机构的“多轨制”。但不同的是，清王朝在中央设置了专门管理边疆少数民族事务的机构——理藩院。理藩院本来是清朝政府统治和管理蒙古、回部及西藏等少数民族的最高权力机构，其职责之一就是掌蒙、回诸藩部王公以及甘青藏地区土司等官员的封袭、年班、进贡、随围、宴赏、给俸等日常事务，并且派遣理藩院的一些司员、笔帖式等人员到甘青藏少数民族聚居地区进行日常事务的管理。具体来讲，管理土司地区的是徕远清吏司。其职掌是实施四川土司之政令，并掌回城卡伦外各部落的朝贡、给衔等事务。在地方管理土司方面的变化是雍正三年（1725 年）在西宁设置了“钦差办理青海蒙古番子事务大臣”一职，进而全面强化对青海地区 40 家土司的控制。

（二）在管理制度方面，采用“差异化”

“因俗而治”民族政策的精髓在于因时空不同、民族不同、地理环境

---

① （清）张廷玉：《明史》卷 76《职官五》，中华书局 1974 年版，第 1875—1876 页。

不同而采取不同的管理制度。也就是说，元明清时期，中央政府管理各地土司的制度多种多样，有一个不断完善的过程。

在行政制度方面，虽然元明清时期在土司地区都实施土司制度，但又有一定区别，如藏族是政教合一制，白族、罗罗族（彝族）、傣族、僮族、土家族、苗族、水族、布依族等族是土官土司制，景颇族则是山官制等。即便是同一民族，土司制度也不尽一致，如藏族地区的土司制度，既有政教联合管理制、政教合一土司制，也有土千户土百户制、土屯结合管理制，还有土流并存管理制以及健全的土司管理体制等。同时，元代与明清的土司制度也有一定差别。元朝在土司地区"因俗而治"的一大举措就是设置民族行政区，且路、府、州、县的官员大多由土司担任，土官如果犯了罪，采取罚而不废的处置办法，其职位可世袭。时值明代，中央政府在接近内地的土司地区，则设置土府、土州、土县，强化中央政府对土司的控制功能，并且在土司衙门中安插汉官（即佐贰官），如果是汉官为正职者，则土司为副职，以达到互相牵制的作用。在边疆地区，则设置宣慰司、宣抚司、安抚司、长官司、蛮夷司等政区，其行政长官多由少数民族上层人物充任，这些土司有财权、军权和司法权，其职位可世袭，但承袭过程要由三司等上级机关签署意见，然后吏部或兵部备案，最终由皇帝钦准。① 有清一代，仍然实施土司制度，但更加完善，土司地区由土司管理政治、军事、经济、文化、宗教、法制等事务，直至改土归流。

在土司制度方面，因朝代不同，制度不尽一致。如在建立和完善制度方面，元代主要包括承袭、升迁、惩处、贡赋及土兵等制度，明代则增加了宽贷、文教及礼仪等制度，清代则更加完善，增加了抚恤、分疆、分袭、限权及禁例等制度。明清两代注重确定各级各类土司的职级与隶属。在信物方面，元代赐给各地土司的信物有诰敕、印章、虎符、驿传玺书、金（银）字圆符等，明代中央政府赐给各地土司的信物主要有诰敕、印章、冠带、符牌，没有虎符、驿传玺书、金（银）字圆符等，清代中央政府赐给各地土司的信物有诰命、敕命、印信、号纸，省去了冠带、符牌等信物。

---

① 李治安：《唐宋元明清中央与地方关系研究》，南开大学出版社 1996 年版，第 343 页。

（三）在司法制度方面，注重“变通性”

我国西部地区各民族在历史发展的长河中都形成了与他们的生存条件与谋生手段等客观因素相适应的特有的习俗。有些习俗有着深刻的传承性、集体性和差异性，对本民族具有极大的约束力和影响力。无论是各级政府还是某个族群，若对有些习俗采取歧视性的态度，就会伤害这个民族的感情，甚至引起不满，影响地方社会的稳定。鉴于此，历代统治者从维护国家稳定出发都十分慎重地对待这个问题。[①] 他们或者把风俗习惯作为立法的重要依据，或者将法律在某些方面主动适合或者迁就社会习俗，以真正体现司法制度的“变通性”。《元史·刑法二》载：“诸内郡官仕云南者，有罪依常律，土官有罪，罚而不废。”这或许是“因俗而治”民族政策在司法制度中“变通性”体现的证据。在明代，这种例证不胜枚举。如《明史》卷三百一十六《贵州土司》之“贵阳”中有“其苗讼仍从苗俗处分，不拘律例”的记载。在同卷“思南”条也有类似的记载：“正统初，蛮夷长官司奏土官衙门婚姻，皆从土俗，乞颁恩命。帝以土司循袭旧俗，因亲结婚者，既累经赦宥不论，继今悉依朝廷礼法，违者罪之。”[②] 在《明史》卷三百一十二《四川土司二》之“永宁土司志”条载，万历年间，水西土司“安国亨杀安信，信兄智结永宁宣抚奢效忠报仇，彼此相攻。而安国亨部下吏目与智有亲，恐为国亨所杀，因投安路墨。墨诈称为土知府安承祖，赴京代奏。已而国亨亦令其子安民陈诉，与奢效忠俱奉命听勘于川贵巡抚。议照蛮俗罚牛赎罪，报可”[③]。这里说明，在“因俗而治”的民族政策下，有些事情的处理完全是可以按照习惯法——如“照蛮俗罚牛赎罪”处理人命案件的。清朝时期的法制更加重视各民族所特有的习俗风尚，且在立法中针对各民族的不同情况作出变通性的规定。如乾隆初年曾下令：“苗民风俗与内地百姓迥别，嗣后苗众一切自相争讼之事，俱照苗例完结，不必绳以官法。”（参见《清高宗实录》卷22）后来乾隆皇帝的这个谕旨以条例的形式编入《大清律例·刑律》中。这里所称的“苗例”，主要是指苗族“杀人、伤人赔

---

① 苏钦：《论古代民族法制中的“因俗而治”》，《法学杂志》1997年第3期。

② （清）张廷玉：《明史》卷316《贵州土司》，中华书局1974年版，第8169—8178页。

③ （清）张廷玉：《明史》卷312《四川土司二》，中华书局1974年版，第8052页。

牛、赔谷”的习惯法。[1] 清朝之所以承认“苗例”的法律效力，是因为苗俗相沿已久，实难通过法律骤然改变，不得不在法律上做出变通的规定。[2] 在清代中央政府“因俗而治”民族政策的指导下，清末时期的毛丫土司在其辖区内除实行“习惯法”外，还按照自己的意志制定成“十三条禁令”：一、不准偷抢及伤害人命；二、不准打猎，不准伤害有生命的动物；三、如偷盗等事件，村内不能擅自处理，必经土司处理；四、本村人不准抢劫本村人的东西；五、本区内部事不准外传，外区事也不准传进本区来；六、不准自由搬迁牧场；七、每年藏历五月十五日才能搬到夏季牧场，并须一体行动，若提前一天或延后一天，每户罚带鞍驮牛一头；八、每年的“绒格马”须在夏天搬到夏季牧场后立即召开，全部差户须按时参加，迟到一天，罚藏洋拾元；九、差民必须按照土司规定置备枪支，并于每年“绒格马”上检查，如少一支枪，罚藏洋一百元；十、每支快枪必须按土司规定配备六十发子弹，如少一发，罚藏洋一元；十一、凡属差户必须按时轮流去保护土司衙门，作土司侍卫，如少去一天，每人罚藏洋十元；十二、凡牧民背快枪的，必须配穿氆氇衣一件，衬衣一件，戴呷乌一个。凡牧民背明火枪的，不准穿皮衣，只能穿毪衫及单衣，并戴呷乌一个，如违反此规定，处以抽马鞭之刑；十三、每年藏历七月，到秋季牧场后，举行全区赛马会，差户必须全部参加，并着好衣，会期为四天，一天不到罚藏洋四元。四天全不到，罚藏洋四十元。另外，每年毛丫土司还可收各种罚金近银元一万元。[3] 元明清统治者在立法和司法中能够根据土司地区各民族的习俗差异而分别采取各种不同形式予以变通，这有利于建立和完善元明清时期的民族法制，有效实施“因俗而治”的民族政策，促进土司地区的社会稳定。

三　土司政权的“因俗而治”

元明清时期各地土司在国家“因俗而治”政策的指导下，土司政权也相应的在其辖区从政治制度、经济制度以及司法制度等方面实施“因

---

① 苏钦：《“苗例”考析》，《民族研究》1993 年第 6 期。

② 苏钦：《论古代民族法制中的“因俗而治”》，《法学杂志》1997 年第 3 期。

③ 甘孜州志编纂委员会：《甘孜州志》（上），四川人民出版社 1997 年版，第 809—810 页。

俗而治”的政策。

（一）政治制度

元明清时期土司地区最根本的政治制度是土司制度，其核心是父死子继、兄终弟及以及夫死妻继的封建世袭制度。此外，不同民族的政治制度又有一定区别，如藏族地区普遍的政治制度是僧官制度，也就是通过佛教首领及僧侣来统治土司地区民众的制度；在彝族土司势力最大的水西地区，实施的则是以“九扯九纵”为特征的职官制度——则溪制度，在行政方面则主要实施乡里制度。乡里制度主要包括明代和清代前中期的里甲制度、保甲制度以及清末时期的团甲制度。根据著者的研究发现，清代道光年间在一些土司地区或已经改土归流地区，实施的仍然是里甲制。如《道光大定府志》就记载道光二十一年（1841 年）贵州省大定府（今贵州省大方县）《粮册》上按里甲征收田赋粮米的事实，尤其是大定府亲辖地征粮数额十分详尽。① 另据《阿坝州志》载，清朝中期今阿坝地区改土归流后，仍广置宣慰司、安抚司、长官司、巡检司、千户、百户等，依旧实行土职世袭。而汶、理、懋、茂、松等县汉族或汉羌回杂居地区，推行里甲制，10 户为甲，设甲长，若干甲为里，设里长，统里为县，计汶川县 2 里，理番厅 6 里，茂州 36 里。② 故著者认为，在明清时期西南土司地区，实际上存在着一种相对于经制州县地区不同的时间制度、基层政治制度和组织制度，其时间跨度长达近 500 年。③ 也正是由于这种不同的基层政治制度和组织制度，各地土司才因势利导，治理其辖区。

（二）经济制度

元明清时期各地土司，不仅在政治上欺压百姓，而且在经济上大肆剥削，使辖区内民众负担沉重，过着非人的生活。第一，在土地占有方面。各地土司既占有全部土地，同时又“各役属其民”。在今广西大新县境内，万承、恩城、安平等土州的土司令辖区内的民众做家奴，实行农

---

① （清）黄宅中：《道光大定府志》（点校本），中华书局 2000 年版，第 225—278 页。

② 阿坝藏族羌族自治州地方志编纂委员会：《阿坝州志》，民族出版社 1994 年版，第 692—693 页。

③ 李良品、李思睿：《乡里制度：国家权力在西南民族地区乡村社会的深入》，《西南民族大学学报》2015 年第 7 期。

奴的人身依附。土司对辖区内的民众以经济的强制和超经济的强制手段，进行残酷的封建剥削——劳役地租或实物地租。土司时代的土地管理实行“官田制”，其官田有诸如挑水田、旗锣田、扫墓田、抬轿田、看猫田、铲马屎田、扫地田、监路田、土兵田、养猪田、地利田、杀鸭田、猪路田、蒸尝田等名称。百姓耕种这些种类繁多的田地，除了交地租外，还要给土司常年负担无偿的各种夫役。[①] 第二，在税赋征收方面。除明清中央王朝每年划拨给土司一定数量的银两作为“耗羡”“养廉”费用之外，其他薪俸及公私费用，全部取之于辖区内民众。在今广西大新县境内的万承土州、恩城土州、安平土州等土司，除了向辖区内民众征粮税外，还要征收诸如若柴马、若工墨、若贡品袋璜、闰年耗银、田例、额夫、纳鞭之墨、火耗、坐平、余平、扣水、加码、随封、赎单、羡余、比较、经解、长捐、雇夫、月米、边规、地庙、底素、串票、飞粮、役谷、拆免钱、委牌钱、稿堂钱、汉堂当递、地利算禾谷等名目繁多的力役之征和布缕之征。在税赋征收时，附征往往大于正税，如土司家的婚丧嫁娶等红白喜事，属于随科加派，额外取盈。粮赋的多寡，不以田地多少为标准，而是以土司的口判为凭据，所以，各地税赋极不公平，再加之隶属头目的插手，税赋流弊之多无以言说。如在万承土州辖区内，普通民众除了种田纳粮税外，还要纳屋税、鱼塘税、牛税、马税、猪税、鸡税、鸭税、田契税、酒税、糖税、打柴税、地摊税、人头税、招赘税、道公巫婆税等，全州农民耕种正粮田、官田、番田、官族田等，都要纳税。清乾隆四十八年（1783 年）后，每甲除征收正粮银元数外，还加征加派如闰年、耗粮、田例、额夫、折包钱、汉常当递、地利算禾谷及月水、柴担、边规、底素、串票、飞粮、役符谷、委牌谷等苛捐杂税以及上交“糇丁”“米石”“后门粮”之类的额外粮。[②] 第三，在陋规剥削方面。各地土司的陋规很多，有些地方的土司甚至明文规定辖区内民众，凡逢年过节都要向土司进贡物资。如万承土官规定：辖区内民众每年三月初三、七月十四、十一月霜降等几个节日，都要向土司进贡。三月初三，每甲贡糯米 100 斤、猪肉 20 斤；七月十四，每甲送白米 100 斤、鸭

① 大新县地方志办公室编：《大新土司志》，广西人民出版社 2013 年版，第 44 页。

② 同上书，第 60—61 页。

12只；春节，贡糯米、阉鸡、柑果等若干。如果不贡，则作抗粮论。全茗土官规定：每年春节，四方要送大阉鸡4只，糯米50斤，称为“拜年礼”[①]。这是土司利用陋规陋习剥削民众的典型案例。其实，这种现象在土司地区不胜枚举。

（三）司法制度

司法制度本来是指国家体系中司法机关的性质、任务、组织体系、组织活动原则以及工作制度等规范的总称。在川西北嘉绒藏地区形成了成文法和习惯法，其主要内容有：杀人抵命，伤人命价；狡狂洗心，盗窃追赔；使者给薪，淫者受罚；神山禁猎，神水禁捕；官吏听诉，警告罚款；抗官逮解，辱神亦惩；僧吏不刑，岁纳贡赋等。对于预谋叛乱、抗粮、抗差、抗租、盗窃土司和寺庙财物、杀人、放火、抢劫，贩卖人口，讹诈财物，盗宰耕牛，偷牛盗马者视为特大案件，处以罚款、死刑或肉刑。对拖欠贡赋、不按等级乱婚，对土司无礼（如违抗土司命令，在土司面前不下马、不脱帽、不弯腰、不低头、不下跪，说土司坏话，在土司草场上放牧等），在神山、神水猎捕、挖药、放牧，在法会上或逢年过节时打架斗殴、扰乱公共秩序，拒不应征，征战不力，有了战况不报告者处以肉刑。对打骂父母，小偷小摸，拖欠个人债税，打骂老师、喇嘛，与老师、喇嘛发生男女关系又隐瞒拒不交代，枪支弹药不齐备者处以劳役、罚款，情节严重者则吊打，脸上用铁烙印、枪口烙印或处以其他肉刑。除不杀不足以平土司气愤者外，只要犯人能交上赎罪的金银财物，都可减、免刑。[②] 可见，明清时期，各地土司在国家司法制度指导下自建了一套较为完善的司法制度，主要体现在三个方面。

1. 制定成文法

中缅边境地区的傣族土司以及川西地区的藏族土司，他们都根据当地的习惯法并与国家成文法互动而形成了一套成文的法律制度。如《西双版纳傣族封建法规（一）》就是傣族成文法的典范，其中所载法律计180条，包括犯上、家奴、违犯家规、破坏房屋、破坏农业生产、破坏牲

---

① 大新县地方志办公室编：《大新土司志》，广西人民出版社2013年版，第65页。

② 《阿坝州志》总编室：《阿坝州志合纂稿·补遗：土司土官》，内部刊行，2009年，第116—117页。

畜发展、订婚、离婚、财产处理、财产继承、债务清偿、租牛租船、拾得财物、受人之托、经商、交通、调戏、通奸、强奸、拐骗、嫌疑、偷家禽农副产品、盗窃家畜财产、包庇分赃、诬陷报复、斗殴伤人、杀人害命、过失犯、巫术杀人等内容。同时，在制定这些法律的过程中确定了杀人无罪、重罪不能轻判、应判处极刑 3 大原则。其中规定，在下列五种情况下“杀人无罪”：一是奸妇奸夫在行奸现场被杀；二是盗窃犯在作案过程中被杀；三是手持凶器杀人而被人所杀；四是夜半三更闯进他人屋里被主人所杀；五是破坏人家房子，在进行中被杀。同时还规定，在上述五种情况下被杀，若事后寻机杀人报复，就必须依法治罪。在下列 11 种情况下“重罪不能轻判”：一是械斗杀人；二是谋财害命；三是拆毁佛寺佛像；四是拦路抢人；五是霸占财物；六是留宿犯人；七是盗窃佛寺财物；八是盗窃佛像金身财宝；九是杀死父母；十是夫杀死妻；十一是妻杀死夫。该法规规定，有以下 3 种情况“应判处极刑”：一是偷佛主的钱和折毁佛像佛塔；二是杀死召勐（即土司）；三是杀死父母。并且还规定，犯上述一、二条罪的，罪犯判处死刑，其子女罚为寺奴及召的家奴；犯第三条的罪犯，砍去手脚，赶出勐界，让其受一辈子活罪。[①] 在法律执行过程中，当地最高长官也是最高执法人，土司掌管全境生杀大权，凡宣爷、圈官等断了的刑事和民事案件，不服者可以上告土司府，由土司裁决。杀人、放火、抢劫等重大刑事案件，一律报土司决定处刑。由于历代土司虽受中央王朝的封赏，其司法活动却不受上峰约束而自成体系，土司有先斩后奏甚至斩而不奏的特权。然而无论是傣族土司还是藏族土司制定的法律中，都融进了封建王朝法律中的一些做法。如清代耿马土司罕荣升、罕华基执政时期，对死刑犯实行大刀斩首，将首级放到东门外大树脚示众。对太爷、宣爷等司署官员的犯罪处理，沿袭了古代王朝“刑不上大夫”的封建礼教，没有斩首和枪决的。凡太爷、宣爷犯死罪，有 3 种处置方法：对阴谋篡位者，处以红绸带缢死；罪行严重者，贬为庶民，永不录用；罪行稍次者，处以“守浪摆”刑，即将罪犯押在土司署内，在一个“浪摆”（红黑漆染过的圆形竹编供桌）上装刑具，命

① 杨一凡、田涛：《中国珍稀法律典籍续编：少数民族法典法规与习惯法（上）》（第九册），黑龙江人民出版社 2002 年版，第 455—482 页。

罪犯看守，由老总监视，直到规定的服刑期满，再根据其表现留用。土司法律中还有“刑不犯宗教”的规定。凡佛寺均置有壕沟或围墙与民间相隔，犯人潜逃其他地方都可缉拿，唯有进入佛寺壕沟或围墙内不能追捕，成年男子充任寺奴，少年当和尚，土司不再追究。[①] 在川西北嘉绒地区的成文法有四部：一是“波亚诚”（相似于刑法），共分9律81条；二是“忙邓诚”（相近于民法）共分16律108条；三是《听诉是非律》（相似诉讼法）；四是“松岗法律”。由于嘉绒地区各土司直接受中央王朝统管，土司之间互不隶属，各自为政，因此，他们对以上这些法律只是选择而用。[②] 元明清时期规定土司制定成文法，其目的在于土司辖区内的民众“有法可依”，犯事后能依据成文法“因俗而治”，有利于维护土司地区的社会稳定。

2. 依据习惯法

习惯法是独立于国家制定法和土司地区成文法之外，依据当地的土司政权、社会维权和社会组织而逐渐形成的具有一定强制性的行为规范的总和。元明清时期土司地区的习惯法是由当地各族民众的习惯发展而来的成文法的渊源，其功能在于弥补国家制定法、土司地区成文法的漏洞与不足。可以说，土司地区的习惯法在一定程度上丰富和弥补了国家制定法调控机制的不足，并成为土司地区一种有效的补救手段和协同方式。元明清时期土司地区的习惯法主要依靠土司辖区内民众的普遍认可，依靠当地各族民众情感和心理的认同，依靠民众价值利益取向的共同性和社会舆论的公众性来实施和维持。土司地区的习惯法与国家法相比，它不具有“强制性”，体现的是当地各族民众的“同意权力”。在云南耿马土司统治的地区，凡是较大的村寨均有寨民公认的习惯法，民众之间发生民事纠纷和刑事案件，大多由村寨头人按习惯法处理，处理不了的民事纠纷和刑事案件再逐级上报分管宣爷直至土司处理。在云南景颇族山官统治地区，也十分重视依据习惯法来处理民事纠纷和刑事案件。景

---

① 耿马傣族佤族自治县地方志编纂委员会：《耿马傣族佤族自治县志》，云南民族出版社1995年版，第516页。

② 《阿坝州志》总编室：《阿坝州志合纂稿·补遗：土司土官》，内部刊印，2009年，第115—116页。

颇族对不同案件有相应的赔偿习惯法，故处理民事纠纷和刑事案件时只要认定了事实，就可按习惯法的标准来赔偿。如在梁河县邦角乡盆都地区，赔羊毛三斤当头发；一定数量的棉花象征脑；二十个矛当作人的手脚指头；一支铜制火抢象征腰骨，二至六头牛、一两个帕西、一两个铓赔偿当生命。[①] 在梁河县芒东区邦歪寨，是头赔锣一面，牙齿赔钱，眼睛赔钱（前二者数目不清），脑子赔花布一件，骨头赔铜炮抢一到二支，手赔长刀，身体赔牛，脚赔大刀，脑壳赔铓一面，赔不出要用杀人者的水田等财物抵押。[②] 在具体处理过程中，都是由景颇族的山官负责处理。

3. 采用神判法

在古代，神判是少数民族解决日常纠纷的一种方式，也就是当事人双方对纠纷事件的陈述相互矛盾和冲突时，裁判者要求当事人双方分别对神灵发誓以证明其陈述的真实性。在一定程度上讲，神判法是一种"借助神灵"来帮助裁断案情，并用一定方式把神灵的旨意表达出来，根据神意的启示来判断诉讼中的是非曲直的方法。在藏族、傣族土司地区，土司、头人出面处理民事纠纷和刑事案件时若出现事实无法认定，当事人又要坚持进行时，就只能采用神判以认定事实。在川西北藏族土司地区，土司处理民事纠纷和刑事案件时，土司要当事人双方在神像前或请喇嘛念经后，掷骰子，以骰子点数来判案；或让被告从煮沸的油锅内捞针，未被烫伤者属无罪。在审理过程中，土司、头人的个人意志决定一切，往往原告、被告以身份的贵贱，与土司、头人、寺庙的关系和"送礼"的轻重、贿赂的多少判决定案。[③] "神判法"作为土司地区乡村社会的一种强制机制和方法，对土司地区各族民众产生了广泛而深刻的影响，并以其特有的功能，长期起着规范土司地区各族民众的社会行为、调解民事纠纷、协调人际关系、解决矛盾冲突的重要作用。

---

① 《中国少数民族历史调查资料丛刊》修订编辑委员会编：《景颇族社会历史调查（一）》，民族出版社2009年版，第181页。

② 《中国少数民族历史调查资料丛刊》修订编辑委员会编：《景颇族社会历史调查（三）》，民族出版社2009年版，第153页。

③ 《阿坝州志》总编室：《阿坝州志合纂稿·补遗：土司土官》，内部刊印，2009年，第117—118页。

总之，明清中央政府在土司地区实施“因俗而治”的民族政策，它是根据一定的原则在施行。所谓的“因俗”，仅限于一些具体的行政事务以及少数民族的历史传统、宗教信仰、风俗习惯、生产生活方式可以继续保留、传承与发展的内容。至于行政制度的兴革、职官的任用、重大事情的决策等则是“不因俗”的，也就是说，明清中央政府掌握和控制着各地土司的授职、承袭、升迁、奖惩、优抚等重大事项的决定权，各地土司还必须按期缴纳贡赋、听从中央政府征调。也就是说，明清中央政府实施“因俗而治”民族政策的前提，是必须维护中央王朝的统治。凡是无碍于中央王朝统治的风俗习惯，则可“随其俗”；凡是有碍于中央王朝统治的风俗习惯就不随其俗；凡是大碍于中央王朝统治的风俗习惯，就必须加以改革甚至彻底废除。换言之，各地土司若不遵从中央王朝的这些规定，就要被裁革或改土归流。

明清中央政府采用“因俗而治”的民族政策，其效果是极其显著的。第一，推动边疆土司地区的内地化。从元代实施土司制度的时候开始，中央政府在行政管理上的做法是，在西南边疆重要地区设置与内地相同的郡县，并任命流官，形成土官与流官联合治理西南边疆地区的态势，如至元二十年（1283 年），元代中央政府在讨平九溪十八峒后，在一些地区设置土州、土县，“并立总管府，听顺元路宣慰司节制”①；并加大经济开发力度，赋役税收“比于内地”②。元明清中央政府在土司地区行政管理上的做法是，在西南边疆重要地区设置与内地相同的郡县，并任命流官，形成土官与流官联合治理西南边疆地区的态势。“因俗而治”的民族政策经明代中央政府至清代前中期很好地施行，使这种民族政策得到巩固与提高，使西藏东部地区与川西藏族地区实施了政教合一制度，在川、青、甘、滇藏区和西南少数民族地区实行了土司制度。即便到了清朝晚期，清政府在面对农民起义冲击、西方列强入侵的情况下才一改过去“因俗而治”的民族政策，在川西北地区强力推动改土归流，迅速推进国

---

① （明）宋濂：《元史》卷 63《地理志六》，中华书局 1976 年版，第 1544 页。

② 《元史》卷 58《地理志一》，中华书局 1976 年版，第 1346 页。

家行政管理体制改革，有效推动边疆内地一体化。[①] 第二，推动国家法制建设的渐进化。元明清中央政府对于土司地区的法律规定的确有迁就的一面，这主要是由土司地区异俗、殊俗的风俗习惯和宗教信仰所决定的。我们从前面探讨中央政府在司法制度方面注重“变通性”以及土司政权制定成文法、依据习惯法、采用神判法可见，土司地区的风俗习惯根深蒂固，国家要想将土司地区的法制建设“比之内地”的确不是一件容易的事情，因此只能是渐进化的建设。当土司地区改土归流之后，新任流官大多要发布禁革原土司地区陋规陋习之类的告示，以达到移风易俗的目的。由此可见，“因俗而治”的民族政策是适合土司地区少数民族社会生活实际的一种行之有效的政策。

第三节　以夷治夷

“以夷治夷”出自《明史·张佑传》，其文为：“以夷治夷，可不烦兵而下。”“以夷治夷”最初的意思是利用外族之间的矛盾，使其互相冲突，削减其力量，以便控制或攻伐。与“以夷治夷”语义相近的词语还有“以夷制夷”“以夷攻夷”和“以夷伐夷”，只是“以夷攻夷”在手段和方式上表现得更为激进，《汉书·晁错传》中有“以蛮夷攻蛮夷，中国之形也”的语句，其目的在于使夷人自相攻伐。可以说，“以夷治夷”是历代封建统治阶级对少数民族实行的一种民族分化手段。元明清中央政府在土司制度实施过程中，借鉴历史经验，自始至终将“以夷治夷”作为国家治理土司地区的一种重要手段。本节拟就相关问题做论述。

一　“以夷治夷”的由来

有学者认为，“以夷治夷”是指中原汉族政权利用少数民族对付和控制少数民族的一种策略。[②] 元明清中央政府为什么将“以夷治夷”作为国

① 陈跃：《“因俗而治”与边疆内地一体化——中国古代王朝治边政策的双重变奏》，《云南师范大学学报》2012 年第 2 期。

② 祁建华：《明成祖民族关系思想初探》，硕士学位论文，烟台大学，2015 年，第 19—21 页。

家治理土司地区的一种重要手段呢？其原因有二。

（一）借鉴历史经验

“以夷治夷”是自秦代统一全国以来，中原统治者在依靠自身的政治、经济、军事等方面的力量之外，寻求其他民族的力量以驾驭、牵制、抗衡，甚至打击给居于统治政权带来严重威胁的另一民族力量，实现其民族政策的一种重要手段。①

公元前214年，秦始皇消灭西瓯君后，兼并了岭南，完成了建立封建中央集权制的多民族国家。在广袤的大地上，由于各民族的历史发展、社会状况、经济基础、文化水平不平衡，民族问题纷繁复杂，如果处理不当，将威胁到秦朝统治者的地位。因此，秦始皇不得不采取了在中央设置“典客（或典属国）、秦官，掌诸归义蛮夷”，成为专管民族事务的机构。在边疆地区设置“内郡为县，三边为道”的地方行政机关，直接处理民族地区的日常事务，并采取“仍令其君长治之”的办法，以法律保障民族首领的统治地位。② 这一系列举措，无疑是“以夷治夷”作为国家治理民族地区所采取的举措或手段的由来。有专家认为“以夷治夷”源自于范晔《后汉书·邓训传》，其文曰：“议者咸以羌胡相攻，县官之利，以夷伐夷，不宜禁护。”可见，这种手段在汉代已经广泛使用。汉代统治者在军事上就充分利用少数民族之间的矛盾，使自相冲突，削弱双方的力量。在我国历史上，将“以夷治夷”作为一种手段用于实战，导致王朝覆灭的首个案例是由北宋创造的。北宋末年，其北部面临西夏、辽、金3个强大的并峙的民族政权，宋王朝为对付这3个政权，便派人与金国订立盟约，双方共同夹击辽国，辽国的土地由宋王朝收回。虽然金国攻入辽国都城，但宋朝被辽国打得大败，面对这种情况，金国不愿意把辽国土地给宋朝。因此，宋朝“以夷治夷”的方法没有获得成功。元明清中央政府深知“以夷治夷”有过历史教训，但“以夷治夷”的历史经验确是国家治理土司地区的主要手段。由于元朝中央政府推行了“蒙夷参治之法”，“官有流土之分”，逐渐形成了土司制度，民族地区的宣慰

---

① 熊贵平：《以夷制夷方略及其在汉代形成和发展的原因探析》，《江西师范大学学报》2007年第6期。

② 李干芬：《略论历代封建王朝的“以夷制夷”政策》，《广西社会科学》1992年第4期。

司、宣抚司、安抚司等普遍成立，深刻地影响了明清两代。明代中央政府“踵元故事，大为恢拓，分别司郡州县，额以赋役，听我驱调，而法始备矣”。“洪武初，西南夷来归者，即用原官授之”。[①] 清代沿袭明代的土司制，只是“稍加损益”。清朝雍正年间，在湖广、贵州、四川、云南等地大力推行“改土归流”政策，逐渐使土司制度式微，辛亥革命推翻封建帝制，土司制度也宣告终结。正因为如此，元明清在西南、中南及西北少数民族地区实施土司制度，册封当地部落酋长为土司，“以夷治夷”手段的巧妙运用，不仅取得很好的效果，而且巩固了中央王朝对土司地区的统治。

（二）重视现实考量

元明清统治者实施“以夷治夷”的手段，除了有历史经验之外，更重要的原因在于现实考量。

1. 中央王朝实力所限

明清政府推行土司制度的地区，都是边疆或边远少数民族地区。那里交通闭塞、经济发展缓慢、文化水平很低、风俗习惯根深蒂固、社会组织纷繁复杂、地方豪酋威望崇高，而中央王朝实力有限，鞭长莫及，只能在实施土司制度的过程中采用重用当地豪族大姓统治或管理少数民族的“以夷治夷”手段。明代中央政府的意图，在《明史·保靖土司志》中明确体现，该志载：“宣德元年（1426年），宣慰彭大虫可宜遣子顺来贡。四年（1429年），兵部奏：‘保靖旧有二宣慰，一为人所杀，一以杀人当死，其同知以下官皆缺，请改流官治之。’帝以蛮性难驯，流官不谙土俗，令都督萧授择众所推服者以闻。”[②] 面对保靖地区的情况，皇帝认为蛮族人的性情难以驯服，流官不熟悉当地的风俗，不好治理，责令都督萧授在当地选择一个有威望、大家都服从的人推荐上来。由此说明，这个被推荐上去的人，就是后来的保靖彭氏土司。正统四年（1439年）南丹土官莫祯奏请使宜山等县所治之土民受其统治，帝曰：“以蛮攻蛮，古有成说……彼果能效力，朝廷岂惜一官？”[③] 可见，明王朝虽有开

---

① （清）张廷玉：《明史》卷310《土司》，中华书局1974年版，第7981—7982页。

② 同上书，第7995—7996页。

③ （清）张廷玉：《明史》卷317《广西土司》，中华书局1974年版，第8209页。

疆辟土的心思，但又怕蛮民不顺服，常常引起战争，所以，中央王朝不“惜一官”[①]。元明清中央政府目的在于利用当地民族首领的传统势力和影响力，巩固中央王朝对土司地区少数民族的有效掌控。土司地区民族首领凭借中央政府的诰敕、印信和号纸等信物以提高自己在当地的地位，有力巩固自己的统治。[②] 可见，中央王朝与土司政权之间相互利用，上下互动，各得其所。

2. 中央政府增加赋税

土司制度在实施过程中，中央政府从元代不干预土司地区的内部事务到明代的“额以赋役”，这是土司制度在元明两代的一个重要转变。由元代比较松弛的关系到朝贡纳赋，这个转变表明明王朝的力量已经足以驾驭各地土司时，各种贡赋必然随之产生。从现有史料看，明代以前，中央政府对各地土司剥削较轻，明清时期逐渐加重。明代对云南布政司属各土司地区征收田赋是较为苛重的。有的土司地区仅缴秋粮米，如征收王弄山长官司秋粮米 6868.853 斗，溪处甸长官司 4242 斗；有的土司地区夏税麦和秋粮米都要征收，如征收施甸长官司夏税麦 811.26 斗，秋粮米 4547.379 斗；凤溪长官司夏税麦 256.2 斗，秋粮米 2009.447 斗。有的土司地区则将夏税麦、秋粮米折合成差拨金银，或差拨谓马匹，如干崖宣抚司征收差拨银 100 两，南甸宣抚司征收差拨银 100 两，木邦宣慰司差拨银 1400 两，陇川宣抚司差拨银 400 两，芒市长官司差拨银 100 两，潞江安抚司差拨银 142 两，车里宣慰司差拨金 50 两，孟养宣慰司差拨银 750 两，孟良府差拨金 16 两 6 钱 7 分，钮兀长官司差拨马四匹，每匹折银 10 两。[③] 形式多样，不一而足。可见，封建王朝通过土司向土司地区各族民众征收贡纳，剥削关系是十分明显的。

3. 中央政府频繁征调

元明清中央政府实施土司制度的另一目的，就是可以频繁征调各地土司土兵。由于明代中后期政治腐败，官场黑暗，导致全国各族人民反

---

① 佘贻泽：《明代之土司制度》，《禹贡》1936 年第 11 期。

② 李干芬：《略论历代封建王朝的“以夷制夷”政策》，《广西社会科学》1992 年第 4 期。

③ （明）张学颜等：《万历会计录》卷 13，参见《续编四库全书》（831 册）《史部·政书类》，上海古籍出版社 2002 年版，第 792—805 页。

抗斗争不断，倭寇频繁侵扰东南沿海，明王朝处于内外交困的境地，于是，中央政府不断征调湖广、四川、贵州、云南、广西的土司土兵征贼、平叛、援辽、抗倭等方面的记载史不绝书。明清时期中央王朝频繁征调土司土兵的一个重要原因就是能节省中央政府的开支——即“省县官之费，减输饷之劳”。明朝中期兵部尚书李承勋曰：“愚计省行粮以雇游食，何忧工役之乏，以行粮而募土人，何虑边旅之寡?”① 明朝中后期的葛守礼在《与郭一泉论边事》中针对官兵“经年坐费，已难为度支”的情况，提出了征调和训练土兵的优势在于：“则有妻子乡土之安，无逃亡躲避之患。无事则耕，有警则备。万全之长计也。”② 从战时费用来看，土司土兵奉调打仗与官军相比，中央政府可以节省一半的开支。如康熙十七年（1678）题准：“土兵助战阵亡者，照步兵例减半给赏；阵前受伤者，照各等第减半给赏。”③ 《光绪平乐县志》收录了一篇清人胡醇仁的《耕兵议》，其中论述十分清楚，现将全文抄录如下：

> 广西耕兵之名其来甚久。不但永安一州、平乐一府皆有之，不但平乐一府、通省各府皆有之。卑府平乐知府也，惟当言平乐事。考明季兵制，不招募而行屯卫兵，皆给田，历世相传。国无养兵之费。立法之初，用心亦善。但领兵之官皆系世胄，数传之后，徒成豢养。操练不勤，戈甲不修。于是，屯卫兵一变而为卖菜用佣矣。所领田亩，典卖都尽，一有调遣，相率逃亡，每遇盗贼，望风而靡。官斯土者，以屯卫之不足恃也。因于险要之地，募民为兵，给与田地，且耕且守，名曰耕兵。④

广西的耕兵与俍兵一样，都是属于土司麾下的土兵。中央政府在“险要之地，募民为兵，给与田地，且耕且守”，对于国家来讲，战时有

---

① （明）张萱辑：《西园闻见录》卷79《土兵》，哈佛燕京学社1940年版，（第七册）第749页。

② （明）葛守礼：《与郭一泉论边事》，参见《皇明经世文编》卷278。

③ （清）昆冈等：《大清会典事例》卷589《土司议恤》，中华书局影印本1991年版。

④ （清）胡醇仁：《耕兵议》，参见全文炳《光绪平乐县志》卷10下，台湾成文出版社1967年版，第220页。

可用之兵，平时“无养兵之费”，这无疑是一件划算的生意。土司被频繁征调的另一个重要的原因是，中央政府可调动甲地土司的军事力量去消灭乙地土司的军事实力，借以减轻中央政府维护土司地区的压力，达到消耗甲乙两地土司实力的目的。

二　“以夷治夷”的举措

土司制度是一种“齐政修教”“因俗而治”的政治制度，是元明清王朝在国家治理下逐渐实现国家统一与地方自治的地方行政管理制度。在这种制度下，“以夷治夷”是王朝用以对付少数民族反抗的惯用手法。当中央政府面对不服从的少数民族首领或土司，在再三诏谕无效的情况下，只有付诸武力。但官军对少数民族地区的生态环境不熟悉，无疑加大了征剿的难度，所以，中央王朝利用反叛地区附近熟悉该地区环境、且服从中央王朝统治的少数民族土司来征讨少数民族首领或反叛土司就显得顺理成章了。故清人毛奇龄对明“以蛮攻蛮”的方式评价道：“以蛮制蛮，即以蛮攻蛮。溪洞之间，窃发迸起，则彼我征调，颇易为力，因之设土兵相制之法。而其后辗转假借，凡议大征者，无不借俍兵、土兵，远为调遣。”① 可见，明清两代“以夷治夷”的手段已深入统治者和各级官吏的内心。那么，元明清统治者“以夷治夷”究竟有哪些举措呢？

（一）剿抚并施

明清中央王朝在处理民族问题尤其是土司地区问题的基本对策就是“我国家设列土官，以夷制夷，逆则动兵剿之，顺则宜抚之”②。征剿和招抚同时使用，这是历代封建王朝惯用的伎俩。史家在总结大明王朝驾驭土司之法时言：“其要在于抚绥得人，恩威兼济，则得其死力而不足为患。”③ 明清中央王朝在剿抚并施前提下，在对各地土司实行征剿、抚驭策略的过程中，其本身既不乏失之偏颇的一面，也有令最高统治者担忧

---

① （清）毛奇龄：《蛮司合志·卷首·序》，《中国边疆少数民族古文献》（第43册），四川民族出版社1998年版，第1页。

② （清）严从简著，余思黎点校：《殊域周咨录》卷9《云南百夷》，中华书局2000年版，第348页。

③ （清）张廷玉：《明史》卷310《土司》，中华书局1974年版，第7981页。

的一面。正如明太祖所言："抚之而过在太宽，剿之而过在太严。"① 著者搜索《明史》《清史稿》"土司志"后发现，涉及对明清时期土司的剿、抚词语较多，但主要侧重于或"剿"或"抚"，将两个词语连用者为数不多，仅限于"抚剿""剿抚"和"相机剿抚"三个词语；对于各地土司表现出来的不满或反抗，明清中央政府就会采取"招抚"策略，在《明史》《清史稿》的"土司志"中常常出现"往抚""招抚""抚之""抚谕""抚散""收抚""镇抚""抚绥""抚捕""抚定"等词语，这些词语的背后体现的是中央政府对各地土司"抚"的行动、方式、过程及结果。从《明史》《清史稿》"土司志"中又可见一种常见的现象：当明清时期某个土司反抗或反叛中央王朝时，中央王朝派朝廷命官前往"屡抚不听"或"屡抚不退"之时，中央王朝就会露出心狠、残暴的一面，即展开对该土司实施"剿"，其中，凸显"剿"的行动、过程、方式的词语有"征剿""赴剿""进剿""攻剿""回剿""搜剿""会剿""分剿""排剿""协剿""助剿""防剿""合剿""追剿""擒剿""雕剿"等；从"剿"的程度上看，则主要用"大剿""尽剿"等词语；从中央王朝"剿"土司的结果看，则主要用"剿之""剿治""剿捕""剿降"等词语，其最残忍的莫过于"剿除""剿灭""剿平"。

王守仁在《处置平复地方以图久安疏》中针对"剿"与"抚"的问题，他信奉的是"可抚则抚，当剿即剿"。他在《奏报田州思恩平复疏》中对田州、思恩土司的"剿"与"抚"提出过"十患"与"十善"的问题。他认为：

> 故为今日之举，莫善于罢兵而行抚；抚之有十善。活数万无辜之死命，以明昭皇上好生之仁，同符虞舜有苗之征，使远夷荒服无不感恩怀德，培国家元气以贻燕翼之谋，其善一也。息财省费，得节缩赢余以备他虞，百姓无椎脂刻髓之苦，其善二也。久戍之兵得遂其思归之愿，而免于疾病死亡脱锋镝之惨，无土崩瓦解之患，其善三也。又得及时耕种，不废农作，虽在困穷之际，然皆获顾其家室，亦各渐有回生之望，不致转徙自弃而为盗，其善四也。罢散土

① 《明太祖实录》，中研院历史语言研究所校印本，1962 年版。

> 官之兵，各归守其境土，使知朝廷自有神武不杀之威，而无所恃赖于彼，阴消其桀骜之气，而沮慑其僭妄之心，反侧之奸自息，其善五也。远近之兵，各归旧守，穷边沿海，咸得修复其备御，盗贼有所惮而不敢肆，城郭乡村免于惊扰劫掠，无虚内事外，顾此失彼之患，其善六也。息馈运之劳，省夫马之役，贫民解于倒悬，得以稍稍苏复，起呻吟于沟壑之中，其善七也。土民释兔死狐悲之憾，土官无唇亡齿寒之危，湖兵遂全师早归之愿，莫不安心定志，涵育深仁而感慕德化，其善八也。思、田遗民得还旧土，招集散亡，复其家室，因其土俗，仍置酋长，彼将各保其境土而人自为守，内制瑶、僮，外防边夷，中土得以安枕无事，其善九也，土民既皆诚心悦服，不须复以兵守，省调发之费，岁以数千，官军免踣顿道途之苦，居民无往来骚屑之患，商旅能通行，农安其业，近悦远来，德威覃被，其善十也。①

可见，王阳明对土司的“剿”与“抚”有比较清醒的认识。只要我们翻检明清的历史文献就会发现，在中央王朝与以西南地区为代表的土司的利益博弈中，明清中央王朝虽然有时会在一些问题上做出让步与妥协，但更多的是要求各地土司的归附与服从。只要反叛，绝没有好下场，诸如平定广西思恩、田州土司叛乱，平定云南的武定、麓川土司叛乱和“沙普之乱”，平定川黔“奢安之乱”，平定四川的“播州之乱”和大小金川之乱等无不如此。可以说，明清时期中央王朝的剿抚并施，是一种以剿为主、以抚为辅之策，如明代正统年间中央王朝的“三征麓川”，就凸显了从抚到剿、由弱渐强、以剿为主的过程，其目的在于维护中央王朝的统治。但从另一方面看，这也导致土司地区乡村社会与王朝国家之间常常出现反反复复的矛盾。

（二）土流并治

元明清时期国家和地方之间的关系，存在着中央政府统治的核心区和边缘区的程度差别。西南、中南及西北的土司地区，相对于王朝国家

---

① （明）王守仁撰，吴光等编校：《王阳明全集（中）》卷14《别录六》，上海古籍出版社2015年版，第401页。

统治的核心区而言，属于边缘区和边陲地。王朝国家对于始终处于远离政治中心的边缘区和边陲地的土司地区，其控制往往有力不从心之感。正是在这种情况下，王朝国家不得不接受一些朝廷命官的建议，采取“土流并治”的举措。“土流并治”这一举措是元明清时期国家治理的一种制度性安排。从元明清时期土司制度的设计看，这一制度性安排，始于元代的“参用其土人”（见《元史·百官志七》）的制度。元代中央王朝在施行土官制度时，在土司地区设置的地方政权中多采用“参用其土人”的原则，其史籍记载不乏其例。第一，任宣慰使职。据《元史》卷一百六十五载：至元十三年（1276年），元世祖诏谕之，杨邦宪奉版籍内附，授“绍庆珍州南平等处沿边宣慰使”[①]，后其子杨英（赐名赛因不花）袭职。又《元史》卷三十载：泰定四年（1327年），八百媳妇蛮请官守，置蒙庆宣慰司都元帅府，“以同知乌撒宣慰司事你出公、土官招南通并为宣慰司都元帅，招谕人米德为同知宣慰司事副元帅”[②]。第二，担任宣抚使。据《元史》卷二十一载：大德七年（1303年）冬十月庚子，“以叙州宣慰司为叙南等处诸部蛮夷宣抚司”[③]。这里的“蛮夷宣抚司”也就是以蛮夷担任宣抚司的朝廷命官。第三，担任安抚使。据《元史》卷二十九载：泰定元年（1324年），广西“以岑世兴为怀远大将军，遥授沿边溪洞军民安抚使”；“黄胜许为怀远大将军，遥授沿边溪洞军民安抚使”[④]。第四，担任路总管府或军民总管府土官。据《元史》卷十二载：至元二十年（1283年）七月，顺元路军民总管兼宣抚司使阿里等来降，“立亦奚不薛总管府，命阿里为总管”[⑤]。另据《元史》卷三十五载：至顺二年（1331年）五月，“立云南省芦传路军民总管府，以土官为之”[⑥]。至于担任长官司、府土官、州土官、县土官者不胜枚举。有元一代，在土司地区的地方政权，基本上是以“土人”为官。特别是在元世

---

① （明）宋濂：《元史》卷165《杨赛因不花》，中华书局1976年版，第3884页。

② （明）宋濂：《元史》卷30《泰定帝二》，中华书局1976年版，第682页。

③ （明）宋濂：《元史》卷21《成宗四》，中华书局1976年版，第455页。

④ （明）宋濂：《元史》卷29《泰定帝一》，中华书局1976年版，第652页。

⑤ （明）宋濂：《元史》卷12《世祖九》，中华书局1976年版，第256页。

⑥ （明）宋濂：《元史》卷35《文宗四》，中华书局1976年版，第785页。

祖忽必烈平云南后，在云南少数民族地区“各设土官管辖”[①]。这就是元王朝在土司地区地方政权实行“参用土人”的实例。

明清两代，中央政府在土司地区实施“土流并治”“土流参治”“土流参用”“土流兼用”等举措。王守仁在《处置平复地方以图久安疏》中就提出“特设流官知府以制土官之势”和“仍立土官知州以顺土夷之情”[②] 两条建议，这可以说是“土流并治”的高度提炼以及对国家治理土司地区的一大贡献。明清时期中央政府为了有效地治理土官区，便在土司系统或土司衙署内附设流官机构，而在一些以流官为主的政府系统内又附设土官机构，以共同治理流官区，实行“土流共治”。翻检文献不难发现，明清时期的“土流并治”不仅体现了土官和流官可以在同一土司衙署并存，而且意味着各地土官与流官相互之间可以转型或兼任。也就是说，这里有三种情况：一是土官可以做流官，二是流官可以在土司衙署做官，三是土官与流官可以转型或兼任。这表明“土流并治”的制度设计，其内涵十分丰富。“土流并治”不仅是土官和流官的共同存在，更重要的是土官和流官对土司地区政治、经济和军事的共同治理以及对土司衙署内相关事务的共同管理。如此一来，土司衙署中除了宣慰使、宣慰同知、宣抚使、宣抚同知、安抚使、安抚同知、招讨使、副招讨、吏目等为土人之外，佥事、经历、都事、羁縻等佐贰官或土或流。从这种编制格局可见，在各地土司衙署的行政建制就体现为土官和流官相互监控、相互制衡、并存共治，共同行使中央政府交付的国家治理权。研究表明，在宣慰司和宣抚司内，宣慰使和宣抚使为土官之职，是土司衙署中的最高行政长官，负责辖区内的政治、经济、军事、安全等行政事务；宣慰同知、宣抚同知、副使、佥事等为佐贰官（即副职），这些官员大多是朝廷任命的流官，主要辅佐宣慰使和宣抚使行使权力；经历、都事、知事等为首领官，主管土司衙署中的文案事宜；其中的经历负责管理土司衙署中的出纳文移，也就是文书的办理，由知事辅佐经历官；都事主要负责土司衙署中文书收发、稽查纠失和监印等日常事务；这些首

---

① 钱古训撰，江应樑校注：《百夷传》，云南人民出版社1980年版，第50页。

② （明）应槚辑、刘尧诲重修：《苍梧总督军门志》，全国图书馆文献微缩复制中心1991年版，第260—262页。

领官往往是土流参用。因此，明清时期的宣慰司和宣抚司的长官都是当地少数民族首领，由兵部负责管理他们的承袭、任命等相关事宜，而佐贰官、首领官属于文职序列，则由吏部与兵部选用和委派到各地土司衙门。由于佐贰官、首领官是在土官衙署中工作，即便他们是文职序列，也要由吏部会同兵部共同选用和委派。[①] 这不仅体现了明代丘浚《广西众建土官议》“府州正官，皆以土人为之；而佐贰幕职，参用流官”[②] 的建议，而且彰显了明清时期土司制度实施过程中国家治理的特色。

（三）众建寡力

明朝成化元年（1465 年），中央王朝两广用兵，其间丘浚在经筵讲官任上，随行两广，撰写了诸如《两广事宜议》等多篇“议”类文章，其中《广西众建土官议》很有见地，其中有“众建官而分其权”的观点不但得到统治者的高度认可，而且也为史家和学界极度赞赏。丘浚以广西左右两江为例，建议“有能率其种类五百名以上内附者，即授以知州之职；四百名以下，量授同知、判官、吏目等官。其官不拘名数，亦如卫所之制”。如此一来，“众设其官，势分力敌，自足相制，不能为乱”，无形之中就实现了“国家之势益尊，不劳兵戈而一方安靖”[③] 之目标。时隔 60 多年后，时任总督两广兼巡抚的王守仁，面对思恩、田州的叛乱以及“土官知州既立，若仍以各土目之兵尽属于知州，则其势并力众，骄恣易生，数年之后，必有报仇复怨，吞弱暴寡之事，则土官之患，犹如故”的实际，他给嘉靖皇帝上了《处置平复地方以图久安疏》，提出了“分土目以散其党”的建议，具体内容为：

> 以旧属八甲割以立州之外，其余四十甲者，每三甲或二甲立以为一巡检司，而属之流官知府；每司立土巡检一员，以土目之素为众所信服者为之，而听其各以土俗自治；其始授以署巡检司事土目，三年之后，而地方宁靖，效有勤劳，则授以冠带；六年之后，而地

① 杨虎得、柏桦：《明代宣慰与宣抚司》，《西南大学学报》2016 年第 2 期。

② （清）汪森辑，黄盛陆等校点：《粤西文载》（四），广西人民出版社 1990 年版，第 197 页。

③ 同上书，第 198 页。

方宁靖，效有勤劳，则授以为土巡检；其粮税之人，则径纳于流官知府，而不必转输于州之土官，以省其费；其军马之出，亦径调于流官知府，而不必转发于州之土官，以重其劳。其官职土地，各得以传诸子孙，则人人知自爱惜，而不敢轻犯法；其袭授予夺，皆必经由于知府，则人人知所依附，而不敢辄携二。势分难合，息朋奸济虐之谋；地小易制，绝恃众跋扈之患。如此，则土官既无羽翼爪牙之助，而不敢纵肆于为恶；土目各有土地人民之保，而不敢党比以为乱。此今日巡检之设，所以异于昔日之土目，而为久安长治之策也。至于思恩事体，悉与田州无异，亦宜割其目甲，分立以为土巡检司，听其以土俗自治，而属之流官知府；其办纳兵粮与连属制御之道，一如田州。则流官之设，既不失朝廷之旧，巡司之立，又足以散土夷之党，而土俗之治，复可以顺远人之情，一举而两得矣。①

从王守仁的这篇《处置平复地方以图久安疏》可见，他将“分土目以散其党”的观点予以具体化，可操作，众建寡力的做法如下：

一，田州各甲，今拟分设为九土巡检司；其思恩各城头，今拟分设为九土巡检司；各立土目之素为众所信服者管之。其连属之制，升授之差，俱已备有前议。但各甲、城头既已分析，若无人管理，复恐或生弊端。臣等遵照敕谕便宜事理，已先行牌仰各头目暂且各照分掌管，办纳兵粮，候奏请命下，然后钦遵施行。

一，田州凌时甲、完冠砦陶甲、腮水源坤官位甲、旧朔勒甲兼州子半甲共四甲半，拟立为凌时土巡检司，拟以土目龙寄管之；缘龙寄先来投顺，故分甲比众独多。

一，田州砦马甲、略罗博、温甲共三甲，拟立为砦马土巡检司，拟以土目卢苏管之。

一，田州大田子甲、那带甲、锦养甲共三甲，拟立为大田土巡

① （明）王守仁撰，吴光等编校：《王阳明全集（中）》卷14《别录六》，上海古籍出版社2015年版，第411—412页。

检司，拟以土目黄富管之。

一，田州万洞甲、周甲共二甲，拟立为万洞土巡检司，拟以土目陆豹管之。

一，田州阳院右邓甲、控讲水册槐并畔甲共二甲，拟立为阳院土巡检司，拟以土目林盛管之。

一，田州思郎那召甲、舍甲共二甲，拟立为思郎土巡检司，拟以土目胡喜管之。

一，田州累彩甲、子轩忧甲、笃忭下甲共三甲，拟立为累彩土巡检司，拟以土目卢凤管之。

一，田州怕何甲、速甲，共二甲，拟为怕何土巡检司，拟以土目罗玉管之。

一，田州武龙甲、里定甲共二甲，拟立为武龙巡检司，拟以土目黄笋管之。

一，田州栱甲、白石甲共二甲，拟立为栱甲土巡检司，拟以土目邢相管之。

一，田州床甲、砦例甲共二甲，拟立为床甲土巡检司，拟以土目卢保管之。

一，田州娄凤甲、工尧降甲共二甲，拟立为娄凤土巡检司，拟以土目黄陈管之。

一，田州下隆甲、周甲共二甲，拟立为下隆土巡检司，拟以土目黄对管之。

一，田州县甲、环甫蛙可甲共二甲，拟立为县甲土巡检司、拟以土目罗宽管之。

一，田州篆甲、炼甲共二甲，拟立为篆甲土巡检司，拟以土目王莱管之。

一，田州桑砦甲、义宁江那半甲共一甲半，拟立为砦桑土巡检司，拟以土目戴德管之。

一，田州思幼东平夫棒甲尽甲子半甲共一甲半，拟立为思幼土巡检司，拟以土目杨赵管之。

一，田州侯周怕丰甲一甲，拟立为侯周土巡检司，拟以土目戴庆管之。

一，思恩兴隆七城头兼都阳十城头，拟立为土巡检司，拟以土目韦贵管之；缘韦贵先来向官，故授地比众独多。

一，思恩白山七城头兼丹良十城头，拟立为白山土巡检司，拟以土目王受管之。

一，思恩定罗十二城头，拟立为定罗土巡检司，拟以土目徐五管之。

一，思恩安定六城头，拟立为安定土巡检司，拟以土目潘良管之。

一，思恩古零、通感、那学、下半四堡四城头，拟立为古零土巡检司，拟以土目覃益管之。

一，思恩旧城十一城头，拟立旧城土巡检司，拟以土目黄石管之。

一，思恩那马十六城头，拟立为那马土巡检司，拟以土目苏关管之。

一，思恩下旺一城头，拟立为下旺土巡检司，拟以土目韦文明管之。

一，思恩都阳中团一城头，拟立为都阳土巡检司，拟以土目王留管之。

右各目之内，惟田州之龙寄，思恩之韦贵、徐五，事体于各目不同，而韦贵又与徐五、龙寄稍异。盖韦于事变之始即来投顺官府，又尝效有勤劳，宜不待三年，而即与之以实授土巡检以旌其功；徐五亦随韦贵顺投，而效劳不及，龙寄虽无功劳，而投顺在一年之前，二人者宜次韦贵，不待三年而即与之以冠带，三年而即与之以实授土巡检。如此，则功罪之大小，投顺之先后，皆有差等，而劝惩之道著矣。①

这就是“以夷治夷”的主要措施之一，即众建寡力，分而治之。也就是将原来大土司广阔的辖地划分为若干小片区，设立若干个小土司。

① （明）王守仁撰，吴光等编校：《王阳明全集（中）》卷14《别录六》，上海古籍出版社2015年版，第413—416页。

上述情形就是王守仁针对广西田州、思恩两个土司衙署势力过大、事端频起而采取的设置土巡检司分而治之举措。王守仁不仅提出了“分设土官巡检，以散各夷之党”的观点，而且他在设置土知州、土知县之外，设立了众多的土巡检司，让这些土巡检司属流官知府直接管辖，这无疑就分裂了这些土巡检司的土目与土知州、土知县的关系，最终实现了削弱土知州和土知县实力的目的，真正做到了“土官既无羽翼爪牙之助，而不敢纵肆于为恶；土目各有土地人民之保，而且不敢党比以为乱”[①]。

这种“众建寡力”的举措不仅在明代广西盛行，到清代后同样在土司地区盛行，清政府甚至将“众建寡力”的举措写进了《大清会典》里。如《乾隆钦定大清会典则例》卷一百十《兵部·武选清吏司·土司》之“土官袭职”条和《光绪钦定大清会典事例》卷五百八十九《兵部·土司》之“土司袭职”有基本相同的内容：

> 雍正三年覆准……嗣后各处土官庶支子弟，有驯谨能办事者，许本土官详报督抚，具题请旨，量给予职衔，令其分管地方事务。其所授职衔，视土官各降二等，如文职本土官系知府，则所分者给通判衔；系通判，则所分者给县丞衔。武职本土官系指挥使，则所分者给指挥佥事衔；系指挥佥事，则所分者给正千户衔。照例颁给敕印、号纸。其分管地方，视本土官多不过三分之一，少五之一。此后再有子孙可分者，亦许其详报督抚，具题请旨，照例分管，再降一等。给予职衔、印信、号纸分土如前例，授职再降一等。[②]

清代中央王朝利用土司与土司之间的矛盾进而分而治之的案例也不胜枚举。如勐角董土司的形成就是清代中央政府“众建寡力”的结果。清乾隆三十一年（1766年），耿马土司派遣其弟罕朝金为勐角董太爷，经过几代人的努力，到第五代时，勐角董太爷的势力逐渐超过耿马安抚司，

① （明）应槚辑、刘尧诲重修：《苍梧总督军门志》，全国图书馆文献微缩复制中心1991年版，第262页。

② （清）昆冈等：《钦定大清会典事例》卷589《兵部．土司》“土司袭职”条，中华书局影印本1991年版。

并逐渐产生篡夺耿马土司职位的想法，于是耿马安抚司与勐角董太爷之间引发了纷争。清政府为了平息二者之间的内部纷争，同时也为了加强清政府对云南南部傣族土司地区的控制，采取了“分而治之”的政策。于道光八年（1828 年），清政府将挡帕河南部地区划给勐角董归罕荣高管理，挡帕河北部由耿马安抚司管理。光绪十七年（1891 年），清政府封勐角董土千总，有印信一枚、号纸一张，准其世袭。由此形成了勐角董土司。①

三 实施“以夷治夷”手段的作用

明清统治者在土司地区实施“以夷治夷”手段，这不仅与该地区环境恶劣、交通闭塞、经济滞后、文化水平很低有关，而且与当地原有社会组织根深蒂固密切相关。众所周知，土司地区的民族首领在这些地区具有崇高的威望，而中央王朝鞭长莫及，只能采取“以夷治夷”的手段。过去学界对明清中央政府采取“以夷治夷”的手段褒贬不一。我们只有用辩证唯物主义和历史唯物主义的方法来剖析“以夷治夷”，才会得出与实际相吻合的答案。事实上，明清中央政府实施土司制度以及在土司地区采取“以夷治夷”的手段，这不仅是中央王朝与地方民族首领相互博弈、不断调适的结果，而且也是明清中央王朝统治利益与土司政权统治利益相结合的产物。② 这种“以夷治夷”的手段在分化少数民族团结、维护中央王朝统治的同时，也发挥着维护祖国统一、促进经济发展的重要作用。

（一）维护祖国统一

明清时期土司地区都是民族地区和边疆地区，由于社会历史的原因以及经济文化发展滞后，中央王朝如果采取统治经制州县的办法去治理土司地区，势必会激起当地民族首领所统摄地区的反抗，而这种反抗将是旷日持久，连年不断，中央王朝由于实力有限，要应付这种旷日持久的动乱必将付出沉重代价，且结果还将是得不偿失。因此，中央政府采

① 李国明：《土司制度下的地方与中央：以佤族聚居区为例》，《承德民族师专学报》2011 年第 4 期。

② 李干芬：《略论历代封建王朝的“以夷制夷”政策》，《广西社会科学》1992 年第 4 期。

取“以夷治夷”的手段，应该是一种明智的选择。“以夷治夷”手段的运用，不仅土司地区的少数民族易于接受，而且明清中央政府也从中得到好处。同时，在中越、中柬、中缅边境实施土司制度，从中央王朝的角度看，使土司地区成为我国内地与外国之间一个相对较为广阔的军事缓冲区，当我国与外国发生军事冲突时，中央王朝既可以利用土司的军事力量去对付外来的军事力量，边疆土司地区又可以成为维护祖国统一的一道屏障，这是中央王朝谋求的另一种“以夷治夷”手段。无论是中央王朝的军事力量有限，还是利用土司军事力量对付外来侵略战争，这种“以夷治夷”手段对于维护明清时期国家的统一和土司地区的民族团结，都具有积极的意义。

（二）促进经济发展

明清中央王朝采取的“以夷治夷”手段，稳定了西南边疆地区和国家大一统的局面。在这种时局里，其经济发展体现在两个方面：一是国家层面从元代不干预土司地区的内部事务到明代的“额以赋役”，再到清代田赋的逐渐加重，既充实了国家的府库，也发展了农业经济，如前面提及的土司地区实缴夏税麦、秋粮米就是例证。二是通过各地土司的朝贡，加强了土司地区各族民众与朝贡沿线地区各族民众经济文化的交流，西南地区土司将金银器皿、各色绒绵、各色布手巾、花藤席、降香、黄蜡、槟榔……各色足力麻、各色铁力麻、各色氆氇、左髻、明盔、刀、毛缨、胡黄连、木香、茜草、海螺、毛衣[①]等物品源源不断地输入北京及广大的中原大地，极大地丰富了北方人民的经济文化生活。同时，土司地区民族又从中原汉族地区带回了先进的科学知识和农业生产技术，促进了西南、中南和西北土司地区农业生产的发展。

第四节　土司制度终结

土司制度究竟终结于何时？学界一直是见仁见智，存在争议。其原因有两个方面：一是不同地区的改土归流或早或晚，专家学者很难确定土司制度终结的具体时间；二是一些专家学者对土司制度的内涵未能真

① （明）申时行：《明会典》，中华书局1989年版，第592—595页。

正理解，故难以确定土司制度终结的具体时间。在目前研究土司问题的专家学者中，或认为土司制度的终结应以雍正年间大规模“改土归流”为标志，或认为应以清末赵尔丰在川边“改土归流”为标志。但多数学者认为土司制度终结于新中国成立之初，如王文成认为，直至中华人民共和国成立后，云南边疆民族地区的土司制度才最后寿终正寝，为中国土司制度史画上了句号。[①] 罗群认为，清朝大规模改土归流后，土司制度逐渐被废除。但直到民国时期，云南仍有土司存在。土司制度的终结，是迟至中华人民共和国建立后通过实施民族区域自治、团结改造包括土司在内的民族上层人士等措施才完成的。[②] 秦和平教授认为，土司制度终结于 20 世纪 50 年代。[③] 何先龙先生则在论述土司制度终结时，引述了谢本书的观点以佐证中国土司制度至少到 1958 年才最后终结。[④] 只有杨庭硕先生认为辛亥革命是土司制度终结的标志。[⑤] 土司制度终结于何时？其标志是什么？一直是学术界一个悬而未决的问题。可以说，土司制度终结是中国土司学与元明清国家治理需要深入探讨的问题，这里拟从 3 个方面予以探讨。[⑥]

一　国家政体：政治体制更替

1911 年的辛亥革命，彻底推翻了中国长达两千多年的君主专制制度。从国家政体层面看，我国已由封建王朝政体更替为中华民国共和政体。政治体制发生更替，这是土司制度终结的最根本的标志。这个结论是包括佘贻泽、杨庭硕等在内的多位先生立足于国家层面对此问题做出的符合逻辑的实际判断。众所周知，辛亥革命后，中华民国临时政府于 1912 年 3 月 11 日颁布了《中华民国临时约法》，其中第二条和第五条分别有“中华民国之主权属于国民全体”和“中华民国人民一律平等，无种族、

① 王文成：《云南边疆土司制度的终结述论》，《云南学术探索》1994 年第 3 期。

② 罗群：《云南土司制度发展与嬗变的制度分析》，《中国边疆史地研究》2013 年第 1 期。

③ 秦和平：《关于 20 世纪 50 年代中国共产党终结土司制度的认识》，《北方民族大学学报》2014 年第 1 期。

④ 何先龙：《中国土司制度源流新探》，《长江师范学院学报》2014 年第 4 期。

⑤ 杨庭硕：《试论土司制度终结的标志》，《云南师范大学学报》2012 年第 3 期。

⑥ 李良品：《土司制度终结的三个标志》，《吉首大学学报》2016 年第 5 期。

阶级、宗教之区别”的规定。第六条又对人民享有七项自由权做了规定。这个《临时约法》不仅宣判了清王朝封建专制统治的寿终正寝，而且以根本法的形式废除了在中国延续了两千多年的封建君主专制制度，确立了民主共和的政治体制。换言之，《中华民国临时约法》同时也宣布了包括元明清在内的封建专制统治时期所规定的一切制度寿终正寝，包括实施了600多年的土司制度。因为从政体上讲，封建专制时期属于封建王朝政体，而中华民国建立的是共和政体。按照共和政体的法规要求，上至总统，下至庶民百姓，原则上都是“一律平等”，这就使一直享有特权的各级各类土司在中华民国建立后失去了法理依据，这就从根本上否定了土司制度存在和延续的基本前提，也就彻底否定实施了600多年的土司制度本身。因此，中华民国建立后的国家政治体制更替理所当然地成为土司制度终结的最根本的标志。

土司制度之所以形成，或许有几种原因：一是随着南方社会经济的发展，中央集权统治力量的强化和南方各族向心力和凝聚力的加强，羁縻制度已完全不能适应新形势的需要，一种新的管理方式——土司制度在元代应运而生。[①] 二是元明两代实施土司土官制度与元明两代统治者的治理视角与行为方式密切相关。[②] 三是元明清时期封建帝王与民族地区土酋彼此之间博弈、互动的结果。因为《明史》说得十分清楚：

> 有明踵元故事，大为恢拓，分别司郡州县，额以赋役，听我驱调，而法始备矣。然其道（即设置土司之道）在于羁縻，彼大姓相擅，世积威约，而必假我爵禄，宠之名号，乃易为统摄，故奔走惟命。[③]

明代正统四年（1439年），南丹土官莫祯奏请使宜山等县所治之土民受其统治时，英宗皇帝说：“以蛮攻蛮，古有成说……彼果能效力，朝廷

① 于玲：《土司制度新论》，《中南民族学院学报》1997年第4期。

② 方铁：《方略与施治：历朝对西南边疆的经营》，社会科学文献出版社2015年版，第309页。

③ （清）张廷玉：《明史》卷310《土司》，中华书局1974年版，第7981页。

岂惜一官？”[①] 明王朝认为，包括南丹土官在内的各地土官既能听朝廷的命令，又能管辖其民众，中央王朝难道“惜一官”？[②] 可见，土司制度不仅预定了国家权力的分配格局，而且也佐证了元明清中央政府实施土司制度实际上是与各地土司彼此之间博弈、互动的一种结果。毛奇龄《蛮司合志》序中“文武相继，机权攸寓，细大相关，股掌易运”[③] 之说，同样证明了这一点。明清时期的土司制度“因缘宋元而更治以法规，乃完成为一制度焉”[④]。说到底，这种制度是在封建王朝政体之下产生，自然也应该是在封建王朝政体被消灭后而自然消亡。因为“皮之不存，毛将焉附”？

最早提出共和政体的体制是土司制度终结标志的是第一代土司研究的拓荒者、《中国土司制度》的作者佘贻泽先生。他在《中国土司制度》一书中就“土司之改进问题”有一段精辟的论述：

> 首先就行政制度而言。我国自民元以来，以民主政体相标榜。二十二年国民会议所通过之约法，以孙中山先生之三民主义为建设国家之根本。民主、民权，已为今日立国之中心思想。土司为封建制度，其官为世官，其民为世民，既失民主之精神，亦无民权之可言。此在民国当视为一种过去时代之制度。若以行政而言，土司辖民领军，据地一方，既非行政长官，又非军政将领。土司之治，为专治一人之治；土民有讼，听其裁判；土民有罪，任其处罚；举凡辖地之户口、钱粮、税收，皆取决于一人之意志。是则在行政完整，及国家建设上，值得注意之事也。[⑤]

作者从行政制度立论，认为土司制度在民国时期应该是“一种过去时代之制度”，这就从根本上否定了民国时期还有土司制度，事实上就将土司制度的终结时间定位在中华民国建立。杨庭硕先生在《试论土司制

① （清）张廷玉：《明史》卷317《广西土司一》，中华书局1974年版，第8209页。

② 佘贻泽：《明代之土司制度》，《禹贡》1936年第11期。

③ （清）毛奇龄：《蛮司合志·序》，四川民族出版社1998年版，第1页。

④ 佘贻泽：《明代之土司制度》，《禹贡》1936年第11期。

⑤ 佘贻泽：《中国土司制度》，中正书局1944年版，第184—185页。

度终结的标志》从四个方面论述，他认为，将辛亥革命视为土司制度终结的标志，既能切中土司制度的实质，又符合辛亥革命后的行政法律和法规，也与西南地区的行政实践相吻合。[①] 著者认为，辛亥革命将封建王朝政体彻底推翻，结束了两千多年的封建王朝政体，迅速建立了中华民国共和政体，这种政体更替无疑是土司制度终结的最根本的标志。

二　民国政府：解除土司义务

《明史》卷七十六《职官志・五》中说："洪武七年，西南诸蛮夷朝贡，多因元官授之，稍与约束，定征徭差发之法……皆因其俗，使之附辑诸蛮，谨守疆土，修职贡，供征调，无相携贰。有相仇者，疏上听命于天子。"[②] 这其中"附辑诸蛮，谨守疆土，修职贡，供征调，无相携贰"就是对各地土司提出的必须履行的义务。意思是说，土司应该管理好辖区内的百姓，认真地守护好国家的疆土（或者说土司自己的领地），按时向中央朝廷进贡方物和缴纳赋税，听从中央王朝的各种军事征调，不要对国家政权和中央政府心存二心。

翻检文献，我们就会知道，元明和明清朝代更迭时，各地土司待中央政权稳固之后，他们都要纷纷投诚，缴纳前朝的印信、号纸等信物，承认当朝统治者的合法地位；另一方面，中央政府也要授予各地土司职衔，让其世代承袭，承认他们统治地方的合法性，并授予土司印信、号纸等信物。但中华民国建立后，各地土司没有向民国政府投诚，也没有缴纳清朝政府颁发的印信、号纸等信物，民国政府也没有授予各地土司旧职以及印信、号纸等信物。有些地方的土司虽仍在承袭，但已不是民国政府所任命。正如佘贻泽先生在《中国土司制度》所言：

> 土司统治其地，已根深蒂固；土民之崇拜畏服不敢反抗者，因彼系世官，而已则为其世民，世代相传，子孙永为奴隶，故停止承袭为取缔土司之治本办法。现今各有土司省份，对于土司承袭，有两种态度，如四川、西康、青海，则听其自己继承。此各省份因对

① 杨庭硕：《试论土司制度终结的标志》，《云南师范大学学报》2012 年第 3 期。

② （清）张廷玉：《明史》卷 76《职官志五》，中华书局 1974 年版，第 1876 页。

土司无一定官职及名称，多仍沿用清代名称。若其子孙承继，经省府许可并给予执照，是不啻承认土司制度之存在。但若不认识地方情形，土司在本地仍有最大权力，或将引起纠纷。故最善办法，厥惟省府对于承袭之事，不给任何地方官方执据，但事实上承认其“自己承袭”之成立。云南情形不同。各土司承袭，一一依照清例，开具宗支图、亲供、各邻封土司具结，照管县府具结，由省府给以委状。是以川、康、青各土司之承袭，虽事实上仍成立，但并无法律根据；云南则有法律地位……民国时代，职不得遗传。凡现存之土司，于其死后，其土司职位名称，即随其灭亡。一切公文案件，官及报告交涉，其子孙不得沿用其官衔名称。官方既否认其承袭，土民自亦渐渐消失其世官世民之观念，逐渐可使世代统治之思想废除。各土司子孙令其入学读书，使受近代知识，各就相当职业，将以前专赖承袭得官之习惯打破，则土司制度，自然日就消沉。①

上面这段文字告诉我们几层意思：第一，要取缔或者彻底终止土司制度，停止各地土司的承袭是最根本的办法。第二，民国时期各省对土司承袭态度不尽一致，四川、西康、青海，对土司承袭基本上是听之任之，省府对于承袭之事以及承袭的土司，地方官府没有出具任何执据，虽事实上仍成立，但并无法律根据。云南各土司承袭，基本上依照清朝惯例，地方土司要开具宗支图、亲供，各邻封土司具结，照管县府具结，由省府给以委状，则具有一定的法律地位。第三，要废除云南的土司制度，佘贻泽先生建议采取几种办法，或让已故土司的职名随着土司亡故而灭亡，或官方不让土司承袭而让土民逐渐废除土司世代统治的思想，或让土司子孙入学读书而打破承袭习惯以使土司制度自然消沉。事实上，佘贻泽认为当时的土司制度也只是一种残存而已。从引文可见，作者对民国时期的土司制度是持否定态度的。

从中华民国建立后的具体情况看，各地土司已经没有履行元明清时期作为土司应尽职责和应尽义务。研究表明，民国时期，人们认为土司制度虽然属于封建遗迹，不合潮流，但“革不宜过猛，处理无妨从宜。

① 佘贻泽：《中国土司制度》，正中书局 1944 年版，第 192 页。

故四川、云南主张缓进，西康尚属利用土司以求建省之时，则更缓矣"①。当时除云南土司之承袭基本上依照清朝惯例外，四川则听之任之。而西康省的情况又有所不同：或于民初授予土司原职以安辑土民，或在原土司职衔基础上以土兵营长等职加委。为什么会这样处理呢？当时川康边防军余旅长的呈文中说："揣度时机，审量再四，爰委各土司以团务督察长、兼军粮转运官，予之职衔，给予公费，嗛以禄位，便其策驱。备其人民之枪支，为我守望；利其牛马之蕃庶，供我转输。"②可见，当时西康委任各土司以团务监督长、兼军粮转运官，并给予土司一定的职衔、公费、禄位，其主要目的是便于"策驱"。并利用人民的枪支和牛马，为政府"守望"和"转输"。这事实上并非民国政府要求土司应尽的义务。到了民国二十二年（1933 年）后，有的土司除了给予团务监督长职衔以外，另委有土兵营长或土兵队长，其具体情况如表 2－3 所示。

表 2－3　　西康各县土兵营长调查表（民国二十三年）

县别	原有土司头人姓名	现委职务	潜伏势力	备注
道孚	大头人其扎	土兵独立第一队长	有枪十余支，能调百余支	
道孚	大头人骂母多吉	土兵独立第二队长	有枪二十余支，能调百五十支	由弟沃亲大吉代理
炉霍	大头人易西次德	土兵营长	有枪四十余支，能调八九十支	曾为匪，不到县
甘孜	孔撒土司德钦沃母	土兵营长	有枪三百支，能调五百支	
甘孜	白利土司工布沃登	土兵营长	有枪二三支，能调五六十支	由大头人那德杰负责
甘孜	东谷土司赐儒登子	土兵营长	有枪二十余支，能调百余支	私生子，人民不满，依喇嘛统率
甘孜	绒坝岔土司翁噶	土兵营长	有枪百余支	勇敢有为

① 佘贻泽：《中国土司制度》，正中书局 1944 年版，第 192 页。

② 同上书，第 179 页。

续表

县别	原有土司头人姓名	现委职务	潜伏势力	备注
邓科	林葱土司彭错热格乃登	土兵营长	能调枪百余支	
德格	土司泽沃登登	土兵营长	有枪四百支，能调六七百支	权操于大头人之手
	玉隆土司高中卜松	土兵营长	能调枪三百支	所辖多牛厂
白玉	赠科大头人丁古白和	土兵营长	有枪二三十支，能调百余支	田德格土司
瞻化	河东千户沃青	土兵营长	能调枪二百余支	
	河西千户巴登多吉	土兵营长	能调枪二百余支	亲藏分子
	上瞻千户夺吉郎加	土兵营长	能调枪二百余支	
	下瞻千户杜呷	土兵营长	能调枪三百余支	
	通□千户更庆	独立队长	能调枪百余支	
	古路头人藏巴拿	独立队长	能调枪八九十支	
雅江	崇喜土司阿曲	雅里团务督察长	能调枪一百余支	
理化	毛垭土司张根生	团务督察长	能调枪千二百支	异常顽强
	曲登土司然登沃巴	团务督察长	能调枪三百余支	

资料来源：佘贻泽：《中国土司制度》，正中书局 1944 年版，第 180—181 页。

其实，无论是青海拟另给职衔名称，四川拟实施 3 种官制，还是云南置办设治局或“化土司为乡约”之策，有一点是共同的，那就是各地土司已无守土职责、不向民国政府进贡方物、无军事征调等。民国《汶川县县志》对此做了最好的注脚：

> 汶川土司，旧称阃内土司。意谓其输租纳赋，无异齐民，其共职服勤，又居然官守，与羌民杂处，而土俗间有小异，与汉民周旋，而风教又似无别也。今者，时异势殊，所谓土民，以与汉人通婚之故，同化已久，近更编组保甲，视同内地。其原有剽悍善战之风，亦早亡失，观于此次抗战，中国疆场不复有土兵效命一事，可以证

之。是土司报国之道，已不在此。历史演化，乃至一转折之时机。[①]

四川省汶川的瓦寺土司如此，其余各地土司也大致相同。也就是说，元明清时期中央政府对各地土司约定的“守疆土，修职贡，供征调”[②] 的义务，自中华民国建立后，各地土司已经再也没有真正履行了。可见，民国政府建立后解除各地土司多种义务，这是土司制度终结的主要标志。

三　各地土司：特权完全丧失

元明清封建王朝主要是通过各地土司以控制少数民族地区，所以，各地土司实际上就成为“自营其地”的独立王国。据史料记载，云南省广南侬氏土司在其辖地之内，不但掌管民政、军事，并拥有独立的司法权，有自己的衙门、监狱，“人皆世禄，自用其法”。土司的意志便是法律，可自设公堂，随时审讯、关押庶民。明朝时期，侬氏土司的统治仍然处于牢固阶段。明末清初以后，大批汉族人口迁入该地，中原的基层政权组织载广南侬氏土司辖区仍然保持着，侬氏土司并将其辖区划为若干基层政区，辖境内分为32营，每营设一“该管”治理，营之下便是大大小小的村社，十余家或数十家为一寨，二三十寨为一大寨。各村社分别由“布斗”管理。“布斗”下设“伙头”，分管各自然村。各村社设有“马牌”，负责村社的传事及催收粮款跑腿。在村社基础上建立起层层节制的政权组织，土司高居最上层，农奴被压在最下层，一切政令便自土司而“该管”而“布斗”而“伙头”下达；民事纠纷的解决，则先“伙头”而“布斗”而“该管”，最后方由土司裁决。事实上，广南侬氏土司是辖区内职位最高、权力最大的统治者，其侬氏衙署是侬氏土司的统治中心，由主管司官、代办、护印、属官、师爷、录事及管事等官员组成。主要事务是办理民事纠纷、征收赋税、御边防乱等。[③] 也就是说，土司辖区内的政治、军事、司法及财政等一切大权皆由土司总览，辖区内

---

① （民国）祝世德等撰修：《汶川县志》，成文出版有限公司1976年版，第166页。

② （清）张廷玉：《明史》卷76《职官五》，中华书局1974年版，第1876页。

③ 云南省广南县地方志编纂委员会编：《广南县志》，中华书局2001年版，第798—799页。

的全部土地、森林、草场等主要生产资料均归土司掌握。可见，各地土司享有多种多样的特权。从清代汶川县“瓦寺土司差役碑”所规定的内容，可见清代四川汶川县瓦寺土司享有的特权之一斑。全文如下：

特调四川茂州汶川县正堂、加五级、记录十次黄，为给发断碑以垂永遵事。案查前升道宪徐详，奉总督部堂琦批：准详定瓦寺各项差役条规事宜。开列于后：

一、每年各塘土兵应领羊折茶面银两，每年汶川县赴司领回，行知宣慰司定期发给。

一、每年土司官田该土民耕种，上粪草一季。每年秋收之时，除归还籽种外，收有芋麦一石，分赏土民二斗四升。荞麦一石，分赏土民一斗二升，其余悉数运交宣慰司收纳。内有涂山、四山、白土坎等土民耕种官田，每日一人赏发荞麦饼一个，重一斤。卧龙，跟达每年所上贝母五斤，让减一斤，只上四斤。

一、土舍等给称，督宪琦批示，每土舍一人，准用跟役二名。该土舍等，因念土民近年户少差苦，公同商议，愿缴退跟役一名，只用跟役一名，轮流更换。土舍之子孙，不得滥用跟役，不得私增。

一、每年桥梁道路，三年小修，各修各界。五年大修，二十八寨朋修。自戴家坪起，至大石包止，该土民等照旧认修，不得违误。

一、倘有兵差并一切大小差事，该土民承当，不得违误。

一、每年坐塘递送文报差事，土民等不得违误。

一、土司署内上班，二十八寨土民轮流充当，不得迟延。

一、土司每年官背，每烟户认出一夫。烟户只有四五百家，一人一差。若官背有余不敷背者，印主承认。

一、土司所设油房，自行裁毁，出示严禁，不准开榨。

一、土司所设烧房，自行革除严禁，不准煮烧。

一、土司所蓄树木，白行革除，不准佃写与汉民砍伐烧碱，出示严禁。

一、涂山、白土坎、板桥、河坪、四山五寨土民伙耕印主官田，十九石种内，土司让免二石五斗种不耕。

一、每年土民上官麦粮，不得违误。

咸丰三年九月二十四日瓦寺土司十八寨会同汶城绅士保甲公立[①]

这通石碑甚至还由总督部堂批准，说明瓦寺辖区内的土民长期经受清王朝与土司的双重剥削压迫，也能反观瓦寺土司享有的特权。碑文规定的内容，表面上似乎对土司的剥削在某些方面有所限制，实则这些限制，土司未必遵守，因为土民对土司大小头人无处可以申诉，也不敢申诉。反过来，即便瓦寺土司遵守上述规定，那条文规定的各种各样已法律化的“不得违误”的差役，同样成为瓦寺辖区内土民的千钧重压和繁重枷锁。同时，各地土司也仿照元明清王室享受的优待，将土司家族确定为贵族身份。中华民国建立后，从法理上否定了各地土司的贵族身份，废除了他们的政治、经济、司法等多种特权。应该说，各地土司完全丧失了原有的各种特权，这是土司制度终结的重要标志。对于这个问题，李世愉老师做过相关论述[②]，著者在此基础上做一些延伸性的探讨。

（一）政治特权

众所周知，改土归流及中华民国建立前，土司的特权有三：一是土司家族与封建王朝的皇族一样，实行世系承袭，不以科举考试入仕。二是任何一个土司无论履职是否有成效，只是“因俗而治”而已，只要不反叛中央王朝，一律不考核。三是土司即使犯事，不罚俸，不降级，革职后由子孙承袭，原土司仍为太上土司。对于各地土司的这些政治特权，清人蔡毓荣在《筹滇第二疏》之“制土人”条中有这样的论述：

> 土人有犯，俱不关白流官，土官径自处决；土人知有土官而不知有国法久矣……土司各有土地、人民，而其性各不相下，往往争为雄长，互相仇杀，一不禁而吞并不已，叛乱随之，故明沙、普之祸可见也……土司践土食毛，宜如手足之捍头目……土情多诈，未始不可以信孚；土性至贪，未尝不可以廉格……土官以世系承袭，不由选举，其祖父势利相传，其子弟恣睢相尚，不知诗书礼义为何物，罔上虐下，有由然矣。我国家八法计吏，三年考绩，土官皆不

---

① （民国）祝世德等撰修：《汶川县志》，成文出版社有限公司1976年版，第214页。

② 李世愉：《清代土司制度论考》，中国社会科学出版社1998年版，第105—108页。

预焉。不肖者无惩，间有一二贤者，亦无以示劝，欲其奉职守法也得乎?①

在改土归流过程中以及中华民国建立后，原土司地方采取了流官牵制、削地降职、直接革职、限制离境、选举任职（如选举产生保甲长、村长等）等措施，各地土司在政治上的特权已被削弱。如《巴塘善后章程》“公举”条规定：“每村令百姓公举公正者一人为头人，管理村事……头人三年一换，仍由百姓公举。如从前头人办事公正，百姓愿将此人再留三年，亦可准行，仍须报明地方官存案；如头人办事不公，准百姓随时禀知地方官另行公举更换。”② 再从前表所列的西康省土司任命为土兵营长、土兵独立队长、团务监督长的情况看，这些土司当时在其辖区内的影响力与辛亥革命前的影响力已不可同日而语。

（二）经济特权

综观各地土司改土归流前在经济方面的特权，不外乎有四：一是占有辖区内的全部田地。丽江木氏土司的官庄田有 2453 亩，年收租米 1385 石，拥有庄奴 500 余户、2344 人。除庄园外，木氏还控制大量的山地，向百姓收租收税。播州杨氏土司更是拥有一个规模庞大、数量众多的庄园经济体系。③ 明代何乔新在《勘处播州事宜疏》中对播州杨氏土司的庄园记载详细，“播州土司的庄园包括田庄、茶园、菜园、蜡崖、猪场、鱼场、渔潭以及银场、铝场、铁冶场、采木场”，展示了播州庄园经济的全貌。④ 明成化十四年（1478 年），播州土司“杨辉将庄田一百四十五处、茶田二十六处、猎场十一处、蜡崖二十八处，渔潭一十三处，作四份均分与杨友、杨爱、杨孜、杨敏”四个儿子。后来杨辉病故，杨爱袭土司职后又“思得自祖以来，置有大水田、柳川、冉川、屯平、大足、黄鱼、

① 蔡毓荣：《筹滇第二疏》，见方国瑜《云南史料丛刊》（第 8 卷），云南大学出版社 2001 年版，第 426—427 页。

② 四川省民族研究所：《清末川滇边务档案资料（上）》，中华书局 1989 年版，第 96 页。

③ 李良品、李思睿、余仙桥：《播州杨氏土司研究》，华中科技大学出版社 2015 年版，第 132—133 页。

④ （明）何乔新：《勘处播州事情疏》，见明代沈杰甫《记录汇编》（卷 51），上海涵芬楼影印刻本。

永安、先锋、洪江、米田、通平、毛陂、雷水、崔家、半山、泥川等庄，并猎场、鱼潭、茶园、蜡崖，递年各领”。其后，杨友又在余庆、白泥等处，“不合将余庆长官司管下站户毛显常等，地名班溪、巴村、大寨、铁针崖、罗家寨五处水田八百亩、陆地二十处强占创立庄田”，既而又“不合将白泥长官司管下站户杨昌福、田斌水田九十亩、巴必聪等陆地一百亩强占为庄”[①]。二是通过各种赋税剥削辖区内民众。如广南侬氏土司的赋税，规定三年一大派，一年四小派。大派计银两，小派计钱，实际上也征收粮食及其他实物，指定以山林特产如野猪、野兔、獐子、麂子、鹌鹑等折抵。大派叫年例，其名目又分为大派和地皮两种。所谓大派，即按村社土地集体占有而平均分给个体家庭使用面积按户分摊。广南地区少数民族除交付官府各种苛派外，还要交纳侬氏土司的年例。所谓小派即“地皮税”。有清一代，侬氏土司或对内地流入垦种荒地的汉族农民征收，或在土著壮族中征收则演变成为“大派”[②]。三是分给土民承担众多的徭役。如广南侬氏土司把一些“公田”分给农奴个体家庭使用，农奴通过村社头人分得小块份地耕种之后，便向土司提供名目繁多的田赋劳役。据《广南县志》载，侬氏土司的贡赋徭役田有贡物田、烧烤田、汤粑田、扫把田、粽粑田、三牲田、烤火田、瓦窑田、织布田、哭丧田、守坟田、吹鼓田、喂奶田、放炮田、洗衣田、针线田、抹便田、松毛田、养牛田、养羊田、养鹅田、养猪田、送鱼田、烧鱼田、烧柴田、献茶田、打酒田等。[③] 四是让辖区民众负担各种无偿劳役。如广南侬氏土司规定辖区民众轮流到侬氏土司衙门打杂、挑水、劈柴、割马草、扫地、喂猪、领娃娃以及土司家婚丧嫁娶大事、年节、祭祖等零星杂役。[④] 广南侬氏于民国元年（1912 年）由土同知改为土丞后，其地位日趋没落。当时允许保留有一些庄田，准其继续收租，至民国三十七年（1948 年）云南省政府明令废除土司制度而告终。在西康地区，当时规定“自（光绪）三十二年（1906 年）起，百姓除应纳正粮、差粮外，此项杂派，永远裁免，

---

① （明）何乔新：《勘处播州事情疏》，见明代沈杰甫《记录汇编》（卷 51），上海涵芬楼影印刻本。

② 云南省广南县地方志编纂委员会编：《广南县志》，中华书局 2001 年版，第 797 页。

③ 同上书，第 796—797 页。

④ 云南省广南县地方志编纂委员会：《广南县志》，中华书局 2001 年版，第 797 页。

无论何人不准妄行需索”[①]。改土归流特别是中华民国建立后，无论有无土司名号存在，其辖区内的经济特权一律被政府收缴。因此，各地土司再无经济特权可言。

（三）司法特权

元明清时期，各地土司在其辖区内拥有至高无上的司法特权。土司辖区内民间的一切诉讼案件，都是由土司听讼。换言之，土司辖区内的一切民事诉讼案件，都只听凭土司判断。据嘉庆《龙山县志》卷十六载：“土人有罪，小则土知州长官等治之，大则土司自治。若客户有犯，则付经历，以经历为客官也。”[②] 可见，土司地区各类案件的处理，均依赖土司，流官不得过问。土司的“自治权”决定了各地土司在其辖区内能掌管土民的生杀大权。土知州以及级别较小的土目、舍把等土官，又把控着土司辖区内民事案件的初审权，这样一来，土司地区司法的执行均由土官一手掌控。这就是土司的司法特权之所在。从现有历史文献看，云南傣族地区土司的法律法规最为健全，其中最具代表性的莫过于《孟连宣抚司法规》《西双版纳傣族封建法规》《西双版纳傣族封建法规和礼仪规程》《西双版纳傣族法规》《西双版纳傣族社会民刑法规》《傣族家族纠纷裁决法》《孟连傣族封建习惯法》等，这些法律法规的制定权、初审权、裁决权和执行权均由土司掌控。特别是《西双版纳傣族封建法规》包括犯上、家奴、破坏私人财产及农业违犯家规、破坏房屋、破坏农业生产、破坏牲畜发展、婚姻（订婚、离婚、财产处理）、财产继承及债务清偿、租牛租船、拾得财物、受人之托、经商及交通、污辱妇女（调戏、通奸、强奸、拐骗、嫌疑）、偷盗、斗殴杀人 15 大类 180 条[③]，条分缕析，规定严明，不愧为土司地区法律法规的典范。傣族地区土司就依据这些法律法规处理民事案件。此外，川西德格土司形成了民事、刑事及有关军事的混合的 13 条成文法规，川西理塘毛丫土司也有“十三条禁令”[④] 等。当然，土司在办案过程中，也不乏任意轻重的处理，这势必导

① 四川省民族研究所：《清末川滇边务档案资料（上）》，中华书局 1989 年版，第 98 页。

② （清）洪际青：《龙山县志》卷十六《艺文下》，嘉庆二十三年（1818 年）刻本。

③ 杨一凡、田涛：《中国珍稀法律典籍续编：少数民族法典法规与习惯法（上）》（第九册），黑龙江人民出版社 2002 年版，第 454—481 页。

④ 甘孜州志编纂委员会：《甘孜州志》，四川人民出版社 1997 年版，第 808—809 页。

致土司辖区内的民众敢怒而不敢言。改土归流之后，这种情况就发生了彻底改变。如《巴塘善后章程》在“设官”条规定：“巴塘从此改设汉官，管理地方汉、蛮百姓及钱粮、词讼一切事件。”[①] 在该章程“词讼”条有规定：“凡汉、蛮、僧、俗、教民人等大小词讼，皆归地方官申理，无论何人不得干预其事。”[②] 事实上，改土归流后因所有各地残存的土司均由地方官管控，故土司辖区内的诉讼案件也不得随意处理，小案或自理，大案则必须报流官。[③] 可见，改土归流特别是中华民国建立后的各地土司，其司法特权业已被清政府以及民国政府完全剥夺。

总之，随着辛亥革命的成功，我国的国家政治体制发生史无前例的更替，这成为土司制度终结的根本标志；民国政府对土司义务的彻底解除，这无疑是土司制度终结的主要标志；各地土司原有各种特权的完全丧失，这是土司制度终结的重要标志。虽然民国时期还残存一定数量的土司，但与明清时期土司的割据性、独立性、反叛性等特点相比，民国时期的土司只是一种残渣余孽罢了。

---

① 四川省民族研究所：《清末川滇边务档案资料（上）》，中华书局1989年版，第96页。

② 同上书，第98页。

③ 李世愉：《清代土司制度论考》，中国社会科学出版社1998年版，第108页。

第三章

中国土司学构建与多学科视野

著者曾在《构建“土司学”的几点思考》一文中提出：“土司、土司制度、土司问题、土司现象、土司文化等研究内容涉及哲学、经济学、法学、教育学、文学、历史学、农学、军事学、管理学、艺术学等学科门类，专家学者在土司研究过程中，均能在上述学科门类中找到对应点。”并从构建“中国土司学”的角度提出：“从事土司研究应该是在历史学本位下，与政治学、民族学、社会学、军事学、地理学、法学、经济学、宗教学、文化学、艺术学等多学科会通、交叉的结果，由此共同构成土司学核心层面的内容。”① 今天再回过头来看，这一观点仍然是正确的。因为近年来，随着实证研究方法在我国人文社会科学领域的广泛应用以及地理信息系统（GIS）和信息科学技术的快速发展，地理信息、空间分析以及空间模拟等空间综合研究方法逐渐为学界关注，人文社会科学研究正发生“空间转向”。针对这种“空间转向”，“中国土司学”的构建理应具备多学科视野。具体来讲，“中国土司学”的构建和土司研究必须以历史学作为学科理论，运用民族学、哲学、经济学、法学、教育学、文学、理学、工学、农学、医学、军事学、管理学、艺术学等学科的理论与方法进行交叉、融合研究。换言之，研究土司问题可以将人文科学、社会科学和自然科学三大学科群综合运用，使土司问题与自然物质世界、社会结构组织和人的精神世界这三个既有区别又有联系的领域有机结合，以体现土司问题的科学探索和认识活动的研究成果。

---

① 李良品、李思睿：《构建“土司学”的几点思考》，《青海民族研究》2014 年第 2 期。

第一节　人文科学的交融

人文科学是探讨、分析、解决关于人的精神、文化、价值、观念的问题的科学，其实质是关于人类生存意义和价值的体验与思考，是对人类精神文化现象的本质、内在联系、社会功能、发展规律等方面的认识成果的系统化、理论化。事实证明，“中国土司学”的构建和土司研究应与人文学科交融。

从学术研究看，学科交叉与融合是“学科际”或“跨学科”的研究活动，其结果将导致知识体系构成交叉科学。学科交叉与融合往往就是学科建设、学术研究新的生长点、新的科学前沿，它最有可能产生重大的科学突破，使科学发生革命性的变化。同时，学科交叉与融合是综合性、跨学科的产物，因而有利于解决学界面临的重大复杂的社会问题。“中国土司学”作为人文科学，在其构成过程中需要众多学科做支撑，从而形成一个交叉学科。在过往的土司研究中，主要参与者是历史学的学者，而人文学科中的哲学、文学、教育学、艺术学等学科的学者较少参与。

一　与历史学的交融

“中国土司学”构建和土司研究，必须以历史学的学科理论为基础，融进专门史、历史地理学、历史文献学、中国古代史、中国近现代史、文物考古学等学科理论和学科知识。“中国土司学”与土司研究最基础、最核心的内容是土司制度，而与此相关的众多内容无疑均是历史学的内容。如“土司”一词，它涉及土司一词的起源、流变、与“土官”概念认知的差异性、土司概念的界定、土司的分类等。“土司制度”一词不仅涉及该概念的界定以及土司制度内孕的职官制度、承袭制度、朝贡制度、征调制度、升迁制度、优抚制度等子制度，而且涉及土司制度的缘起、形成、兴盛、衰亡等整个历史进程，这些内容均属于历史学的内容。“中国土司学”与专门史密切相关，如果按照李世愉老师的安排，要完成国家社科基金重大项目《中国土司制度通史》，那么势必要形成七部专门史——《中国土司制度通史·总论卷》《中国土司制度通史·职官制度卷》《中国土司制度通史·承袭制度卷》《中国土司制度通史·贡赋制度卷》《中国土司制度通史·土兵制度卷》《中国土司制度通史·法律制度卷》《中国土司制度通史·文教礼仪制度卷》。如果要完成《中国土司历史地图集》的制作，就必须运用历史地理学的学科理论，因为它涉及元明清三代不同时段各地土司的地理分布。

二　与哲学的交融

成臻铭先生研究表明，在我国的少数民族中，元明清时期有29个少数民族曾经存在土司。众所周知，少数民族自古以来就是很有智慧的民族，他们有对世间万物寻根究底的精神文明传统，在长期的历史发展过程中，作为少数民族精英阶层的土司，他们对宇宙万物、对人生历程均做过广泛而全面的探讨，在理性与信仰、宗教与科学、唯心主义与唯物主义以及辩证法与形成上学的思辨中，拥有大量哲学观点的阐释，其内容在少数民族经典文献、著述、家族谱牒、碑刻、墓志铭等有着大量、集中的记载。如彝族的哲学思想主要有万物发生论、物质本原论、阴阳相配论、五行八卦论、天人结合论、人类演化论、君民一体论等。其他少数民族的土司同样拥有一定的哲学思想。可见，“中国土司学”的构建离不开与哲学学科的交融。在构建“中国土司学”和土司研究中，如果能将中国哲学、逻辑学、伦理学、宗教学、科学技术哲学等学科知识交融研究，一定会另有洞天。

三　与文学的交融

近年来，随着土司研究的逐渐深入，土司文学也纳入专家学者们的研究视野。彭福荣认为，土司文学是历史上各族土司及其家族成员创作的文学，这些文学作品具有作者家族性、题材封闭性、体裁失衡性、技巧成熟性等特征。[①] 在元明清时期，由于各地土司高度重视儒学教育，兴办学校，加强儒家文化学习，不仅出现众多土司科举人才，而且也出现了一些土司作家群。丽江木氏土司作家群是丽江历史上出现的第一个作家群，用“江山代有才人出”来形容明朝丽江木氏土司作家群一点也不

① 彭福荣：《试论土司文学的特征》，《西南民族大学学报》2010年第9期。

过分。丽江纳西族木氏土司经历了元明清三朝，传世 22 代，木泰、木公、木高、木青、木增、木靖是其中最杰出的土司作家，被后人尊称为"六公"，其中木公、木增成就最为显著，各有一千多首诗作流传后世。木氏土司是一些深谙汉文化神韵、诗词歌赋无所不能的作家，他们生存于同一个大家族，写诗填词是家族的传统。他们与当时的知名文人酬唱应和，诗礼往来，其作品被收入种种典籍，有的文学作品甚至被收入了《四库全书》。将这一景象放到中华文化的大背景中来考察，也不得不承认木氏土司作家群是一个家族作家群的奇观。① 又如兴起于明代中期、兴盛于明末清初的容美田氏土司文学，是土家族文化与中原汉文化交汇融合的文学硕果。容美田氏土司文人以开放进取的文化心态，倾慕、研习汉文化，努力提高汉文学修养，广交汉族文人名士，举行多种文学艺术交流活动，切磋文学创作理念与技艺，成功地运用汉语文尤其是汉诗规范，艺术地再现了这一时期特定民族区域的社会历史、政治经济和乡俗民风，具有广泛而丰富的社会文化价值。② 特别重要的是，容美田氏土司文学不仅反映了明清时期错综复杂的社会矛盾和风起云涌的社会面貌，而且在皇帝景从、王朝认同、"正朔"守望、美政向往以及对于土司制度的否定等方面表现了鲜明而强烈的国家认同意识和文化互动理念，这在当时历史背景下更是难能可贵的。③ 在构建"中国土司学"的过程中，如果忽略了与文学中的文艺学、语言学、汉语言文字学、中国古典文献学、中国古代文学、中国少数民族语言文学等相关学科的交融，那无疑是一种重大的损失。

四　与教育学的交融

明清时期各地土司十分注重两种教育，一是儒学教育，二是传统教育，二者相辅相成，相得益彰。这里的儒学教育是指根据中央王朝政策法令兴办的、以中央王朝意识形态的儒学教条为主要内容的各级教育。明清时期土司地区儒学教育在官学、书院、社学等三方面得到长足发展，

① 蔡晓龄：《明代纳西族土司文学回瞻》，《云南民族大学学报》2008 年第 5 期。

② 胡绍华：《论容美土司文学与民族文化融合》，《民族文学研究》2012 年第 1 期。

③ 胡绍华：《论容美土司文学的国家认同意识》，《三峡大学学报》2011 年第 6 期。

其缘由有三：一是中央王朝极力推行，二是地方官吏积极配合，三是各地土司主动创办。明代土司地区儒学教育的发展，对当地社会稳定、教育发展、文化传播产生了巨大的历史作用。[①] 明清时期民族地区的土司也十分重视传统教育，也就是以家庭教育、家族教育、村寨教育、社会教育、习俗教育等为主要教育形式，各地土司采取口传心授、师徒相授、父子家传等方式，给家族子弟或族外子弟传授本民族的传统文化知识、社会习俗、生产技能等内容，这些传统教育的形式、方式及内容，深刻地影响着土司地区乡村社会各族民众的生活方式，塑造出不同时代不同民族的性格，有效地维护了土司地区乡村社会的稳定，巩固了中央王朝国家治理的成效。[②] 同时，明清中央王朝针对各地土司的情况制定了教育、科举条例，这是中央政府在土司地区推行教育的重要举措，主要体现在两个方面：一是积极为土司子弟入学习礼（包括到国子监学习等）创造条件，使土司子弟在接受教育上享有与土民不同的特权；二是准许土司及其子弟参加科举考试，体现了明清中央政府教育政策的灵活性。可见，构建“中国土司学”与土司研究还应该与教育学中的教育学原理、教育史、比较教育学、体育教育训练学、民族传统体育学等学科内容有机交融。

五　与艺术学的交融

艺术通常是才艺和技术的统称，主要包括文学、书法、绘画、雕塑、建筑、音乐、舞蹈、戏剧、曲艺等。而艺术学则是指系统性地研究关于艺术的各种问题的科学，诸如艺术的性质、目的、作用、任务和方法等，它是带有理论性和学术性的有系统知识的人文科学。土司问题与艺术或艺术学密不可分。因为研究土司自然与土司文学、土司书法、土司音乐、土司戏剧以及土司衙署、墓葬的绘画、雕塑、建筑、装饰等知识紧密相连。如《德宏州文化艺术志》载：南甸宣抚司署位于梁河县遮岛镇南甸路 34 号，是清代咸丰年间至民国末年南甸宣抚司署所在地。南甸宣抚使

---

① 彭寿清、李良品：《论明代土司地区的儒学教育》，《西南民族大学学报》2015 年第 3 期。

② 李良品：《明清时期西南民族地区传统教育述论》，《教育文化论坛》2015 年第 1 期。

司署的布局和建筑形式仿照清代的藩台、臬台衙门，为四进宫殿式建筑群，有“正立春秋”的特点。占地面积原为10625平方米，坐东南向西北，沿一条长130余米的中轴线上，由西北向东南依次排列大堂（审判厅）、二堂（议事厅）、三堂（会厅）、正堂（土司办公、起居处所），每进两侧附设厢楼，形成互相连通但又相对独立的四合院式。整座司署分为四个主院、十个旁院，共47幢149间房屋，计有粮库、军械库、监狱、佛堂、学堂、戏楼、绣楼、八角楼、字堂、经书堂以及花园、练兵场等建筑。由于历史的原因，司署的部分建筑未能保存下来，规模相对缩小。现占地面积8679.615平方米，建筑面积5047.50平方米。四进主院落的主体建筑为面阔5间，宽23米，进深3间，长12米，抬梁式土木结构，单檐硬山顶，青色筒瓦屋面，每进厢楼内三开间，面阔12米，进深9.4米，二层重檐屋顶。四进主院落左右两侧又分布有各类亭阁、楼堂、庭院、花园等附属建筑，组成一组主次分明、高低有致的宫殿式建筑群。南甸宣抚司署是目前国内建筑规模最大、保存最为完整的傣族土司衙署之一，具有极高的文物价值。研究云南南甸宣抚司署就必须结合艺术学中的艺术学理论、美术与设计学等学科知识。如云南孟连傣族土司礼仪音乐，由于它与东南亚音乐交流发展，形成了一种歌、舞、乐三者融为一体、礼仪贯穿始终的礼仪音乐，研究这种音乐时，只有将艺术学中的艺术学理论、音乐与舞蹈学等知识交融，才能深入探讨其深厚的历史底蕴和丰富的文化内涵。

第二节　社会科学的融合

社会科学是研究人类社会的种种现象的各学科总体或其中任一学科，如社会学研究人类社会（主要是当代），政治学研究政治、政策和有关的活动，经济学研究资源分配。社会科学涵盖经济学、政治学、法学、民族学、伦理学、社会学、管理学、人类学、民俗学、新闻学、传播学等学科。在“中国土司学”构建和土司研究过程中，自然融合上述学科，不仅十分必要，而且也是可行的。

一　与经济学的融合

研究任何一家土司，均涉及土地所有权、物产资源、朝贡纳赋、工农业生产等问题，这无疑是一个经济学方面的问题。仅仅一个土司朝贡的问题，它就牵扯到朝贡时间、朝贡人数、朝贡物品、朝贡频率、朝贡赏赐、朝贡类型、朝贡原因、朝贡影响等问题。元明清时期，各地土司十分重视辖区内各族民众的生产生活，如播州杨氏土司在其辖区内不仅修建了采石场、养马城、猎场、鱼池、茶园、蜡崖、田庄，而且还兴修了水利和交通，积极发展农业、工业和商业，这促进了播州地区经济的快速发展，取得了一定的成就。农业生产方面，一是注重屯田生产。何乔新在《勘处播州事宜疏》提及的播州杨氏土司的庄田 145 处、茶田 26 处、猎场 11 处、蜡崖 28 处、渔潭 13 处①，这些均表明杨氏土司对于土地的有效利用。二是加强水利建设。播州杨氏修筑的大水田堰、雷水堰、军筑堰、白泥堰、又仙堰、菱角堰、常舒堰、千工堰、螺狮堰、八幅堰、宫陂堰等，这些水库堰塘，至今多数还在蓄水灌田。三是种植农作物。农作物的广泛种植是农业经营与经济开发的重要标志。据《遵义府志》载：五属种稻，高田下湿，各因土宜，籼、糯不下二三十名，皆清明前后种，八月收。"此外还有麦、稷、黍、禾、大豆、赤黑豆、蚕豆、豌豆、绿豆、米豆、胡麻、火麻、莜、稗、草子等。"② 可见，播州地区农作物十分丰富，民众善于种植。此外，明代播州土司还充分利用各种自然环境和气候条件，普遍种植各种具有较高经济价值的农作物。如播州茶叶是明代全国四大茶仓之一。四是加工农产品。播州的斑竹、丹砂、文鼋、犀角、雄黄、蜂蜜、茶叶、靛青等成为全国闻名的土特产，销往外地，质量上乘者，甚或成为贡品，献往朝廷，所获回赐甚多。杨氏及其他土官还设置猎场、鱼池、茶园、蜡崖、田庄，派人专事生产经营活

① （明）何乔新：《勘处播州事情疏》，见明代沈杰甫《记录汇编》（卷 51），上海涵芬楼影印刻本。

② （清）郑珍、莫友芝纂：《遵义府志（上册）》，遵义市志编纂委员会 1986 年版，第 491—492 页。

动，社会经济因此获得较大发展。[①] 在手工业生产的发展方面，播州地区较为突出的有纺织业、酿造业、造纸业、制瓷业、矿冶业。在商业贸易的兴盛与交通条件的改善方面，一是商业贸易的兴盛，二是交通条件的改善。研究土司个案，如果与经济学中的政治经济学、经济史、人口资源与环境经济学、区域经济学、财政学、产业经济学、劳动经济学、统计学、数量经济学等学科内容高度融合，另辟蹊径，能够产生出一些意想不到的研究成果。

二　与政治学的融合

自2008年广西师范大学蓝武博士获得国家社科基金项目《华南边陲传统民族社会的国家认同——以壮族土司制度为实证》以来，土司研究与政治就结下了不解之缘。尤其是成臻铭教授《清代土司研究——一种政治文化的历史人类学观察》一书，对清代土司的地理分布、土司的政治文化互动、土司区的社会政治阶层与等级、土司家族政治文化、土司政府的机构与职能、土司地方行政系统等土司与政治问题做了系统的研究。2010年后，全国哲学社会科学规划办公室更加重视土司政治问题的研究，先后立项了“明代土司政治文化研究”“乌江流域历代土司的国家认同研究”“容美土司国家认同研究”“播州土司文化与中国古代国家认同研究”“改土归流后武陵民族地区人口流动与社会治理研究”“国家认同与调适——民国川滇青甘康藏区土司研究”“狼兵狼人的历史与族群认同变迁研究”“中国土司制度与国家治理研究”“明清时期土司制度与民族地区社会治理研究”“国家治理视角下明清时期壮族地区的开发与改土归流研究”“国家治理视域下明清时期西南地区改土归流研究”11项，其研究内容主要聚焦于土司制度、土司的政治文化、土司的调适与族群认同、土司的国家认同、土司制度与国家治理、土司制度与社会治理等方面。从近年来已经问世的研究成果看，主要集中在3个方面，一是直接与土司政治相关的，如土司与土司政治、土司政治体制基本模式、云南边疆土司的区域政治与国家认同、土司时期政治文化、土司政治联姻、

---

① 蓝武：《明代播州土司经济开发的主要成就探因》，见《2014’遵义·播州土司历史文化研讨会论文集》，第223页。

土司的政治道德、土司与中央政府的政治关系、土司的政治伦理思想、土司的政治才能等；二是土司的认同问题，主要包括土司的国家认同、土司的民族认同、土司的民族国家认同、土司的家国认同与族群利益、土司的祖先再造与国家（华夏）认同、土司地区社会治理与国家认同、土司国家认同原因与政治归附、边地土司的国家认同、国家认同视野下的土司关系、中央王朝对西南边陲土司的认同与倚重、土司制度与国家认同的建构、土司对某种文化的认同、族群认同与土司体制的特殊性、土司国家认同的实质、边境土司社会跨境互动与国家认同等；三是土司与国家治理（包括国家治理、边疆治理、社会治理、地方治理、土司区治理等）问题。“国家治理”这个主旨包括两个方面：第一，土司制度与元明清国家治理民族地区、治理边疆地区，地方的朝廷命官治理和与土司共同治理土司地区，这里涉及治理的政策、方略、措施、结果、得失及影响；第二，“家国同构”格局下的另一类朝廷命官——土司治理土司辖区——民族地区、边疆地区以及家族治理，这里也涉及土司治理策略、方式、手段、措施、结果、得失及影响等内容。由此可见，在构建“中国土司学”和从事土司研究的过程中，如果不与政治学深度融合，很难对相关问题做出深入的研究。

三　与法学的融合

著者最近在与几位同人合作，拟出版一本《西南地区土司法治典籍文献选编》，其中包括皇帝敕谕、皇帝诰命、皇帝诰敕、钦定六部处分则例、土司府公文、土司成文法、土司公文、碑刻文献、民间文书、夷律等法规性文献，特别是《孟连宣抚司法规》涉及行政法规、民事法规、刑事法规、维护统治权法规、诉讼法规、礼仪与宗教法规等内容，在《西双版纳傣族社会民刑法规》中有犯上法规、有关家奴的规定、破坏私人财产及农业、婚姻、财产继承及债务清偿、有关经商及交通的规定、污辱妇女、偷盗、斗殴杀人、三大原则 10 大类，31 个小类，181 条，内容丰富、条分缕析，如“偷盗”这个大类包括偷家禽农副产品、盗窃家畜财产、包庇分赃、诬陷报复 4 个小类 19 条，“斗殴杀人”这个大类包括斗殴伤人、杀人害命、过失犯、巫术杀人 4 个小类

11条。[①] 又如《西双版纳傣族封建领主的法律》一书分总纲和细则两个部分。细则部分是具体条规，定得很细，包括勐与勐之间的互助协定，国与国、勐与勐、版纳与版纳、头人与头人商议的几条协定，罚款处理办法，婚姻问题处理办法，拾得耕牛后的处理办法，刑事纠纷，风俗习惯等。这些内容涉及范围极广，有关犯上的规定如：徒弟告师父，儿子告父亲，和尚反佛爷，百姓反官家，奴隶反主人，小勐反大勐，波朗反召片领等；有关勐与勐、寨与寨、头人与头人之间相互援助的公约，如战争期间的相互援助与平日的相互援助；有关死刑及一般刑事犯罪的，诸如杀人、纵火、放毒、盗窃、斗殴、强奸、通奸、调戏妇女、侵占地界、损害私人财产、杀死耕牛、违反水利灌溉规章、破坏农业生产、破坏公共秩序、不遵守婚约、非婚生子女、农具及各种商品的粗制滥造者、盗贼及逃亡奴隶的窝藏者等。所定法规多达160余条，它是古代傣族封建领主社会的政治伦理思想。这些思想既是封建领主制（土司制度）政治和经济的反映，代表着封建领主阶级的利益，同时，又凝聚着傣族人民维护法律秩序与社会稳定的经验。在构建“中国土司学”和从事土司研究的过程中，如果我们能够结合法学理论、法律史、行政法学、刑法学、民商法学、诉讼法学、经济法学、环境与资源保护法学、军事法学有机融合，就能对土司地区国家法、民间法等相关问题做出另类研究。

四　与民族学的融合

根据“中国土司学”构建和土司研究的发展趋势，它与民族学的融合研究越来越多，尤其是国家社科基金项目立项的23项重大、重点和年度项目，有12项是以“民族问题研究”立项，说明它们之间的关系十分密切，甚至许多问题是由有关学科的专家合作研究。虽然民族学主要是对各民族的社会经济结构、政治制度、社会生活、家庭婚姻、风俗习惯、宗教信仰、语言文字、文学艺术、道德规范、思想意识等做全面探讨，但从几个二级学科看，民族学、马克思主义民族理论与政策、中国少数

---

① 杨一凡、田涛：《中国珍稀法律典籍续编：少数民族法典法规与习惯法（上）》（第九册），黑龙江人民出版社2002年版，第539—566页。

民族经济、中国少数民族史、中国少数民族艺术等无不与土司研究密切相关。如研究土司地区的社会结构、社会生活、家庭婚姻、风俗习惯等内容，与二级学科民族学有关；对土司制度作为一种政治制度予以研究，对元明清三代在土司地区实施“齐政修教”“因俗而治”“以夷治夷”“剿抚兼施”等政策的研究，与民族理论与政策有关；对土司地区的土地、赋税、工农业生产以及土司朝贡的研究，又与中国少数民族经济有关；对中国土司制度以及某个具体土司的兴起、形成、发展、高潮及衰亡，土司史料的发掘、整理等方面的研究，又与中国少数民族史密不可分；研究某个土司的文学、书法、音乐以及土司衙署的绘画、雕塑、建筑、装饰等，又属于中国少数民族艺术的内容。事实上，“中国土司学”的构建和土司研究与民族学学科是一种深度融合。

五　与军事学的融合

著者认为，土司制度是土兵制度的前提和基础，土兵制度是土司制度的根本与基石。[①] 元明清时期的土兵制度的研究必须运用军事学的理论、内容与方法。土司时期的土兵制度属于古代“军制”或“兵制”的范畴，它既是战争和其他军事活动的产物，也是人类文明发展中的重要标志之一。土兵制度不仅随着土司制度的产生而产生，随着土司制度的发展而发展，而且随着土司制度的消亡而消亡。研究土兵制度主要涉及军事组织形式、领导方法、管理手段等内容，其基本要素为：军伍之制——军事组织体制、掌兵之制——军事领导体制、用兵之制——军事指挥体制、养兵之制——军事后勤体制、集兵之制——兵役制度、器用之制——武器装备制度、教练之制——军事教育训练制度、动员之制——战争动员制度、法规之制——军事法规制度等方面的体制和制度。[②] 因此，研究土司时期土兵制度的内容主要涵盖土兵的军事组织体制、军事领导体制、兵役制度、军事教育训练制度、军饷制度和军事法规制度等

① 李良品：《土司时期西南地区土兵制度与军事战争研究》（绪论），重庆出版社 2013 年版，第 1 页。

② 兰书臣：《中华文化通志 · 制度文化研究典 · 兵制志》，上海人民出版社 1998 年版，第 4 页。

内容。在这众多内容中，其内核是土兵的军事组织体制、军事领导体制。就一般情况而言，军事战争是政治集团之间、民族（部落）之间、国家（或联盟）之间的矛盾最高的斗争表现形式，是解决纠纷的一种最高、最暴力的手段，是政治和外交的极端手段或最后手段。军事战争是有超过一个的政治团体（或组织），由于共同关心的权利或利益在正常的非暴力手段不能够达成和解或平衡的状况下，而展开的具有一定规模的以初期暴力活动为开端，以一方或几方的主动或被动丧失暴力能力为结束标志的军事活动。元明清时期土司地区战争频仍，作为国家后备力量或者说各地土司武装力量的土兵，参与的军事战争主要有国家与国家之间的战争（如明代中央王朝与安南及抗倭战争）、国家政权与土司政权之间的战争（如三征麓川、平播之役、平奢安之乱、平定大小金川）、土司与土司之间的战争（如湖广永顺土司与四川酉阳土司的仇杀）等方面的军事暴力行为。元明清时期土司地区土兵在参加诸如“征蛮”“平叛”“征贼”“援辽”“抗倭”等军事战争时，他们既充当了中央王朝的主要打手，又维护了封建王朝的统治，促进了国家的统一、政治的稳定，也间接地促进了土司地区经济文化方面的发展。①

研究表明，土兵是土司政权的重要组成部分，土兵力量是土司政权综合实力的集中体现，土兵制度在土司制度中居于突出地位。② 元明清时期的土司西南地区，包括宣慰使、宣抚使、安抚使、长官司、土目、土吏、百夫长、千夫长等在内的土官，他们不仅是土司区内的农奴主，而且也是土兵参加各种战争的将领，研究土司问题若不与军事学中的军事思想及军事历史、战略学、战役学、战术学、军队指挥学、军制学、军事后勤学、军事装备学等学科融合，其土司制度中的征调问题是无法深入的。

总之，社会科学各学科间通力协作，共同研究，不仅可以解决彼此间交叉融合的问题，而且对“中国土司学”的构建与发展也将起到促进作用。

---

① 李良品：《土司时期西南地区土兵制度与军事战争研究》（绪论），重庆出版社 2013 年版，第 2 页。

② 同上书，第 3 页。

第三节　自然科学的运用

众所周知，自然科学是研究无机自然界和包括人的生物属性在内的有机自然界的各门科学的总称。自然科学认识的对象是自然界物质的各种类型、状态、属性及运动形式，认识的目的在于发现自然现象背后的规律。自然科学主要的学科包括理学、工学、农学、医学等学科。如果说自然科学是客观地认识自然界，那么，人文社会科学则是主观的带有不同立场的。在现代科学的历史发展进程中，新科技革命为“中国土司学”的构建和土司研究提供了新的方法手段，自觉地运用自然科学有关理论与方法已势在必行。

一　理学的运用

土司研究中，诸如土司朝贡就涉及数学的知识。据《明会典》卷之一百八《朝贡四・西戎下》“长河西鱼通宁远等处”条载：该土司要朝贡“画佛、舍利、各色足力麻、各色铁力麻、各色氆氇、珊瑚、犀角、左髻、明盔、刀、毛缨”等[①]贡物；长河西等处军民安抚使司“每年一贡。给与勘合，于四川比号，雅州入境。每贡止许五六十人，多不过一百人。方物该守关官员辨验，申送都布按三司，审实起送。后改升宣慰司。弘治以来，人数渐多。嘉靖二年，题用弘治以前例，不许过一千人。隆庆□年，定三年一贡，每贡一千人，内五百人全赏，五百人减赏，于全赏内起送八人赴京。余留边听赏”[②]。另据《礼部志稿》卷三十八《主客司职掌・给赐》“长河西”条载：“正统初，赏赐宣慰司自来进贡者：宣慰使，钞一百五十锭，彩段四表里；指挥佥事，钞一百锭，彩段二表里，俱纻丝衣一套，靴袜各一双。袭职进贡，赏同国师。并国师姪男，进贡到京者，照宣慰使例。都纲喇嘛、番僧人等，进贡到京者，每人钞五十锭，彩段一表里，纻丝番僧衣一套，靴袜各一双，食茶六十斤；留边赏同。五年，喇嘛、番僧进马到京，每人钞五十锭，彩段一表里，折衣彩

① （明）申时行：《明会典》，中华书局1989年版，第582页。

② 同上书，第581页。

段二表里，靴袜各一双，进过马不分等第，每匹钞一百锭。十年，长河西招抚生番，照本处进贡番僧例，每人赏钞五十锭，彩段一表里，折衣彩段二表里，靴袜各一双，仍加赏折衣彩段一表里。景泰四年，每人钞五十锭，彩段一表里，不与衣服靴袜。"① 虽然土司向中央王朝朝贡是各地土司应尽的义务之一，但各地土司也不得不考虑或计算朝贡与回赐之间的得失。研究这一问题，它就涉及理学的问题，尤其是涉及数学的计算问题。可见，"中国土司学"的构建和土司研究必须将理学中的基础数学、计算数学、应用数学、运筹学与控制论、理论物理、自然地理学、人文地理学、矿物学、岩石学、植物学、动物学、生态学、统计学等学科知识运用其中，方能得出正确的答案。

二　工学的运用

从现有研究看，诸如湖南永顺老司城、湖北唐崖土司城和贵州遵义海龙屯等土司城、军事屯堡、土司官寨等，均涉及选址、布局、规划、营建、维修等问题。在此，著者以唐崖土司城为例予以说明。一是总体风水环境。该土司城既考虑外围防御功能，具有"藏风得水"的环境特征，又关注玄武山、朱雀山、青龙山、白虎山的空间关系，还考虑坐北朝南的总体朝向，深得汉民族风水文化精髓。二是规划布局特色。在城内主要功能布局方面，在地势较高处的西部区域，主要设置衙署区、王墓区、宗庙区、御花园及高等级住宅区等功能区；在地势较低的东部区域，主要设置一般行政功能区与普通住宅区；土司城北部则设置为校场坝和营房遗址等军事区。整个土司城规划布局以衙署区和牌坊为中心展开，既突出衙署区的居高临下，又凸显皇帝敕建的"荆南雄镇"牌坊的核心位置。而苑囿区则位于衙署区西部与西城墙之间，后来成为土司墓区。在城内道路系统规划建设方面，城内布置了一条街、中街、下街的主干道，南北穿越全城。三纵三横的次干道位于城内核心区，分别为东西向和南北向，主次干道之间，以众多巷道连通。不同等级的道路，在核心区形成网状空间结构。城外则设置了张王庙、唐崖河码头、万兽

---

① （明）俞汝楫：《礼部志稿》卷38《主客司职掌·给赐》，浙江巡抚采进本，明泰昌元年（1620年）本。

园、玉皇庙等。这种城市规划与布局从空间上体现了尊卑秩序分明，功能分区明确，空间布局紧凑，壕沟、城墙、主次干道及巷道、院落及其建筑构成的层次分明的空间结构。这不仅可以强化土司权力为天子所授的意识，而且还部分参照了汉族王城的“左祖右社”规划理念。可见，唐崖土司城的选址结合了军事防御需要与汉民族的风水理念，其空间规划与主要建筑表现出汉文化与土家族文化融合的特征；城墙、道路、桥梁、排水系统等基础设施建设，采取了依山就势、因陋就简的技术手段。[①] 可以说，但凡研究土司城的选址、布局、规划、营建、维修等问题，如果没有工学中的一般建筑理论、建筑设计及其理论、城市规划与设计、结构工程、水工结构工程、城乡规划学、风景园林学、地质资源与地质工程、森林工程、环境科学与工程、力学与力学基础、工程力学、机械工程等学科知识的运用，其研究成果也将是十分肤浅的。

三　农学的运用

播州杨氏土司地区由于优越的自然地理环境，物产十分丰富。《遵义府志》中就记载了播州地区的物产，其谷类有五谷、天星米，蔬类有白菜、青菜、苋、莴苣、萝卜、苦荬、葱、韭、薤、蒜、葫芦、芫荽、芹、木耳、人参菜、白芥、蔓菁、菠菜、胡葱、山韭、蕹菜、巢菜、山药、瓜瓠、甜瓜、芋、茄子、姜、椒、大头菜、菌、苦笋、水竹笋、土瓜等。[②]《酉阳直隶州总志》卷之十九《物产志》记载了酉阳冉氏土司地区丰富的物产，如谷之属类有稻、高粱、御麦、黍、粟、麦、燕麦、荞麦、大豆、绿豆、饭豆、蚕豆、豌豆、穇子、巨胜、疏麻、豆麻、苡仁等；菜之属类有芜菁、菘、莱菔、芥、芥蓝、芸苔、菠薐、莴苣、蕹菜、苋、葵菜、莃葵、扁豆、豇豆、刀豆、四季豆、菜豌豆、南瓜、黄瓜、丝瓜、冬瓜、苦瓜、壶卢、瓠子、绞瓜、茄子、山药、甘藷（即甘薯）。[③] 清代黔江县令翁若梅曾经为此写下《〈金薯传习录〉跋并颂》一文。如果要研

---

① 王晓、祝笋：《唐崖土司城规划与建筑特色分析》，《三峡论坛》2014 年第 4 期。

② （清）郑珍、莫友芝纂：《遵义府志·物产》，遵义市志编纂委员会办公室整理出版（内部发行）1986 年版，第 491—497 页。

③ （清）冯世瀛、冉崇文等纂修：《酉阳直隶州总志》卷 19《物产志》，巴蜀书社点校本 2009 年版，第 485—489 页。

究土司地区的农产品及当时民众的生活状况，就应该运用农学中的作物学、园艺学、农业资源利用、林学、水产等学科知识。

总之，“中国土司学”的构建与土司研究只有以人文社会科学研究的“空间转向”为契机，运用 GIS 空间综合思维，加强基础性研究成果的整理、挖掘与可视化表达，促进“中国土司学”与人文科学、社会科学、自然科学的交叉与融合，才能形成研究新方向、新课题，推动“中国土司学”的构建与土司研究走向纵深。

第四章

中国土司学的研究对象

构建“中国土司学”是全国土司研究者肩负的一项历史重任，既要深入探讨“中国土司学”学科建设的必然性及相关理论，又要宏观阐述中国土司制度的历史与中国土司文化的现状，更要透彻研究中国土司制度及西南、中南及西北土司地区社会发展的规律，最终为“中国土司学”学科的建立和发展奠定坚实的基础。

一般来讲，专学研究对象是指专学研究时作为研究目标的事物。我国土司研究 110 年以来，很少有人关注“土司学”的研究对象。即便关注“土司学”研究对象的专家学者，在理解研究对象方面也不尽一致。

自 2009 年 4 月吉首大学成臻铭教授在广西来宾市忻城县举办的“全国土司文化研讨会”上首次提出“土司学”概念之后，他在理论构建方面也在不断努力。如成教授在《论土司与土司学——兼及土司文化及其研究价值》一文中，就土司学的历史发展、土司学的研究对象、土司学的研究的主题与主要内容、土司学的核心层面、土司学的现代意识等问题，进行了较为系统的阐述。[①] 他提出建立土司学的构想，对该领域的学术发展具有划时代的意义。之后，“土司学”构建业已成为土司研究学者极为关注的一个学术问题。但遗憾的是，至今学界对于诸多问题尚未予以探讨。

成臻铭教授在几篇涉及“土司学”的论文中，对“土司学”研究对象多有论及。在《论土司与土司学——兼及土司文化及其研究价值》中，

---

① 成臻铭：《论土司与土司学——兼及土司文化及其研究价值》，《青海民族研究》2010 年第 1 期。

他认为土司学是研究土司、土司区、土司政府、土司关系、土司制度、土司文化（含土司政治文化）和土司现象的专门学，分土司学、土司志两个支系，重点是土司文化。[①] 在《再论土司学的对象与研究方法》中，成臻铭教授又提出，土司学研究对象分土司及其本质、土司的分布、土司关系、土司制度与土司现象、土司文化及其整体、土司区的城乡网络格局等方面。[②] 可见，成臻铭教授提出的“土司学”研究对象应主要指的是研究内容。

李世愉先生在《关于构建“土司学”的几个问题》中界定“土司学”时对“土司学”的研究对象有一定阐述：“土司学”应是以中国历史上存在的土司制度及其运作的历史为研究对象的一个专门研究领域，或者说是以土司制度发展的历史及与其有直接关系的内容为研究对象的一门专学。李先生在此强调“土司学”的研究对象是“中国历史上存在的土司制度及其运作的历史”或“土司制度发展的历史及与其有直接关系的内容”。这里凸显了土司制度、土司制度史、土司制度运作史及与土司制度史相关内容四个方面。在同文中，李先生在论及“土司学”研究对象的重要性时，又明确表示：“土司学”的研究对象是“土司”。这里的“土司”，主要是指土司制度，或者说是土司现象、土司问题。[③] 可见，李先生将“土司学”的研究对象论述得较为清楚。

著者曾在《构建“土司学”的几点思考》中指出：“土司学”的研究对象是“土司”，它主要涉及土司制度与土司文化。一定程度上看，土司既是一个行政概念，又是一个政治概念，还是一个地理概念和人物概念。因此，“中国土司学”既要研究元明清及民国时期土司制度相关的思想、事实、制度、行政，同时也要研究土司文物保护单位、土司遗址等土司实体的有效保护、合理开发与科学利用。就“中国土司学”的构建者而言，既需要弄清楚“中国土司学”专门研究土司问题（即进行中国土司研究的学术内涵），又需要把握好中国土司研究其实质是在中国边疆

---

① 成臻铭：《论土司与土司学——兼及土司文化及其研究价值》，《青海民族研究》2010 年第 1 期。

② 成臻铭：《再论土司学的对象与研究方法》，《民族论坛》2012 年第 8 期。

③ 李世愉：《关于构建“土司学”的几个问题》，《云南师范大学学报》2011 年第 2 期。

史地研究、民族历史研究的基础上，将土司问题视为一个整体、一个完整的研究对象，综合运用多学科知识和理论，将基础理论研究与应用研究相结合，对中国土司制度与土司文化展开多角度考察，以揭示中国土司制度形成发展的历史和规律，更好地服务于民族地区社会稳定、经济发展、文化繁荣以及国家对民族地区相关政策制定的客观事实。著者以吴文藻先生的《边政学发凡》[①] 为本，提出“中国土司学”的构建对象主要包括四个方面。

第一节　思想

思想是理论的基础，是行动的先导。众所周知，人们的社会存在，决定着人们的思想。一切根据和符合于客观事实的思想是正确的思想，它对客观事物的发展起着促进作用；反之，则是错误的思想，它对客观事物的发展起着阻碍作用。一个人的思想关系着人的行为方式和情感方法的重要体现。思想是一系列的相关信息输入人的大脑之后，形成的一种用来指导人的行为的意识。思想是实施土司制度的统领。作为“中国土司学”的构建对象之一的思想，不仅包括元明清时期统治者实施土司制度的政治思想与理想，而且也包括西南、中南及西北各地土司的思想。

一　统治者的思想

对元明清统治者来讲，实施土司制度采取“齐政修教”“因俗而治”等国家治理政策与方略，实现“天下一统”是其最终目标。从元明清时期的实际情况看，天下一统思想也就是华夷一统的思想。[②] 我们知道，元朝是中国少数民族建立的第一个全国性的中央政权，它实现了空前统一，结束了自唐末以来的分裂局面，推动了多民族统一国家的巩固和发展，促进了中华整体观念的加强，建立了文化思想方面的统一，实现了真正的“大一统”。土司制度在西南、中南和西北地区的实施，则加速了“天

① 吴文藻：《边政学发凡》，《边政公论》1941 年第 5—6 期。

② 刘正寅：《试论中华民族整体观念的形成与发展》，《民族研究》2000 年第 6 期。

下一统”的历史进程。并且明王朝在继续实施土司制度的同时，还不断强调元朝的正统性：“天生元朝，太祖之孙以仁德著称，为世祖皇帝，混一天下，九蛮八夷，海外番国，归于统一。其恩德孰不思慕，号令孰不畏惧，是时四方无虞，民康物阜。”（《明太祖实录》卷198）在明代统治者看来，既然作为少数民族政权的元朝都是“受天明命”的正统王朝，那么，大明王朝毫无疑问是正统王朝了。所以，明王朝则称“华夷一家”，声言“天下守土之臣，皆朝廷命吏，人民皆朝廷赤子”（《明太祖实录》卷316）。明太祖还强调说：“朕既为天下主，华夷无间，姓氏虽异，抚字如一。”（《明太祖实录》卷53）明成祖则公开宣称：“华夷本一家，朕奉天命为天子，天之所覆，地之所载，皆朕赤子，岂有彼此?”（《明太宗实录》卷264）同时，他说得更直白的是：“夫天下一统，华夷一家，何有彼此之间?”（《明太宗实录》卷30）可见，明朝统治者出于对统一多民族国家统治的政治需要，更加强调“天下一统”“华夷一体”，这充分说明，自元朝大一统的这个民族大熔炉的锻炼，中华民族整体观念已深入到统治者的心中。也正因为如此，土司制度在明代是最兴盛的一个朝代。时值清代，王朝统治者则更加强调夷狄问题的历史性、可变性，并指出，在清朝“大一统”的政治框架下，再无华夷之别、内外之分。雍正帝认为，大清王朝时期的所谓华夷，只是地域不同而已，“本朝之为满洲，犹中国之有籍贯。”（《大义觉迷录》卷1）“我朝肇基东海之滨，统一诸国，君临天下。所承之统，尧舜以来中外一家之统也；所用之人，大小文武中外一家之人也；所行之政，礼乐征伐中外一家之政也。”（《清世宗实录》卷130）而在正统问题上，清王朝十分注重推尊“大一统”政权，凡“大一统”政权，无论何种民族建立，何种方式建立，都被视为正统政权。这种观点无疑是对以往各类正统论的改造、融会与吸收，这种理论有利于清廷全面剔除传统正统论中的民族偏见成分，形成以推崇“大一统”政权为核心、以政权承继关系为主线、取消“华夷之别”为特征的正统论，并且更加有利于政治统治和思想控制。

二　各地土司的思想

对于各地土司而言，“诚心报国”“忠君护国”“全民皆兵”以及谋求各种利益的最大化，自然成为各地土司的基本思想。这里主要谈谈各地土司的两种思想。

（一）土司的“尽忠护国”思想

中华民族自古以来就有的“尽忠护国”思想深入人心，无论汉族，还是少数民族均如此。在石砫土司秦良玉时期，“忠君护国”思想尤为突出。万历四十八年（1620年）五月，秦良玉奏请：

> 臣蒙皇上加臣并子以土汉援将三品服色，加臣兄弟邦屏、民屏都司守备职衔。一家受此鸿恩，敢不捐躯图报？惟是臣所将之兵止三千三十员名，又自成一类，恐军声不甚振。欲将在川土兵三千五百余名，陆续前来，共成一臂之力。然后请皇上假臣战车，给臣火器，半步半马，奇正相兼，惟经臣指纵。又臣土兵自四川抵辽，一概计费，每名不过四两，比照川将周世禄、湖广土司彭元锦所领土司兵安家之例。况安家银两，名为安家，实与各兵备置器械，以御敌用。臣兵跋涉万里，若非器械颓损不堪，何敢喋喋比恳。倘蒙允臣续调，必先颁赏安家，以鼓前军之气，而结后众之心。臣志得展，忠义得申。[①]

在平定奢安之乱有关战斗中，捷报传至朝廷，明熹宗降旨奖谕，说“秦良玉率众讨贼，忠义可嘉”，明廷钦赐“忠义可嘉”匾额以示奖劝。天启二年（1622年）五月，兵部题奏：“奢酋之初发难也，凶焰大张，全蜀鼎沸。秦良玉兄弟奋不顾身，先扼樊贼之吭，旋解省城之围。忠义聚于一门，勋伐昭于众口。”特别赞扬石砫土司率领“白杆兵”血战浑河，功勋卓著，豪气干云，“秦良玉亲督精兵，兼抚残卒，往率榆关，壮气弥励”。特别是明末，崇祯皇帝诏令各地勤王，秦良玉率石砫“白杆兵”再度出战，赴京抗敌，留下驻京勤王的千古佳话。[②] 崇祯皇帝不仅在平台召见秦良玉，赐采币羊酒，而且亲赋诗四章，彰其功绩和“忠君护国”思想。秦良玉就是用自己的行为教育其亲人及麾下的土兵。

---

① 彭福荣、李良品：《石砫土司文化研究》，重庆出版社2009年版，第213—214页。

② 同上书，第215—217页。

（二）各地土司“全民皆兵”的思想

在明清时期西南地区各地土司中贯彻“全民皆兵”军事思想的土司极多，著者在此以石砫土司秦良玉为例予以阐述。秦良玉时期，石砫土司辖区内的男丁壮妇，农忙耕耘，农闲习武，用则为兵，散则为农。为执行“全民皆兵”的思想，石砫土民全民守境——即平时派人巡查边境，在高险处设哨台瞭望，在各道口设暗哨、栅栏、陷阱等。土民闻警集结，悉听指挥。同时，秦良玉还大量征用女兵，妇女上阵杀敌渐成平常事，女兵营成为石砫“白杆兵”的重要组成部分。但有贼匪侵境，男女老幼尽皆出动，召之即来，来则能战。因为守境即保家，守境即护卫亲人，所以，土兵、土民同仇敌忾，妇孺老弱皆有为守境而牺牲的精神，老幼皆能临阵御敌。尤其是秦良玉第四次和第五次到夔州阻击张献忠入川失败后，石砫“白杆兵”伤亡三万余人，精锐已丧，战斗力减弱。在此情况下，秦良玉将守境范围缩小到石砫土司境地，在分兵守四境险隘的同时，大力进行“保境即保家”“保境卫家，人人有责”的动员，并发出《固守石砫檄文》，号召石砫土司辖区全境兵民同心同德，保境卫家。檄文中有“石砫存与存，石砫亡与亡，此本使之志也”“本使国恨家仇，痛心交并，汉贼不两立，其势直不可以终日。然而不敢恃血气之勇，昧壮老之义，而学匹夫抚剑之态！其有盘涧硕人，泉石逸士，怀留侯之奇谋，隐洛阳之雄略，足以制贼之死命，而贡诸本使前者，固当虚衷翕受，拱听明诲。即降至舆台走卒，或有一策可师，片言足采，本使亦无不乐与同旋，崇以礼貌”“是在各奋报国之心，共作同胞之气。毋惑妄论，毋听谣言，毋许越界，毋许私徙。临阵身必先，杀贼志必果。勿奸淫，勿劫掳，勿嚣张，勿浮动。遵所约则赏有差，悖所约则杀无赦。本使令出法随，虽亲不贷”等语。秦良玉通过张贴檄文，广泛动员，提高了全司兵民的守境意识，激励了全司兵民的守境斗志，真正贯彻并执行了“全民皆兵”的军事思想。①

因为明清时期各地土司的思想深受中央王朝正统思想的影响，所以，各地土司的思想也就成为中央王朝主导下的思想。正是由于明清时期中央王朝“大一统”思想理论的奠基，所以，雍正年间及以后的大规模改

---

① 蔡玉葵：《秦良玉军事思想初探》，内部刊印，2010 年，第 76—79 页。

土归流，各地土司虽然有零星反抗，但中央政府比较顺利地完成了全国大部分土司地区的改土归流，从而加强了对民族地区、边疆地区的经营管理，使原土司地区在清朝中后期实现了空前的稳定，并实现了中国的统一。

第二节　事实

按照一般的解释，所谓事实是指事情的真实情况，包括事物、事件、事态，也就是客观存在的一切物体与现象、社会上发生的不平常的事情和局势及情况的变异态势。“历史学家们研究的起点……就是要区分确凿的事实与凭空虚构、区分基于证据及服从于证据的历史论述与那些空穴来风、信口开河式的历史论述。”[①] 这句话告诉我们，历史学家的首要任务是确定历史事实，而确定历史事实的依据是历史资料。

一　对土司制度中基本事实的认知

“中国土司学”的构建和土司研究必须高度重视土司制度中的历史事实。“中国土司学”涉及的事实，主要是指人们五官可以接触而客观存在的实际现象，它是研究土司问题的第一手资料。有学者指出，历史是对过去历史事件的陈述，因为历史学家不可能亲眼目睹已经过往的历史事件，只能通过历史文献和文物考古来推断历史事实。在《清代武定彝族那氏土司档案史料校编》书中，保存了乾隆十年（1745 年）至嘉庆二十二年（1817 年）间有关立嗣方面的档案材料。从这些档案材料可见，由于那嘉猷土司与“正房”无嗣，最后只得承认由“婢”所生的那显宗和那耀宗为子。而显宗和耀宗为同父异母，二十余年后承继宗祧的那显宗和承继部分家产的那耀宗因家产之争发生了纠纷。他们互相控告，层层“打官司”，此官司最后由朝廷军机处出面解决才澄清了是非，平息了事件。那显宗故后，因无嗣，同样经过相当长时间的互控，最后由官府判决。承继后不久，土千户那显宗孀妇那沙氏提出废除继承人，不少彝民

---

① ［英］埃里克·霍布斯鲍姆：《史学家——历史神话的终结者·前言》，马俊亚等译，上海人民出版社 2002 年版，第 2 页。

甚至连知府官吏也被卷入这场纷争之中。那振兴为保住土司继承权，不惜一切血本，几乎把自己的全部家产耗尽。这些档案材料所记的均属于涉及土司立嗣方面的事实，主要有三个方面的内容，一是祖父故后案稿，也就是那嘉猷故后那显宗承继涉及的事实，其档案材料有：《常守嗣等报邱茂才等逆主惨变、殃及亲属事》《邱茂才等办事头人诉常守嗣谋嗣霸财及主唆陷害事》《那安氏首为哭陈冤衷叩天亲提审究事》《阿寒等家奴首为私肘囚禁善良，号天提究事》《阿常等古普村伙头禀为叩天除毒安民事》《夏绞等咱拉村火头禀为叩天除毒安民事》《张明等外管事头人为公禀逆奴叛主叩天严究事》《傅国贤等法误村住民诉为亲身输纳裕国便民祈恩俯准事》《邱茂才等诉为呼天鉴诬现（陷）良拯孤继绝事》《新妇唐氏诉为听唆捏以主仆通奸等捏投控事》《常那氏、沙那氏、张那氏诉为逆奴叛主夺财夺命叩恩亲提事》《安德顺等为祈天赏准和息立嗣给照，永杜后患事》；二是嘉庆十七年（1812 年）立嗣案卷，其中包括《那振祖情愿婶母任随选样继立甘结》《那李氏自愿将振祖过继与族长为子》《那大傅氏等禀为缕晰陈情，叩恩调族公议承继以妥存殁事》《那沙氏等遵谕禀覆事》《那沙氏恳恩鉴查以洗冤屈事》《那沙氏禀为妇女识浅误蔽奸伪据实呈明祈恩鉴援事》《那大傅氏等禀为趋利罔义，祈恩诛心以正刚常而快人心事》《那昌祖禀为叩恩鉴查核饬事》《那沙氏等遵谕禀复事》《沙国相等头目呈为恳恩俯顺下情，赏准立嗣而安夷众事》《那沙氏等遵谕禀复事》《那绍祖诉为灭亲营继叩恩鉴究事》《那宗文禀为贿串捏结悖例主继，欺祖灭宗事》《那宗文诉为贿捏供悖例立继事》《那沙氏等诉为心怀不良，争继霸产以祈恩鉴事》《李夏系诉为私法难当，呼天急救事》《那沙氏仅将绥祖，昌祖，绍祖及逆奴李夏系苟矣足迹分晰开明》《那沙氏首为逆奴反主串谋诬陷乞恩严究事》《那沙氏等为呈缴事》《那绥祖恳恩超释，再不翻控承继》《那沙氏蒙恩仍赏准照例与振祖立继承嗣自愿出结》《那振祖情愿承继并出结》《李夏系等自愿出结，不敢肆行妄为控告》《武定直隶州正堂萧为给照遵守事》《武定直隶州正堂萧为出示晓谕事》《那沙氏等禀为备陈苦情恳恩鉴查事》《那宗文诉为恶妇袒奸，逆侄谋继事》《那绍祖诉为灭亲营继，叩恩鉴查事》《那宗文诉为欺宗灭亲殁存难甘事》；三是那沙氏呈控那振兴状稿，其中包括《那沙氏为诉再叩口仁恩，非捉莫究事》《那沙氏诉藐批抗提，希图朦结事》《那沙氏诉为法外无法，叩乞严惩事》《那沙氏诉为故纵祸生祈恩亲提严究速结事》《那沙氏诉为故纵祸生，祈赏专提严究抄抢一并速结事》《那沙氏诉为藐抗不质益增祸累事》《那沙氏叩恩赏提速讯以免延悬绝费事》《呈为延久难堪沥情冒恳事》《呈为再延难堪众口枵腹只得冒恳事》《诉为沥除吁恩非提莫结事》《为逆继拼害首天速治以活残喘事》《那沙氏已久服遵断，理合出具遵结》《具禀孀妇那沙氏为禀明事》。[①] 上述名目涉及的事实，是研究土司承袭制度和土司婚姻制度的宝贵材料。

何兆武认为："根据定义，史家就不是而且不可能是他所要知道的历史的目击者或经历者；因此他对于过去所可能有的唯一知识乃是间接的、推论而来的知识，而非直接的经验。"[②] 众所周知，历史事实是以历史证据为基础推论出来的历史认识。在历史证据和历史事实之间，历史证据是在先的，也就是说，是先有历史证据，然后才有历史事实。历史学家就是通过历史证据来推断历史事件，从而模写出历史事实。[③] 在土司制度实施过程中，出现过很多事实，也发生过诸多事件，研究土司问题必须涉及这些事实和事件，诸如明代中央政府平定两思（思州、思南）田氏土司的战争，广西思田（思恩、田州）岑氏土司叛乱，云南"沙普之乱"，川黔"奢安之乱"，四川"平播之役"和平定大小金川之乱以及明清改土归流等重大事件，只有对这些事实和事件进行深入研究，才能从中探寻出明清中央政府与地方土司政权之间关系变化的规律以及历史发展的因果联系。

二　事实的类型

在"中国土司学"构建中涉及的土司的事实纷繁复杂，内容丰富，具体来讲，其类型主要有以下七类。

---

① 王梅堂等：《清代武定彝族那氏土司档案史料校编》，中央民族学院出版社 1993 年版，第 146—205 页。

② 何兆武：《历史的观念译序》，参见［英］柯林武德《历史的观念》，商务印书馆 1997 年版，第 29 页。

③ 王晓锋、刘延苗：《章学诚史学思想中的历史事实问题》，《西北大学学报》2013 年第 3 期。

（一）与土司政治相关的事实

土司制度本身就是一种政治制度。明清统治者根据各土司地区的历史实践经验和社会现实情况，实施了多种形式的政治体制，诸如军政合一、政教合一等。如藏区土司政治体制的基本模式就是“政教合一”，中央王朝利用这种政治体制，构建了藏区土司地区的一种集权统治网络。藏区这种“政教合一”体制，体现了封建统治者以政护教、用教护政的基本原则处理政教关系，从而形成了广大藏区土司制度的一个主要特点。与土司政治相关的事实有土司官寨、土司王城、土司法制、中央政府赐给各地土司的信物等。如在国家文物局公布的全国土司遗产保护单位名录中，从功能上来划分，湖南省永顺县老司城遗址、湖北省咸丰县唐崖土司城址、贵州省遵义市海龙屯、湖北省鹤峰县容美土司遗址、贵州省开阳县马头寨古建筑群、云南省广南县侬氏土司衙署、云南省孟连县娜允镇孟连宣抚司署、四川省马尔康县卓克基土司官寨、四川省丹巴县巴底土司官寨、甘肃省永登县鲁土司衙门旧址、湖南省保靖县洛浦土司故城遗址、云南省景东县卫城遗址等，就属于城址或官寨类型。又如土司法制《孟连宣抚司法规》包括行政法规、民事法规、刑事法规、维护统治权、诉讼法规以及礼仪种姓节日和宗教法规五大类，主要包括《我兰勐》《咋星勐》《广勐》《哈柏勐》《坦吗散·拉札安雅》《召片领罚款条例》《权力继承》《财产继承》《婚姻》《房屋山水果园地界纠纷》《借贷租凭》《财物纠纷》《诬陷》《诈骗赃窝赃销赃》《拐骗人口》《杀人斗殴及其伤害罪》《偷盗》《制造假银伪造货币罪》《奴隶偷盗》《奴隶逃跑》《巴维尼勐》《哈谢勐》《布算烂》《坦麻拉札安雅·的萨巴莫哈》[①] 等内容。这些事实与土司在当地的统治以及维护土司地区社会稳定等密切相关。

（二）与土司经济相关的事实

按照传统政治经济学的解释，经济是指人们在物质资料生产过程中结成的，与一定的社会生产力相适应的生产关系的总和，是政治、法律、哲学、宗教、文学、艺术等上层建筑赖以建立起来的基础。一般来讲，

---

① 杨一凡、田涛：《中国珍稀法典籍续编：少数民族法典法规与习惯法（上）》（第九册），黑龙江人民出版社 2002 年版，第 347—453 页。

土司时期的经济主要涉及土司地区的物产、土地、赋税、朝贡、集市贸易以及工农业生产等，因此与土司经济相关的事实主要包括土司地区的物产，土司田地、山场、树木、土司契约、土司城集市，土司修建的古道、驿站、桥梁等。土司地区的物产是土司经济相关事实的基础，著者以播州杨氏土司为例予以探讨。播州地区尽管偏远、交通不便，但这里有沃土千里，人人垂涎，且气候适宜，物产丰富，四季分明，利于动植物的生长，具有较好的农耕生产条件。《万历三大征考·附图》"播州"条记载："播州西连僰道，土产斑竹、文龟、斑布、丹砂、犀角、雄黄、茶、蜜、靛、楠、杉、猱、熊。"① 由于播州优越的自然地理环境，加之杨氏土司经过长期的经营，其物产十分丰富。《遵义府志》中记载了播州地区十分丰富的物产，如果类有杏、枣、花红、石榴、白果、胡桃、柿、蔗、桃、李、樱桃、葡萄、杨梅、枇杷、林檎、余甘子、梨、荔枝、橘、柑、蜜罗柑、无花果、沙棠、栗、刺梨等；货类有锦、绢、雨毡、苗锦、花绫、鹿皮、布、铜、铁、铅、丹砂、雄黄、朴硝、麻、棉花、漆等；木类有椿、楸、桑、柳、冬青、榆、槐、罗汉松、楠、樟、杉木、松柏、桂、白杨、白蜡树、桤木、黄葛树、红豆、水红树、青冈树、竹、苦竹、金竹等；药类有草乌、何首乌、车前、枸杞、益母草、黄柏、白芷、香附、当归、金银花、石菖蒲、天花粉、威灵仙、茵陈、黄芩、黄精、鹿茸、荆芥、香薷、苦参、牵牛、苍术、天门冬、麦门冬、蛇蜕、山药、茴香、扁豆、常山、虎胫骨、半夏、杜仲、山栀、牛膝、黄精、天麻、续断、石斛、百合、升麻、白芨、五味子、紫苏、薏苡、山茨菰、厚朴、枳壳、木通、瓜蒌、桔梗、陈皮、青皮、苍耳、五加皮等；羽类有鹰、鹞、鸠、凫、鹭鸶、燕、雀、鸳鸯、乌、鸦、鹊、伯劳、鹧鸪、画眉、啄木、鹘、鹦鹆、鹳、隼、鹡鹊、黄雀、鸽、稿鸽、杜鹃、锦鸡等；毛类有虎、山水豹、松花豹、水鹿、犀、象、熊、獐、山羊、野猪、麂、狐等。② 元明时期中央王朝对西南地区土司朝贡的规定，土司朝贡物品主

① （明）茅瑞征：《万历三大征考·播州》，见《续修四库全书》436册《史部·杂史类》，上海古籍出版社1995年版，第42页。

② （清）郑珍、莫友芝纂：《遵义府志·物产》，遵义市志编纂委员会办公室整理出版（内部发行）1986年版，第497—526页。

要包括“马、象、犀角、孔雀尾、象牙、象钩、象鞍、象脚盘、蚺蛇胆、金银器皿、青红宝石、玉石、围帐、金绒索、各色绒绵、各色布手巾、花藤席、降香、黄蜡、槟榔”① 等贡品，而元明时期播州杨氏土司进贡的物品中，确切记载名称的有马、丹砂、大木、犀、象、驼、金银器皿等，有的贡品则记载比较模糊，如笼统用“方物”概而言之。此外，杨氏土司的田地、山场、树木、契约，杨氏土司修建的古道、驿站、桥梁等，都是与播州杨氏土司经济密切相关的事实。

（三）与土司军事相关的事实

元明清时期无论是武职土司还是文职土司皆有军队，这就与军事有关，因此，诸如土司武署、土司兵器、土司征战、土司军事遗址等，都是与土司军事相关的事实。如 2015 年成功申报世界文化遗产的土司遗址之一的海龙屯，就是我国中世纪的一个军事城堡，位于贵州省遵义市汇川区高坪镇龙岩山，又名龙岩囤。该囤居群山之巅，四面凌绝，左右环溪，有“一夫当关，万夫莫开”之势，仅山后仄径一线可以攀登，播州土司杨应龙的祖先利用地形，在约 5 平方公里的山顶上修筑万安关、西关、后关三重；建楼房、仓库于其间；囤前设铜柱、铁柱、飞龙、飞凤、朝天、万安六关，各关之间有护墙相连，随山势绵延数里，别有一番气象。元明清时期西南地区的经济基础差、技术比较落后，因此，元代及明代前中期，西南地区土司土兵所使用的包括刀、枪、剑、戟、镗、棍、叉、耙、鞭、锏、锤、斧、钩、镰、扒、拐、弓箭、藤牌等武器基本上属于冷兵器，这些武器装备的质量；到了明代万历年间，播州土司麾下的土兵已有三眼枪、牛儿炮、青杠炮、大将军铳等火器；清代康熙年间，卯洞土司就已有子母炮、荷塘炮、拐子抢、手枪、排枪、长把刀、夹把刀、腰刀、弩、箭、纛旗、生皮盔、生皮甲等武器；到了清末及民国时期，土司使用火器已十分普遍。民国二十四年（1935 年），木里土司土兵已有枪 3000 余支。民国二十六年（1937 年），木里地方武装已配备电台、手枪、机枪等。由此可见，如果没有经济基础、技术变革，就不可能有

---

① （明）申时行：《明会典》，中华书局 1989 年版，第 585 页。

武器装备的演进。[1]

（四）与土司文教相关的事实

“文教”一词有三个常用意义，一是指文化和教育，二是指礼乐法度，三是指文章教化。而“文教”的基本意义是指文化教育，如清代刘大櫆在《知上犹县方君传》中有“建社仓以备荒年，创书院以兴文教”的句子，清人王韬在《请建蒋祠议》中也有“而公尤以振兴文教，乐育贤才为己任”的语句，表达的就是这个意思。这里涉及的也是土司文化教育相关的事实。

这些事实包括诸如土司儒学、土司家谱、土司诗集、土司题刻等。应该说，土司儒学、土司家谱是土司对子弟、族人进行儒学教化最重要、也是最得力的工具。明清时期土司地区的儒学教育蓬勃发展，特别是在官学、书院、社学、义学等方面具有长足进步。而以官学、书院、社学、义学为表征的事实是“中国土司学”必须研究的重要内容。族谱既是维系宗族血缘关系的纽带，又是寻根问祖的有效依据。土司家族族谱中的族训族规是一个宗族的法典。明清时期西南民族地区各大宗祠都定有族规族训，它是族人必须遵守的行为规范，它具有劝谕性和强制性，是宗族权力的具体体现，“宗之有规，犹国之有法也”。作为与土司文教相关的族谱，如《保靖彭氏宗谱》的“彭氏家训”是按照《修身篇》《齐家篇》和《治国篇》的顺序，下面则分条叙述，《修身篇》之下有“崇孝道”“正礼义”“务为学”“谨言行”“明德性”“慎交友”六条，《齐家篇》包括“重教养”“齐家政”“尚友爱”“睦宗族”“励勤俭”五条；《治国篇》涵盖“处世事”“和乡里”“论为政”“清吏治”四条。[2] 这篇长达3900字的家训，无不闪耀着智慧的光芒，无一不是我国优秀思想、文化、传统、美德中的一朵灿烂之花。[3] 土司诗集和土司题刻则是土司家族通过文教产生的成果。在这个方面，湖广容美田氏土司的《田氏一家言》是代表作。《田氏一家言》是田舜年于清康熙十八年（1679年）收

---

① 李良品：《土司时期西南地区土兵制度与军事战争研究（前言）》，重庆出版社2013年版，第5页。

② 彭司礼：《保靖彭氏宗谱》，内部刊印，2008年，第1—5页。

③ 彭司礼：《保靖彭氏宗谱》（序），内部刊印，2008年。

集田氏土司家族中历代先贤的作品编纂而成，是田氏土司作家群的诗歌总集，也是土家族文学史上一座划时代的丰碑。《田氏一家言》由田九龄的《紫芝亭诗集》、田宗文的《楚骚馆诗集》、田玄的《秀碧堂诗集》、田圭的《田信夫诗集》、田商霖的《田珠涛诗集》、田霈霖的《镜池阁诗集》、田既霖的《止止亭诗集》、田甘霖的《敬简堂诗集》、田舜年的《白鹿堂诗集》等汇编而成，共12卷，但这并不是田氏作家群作品的全部。自田九龄以降，田氏作家群虽人人有集，但多有散佚。到田舜年汇编时，其先辈作品已难窥全貌。该诗集内容丰富多彩，生机盎然；形式云行珠转，韵律谨严；风格山清水秀，明丽悠远，达到了颇高的艺术水准。容美土司田氏家族作家群的产生不仅在土家族文学发展史上是划时代的里程碑，而且在我国少数民族文学发展史上也有特殊意义。它不仅体现在揭开了土家族文学发展史上崭新的一页，标志着土家族作家文学的诞生，使土家族文学创作真正进入了艺术殿堂，而且有力地促进了汉文化在土家族地区的传播，加强了土汉文化交流和民族团结，较大地改观了土家族人们的思想文化素质和观念意识，推动了民族进步发展和繁荣昌盛的步伐。

（五）与土司辖区习俗相关的事实

习俗主要是指个人或集体的传统风尚、礼节、习性。它是特定社会文化区域内人们共同遵守的行为模式或规范。主要包括民族风俗、节日习俗、传统礼仪等。习俗是历史形成的，它对社会成员有一种非常强烈的行为制约作用。从现有文献看，与土司辖区密切相关的习俗的事实很多，诸如结标、祈雨、还愿、住宅、饮食、服饰、祝寿、祭祀、禁忌、交友、拜契、婚规、丧制、葬俗等。衣食住行、生老病死、生产生活等无不涉及，这无疑是“中国土司学”构建的重点所在。

（六）与土司文物相关的事实

文物是人类在历史发展过程中遗留下来的遗物、遗迹。与土司相关的诸如土司衙署、土司宗祠、土司官邸、土司寺庙、土司碑刻、土司匾额、土司墓碑等文物，从不同的侧面反映了元明清及民国时期土司地区各族民众的社会活动、社会关系、意识形态以及利用自然、改造自然和当时生态环境的状况，是人类宝贵的历史文化遗产。土司衙署、土司宗祠、土司官邸、土司寺庙、土司碑刻、土司匾额、土司墓碑等文物的保护管理和科学研究，对于土司学界和社会各界认识自己的历史和创造力量，揭示不同历史时期社会发展的客观规律，认识并促进当代和未来社会的发展，具有重要的意义。我国现存很多土司文物，如贵州省毕节市大屯土司庄园、云南省梁河县南甸宣抚司署、云南省兰坪县兔峨土司衙署、云南省维西县叶枝土司衙署、云南省建水县南坡头乡回新村纳楼长官司署、云南省新平县陇西世族庄园、广西区忻城县莫土司衙署、湖北省宣恩县花园镇水田坝施南宣抚司土司皇城、贵州省岑巩县大有乡木召村岑巩木召庄园遗址、贵州省纳雍县水西宣慰府遗址、贵州省大方县九层衙门遗址、云南省陇川县王子树乡邦角山官衙署、云南省宣威市倘塘村宣威倘可巡检衙署、广西区西林县岑氏土司古建筑群等属于衙署或庄园的类型；在云南，有缅宁厅革除土司弊政禁约碑、（江川县）土官田“永垂不朽”种树护林碑和江川县土官田村禁山碑记；在广西，有（太平土司）岜零村蠲免夫役碑记、安平土州永定规例碑文、安平土官李氏创建宗祠碑、下雷土州粤东会馆碑文、万承土州土官家族头目等分占官田碑、全茗土州禁革碑记、恩城土州革除蠹目及禁各项陋归碑、安平土州永定规例碑、茗盈土州奉批详定应办额规欵项碑、全茗土州呈准照章应留革地粮等项碑、太平土州五哨新旧蠲免条例碑记、安平土州颁布各项例规碑、太平土州规定五哨军民不供夫役碑、镇安府详定下雷土州应留应革年例碑、安平土官李氏创建宗祠碑、安平土州李姓土官族修建宗祠碑、广西巡抚禁革土司地方科派告示碑、广西巡抚部院严禁土汉官吏藉端需索土民碑、布政司禁革土司地方藉命盗案苛扰告示碑、太平州永革每遇人命案勒附近村庄帮贴敛费碑、严禁土民赴州县衙门越诉告示碑、太平归顺兵备道厘定土司应革应留规例告示碑、那岸龙波村缴纳洋银免供土司挑水劳役碑、安平土州蠲免南化团官吞番谷等项碑、左县承审奉令革除安平土州陋规执照碑、万承土州冯氏土官创建宗祠碑、凌云岑氏争讼原土官壮族庄田碑；在四川，有瓦寺土司差役碑和茂州牟托巡检司碑等属于碑刻文献的类型；在贵州省有大方县奢香夫人墓、遵义县杨辉墓和杨烈墓、遵义市汇川区高坪镇高坪杨氏墓群，云南省盈江县有刀安仁墓，湖北省宣恩县有猫儿堡土司墓，广西靖西县有旧州岑氏土司墓群和瓦氏夫人墓，这些属于墓葬类文物的类型。这些不胜枚举、种类繁多的土司文物的保护管理和科学研究是相互联系、相互促进、相辅相成的，是一项系统的综合性科学。“中国土司学”深度参与科学研究，自然是责无旁贷。

（七）与土司人物相关的事实

历史造就人物，人物创造历史。在元明清时期，有众多的土司人物在特定的历史条件下，不仅创造了历史，而且也书写了历史。这些人物或好或坏，或呈中性，有的名垂青史，有的名不见经传，但他们毕竟经历了某一段历史。“中国土司学”构建中与土司人物密切相关的诸如土司名人、土司谱牒、土司居地等事象，是不得不认真关注的事实。

秦良玉作为明末护国保境的一面旗帜，她“数十年南征北战，破家为国，数赴国难，血染征袍，至死不叛、不降，大义凛然”，其事迹惊天地、泣鬼神，不愧为中华民族的时代楷模。历史不仅没有忘记秦良玉，而且十分眷顾这位巾帼英雄。由于她成了元明清时期各地土司名人中的佼佼者，因此，我国历史文献对秦良玉的相关史实记载不乏其例，概括起来，主要分7类：一是史家编撰之史书，如明清正史有《明史》《清史稿》《明书》《明史稿》《南明史》等；二是当朝史官撰写的实录，编年实录有《明实录》《清实录》《明通鉴》《明鉴纲目》等；三是时人撰写的纪事本末，诸如《明史纪事本末》《明史纪事本末补遗》《明诗纪事·甲笺》等；四是时人及后人撰写的野史别史，如《东征纪行录》《烈皇小识》《念阳徐公定蜀纪》《平蜀纪事》《攻渝纪事》《攻渝诸将小传》《蜀事纪略》《客滇述》《芝龛记》《蜀难叙略》《小腆纪年附考》《明季北略》《明季南略》《明季稗史续编》《蛮司合志》《苌楚斋随笔续笔三笔四笔五笔》《明史稿》《蜀破镜》《国榷》《罪惟录》《西征日录》等；五是人物传记，诸如《万历武功录》《两朝从信录》《甲申朝事小纪·三编》《静志居诗话》《张森楷史学遗著辑略》《一园文集·秦良玉传》《枣林杂俎》《古今图书集成·明伦汇编·闺媛典》等；六是史钞地理，如《天下郡国利病书》《历代通鉴辑览》《三省边防备览》《续表忠记》《蜀碧》《读史方舆纪要》《锦里新编》等；七是地方志书，记载较多的是《四川总志》《石砫厅志》《直隶叙永厅志》《四川通志》《遵义府志》《补辑石砫厅志》《重庆府志》《綦江县志》《忠州直隶州志》《忠州志（初稿）》《利川县志》《叙永永宁厅县合志》《石砫厅乡土志》《大定县志》《桐梓县志》《南川县志》等。其中对秦良玉记载最详细的当数《明史》《明书》《石砫厅志》《补辑石砫厅志》等。虽然“历史是由胜利者书写的”，但这些书写者却高度重视秦良玉，说明秦良玉在这些书写者的心目中具有崇高的历史地位。正是因为具有这些历史文献，才为后来的研究者提供了方便。历代的人们不仅没有忘记秦良玉，而且高度颂扬这位巾帼英雄。从天之骄子到庶民百姓，从战场将军到文人墨客，盛赞秦良玉的诗词歌赋及文章佳句不胜枚举。研究者们永远记住了崇祯皇帝对秦良玉旌其功勋的四首诗，尤其是“学就西川八阵图，鸳鸯袖里握兵符”的两句，称赞秦良玉不仅是赛过许多男子的巾帼英雄，而且是应该将尊容画在麒麟阁上的国家大功臣。秦良玉的这种爱国保境的精神，值得人们永远怀念、永远学习、永远赞美和永远敬佩。这些记述秦良玉有关事实的著述，成为学界研究秦良玉的宝贵材料。相反的，播州杨氏末代土司杨应龙、奢安之乱的代表人物奢崇明和安邦彦等土司人物，他们虽然也是土司名人，但他们却成了历史的反面人物。

众所周知，族谱是记载各个姓氏家族子孙世系传承的谱书，具有区分家族成员血缘关系亲疏远近的功用，是中国封建宗法制度的产物。随着历史的发展和土司家族的兴起，土司家族家谱所录内容不断丰富，其功用也不断增加和变化。土司家族的家谱与汉族家族谱牒一样，不仅为区别姓氏源流，可作为数典认祖以及研究历史、地理、社会、民俗等的参考资料，而且是姓氏文化的重要组成部分。贵州锦屏县敦寨镇的《龙氏迪光录》为亮寨龙氏土司家族的族谱，由晚清举人龙绍讷编修，该谱采用少有的族谱与地方史志合一的编纂方式进行纂修，其中不仅记述龙氏家族的兴盛、世代谱系，而且将家族发展和地方发展有机结合，形成记述亮寨龙氏长官司发展历史的地方史志。尤其是该谱涉及丘墓、祠庙、山川古迹形胜、管辖废宅驻屯、丁粮夫役吏目、桥梁亭台坊表、市肆、风俗、土产、衙署工廨等内容，是全面了解锦屏县敦寨镇亮寨司不可或缺的重要史料。谱牒是中国文化遗产的一个重要组成部分，是中华民族国史、地志、族谱三大重要文献之一。土司家族谱牒属珍贵的人文资料，对于历史学、民族学、教育学、文化学、人口学、民俗学、社会学、管理学和经济学的深入研究，均有其不可替代的独特功能。

总之，大凡人们通常进行社会调查或田野考察时所应包括的各类事项，均须包括在内。只有充足、详尽的材料及准确可靠的统计数字，才能产生依据事实逐渐构建起的“中国土司学”理论。

第三节　制度

一般而言，所谓“制度”就是要求大家共同遵守的办事规程或行动准则。但“制度”是一个宽泛的概念，一般是指在特定社会范围内统一的、调节人与人之间社会关系的一系列道德、法律（包括宪法和各种具体法规）、戒律、规章（包括政府制定的条例）和习惯的总和。制度由社会认可的非正式约束、国家规定的正式约束和实施机制 3 个部分构成。作为国家规定的带有强制约束的制度，是实现某种功能和特定目标的社会组织乃至整个社会的一系列规范体系。土司制度就属于一系列的规范体系。因此，吴文藻先生在《边政学发凡》中说：“有思想有结构，以思想支持结构，以结构实现思想，即谓之制度。”① 土司制度是中国古代中央王朝针对少数民族地区的特殊形势而采用的统治方式，也是中央王朝对这些地区统治政策的具体体现。

一　对土司制度的基本认知

任何一种制度都是一种文化，土司制度也不例外。土司制度作为一种“文化”，是指宏观意义上的文化，也就是广义上的文化。如果我们把土司制度中的重要组成部分土兵制度进行分析，我们就会发现，土兵制度作为一种兵制文化，其特征就是把兵制看作人类社会文明进步和发展的一种成果，从宏观意义上揭示其本质属性，力求反映土兵制度文化在中华民族广阔而深邃的文化背景中的地位和作用。土兵制度作为一种制度文化，不仅是人类社会文明进步和发展的重要标志，而且也是土司制度的结晶。任何一种制度，都要规范社会各阶级的行为方式，使作为个体和群体的社会成员依一定的道德标准、价值观念、行为准则以从事社会活动，从而实现社会的有秩序的组织、领导和管理，这是制度的社会性。在元明清时期，制度又不同程度地体现着统治阶级的意志，并为统

---

① 吴文藻：《边政学发凡》，《边政公论》1941 年第 5—6 期。

治阶级的利益服务。这是制度的阶级性。从根本上讲，元明清时期的国家制度是阶级统治和社会管理的手段，制度文化也就是阶级统治和社会管理的文化。制度文化发育和成熟的程度，是检验一个民族、一个国家文明进步的重要尺度之一。在元明清时期的国家诸多制度中，土司制度不仅是元明清时期国家制度的内容之一，而且是制度文化的重要组成部分。① 土司制度与土司职官制度、土司承袭制度、土司征调制度、土司朝贡制度等各项子制度之间不仅是“皮”与“毛”的关系，而且是相互依存、互为表里的关系。

吴文藻先生在《边政学发凡》中以土司制度为例，提出土司制度考察时必须注意两个方面：一是政治组织，诸如土司管辖区域、土司世系及功勋、土司衙门及属官、土司与设治局或县政府及省政府的关系、土司与土司间的关系、土著法律等；二是原始经济，包括土地与租佃制度、土地制度、固有财政制度及赋税、家庭组织、嫡长子承袭职位制、代办土司与长子的关系、宗教及土著教育制度、语言与社会组织的关系、人口及卫生问题等。

二　“中国土司学”对作为“制度”的研究重点

著者认为，“中国土司学”构建的重点无疑是宏观的中国土司制度以及土司职官制度、土司承袭制度、土司朝贡制度、土司征调制度、土司赋税制度、土司法律制度、土司赏罚制度、土司优抚制度、土司升迁制度、土司文教制度、土司礼仪制度等各个专项制度。目前，对各地土司如何具体执行中央政府的土司制度以及土司制度的各类具体制度的深入研究却较为欠缺。在此，著者以土兵制度和承袭制度为例予以说明。

如果说我国古代兵制主要是指军事力量的组织形式、领导方法和管理手段的总和的话，那么，元明清时期的土兵制度同样包括组织形式、领导方法、管理手段等内容，其基本要素为：军事组织体制、军事领导体制、军事指挥体制、军事后勤体制、兵役制度、武器装备制度、军事教育训练制度、战争动员制度、法规之制——军事法规制度等方面的体

---

① 兰书臣：《中华文化通志·制度文化研究典·兵制志》，上海人民出版社 1998 年版，第 24—25 页。

制和制度。[①] 因此，元明清时期土兵制度的内容包括土兵的军事组织体制、军事领导体制、兵役制度、军事教育训练制度、军饷制度和军事法规制度等内容。在这众多内容中，其内核是土兵的军事组织体制、军事领导体制。在土司时期，西南地区战争频仍，作为国家后备力量或者说地方武装力量的土兵，参与的军事行动主要有国家与国家之间的战争（如明代中央王朝与安南及抗倭战争）、国家政权与土司政权之间战争（如三征麓川、平播之役、平奢安之乱、平定大小金川）、土司与土司之间的战争（如湖广永顺土司与四川酉阳土司的仇杀）等方面的军事暴力行为。西南地区土兵在参加诸如“征蛮”“平叛”“征贼”“援辽”“抗倭”等军事战争时，他们既充当了元明清中央王朝的主要打手，又维护了封建王朝的统治，促进了国家的统一、政治的稳定，也间接地促进了西南地区经济文化方面的发展。

土司制度中最为重要的承袭制度不仅复杂，并且元明清各代又存在较大差别，但学界对此的研究又较为肤浅。著者认为，土司承袭制度至少包括六大板块，三十多个方面的内容：一是承袭程序，包括中央政府委官体勘查核、取具宗支图本、册报应袭子侄名册、官吏人等作保、邻封土司甘结、督抚具题请袭（呈部具奏）、赴阙受职（就彼冠带）等内容；二是承袭文书，包括宗支图本、结状文书、预造名册、诰敕文书、勘合照会、告袭文簿、揭帖和草本等文书；三是承袭次序与范围，主要包括父死子继、兄终弟及、母女袭职、妻婿承袭、叔侄相袭、同族袭职、孙袭爷职、妾媳承袭、兄职妹袭、曾祖母袭孙职、地方官员保举等承袭人次序与范围；四是承袭信物，包括土司受职后中央政府赐予承袭土司的诰敕、印信、号纸、冠带、符牌等信物；五是承袭变通方法、弊端及处置，主要包括中央政府在土司承袭制度上的借职（代职）、越职、捐输授职等变通方法，进而形成冒袭、争袭、仇杀、战乱等弊端，中央政府采取土司不世袭、土司分袭及改土归流等处置办法；六是承袭法规，如元明清时期实施土司承袭制度中的国家法律规定（如收缴前朝信物，规定承袭人年龄及承袭手续，限制承袭时间，规定袭替禁例等），以体现国

① 兰书臣：《中华文化通志 · 制度文化研究典 · 兵制志》，上海人民出版社 1998 年版，第 4 页。

家在实施土司制度过程中的治理体系与治理能力，彰显中央政府对土司承袭的驾驭与控制。虽然宏观的土司制度以及专项土司制度研究还存在诸多问题和学术空白①，但学界应力争使土司制度的研究无死角。

第四节　行政

一般而言，实施政策或者制度的技术与方法，便是行政。行政并非一成不变，往往会与时俱进。良好行政，一般能因地制宜，随机应变；土司制度也不例外。土司制度在行政上，主要采取中央集权与地方分权相结合的制度。

一　“中国土司学”构建中的行政

“行政”一词，出自《孟子·梁惠王上》，其文云：“为民父母，行政，不免于率兽而食人，恶在其为民父母也?”这里的“行政”一词是指执掌国家政权，管理国家事务。按照通常的解释，“行政”指的是一定的社会组织，在其活动过程中所进行的各种组织、控制、协调、监督等特定手段发生作用的活动的总称。由于行政属于国家范围的公务，而不是其他社会组织和个人的任务，因此，它只能按照法律规定的权限和程序去行使国家职能从而实施法律的行为。因此，元明清时期的土司制度作为国家制度，也只能按照元明清时期国家相关法律规定的权限和程序去行使国家职能。鉴于此，“中国土司学”构建中的行政，主要涉及土司制度的权限、程序以及运作机制与模式。按照吴文藻先生的理解，“中国土司学”构建中的行政，其研究内容涉及中央政权集权布局、朝廷与各地土司的关系、土司与周边土司的关系、土司与布政使或督抚的关系、土司与府州县流官的关系、土司衙署与地方政府的关系、土司与地方行政的关系、土司与土目的关系、土司与土民的关系、土司的反抗及土司叛乱、朝廷官员激变土司、朝廷官员平定土司、土官土目叛乱与改土归流、土民反土司斗争、民族迁徙与十司、土司政教关系、上司区民间法与国

① 李良品：《中国土司制度与土司文化研究应注意的八个问题》，《民族学刊》2015 年第 3 期。

家法的关系、土司的异地安置、土司势力扩张与冲突、土司图存方针、土司的反抗与中央政府政策的调整、土司的政治立场、土司的文化影响、土司文学创作心态等。[①] 尤其要研究土司制度的运行机制与模式等问题，因为这是土司制度研究中的空白。

二　"中国土司学"构建中关于"行政"的研究重点

著者认为，中国土司制度的研究往往局限于宏观层面较多，而对于土司制度的运行机制研究较少，特别是关于职官、承袭、朝贡、征调、赏罚、优抚、升迁、安插等制度究竟如何运行，学界关注不够，甚至可以说还是研究的盲区。[②] 如土司承袭问题并非如《大明会典》卷六"土官承袭"所言，只要"取具宗支图本，并官吏人等结状，呈部具奏，照例承袭"那么简单，它不仅涉及主管单位有兵部和吏部之分，而且应袭之人也有嫡庶之别。承袭制度且不说涉及应袭之人的主次、承袭的程序与手续、诰敕及印信号纸等凭据，单就是"土官册报"之事就十分复杂，如明代规定："嘉靖九年题准，土官衙门造册，将见在子孙尽数开报。某人年若干岁、系某氏生、应该承袭。某人年若干岁、某氏生、系以次土舍。未生子者，候有子造报。愿报弟侄若女者听，布政司依期缴送吏、兵二部查照。"[③] 到了清代，"承袭之时，应袭者开具祖宗三代亲册、亲供及邻封土司具结，再由朝廷查验无异时，始发给号纸。土司应袭者于领得号纸后，乃正式为土司"[④]。即便到了民国时期，同样必须报送《承袭清册》，如"云南丽江县应袭土通判木琼，谨将年籍、履历、沿袭宗图、居住户口、疆界、职名，造具清册，呈请查验"；其具体内容包括亲供、居址、户口、疆界四至、职名等。[⑤] 可以说，土司承袭制度的运行研究尚存在诸如新近承袭土司的程序、土司袭职的手续、土司承袭制度的弊端、中央政府对土司从承袭制度方面的驾驭与控制等学术空白。至于中国土

---

① 吴文藻：《边政学发凡》，《边政公论》1941 年第 5—6 期。

② 李良品：《中国土司制度与土司文化研究应注意的八个问题》，《民族学刊》2015 年第 3 期。

③ （明）申时行：《明会典》，中华书局 1989 年版，第 31 页。

④ 佘贻泽：《中国土司制度》，正中书局 1944 年版，第 40 页。

⑤ 同上书，第 204—208 页。

司制度中的朝贡制度、赏罚制度、征调制度、优抚制度、升迁制度、安插制度等的运行机制以及元明清三代之异同，目前学界尚无学者做过系统研究。

综上所述，“中国土司学”的规定表明：思想与事实、制度及行政形成一定的关系。思想与事实之间的辩证关系为：思想既是事实之母，也是事实之果。“中国土司学”构建土司制度实施过程中的各类事件，也必须是在历史证据给定元素中去寻求各类事实，提炼或总结出思想。实施土司制度的思想与土司制度之间的关系为：统治者或各地土司的思想是土司制度的核心，土司制度是统治者或各地土司思想的外衣。针对“中国土司学”而言，土司制度若无实施土司制度为核心的统治者或各地土司思想则不能成立，实施土司制度的思想若无土司制度为外衣也不能长存。统治者的思想以及各地土司的思想与土司制度行政之间的辩证关系为：行政属于土司制度的具体实践，实施土司制度的思想可以指导土司制度行政的有效推行。总之，元明清统治者或各地土司的思想属于理论，实施土司制度过程中的所有事实属于叙述，宏观的土司制度和各项分类制度属于分析，土司制度的行政属于实践。四者之中，事实的叙述及制度的分析，在“中国土司学”的构建以及土司研究中最为重要；因为事实可以纠正统治者及各地土司思想的错误，宏观的土司制度和各项分类制度可以便利行政的推行。这就是“中国土司学”构建对象之间的关系。

第五章

中国土司学的理论体系

学科体系所反映的是一种学说结构，没有学说结构的知识内容永远无法形成体系；而一套学科体系被称为学说，其内容极其丰富。“中国土司学”作为一门专学，必须构建学科体系。从110年土司研究的历程看，“土司学”学科体系是尚未建立健全的。按照一般的常识，结合构建“中国土司学”的实际，其学科体系应包括话语体系、研究视角、基础理论和应用研究四个部分。

第一节　话语体系

著者于2016年10月在吉首大学举行的“中国土司学高层论坛”会议上，做了《关于构建土司学的几点想法》的学术报告，从五个方面对构建“中国土司学”给出具体的建议。第一，目前构建土司学已经具备土司史料整理、研究成果丰硕、国家高度重视（如2016年国家社科规划办批准了与土司有关的8个项目）、人才队伍逐渐扩大等一些基本条件；第二，土司学界对“统一多民族”“国家治理”“地方治理”“边疆治理”等作为“中国土司学”的理论基础已基本达成共识；第三，以实施土司制度的思想（包括“齐政修教”“因俗而治”“以夷治夷”等）、事实、制度及运行等作为“中国土司学”主要研究对象也得到土司学界的基本认同；第四，将土官土司、土司制度、土司问题、土司现象、土司文化等作为“中国土司学”的构建内容；第五，研究方法上要做到多学科研究方法结合、理论研究与应用研究结合、土司制度通史与土司制度专史结合、宏观研究与个案研究结合、历史文献法与田野考察法结合、时间与空间结合六个结合。这个发言，有点近似于“中国土司学”的话语体系构建。作为一门专学，“中国土司学”应该构建自己的话语体系。

韩庆祥认为，构建具有影响力的话语体系都应该具有政治性意蕴、学理性支撑、哲学性思维、通识性表述、有效性传播五个核心要素。[①] 建构“中国土司学”的话语体系，是在以湖南永顺老司城遗址、湖北唐崖土司城遗址和贵州遵义海龙屯遗址为代表的土司遗产成功申报世界文化遗产的时代背景下提出的一个重大问题。土司遗产成为世界文化遗产后，面对土司文化走出去的问题，需要土司学界对此作出强大的理论支撑。包括“中国土司学”在内的任何一种具有影响力的话语体系都必须围绕上述五个核心要素去展开。因为这五个核心要素具有一定的内在逻辑联系，它是一个由内容到形式的逻辑进程，可看作建构“中国土司学”话语体系的一种“分析框架”。因此，著者认为，建构“中国土司学”的话语体系也必须在这五个核心要素上下功夫。

一　政治性意蕴——立场

所谓政治性意蕴，就是针对“中国土司学”构建过程中应该或者必须坚持在政治方面的学术立场。因为任何一种话语体系都是特定意识形态方面的表达，都具有自己的政治立场，“中国土司学”作为一种正在构建的话语体系，也必须坚持自己的政治立场。

著者之所以将构建“中国土司学”的话语体系提出来，是因为它是构建“中国土司学”的前提和基础。没有这个前提和基础，构建“土司学”就成了无本之木。土司是元明清时期世袭的朝廷命官，土司政府是中国封建王朝国家体制下相对自治的地方政府，土司区是“蛮汉分治”框架下“因俗而治”的国家行政区，元明清中央王朝是各地土司认同的具有国家正统性的合法政府。这是对构建“中国土司学”话语体系的基本判断。在元明清时期，对封建王朝而言，国家认同的首要问题是要确立元明清三朝统治的合法性，以皇帝为核心的统治者必须向全国百姓以及全国各地土司明确宣示自己是续接历代治统，体现天命所归的国家正统性。各地土司国家认同的前提是承认元明清三朝代表的是国家的存在，

---

① 韩庆祥：《话语体系建构的核心要义与内在逻辑》，《学习时报》2016 年 10 月 31 日。

考量的是封建王朝采取措施使各地土司逐渐认同和自觉维护国家大统，强调各地土司与中央政府、中原与边疆、汉族与少数民族的双向互动，促进国家统一、政治一体、经济开发和民族团结等，使国家权力下沉并渗透至全国少数民族地区。各地土司在获取、维护和保障自身统治利益和政治地位的前提下，必须承认强势政权代表的是国家大统。只有这样，才能免除土司辖区内各族人民的战火灾难。

二　学理性支撑——观点

中国共产党十八届四中全会《决定》要求，“围绕社会主义法治建设重大理论和实践问题，推进法治理论创新，发展符合中国实际、具有中国特色、体现社会发展规律的社会主义法治理论，为依法治国提供理论指导和学理支撑”。事实上，不仅依法治国需要提供学理支撑，而且相关领域和其他学科都需要提供学理支撑，构建“中国土司学”的话语体系同样需要学理支撑。所谓学理性支撑，也就是对世界和中国做出明确、深刻的理论阐释。“中国土司学”的话语体系是由土司、土司制度、土司文化等相对固定的学术概念，包括“齐政修教”“因俗而治”“以夷治夷”“天下一统”等国家治理理论以及思想、事实、制度和行政等在内的研究对象，加之论述文献法、比较研究法、田野调查法、系统分析法、历史时段法等内容构成，它是元明清时期中央政府、朝廷命官、土司政权、乡村社会各个方面认同与调适、互动与博弈的结果，具有深刻和理性等学理特征。“中国土司学”具有学术概念、研究对象、学术理论、研究内容、基本路径、研究方法，无不基于专门学科深入和系统的理论建构、学科建设、学术探索结晶而成。“中国土司学”最值得深入研究和高度关注的是包括国家治理、边疆治理、地方治理、乡村治理等支撑话语体系的核心理论。“中国土司学”必须按照立足中国、整理史料、深入研究、提炼理论、服务当代、面向未来的思路，着力构建自己的学术理论体系。只有不断总结和提炼新理论、新观点，才能升华出新思想，使“中国土司学”的话语体系更充实，更完善。

在“中国土司学”构建过程中，我们必须明确一个基本观点，即元明清时期的土司制度是国家主导下治理土司地区的一种管理制度。元明清时期土司制度的实施不仅使土司在土司区取得了合法的统治地位，而且为中央政府对土司地区的强制性控制和国家权力在土司地区乡村社会的不断延伸铺平了道路。

在元明清时期国家实施的土司制度中，土司承袭制度是土司制度的核心内容。在此，著者以土司承袭制度为例，说明国家主导土司制度的事实。元明清时期各地土司的承袭，事关中央政府对土司政权的有效管控以及土司地区的长治久安。建构土司承袭制度、完善土司制度与土司政权的内部权利体系，逐渐成为明清中央政府治理土司的核心举措。当国家权力介入到土司地区时，土司承袭制度就上升到国家制度的高度，在中央政府的管控下逐渐规范。从现有各种历史文献看，明清中央政府除了在朝廷、行省、府州县设置相关机构（如中央政府的兵部武选清吏司、吏部验封清吏司以及行省的布政司、按察司、都司等）对土司承袭加强管理外，其举措主要体现在五个方面。第一，中央政府颁布土司承袭法规。元明清统治者在建构土司承袭制度过程中颁布了一系列的承袭法规，以体现国家的治理体系与治理能力，彰显中央政府对土司承袭的驾驭与控制。其承袭法规主要包括收缴前朝信物、规定承袭人年龄及承袭手续、限制承袭时间、规定袭替禁例等。朝廷制定和颁布承袭法规，一方面是为了体现各地土司承袭的合法性和正统性，另一方面也是中央王朝以及当地流官驾驭和控制各地土司的重要法律依据。第二，中央政府控制土司承袭相关程序。元明清政府十分重视土司的承袭，设定了一系列项目繁多的承袭流程和操作严格的核查机制，试图通过土司承袭程序的实施与控制以达到强化中央政府对土司的管理。元明清中央政府制定的这套委官体勘查核、取具宗支图本、册报应袭子侄名册、官吏人等作保、邻封土司甘结、督抚具题请袭、赴阙受职（或就彼冠带、亲身赴部）、兵部或吏部核明等承袭程序，体现了元明清政府先进的国家治理理念和较强的地方管理能力。第三，中央政府规定土司制作承袭文书。明清中央政府虽然对土官、土酋加以任用，让其世袭其职，但在土司承袭前的文书制作上却作出了明确规定：凡土官应袭者必须具亲供册，备载先世事迹、应袭职务、宗支、年龄、所领辖之境界、人口及贡赋钱粮数目等。且有邻近土职具结证明书，这些规定一直延续到清末及民国时期。亲供册又叫宗支图本，实际就是土官族谱世系，是各地土司承袭的主要依据。中央政府规定土司制作相关的承袭文书，实际上是为了防止土司在承袭过程中作弊、假冒、争袭等弊端的出现。这一做法，体现了元明清中央政府对土司在承袭过程中的有力监督。第四，中央政府限制土司家族承袭次序。元明清时期土司承袭主要有父死子继、兄终弟及、母女袭职、妻婿承袭、叔侄相袭、同族袭职、孙袭爷职、妾媳承袭、兄职妹袭、曾祖母袭孙职、地方官员保举等形式。这里提及的无论是明代的子弟、族属、妻女、婿及甥之承袭，还是清代的子弟、妻婿、族人的袭职，均表明土司承袭的亲属次序。从明代规定土司承袭因“俗”而定，到清代规定土司承袭“嫡庶不得越序”，不仅凸显了国家治理土司时的管控逐渐有序，而且彰显了中央政府治理土司的能力逐渐加强，国家治理土司的体系逐渐完善。第五，中央政府赐予承袭土司多种信物。元明清时期的土司受职后，中央政府要赐予诰敕、印章、号纸等信物，作为朝廷命官的凭证。上述五个方面是元明清中央王朝驾驭土司、治理土司地区十分有效的重要举措之一。

众所周知，虽然土司政权与国家政权之间在土司制度实施过程中始终存在着博弈或冲突甚至战争，但中央政府自始至终掌控着各地土司。换言之，国家在土司地区的治理中始终占据主导地位，起着决定性的作用。国家治理是国家制度和制度执行能力的集中体现，元明清统治者在土司承袭制度上下足功夫，这不仅为维护土司政权的稳定、土司地区社会稳定以及中央政府对土司政权的有效管控做出巨大努力，而且为完善土司制度、加强国家治理取得重大成效。元明清时期土司承袭制度体现了国家在土司管理中的主导地位，各地土司、流官政府在中央政府“因俗而治”政策的指导下共同参与土司地区的国家治理。土司承袭制度中充分体现了国家权力的主导性。元明清中央政府在土司地区施行“齐政修教”“因俗而治”的民族政策，充分体现了以皇帝为首的统治者在治理土司承袭时的意志和利益，决定了土司承袭中的国家主导原则和国家利益至上的走向。

“中国土司学”只有从历史学、民族学的学理入手，彻底讲透“齐政修教”“因俗而治”“以夷治夷”“天下一统”等基本理论，回应土司制度与国家治理、改土归流与地方治理等热点问题，才能不断增强土司研究学界的积极性和自觉性。

三　哲学性思维——方法

哲学性思维是人类面对各种问题、解决相关问题和追求新知识的过程中自觉形成的一种思维方式。这里的哲学性思维主要讲的是思维的方式和方法。对于构建“中国土司学”来讲，它主要涉及研究土司问题的方法。研究方法是指在科学研究过程中发现新现象、新事物，或提出新理论、新观点，揭示事物内在规律的研究手段。“中国土司学”的构建除了运用辩证唯物主义和历史唯物主义的方法外，其他的研究方法主要包括历史文献法、比较研究法、田野调查法、系统分析法、历史时段法、个案研究法以及历史人类学研究方法等。从我国土司研究110年的情况看，其研究方法是不全面的。“中国土司学”作为人文社会科学的一门专学，其研究方法还应该注意两种。①

（一）会通研究法

李世愉先生在《关于构建“土司学”的几个问题》一文中提出：“土司学”强调“通”，也就是会通、贯通、沟通，改变以往各学科之间互不往来的状况，将各学科正在进行的研究融会贯通起来，使各学科的学者尽量交流沟通，使土司研究的各个层面得以汇聚交融，以达到整体大于局部之和的效果。② 这个观点对研究土司和构建“土司学”具有十分重要的指导意义。据著者研究表明，土司、土司制度、土司问题、土司现象、土司文化等研究内容涉及哲学、经济学、法学、教育学、文学、历史学、农学、军事学、管理学、艺术学等学科门类，专家学者在土司研究过程中，均能在上述学科门类中找到对应点。总的来讲，构建“中国土司学”或从事土司研究，应该是在历史学本位下，与政治学、民族学、社会学、军事学、地理学、法学、经济学、宗教学、文化学、艺术学等多学科会通、交叉，由此共同构成中国土司学核心层面的内容。如果研究者不能更新知识，不具备丰富的知识领域，掌握不同的学科理论和研究方法，充实研究手段，打破学科界限，土司研究就很难取得标志性成果。

---

① 李良品、李思睿：《构建“土司学”的几点思考》，《青海民族研究》2014年第2期。

② 李世愉：《关于构建“土司学”的几个问题》，《云南师范大学学报》2011年第2期。

（二）“三打通”研究法

我国的土司制度实施时间长，应用范围广，涉及民族多。应该说，西部各民族的土司群体均为中华民族的发展做出过不懈的努力。因此，建构“中国土司学”可借鉴谭必友教授提出的民族学研究“三打通”的方法。[①]

1. 土司研究必须与大历史打通

所谓“大历史”，主要是指历史的“长时间、宽视界”本相。土司问题虽常局限在某地区、某民族、某个案的土司研究，但绝不能拘泥于此。因为我国的土司制度长达近七百年，其地域分布在今云南、贵州、广西、四川、重庆、湖南、湖北、海南、甘肃、青海、西藏11个省市，如果没有“长时间、宽视界”的中国历史或人类历史的打通，也很难实现与大历史融会的目标。

2. 土司研究必须与大社会打通

研究土司问题，“大社会”显得十分重要。这里的“大社会”既是背景又是前景。元明清及民国时期近700年的土司活动，是在大社会这个背景中发生的，又会在大社会中产生某种结果。如水西安氏土司统治水西地区长达上千年。在历史长河中，水西安氏不仅积累了雄厚的财力，而且拥有强大的军事实力，虽然叛服无常，但仍然能按时朝贡、服从征调，履行各种义务。可见，水西安氏土司与中央政府既有积极的互动关系，也有“相伴随”的依赖关系。据著者不完全统计，明代安氏土司对中央王朝一共朝贡119次，除有20次贡品属于不详之外，其余99次或为贡马，或为进贡方物。[②] 这么多次的朝贡，足以说明水西安氏土司与中央王朝互动关系是属于正常的、良性的。后来为什么会发生“奢安之乱”？这除了安氏土司既处于核心圈（历代统治者及统治阶层）和外圈（类似当代少数民族）这种十分特殊的地位，具有双重身份之外，另一个主要因素在于元明时期中央王朝实施土司制度，促使中央政府与水西安氏土司结成了利益共同体，当这个利益共同体之间的政治信仰相背离、经济

① 谭必友：《清代湘西苗疆多民族社区的近代重构》，民族出版社2007年版，第1—2页。

② 李良品、廖佳玲：《明代西南地区土司朝贡述论》，《长江师范学院学报》2015年第3期。

利益不公平，无疑就会促使这个利益共同体出现破裂，产生不可调和的矛盾。我们如果结合当时的“大社会”来看，发生这场“奢安之乱”也是迟早的事情。可见，研究土司问题（特别是一些重大的土司事件）如果不与“大社会”紧密相连，就很难有深入的研究，很难得出正确的结论。

3. 土司研究必须与大语境打通

所谓“大语境”，是指当前学术界所使用的话语体系。话语体系的创新与扩展总是由人类深层的发展需要作第一推动。同其他学科或专学一样，“土司学”也应有一套规范的话语体系。著者提出的构建“中国土司学”的话语体系的核心在于“齐政修教”“因俗而治”“以夷治夷”“天下一统”。构建“中国土司学”或土司研究，只有将此与大语境打通，才能使研究与人类发展的深层需要高度契合，才能与前面提到的其他学科更好地对话，保持学术研究的新常态。

此外，构建“中国土司学”还应该有通识性表述——表达和有效性传播，由于这两者属于表达与传播的问题，它们在话语体系中居于非常次要的地位。如果说前面三者主要是内容与方法的问题，那么，这两者就属于形式上的东西了，故不在书中赘述。

第二节　研究视角

中国土司制度是多种力量合力作用的结果，在对中国土司制度研究的过程中，应尝试从更多的角度、用更多的方法复原和阐释中国土司制度的内容与历史。因此，我们必须考虑以什么样的视角来研究相关问题。研究视角属于研究思路的一个重要部分，一个学科的研究对象就是通过研究视角而被专家学者所理解。“中国土司学”作为一门在建的专学，其研究视角应该包括以下三类。

一　理论视角

在通常情况下，理论视角或为某个“学派”，或为某个“新概念”。不同的“学派”视角或学理视角观察或分析某个事物、某个问题将导致专家学者或研究人员得出不同甚至相反的结论。“中国土司学”的理论视角可以分为两种。

（一）学派视角

“中国土司学”的构建如果以历史学的理论与方法作为学理基础，再融合民族学、政治学、管理学、经济学、军事学等多种学科理论与方法，在未来的学科发展过程中会逐步分化出各种不同的“学派”。诸如“土司学历史学派”“土司学政治学派”，也可能呈现为某个“……观”，诸如“历史观”“认同观”“治理观”，目前已经获批的国家社科基金项目主要倾向于“历史观”的，有龚荫教授的《中国土司制度史》（2010 年）、李世愉研究员的《中国土司制度史料编纂整理与研究》（2012 年）、龚荫教授的《诰词谕诣宦谱家谱整理研究》、齐德舜博士的《从赞普到土司：唃厮啰家族发展嬗变研究》（2012 年）、瞿州莲教授的《新发现永顺土司金石文献的整理与研究》（2013 年）、彭陟焱教授的《明清时期对川西北地区的开发与改土归流研究》（2015 年）、尤佳博士的《南方土司制度与北方盟旗制度比较研究》（2016 年）、冉红芳博士的《“世遗”视野下的唐崖土司历史与社会文化研究》（2016 年）等；主要倾向于“认同观”的有蓝武博士的《华南边陲传统民族社会的国家认同——以壮族土司制度为实证》（2007 年）、彭福荣教授的《乌江流域历代土司的国家认同研究》（2010 年）、葛政委博士的《容美土司国家认同研究》（2013 年）、陈季君教授的《播州土司文化与中国古代国家认同研究》（2014 年）、田利军教授的《国家认同与调适——民国川滇青甘康藏区土司研究》（2015 年）、唐晓涛教授的《狼兵狼人的历史与族群认同变迁研究》（2016 年）等；主要倾向于“治理观”的有莫代山博士的《“改土归流”后武陵民族地区人口流动与社会治理研究》（2014 年）、李良品教授的《中国土司制度与国家治理研究》（2016 年）、罗康智博士的《明清时期土司制度与民族地区社会治理研究》（2016 年）、蓝武教授的《国家治理视角下明清时期壮族地区的开发与改土归流研究》（2016 年）、谭清宣博士的《国家治理视域下明清时期西南地区改土归流研究》（2016 年）等。这些专家学者在撰写国家社科基金项目申报书以及后来的研究过程中，可能会标明自己采用了某个学科中某个学派的视角，这种标明其实是在强调自己的研究属于某个学派，或者强调自己遵从的是某种学理。

（二）新概念视角

新概念的理论视角与学派理论视角比较接近，而且一个新概念的出现往往与某个学派密切相关。诸如土官、土司、土司制度、土司现象、土司家族、土司群体、土司人物、土司事件、土司文献、土司文物等概念体系，其核心概念是“土司”。研究者在解释这些新老概念时，其背后是历史解释学的视角。又如国家治理、地方治理、乡村治理、社会治理、边疆治理等概念体系，其核心概念是“治理”，研究者在解释这些新老概念时，其背后是政治解释学的视角。可见，这些与“土司”“治理”相关的新概念，其理论视角与学派理论视角十分接近。当然，理论视角与研究视角存在一定的区别。说白了，它们之间是一种从属关系，研究视角包括理论视角。元明清时期在实施土司制度的历史进程中始终遵循中央王朝与土司政权之间“上下互动，双方博弈”的规律，因此，在构建“土司学”及从事土司、土司制度、土司问题、土司现象、土司文化的研究过程中，其研究视角应定位在“国家在场，上下互动，双方博弈”等方面。中国土司制度虽然以中央王朝控制地方土司为主，但并不否认地方土司也在不断调适和必要时的反抗。因此，有必要将以往忽略的土司政权的历史、基层社会的历史、日常生活的历史和民间文化的历史掸去灰尘，重新放在适当的位置上。各地土司和普通民众虽然没有掌握记录历史的权利，没有被赋予发出声音的合法性，但并不意味着他们没有生活在历史中，没有自己的思想、行为和必要的反抗。

二　思维视角

思维视角是研究者给事物划分类型并寻找事物之间的关系的思维形式。① 思维视角可以为所有事物分类，但作为学派的理论视角只能用来分析某个特定的事物。思维视角与理论视角之间的重要差异在于：理论视角与研究对象没有内在关系，它独立于研究对象之外。而思维视角是研究对象自身的一个部分，并且是研究对象的内在形式。根据中国土司制度实施近七百年的情况看，“中国土司学”构建中的思维视角至少要注重三种关系。

---

①［德］黑格尔：《小逻辑》，贺麟译，商务印书馆 1980 年版，第 118 页。

（一）异同关系

我们探讨国家治理下土司制度的历程，不仅要研究土司制度职官、承袭、贡赋、征调、升迁、奖惩、赏罚、优抚、安插等制度的共性内容，更要分析土司制度在元明清时期不同时段、不同地区、不同民族的类型与差异。

（二）因果关系

元明时期，国家在播州地区实施土司制度和改土归流的过程中，乡村社会与国家之间在权力分配、利益平衡方面，中央与地方、国家与乡村难免有认同与调适、互动与和谐、博弈与冲突的表征，这自然会引起地方社会的动荡，甚至出现乡村社会的某种势力对抗中央王朝之举，这里面其实就体现出因果关系。发生在明代万历二十八年（1600年）的那场“家”与“国”的战争——“平播之役”就属于杨氏土司集团与中央政府的对抗。这场战争无论对大明王朝来说，还是对杨氏土司来说，都没有赢家，而是一场双输之战。“平播之役”的发生绝不是一个偶然的事件，其实有着包括权力、利益等多种因素。大多数的史官和学者皆认为杨应龙是反叛明代中央王朝，但历史事实告诉我们，即便杨应龙是反叛明朝，那也是被多种因素“逼反”的。具体来讲，“平播之役”的发生主要有四个方面的原因，一是中央王朝平庸无为、官场腐败；二是川黔抚按相互倾轧、争夺播州；三是辖区内部同恶相济、矛盾激化；四是末代土司骄横残暴、雄猜嗜杀。正是这四重因素相互叠加、共同作用才导致了“平播之役”的爆发。①

（三）对立统一关系

对立统一关系与前面提及的异同关系有相似、交叉的地方。但对立统一关系主要是事物之间静态的比较，而异同关系呈现的是事物之间动态的比较。元明清时期各地土司与中央政府之间是一种认同与调适、互动与博弈的关系，事实上也就是一种对立与统一的关系。明清时期各地土司与中央政府之间本来应该为了相同的目标而结成政治、经济联盟或者命运共同体、利益共同体，真正形成相互依存、合作共赢的局面，实

---

① 李良品、莫代山：《双输之战：“平播之役”爆发原因考察》，《长江师范学院学报》2016年第2期。

现真正的统一。但由于各地土司与中央政府之间为了各自利益的最大化，并且不能用法律、法规、制度来保证各自的利益，所以，当双方之间认为自身利益受到重大损害时，就会形成非合作博弈，甚至发生冲突、产生对抗，乃至爆发战争，完全形成了对立的局面。因此，我们在研究土司问题以及构建“中国土司学”时，应该具有多方面的思维视角。

三　批判视角

所谓批判视角，主要指土司研究的专家学者以批判性的眼光提出新观点、新材料和新方法。在过往的土司研究中，一些专家学者认为，土司研究属于历史研究，不应该过度强调政治立场，这无疑是一种错误的认知。我们认为，构建“中国土司学”应该具有批判视角。

（一）作为新观点的视角

新观点既指土司研究的专家学者观察事物时所采取的新角度、立足点、切入点，也指研究者所持的新立场、新看法或新发明。例如，在土司研究过程中存在几种不良倾向：第一，对土司制度的美化。有的学者认为，土司制度对少数民族地区的管理十分完善，在中国历史发展进程中作用很大，极尽美化之能事。第二，“西方理论中国化”，也就是一些国外学者和极少数国内学者，以现代西方理论来解释我国元明清时期的土司制度，把土司的设置或“改土归流”视为东方的殖民主义，把明清时期中央王朝实施国家一体化的进程等同于西方的殖民扩张。第三，时间和空间的泛化。[①] 在土司研究过程中，要避免土司设置的时间和空间的泛化，或者像李治廷先生在《清雍乾改土归流三论》中指出的“土司研究扩大化”。土司学界对上述观点必须要保持清醒的头脑，要具有新观点的视角。关于这个问题，将在本书第十章第一节探讨，此不赘述。

（二）作为新材料的视角

土司研究的材料或史料是研究对象，它需要研究者从不同的视角对该材料去做出全面的分析和解释，而不同视角的分析和解释会得出不同的观点和结论。如果土司研究者既没有理论视角也没有思维视角，而仅仅做重复性的介绍或解释，那么，这种介绍或解释就没有太大的学术价

---

① 李良品、李思睿：《构建“土司学”的几点思考》，《青海民族研究》2014 年第 2 期。

值。在2014—2016年收集和整理《秦良玉史料全集》的“史料卷”的过程中，如台湾中研院历史语言研究所校勘的《明实录》、台湾成文出版社1966—1989年影印的《中国方志丛书》等史料的使用，成大中《华阳洞记》、黄中允《西征日录》、李廷龟《庚申燕行录》等朝鲜历史资料的使用，都是之前未见过的秦良玉研究资料。这些史料对研究作为明末清初的石砫宣慰司的秦良玉颇有益处。秦良玉在平奢崇明叛乱这一历史事件中，这部“史料卷”所收录的《明史》《明实录》《明鉴纲目》《明史全书》《明史纪事本末》《苌楚斋随笔续笔三笔四笔五笔》《国榷》等史料，分别从不同角度进行了记载。或载秦良玉怒斥奢崇明前来拉拢的使节“贼奴敢以逆言污吾耳耶”[①] 之事；或详细记录秦良玉“以为永宁土司与石砫司同隶蜀部，实有唇齿之谊，从其请则叛逆之名，罄西汇之水不能濯，不从其请则血战之。窟动在眉睫，虽然宁伤友谊，勿负国恩，乃斩来使以徇”[②] 的曾经动摇；或直录“良玉发兵克复重庆，并驰往解成都之围，因得到封都督佥事，充总官兵。然而当时诸将，都是苟安贪禄之徒，见良玉屡胜，既妒且惭，不免时为中伤”[③] 的尴尬境地；或赞“已而奢崇明围成都急，巡抚朱燮元檄良玉讨。时诸土司皆贪贼贿赂，逗遛不进。独良玉鼓行而西，收新都，长驱抵成都，贼遂解围去”[④] 时局中秦良玉的英勇行为。我们是在广泛收集各方材料以印证多种观点，尝试将考古学的“多重证据法”引入历史文献的研究之中。运用多视角的方法，力争客观地还原历史的真实面貌。可见，同一历史事件，分别从土司关系、心理活动、生存境况、各方势力角逐等多角度进行了阐释，这无疑为后续研究秦良玉奠定了坚实的学术基础。[⑤] 这是土司研究者应该具备的历史责任和社会担当。

（三）作为新方法的视角

在土司研究中，学者们主要运用了文献法、比较法、田野考察法、

---

① （清）陈莲叔、邓实：《鹊碧录》，广陵书社2006年版，第2页。

② （清）职公：《女军人传·秦良玉》，《女子世界》1904年第2—3期。

③ （民国）黄九如：《中国女名人列传·秦良玉传》，中华书局1936年版，第38—39页。

④ （清）陈梦雷：《古今图书集成·明伦汇编·闺媛典》（344）之《闺奇部·列传四·秦良玉》，广陵书社2011年版，第6945页。

⑤ 李良品、彭福荣：《深化土司研究的突破点》，《民族学刊》2016年第5期。

历史人类学方法、历史时段法等方法，实践证明，这些方法对于构建“中国土司学”还远远不够，还有诸如系统分析法、总体史研究法等方法基本上还没有运用。如果专家学者能采用新的研究方法，那势必会带来新的研究视野。从2012年以来，土司研究增加了“考古学”的内容。随着湖南永顺老司城遗址、湖北唐崖土司遗址、贵州遵义播州土司遗址考古的重要发现和成功申报世界文化遗产，“土司考古”建构了西南地区元明清时期“土司制度”的形成、发展、施行以及衰亡的历史主线。土司遗址不仅直接反映“土司制度”下的政治、军事、经济、生活、宗教、丧葬等各个方面，而且阐述了土司制度下“齐政修教”“因俗而治”的管理模式对于统一多民族国家的团结稳定发挥的重要作用，见证了土司“地方王权”对中原文化的吸纳及意识形态上的国家认同。可见，“土司考古”对构建“中国土司学”有着重大贡献。具体来讲，针对土司遗址的调查、发掘、整理与研究，逐渐成为土司研究的一种新方法——土司考古法，并引起土司研究学界的普遍关注。贵州遵义播州杨氏土司遗址海龙屯的考古项目，是在中国“土司遗址”申遗背景下，为能系统梳理和提炼海龙屯遗址的内涵和价值以及全面了解和揭示播州杨氏土司辖区内的政治制度、社会制度、经济结构、文化面貌为学术目标的系统田野考古工作。该项目自2012年启动以来，通过田野调查、考古发掘，对播州杨氏土司宋代以降的司治、墓地、庄田与庄宅遗迹、关囤防御体系进行了广泛而深入的整体考察，初步梳理出了杨氏土司治下播州地区的政治、经济、军事、社会和文化的发展脉络。

第三节　基础理论

对于一门学科来讲，基础理论主要是指基本概念、研究范畴与原理。基础理论是指在一门科学理论体系中起基础性作用并具有稳定性、根本性、普遍性特点的理论原理。“中国土司学”的基础理论主要包括四个方面的内容：第一，关注土官、土司、土司制度、土司文化、改土归流等基本概念；第二，重视宏观土司制度和分项土司制度、土司问题、土司现象、土司人物、土司事件、土司文物及土司遗址申遗等主要内容；第三，探讨“中国土司学”的构建对象、基本路径、研究方法以及“中国土司学”与多学科领域及社会发展之间的关系；第四，深入构建“中国土司学”构建的“三观”——“土司历史观”“土司认同观”“土司治理观”等土司制度的理论原理。前面列举的有些内容已在或将在不同章节呈现，在这里主要探讨“中国土司学”构建的“三观”。这“三观”不是著者凭空想象出来的，而是从已经获批的国家社科基金项目中归纳提炼出来的。

一　“土司历史观”

这里的“历史观”并非指人们对社会历史的根本观点、总的看法，而是指专家学者们在研究土司制度或土司问题时是从历史的角度予以研究。这里既包括土司制度和内孕的各项制度、土司制度史、土司家族发展史等历史问题研究，又包括土司制度史料和土司家族史料的编纂整理与研究，还包括某个地区改土归流或某个土司裁革的研究等。

（一）土司史料的编纂整理与研究

2016 年，学苑出版社出版了《中国历代方志土司史料辑录》一套 38 本的史料辑录，这对土司学界无疑是一个福音。李世愉老师 2012 年获得的国家社科基金重大项目《中国土司制度史料编纂整理与研究》，将是我国有史以来土司制度史料最权威、最全面的编纂整理。这些土司制度史料，主要包括档案、实录、政书、奏议、文集、笔记、地方志及其他地方史书，以及碑刻、家谱、契约文书、考古材料等地方文献。其中以档案、实录、政书为不可或缺的基本史料。这些史料涉及土司制度的制定与变化、实施状况，以及推行土司制度过程中出现的土司群体、土司人物，发生的重要事件，逐步形成的土司社会等内容。收集和整理的史料：一是中国第一历史档案馆及台湾故宫博物院所藏清代档案中的土司史料；二是《元史》、《明史》、《清史稿》、明清《实录》及元明清政书中的土司史料；三是元明清的奏议和文集、笔记中的土司史料；四是地方志和其他地方史书中的土司史料；五是地方文献中的土司史料。这些土司制度史料具有很高的学术价值，具体表现：一是为土司研究者提供了一套全面、系统、可靠的史料汇集；二是在史料的收集、考证、编纂上有新的贡献；三是史料收集及专题研究，在理论上均有新的突破；四是专著《土司制度及其史料的研究》，不仅对涉及土司制度的一些重大理论问题、前沿问题进行探讨，努力将土司制度的研究推向深入，而且还将重点探讨土司制度史料的发掘和利用，以及土司制度史料的科学编纂等问题，为本课题的史料收集、整理工作提供借鉴。①

（二）中国土司制度史

龚荫老师2010年度获得的国家社科基金西部项目最终成果《中国土司制度史》的上编“土司制度总论”，是从“史”的角度研究中国土司制度。他认为，元代中央政府在边疆地区对少数民族首领施行“参用其土人”为官，在官员的“设置”和“任用”方面，官有流、土之分，职有文、武之别，其文职官员设置有土总管府、土州、土县等数类，武职官员设置有宣慰司、宣抚司、招讨司、安抚司、长官司等数类。因此，他将元代定位于土司制度的定形期。明王朝在边疆少数民族地区西南、西北设置土官土司与羁縻卫所土司（统称土司）两千余家。明代土司的授职、承袭、升迁、奖惩、抚恤等均制定有相关法规，土司的衔品、隶属、信物、贡赋、征调等也有明确规定，土司制度不断完善，且达到鼎盛时期。清王朝在西南地区增设了一些土弁、土屯等小土司，且规定，凡属于反清土司一律不准袭职。雍正年间对西南、中南地区土司进行大规模的“改土归流”，自此以后土司势力便大为削弱。龚荫先生认为，中国的土司制度衰落于清代。他认为，从历史的角度看，研究土司制度的意义在于阐述中国历来是一个多民族国家，正是由于元明清时期对边疆民族地区施行土司制度，方才保证了中央王朝对边疆民族地区的有效统治和长治久安，成为一个统一的多民族国家。这既有“存史”和“资政”的价值，也有“古为今用”的作用。②

从“中国土司学”构建的角度来看，土司制度史料的编纂整理是土司研究的资料基础，土司制度的研究是土司研究的内容基础，这二者是构建“中国土司学”的前提和基础。从具体研究内容来看，主要在于阐明土司制度、土司家族、土司社会的形成、发展、嬗变、终结等问题的来龙去脉以及历程。

① 李世愉：《中国土司制度史料编纂整理与研究》重大项目投标书，2012年。

② 龚荫：《中国土司制度史·前言》（上），四川人民出版社2012年版，第1—3页。

二 “土司认同观”

按照一般的理解，认同是指体认与模仿他人或团体的态度行为，使其成为个人人格一部分的心路历程。在以往的土司研究中，探讨土司与认同的主要涉及族群认同、文化认同和国家认同三个概念。在土司研究中，涉及最多、也最有价值的是土司的国家认同。自2007年蓝武博士获得《华南边陲传统民族社会的国家认同——以壮族土司制度为实证》和2010年彭福荣教授获得《乌江流域历代土司的国家认同研究》国家社科基金项目以及胡绍华先生的《论容美土司文学的国家认同意识》（《三峡大学学报》2011年第6期）发表之后，相继有葛政委博士、陈季君教授、田利军教授、唐晓涛教授等国家社科基金项目获批，也有彭福荣、葛政委、田敏、左永平、龙晓燕、段丽波、黄天一、梁亚群、陈季君、宋娜、段红云、郭新榜、田光辉、滕新才、蓝韶昱、杨朝芳等专家学者的大批研究成果相继问世。

国家认同是指国家公民对其祖国的历史文化传统、道德价值观、理想信念、国家主权等的认同，是一种重要的国民意识，是维系一国存在和发展的重要纽带。国家认同的实质是一个民族确认其国族身份，将民族自觉归属于国家，形成捍卫国家主权和民族利益的主体意识。国家认同是一个含有多重意义的体系，主要包括族群血缘关系、历史文化传统、政治社会经济体制等方面，即“族群认同”“文化认同”与“制度认同”。元明清时期西南、中南和西北地区土司的国家认同，是目前土司研究的热点。土司的国家认同研究，可以根据以下几个维度。

（一）土司国家认同的实质与起点

元明清时期实施的土司制度，使中国西南等地区的少数民族经历数百年的土司政治，对国家权力延伸与乡村社会管控、王朝社稷稳固与国家领土完整、中华民族形成与少数民族进步、民族地区发展与民族文化变迁等深具影响。各族土司为保有自身统治利益，在与中央政府的利益博弈中，其国家认同的实质是：认同、亲附华夏—汉民族，传承、实践历代王朝积淀的制度文明，捍卫王朝社稷和顺附强势王权，传播、共享中原文化。[①] 各地土司国家认同的逻辑起点在于王朝国家的存在，寻求与保有利益的工具性动机是历代土司认同王朝国家的根本原因，也就是说，经济利益是物质共赢，政治统治是权益交集，土兵武装是利益保障，文化变革是利益维系。[②]

（二）边疆土司的国家认同

边疆地区土司的国家认同受边疆地区特殊区域政治的影响，在中央王朝与边疆土司的互动和博弈过程中，中央王朝在边疆土司地区的国家认同建设呈现出不同的取向和特征，并对明清时期西南边疆的变迁产生了重要的影响，对今天国家治理边疆、维护边疆稳定和国家统一具有重要的借鉴意义。[③] 边疆及边界地区土司的国家认同在跨境互动中自主地表达了出来。他们在跨境互动和国家认同关系中，宗藩互动培育国家认同，跨境冲突强化国家认同。[④] 与边疆土司的国家认同密切相关的一个问题是，边疆土司的国家认同对中央政府的边疆治理策略以及国家疆域的最终底定有着十分重要的影响。

（三）土司国家认同的案例透析

历史上的容美土司是边缘族群与王朝国家良性互动的典型，并在文治武功上取得了令人称道的成就。容美土司国家认同受着地缘政治、王朝建设、区域族群格局和文明特性等因素的影响，在诸因素影响下，容美土司在“一边倒”的国家认同过程中完成了一个“再边缘化”和“向心的边缘”的塑造过程。尤其是容美田氏土司通过改造谱牒建构自己家族的王朝权贵祖先和英雄历史，为本家族赢得了王朝国家体系中的统治权威和发展空间，而且也建构了容美土司国家认同的原生情感，使容美土司土民走向了与国家同呼吸、共命运的道路。[⑤] 可见，容美土司国家认

---

① 彭福荣：《试论中国土司国家认同的实质》，《青海民族研究》2016 年第 4 期。

② 彭福荣：《中国土司国家认同的逻辑起点与利益法则》，《青海民族研究》2015 年第 2 期。

③ 段红云：《明清时期云南边疆土司的区域政治与国家认同》，《广西民族大学学报》2015 年第 5 期。

④ 蓝韶昱：《边境土司社会跨境互动与国家认同——以广西龙州县域为例》，《青海民族研究》2016 年第 4 期。

⑤ 葛政委：《祖先再造与国家认同——容美土司〈田氏族谱〉和〈蹇氏族谱〉的人类学解读》，《三峡论坛》2013 年第 6 期。

同在本质上是对多民族国家的认同，文化认同是根基、身份认同是核心、政治认同是表征，三者表现出统一性与矛盾性的变化；在土司与王朝的良性互动中，容美土司实现了族群认同与国家认同的有机结合，并在这一过程中实现了族群的发展与文化繁荣，为国家稳定与繁荣做出了杰出的贡献。[①] 总之，影响容美土司的国家认同有多种因素：在地缘政治、王朝经营、文明特性、区域族群关系等因素的影响下，容美土司完成了族群社会的再造。这些影响容美土司国家认同的因素大都渗透着国家整合意识和族群主体意识，在“国家化”的进程中不断变迁、发展和沉积，又反过来促进了容美土司的国家认同。[②] 容美土司作为边缘族群对以中央王朝为中心的国家认同表现出离散错位式、矛盾式、依附式、抵制式和主体式五种认同模式。[③]

土司研究学界高度关注的永顺彭氏土司、播州杨氏土司和唐崖覃氏土司，这几个土司的国家认同也是学界关注的热点。永顺彭氏土司以身份职权认同确立国家认同，以文化认同加深国家认同，永顺土司的国家认同观念，对多民族统一国家的建立起着重要作用。[④] 同时，播州土司、永顺土司和唐崖土司的国家认同是建立在独特的民族文化内涵和趋同政治文化的同一性上，这种文化上的同一性主要体现在国家认同观念上，土司文化中的国家认同观念对统一多民族国家的建立起着重要作用。[⑤]

广西田州岑氏土司的国家认同体现在岑氏土司族谱中，该族谱展现了岑氏土司国家认同的历程，经过明清时期对先进文化的吸收，开始形成国家认同观念，并通过修谱牒重构祖先记忆，形成了中华民族多元一体的向心性。[⑥] 丽江木氏土司历经元、明、清三代，始终忠君爱国、勤政

① 葛政委、黄天一：《向心的凝聚：容美土司国家认同研究》，《广西民族研究》2014 年第 5 期。

② 葛政委：《影响容美土司国家认同的因素分析》，《三峡大学学报》2014 年第 3 期。

③ 葛政委：《论边缘族群的国家认同模式——兼议容美土司国家认同的历程》，《铜仁学院学报》2015 年第 2 期。

④ 田光辉、田敏：《湘西永顺土司的社会治理与国家认同》，《学术界》2016 年第 1 期。

⑤ 宋娜、陈季君：《播州土司、永顺土司和唐崖土司文化中的国家认同观念》，《遵义师范学院学报》2015 年第 1 期。

⑥ 梁亚群：《岑氏土司国家认同研究——基于〈田州岑氏土司族谱〉的历史解读》，《长江师范学院学报》2015 年第 4 期。

爱民、护土保疆，并见之于诗文创作，他们与中央王朝肝胆相照、荣辱与共的思想情怀、希望国泰民安的政治抱负便是其诗文创作的主旋律，且有不少诗作还触及下层民众疾苦，闪耀着民本主义思想光芒，折射出强烈的国家归属感及国家认同意识。①

三　“土司治理观”

从已有的研究成果看，“土司治理观”主要有中国土司制度下的国家治理、地方官吏对土司地区的治理、各地土司对辖区的社会治理，这事实上体现了土司地区的治理始终是国家主导，流官政府、各地土司、社会基层等共同参与，说白了，这些土司地区的治理形成了“多元共治”的局面。改土归流与土司制度密切相关、时段相连，因此，土司地区改土归流后的治理以及社会重构等同样是学者关注的问题。目前，学术界的“土司治理观”主要体现在以下几个方面。

（一）中国土司制度与国家治理

“中国土司学”的构建必须深入研究土司制度，因为它是土司问题的核心所在。元明清统治者具有“一统天下”的大视野，这不仅为保持国家领土主权的完整、推进中华民族的最终形成作出了巨大努力，而且为建设与完善多种制度、加强国家治理取得了重大成效。元明清中央政府在对民族地区、边疆地区国家治理过程中的顶层设计、统治手段、达成目标等举措为国家权力在土司地区的延伸与深入奠定了坚实的基础。因此，中国土司制度与国家治理有四点认识必须加强，因为它对构建“中国土司学”的学科体系有重要作用：第一，土司制度是一种“齐政修教”“因俗而治”的政治制度，是元明清中央王朝在国家治理下逐渐实现国家统一与地方自治的地方行政管理制度，如元明时期，中央政府对播州地区的治理方式采取了一种“礼治”和“安抚”为主的管理制度；第二，中国土司制度体现了国家对土司地区的治理始终占据主导地位，流官政府、各地土司、社会基层组织等在中央政府“因俗而治”的政策指导下共同参与土司地区的国家治理与地方建设；第三，土司制度是我国封建

① 郭新榜：《国家认同视野下的丽江木氏土司诗文研究》，《泰山学院学报》2015 年第 2 期。

社会后期国家治理少数民族地区比较成熟的一种制度，充分彰显了统一多民族国家在治理民族地区过程中的多元性与差异性；第四，土司制度是国家制度在"治理体系"及治理能力上的具体体现，能为当前在民族地区推进国家治理现代化提供有益借鉴与智力支持。

（二）地方官吏对土司地区的治理

明清时期中央政府派遣到地方的官吏，他们对土司地区的治理实际上也是国家治理土司地区的一种表现。如明朝中期的王阳明，在维持西南边疆之稳定须抚绥土司、"革心得人"的精神指导下，在对贵州、广西诸土司施治过程中，充分发挥其"心学"思想，认为"诸夷"虽身处边疆，但同为"天下可化之人"，进而在开导贵州水西安氏，征讨思恩、田州土司叛乱过程中将其付诸实践，对于边疆稳定、人心一统发挥了积极作用。①

（三）各地土司对辖区的社会治理

土司治理土司地区的本质是延续和发展中原王朝文化治边的策略，土司治理西南边疆社会成功与否取决于中央王朝对西南边疆部族持有的多元多态的宗教文化及其社会构成的了解和把握，在以汉族文化为中心的教化及凝聚意识主导下，中央王朝利用土司治理边疆实际上是对边疆部族采取贱其所有、贵其所无的政策。② 明代中后期云南丽江木氏土司强势进入滇藏川毗连藏区，并对该区域进行了长期的经营和治理，其举措有四个方面：一是"多派扶持、以教治教"的宗教政策，二是藏区乡村基层社会组织建设和控制，三是大规模移民安置与民族间交错共生地理格局的构建，四是大力促进藏区经济全面发展。③ 容美土司对辖区的治理则是通过整肃礼制、加强交流、发展教育等一系列文化策略的实施，最终实现了土司社会有序发展以及国家认同的双重目的。④ 作为少数民族政

---

① 马国君、李红香：《论王阳明对黔桂土司地区的治理与边疆稳定》，《广西民族研究》2012 年第 4 期。

② 孔含鑫、吴丹妮：《论土司治理边疆中西南少数民族宗教文化的作用》，《青海民族研究》2016 年第 3 期。

③ 周智生：《明代丽江木氏土司藏区治理策略管窥》，《中国边疆史地研究》2013 年第 4 期。

④ 谭志满、霍晓丽：《土司时期少数民族社会治理过程中的文化策略——以鄂西南地区容美土司为例》，《中南民族大学学报》2013 年第 3 期。

权的忻城莫氏土司在治理本辖区的过程中保留着独有的民族特色。国家力量通过土司执行中央王朝的命令、流官参与土司政权、国家武力平息土司区叛乱三种方式参与土司地方治理，莫氏宗族力量则通过土司任命本宗族子弟为各级土目的方式在地方上形成了以血缘关系为纽带的治理体系。①

（四）改土归流与国家治理

"中国土司学"的构建，改土归流始终是一个绕不过去的话题。历史告诉我们：随着时代的发展以及土司制度本身的弊端与痼疾的越发显现，这与明清中央王朝秉持传统的"天下观"和"一统观"之治国理念的矛盾与冲突越加突出，所以，改土归流成为明清王朝顺应历史潮流而实施的重大举措，在中国历史上和土司地区均具有里程碑的重要作用。改土归流的实施和土司制度的终结，不仅为保持国家领土主权的完整、推进中华民族的最终形成做出了巨大贡献，而且为建设与完善各种制度、加强国家治理等方面取得了重大成效。可见，明清时期的改土归流既是土官治理、土流参治、流官治理的动态演进过程，更是国家对民族地区、边疆地区治理方式与政策调整的探索过程；明清时期改土归流的实施是一个由被动到主动、渐进而非突变、复杂而非线性、动态而非静态的历史过程，它是明清中央王朝与地方土司政权实力互相博弈、国家治理能力、民族地区经济社会发展水平等的因素综合作用的结果。

（五）改土归流后的社会治理

改土归流是明清中央王朝对民族地区、边疆地区在政治制度、赋税制度、司法制度、文化教育、社会习俗等方面的全方位变革，是国家权力在土司地区的延伸、扩张、深入与下沉的渐进实现过程，改土归流后的国家治理和边疆治理不仅体现在对民族地区、边疆地区整体宏观制度的设计安排，而且也蕴含着中央王朝、地方政府、基层社会、民间精英等多方力量共同参与下的地方社会的重构，是多元互动的结果。如土家族地区完成改土归流后，进入土家族地区的流官群体取代了土司贵族的统治。他们上任之初，深入民间开展调研，采取打击违法犯罪活动以维

---

① 李西玲：《明清时期土司地方治理特征的研究——以忻城莫氏土司为例》，《怀化学院学报》2015 年第 9 期。

护社会稳定、整顿吏役以提升管理效能、发展公益事业以促进社会和谐等诸多措施，对维护改土归流后的土司家族地区社会稳定、促进社会生产力发展都有重要意义。[①]

第四节　应用研究

元明清时期在西南、中南及西北民族地区实施土司制度已成历史陈迹，但土司遗址尚在，土司文化影响犹存。加深、提高和丰富从政人员和专家学者对土司制度及土司现象的认识和理解，深入探讨土司制度形成、发展及消亡的规律，能为完善民族区域自治制度和国家治理体系提供历史借鉴。随着2015年湖南永顺老司城遗址、湖北唐崖土司城遗址和贵州播州海龙屯遗址代表我国土司文化遗址申报世界文化遗产成功，我国土司文化资源的整理、保护、利用、开发等工作也列入议事日程。因此，构建“中国土司学”的学科体系，必须要加强土司文化方面的应用研究，尤其是加强土司文化材料的获得、整理、保管、展览、传承、开发利用等实际工作的理论方面的研究。同时，我们还应当重点加强土司文物保护单位的研究，其中包括它们的类型、价值、现状、存在的问题、保护管理的对策等，这些内容在本书第九章有专章研究，此不赘述。

著者曾以中央财政支持地方高校发展专项资金项目的形式申报过“中国土司文化资源共享工程”（以下简称“共享工程”）项目，并已确定立项。该项目是利用现代高新技术手段，将中国西南、中南和西北等地元明清三代因土司制度而传承至今的类型多样、内涵丰富和价值突出的土司文化资源，运用民族学、人类学、历史学、文化学等多学科理论与方法，通过挖掘、整理和研究，建成融中国土司文化资源数据汇集共享、土司文化遗产陈列、土司研究成果集聚及文创产品展示等功能于一体并能够实现网络共享的科研创新平台，这是促进世界文化遗产——土司文化遗产保护的有力抓手。通过扎实建设，共享工程将成为国内外具有较大影响力的中国土司文化资源专题数据库、土司文化信息交换中心、

---

① 郗玉松：《改土归流后土家族社会治理研究》，《山西档案》2016年第4期。

土司研究成果交流平台和土司文化遗产图像陈列展示、土司文化遗产保护与文化传承创新教育、创意产品研发平台，具备人才培养、科学研究、社会服务、文化传承创新等功能，巩固中华民族团结、促进治理体系完备、深化文化遗产保护、推动民族地区发展的作用。

一　建设“共享工程”的必要性

实施“共享工程”项目，实际是利用互联网和数字技术等先进手段挖掘、整理、发布和共享中国土司文化资源，能迅速扭转公众视野内土司文化信息匮乏的状况，引起各界对中国土司文化资源的重视和利用。这不仅可以弘扬土司文化遗产，而且必将极大地促进土司文化遗产的保护和民族文化传承创新。“共享工程”将广泛应用计算机、网络、通信和多媒体等高新科技成果，用这些先进技术来传播先进文化。因此，“共享工程”项目的实施是根据人民群众精神文化生活的需要进行的文化创新工程；“共享工程”项目是少数民族特色文化和优秀文化的打造方向，在推进国家治理体系和治理能力现代化建设、弘扬民族精神和传承民族文化的重要时期，实现中国土司文化资源共享，具有十分重要的现实意义和突出的必要性。

（一）有助于遗产保护、文化管理、文创产业、科学研究等各类人才培养

根据《国家中长期教育改革和发展规划纲要》（2010—2020年）“培养一批拔尖创新人才，形成一批世界一流学科，产生一批国际领先的原创性成果，为提升我国综合国力贡献力量”的要求，根据国家长远战略利益的需要，在“十三五”期间，利用土司文化共享资源平台，加强民族学学科建设，“推动高校、科研院所开放科研基础设施和创新资源”，促进土司研究与土司文化遗产保护，加强专门人才培养，提高其实践实训和创新创业能力。

（二）有助于为中国特色社会主义国家的制度创新提供历史借鉴

国家“十三五”规划纲要提出共享发展的理念，是中国特色社会主义的本质要求。我国改革开放、经济社会发展成果应该由人民共享，也是我国的制度安排，也同样关系着我国发展全局的深刻变革。建设“共享工程”，使全体人民在土司文化资源共享、土司文化遗产保护、中国土

司研究和文创产品研发中拥有更多的获得感，能增强发展动力，增进人民团结，使之朝着共同富裕方向稳步前进，特别是元明清时期的土司制度能够为中国特色社会主义国家的制度创新提供历史借鉴。

（三）有助于推动世界文化遗产保护

国家“十三五”规划纲要提出要“构建中华优秀传统文化传承体系，加强文化遗产保护，振兴传统工艺，实施中华典籍整理工程”。在近七百年的历史长河中，我国各民族创造了类型多样、内涵丰富、价值独特的土司文化，举凡土司文献、土司遗址、土司官寨与衙署、土司墓葬、土司文学、土司建筑工艺、土司服饰和土司习俗等成为中华民族的文化财富，也是我国发展先进文化及实施文化“走出去”战略的宝贵资源。随着我国土司遗产成功申报世界文化遗产，“共享工程”项目将不遗余力地整理、保护、研究和利用这些文化资源，把推动世界文化遗产保护作为永恒的课题。

（四）有助于推进国家治理体系和治理能力现代化

我国目前处于社会转型时期，利益需求多元化及社会发展不平衡给国家事务治理带来挑战，民族区域自治制度也有待完善以适应新形势的变化。因此，以土司制度与国家治理为切入点，研究元明清时期“齐政修教”“因俗而治”等民族政策及国家治理经验，将土司制度与国家制度创新、改土归流与地方事务治理、土司的国家认同与民族关系等作为研究重点，从元明清中央政府国家治理民族地区的过程、经验和规律中吸取养分，对于培养中华民族共同体意识、加强中华民族大团结、维护国家利益、促进民族地区发展及推进国家治理体系和治理能力现代化有着十分重要的作用。

（五）有助于促进民族地区经济发展

挖掘全国各地 100 多处国家级、省级、县区级的土司遗址、土司城址、土司官寨、土司衙署与庄园、土司墓葬与其他单体建筑等土司文化遗产，实现土司文化遗产的科学保护、合理利用与文化旅游融合发展，利用土司文化资源发展文创产品及文化产业，建构起“五位一体”（政府组织、企业行业、各类学校、专家学者、人民群众）紧密结合的保护、传承、开发系统，促进民族地区经济社会发展。

二 建设“共享工程”的目标、内容与任务

（一）建设目标

通过两年建设，“共享工程”将成为我国在国内外具有较大影响力的土司文化资源专题数据库、土司文化信息交换中心、土司研究成果交流展示和土司文化遗产图像陈列中心、土司文化遗产保护与文创教育、创意产品研发平台，实现“一个工程、四个系统”的建设目标，集具人才培养、科学研究、社会服务、文化传承创新等功能，发挥巩固中华民族团结、促进治理体系完备、深化文化遗产保护、推动民族地区发展的作用。

（二）建设内容与任务

共享工程包括土司文化资源采集系统、编存系统、交流系统、文创产品研发与研究成果展示系统四大系统，建成中国土司文化资源数据库，优化网络信息资源共享平台，组建文创教育与创业产品研发团队，建设土司研究成果交流展示和文化遗产图像陈列中心，为土司研究者、土司文化传承者提供优质服务。

1. 土司文化资源采集系统

借助实用的设施设备，采集我国与土司有关的 20 多个少数民族语言文字、土司风俗习惯、土司文学、土司古籍、土司文化遗产、土司旅游资源、与土司有关的地方志及史料等数据资源，在此基础上，采用二维、三维 GIS 集成技术，实现图（土司建筑、服饰、文物、器物等）、文（土司制度文献、土司谱牒、土司文学作品、土司研究成果等）、声（土司音乐、土司族属民族语音等）、像（土司题材电视剧、电影、系列纪录片、土司分布图等）等文化资源的汇聚整合，形成土司建筑遗存的三维模型、全景影像及专题信息的综合表达，通过现代网络和数字影像技术，形成框架合理、结构完整、信息齐全、检索快捷的特色文化资源载体，建成中国土司文化资源专题数据库。

2. 土司文化资源编存系统

租用重庆市云存储空间和利用现有央地共建项目“乌江流域少数民族文化艺术特色实验室”的存储条件，依托非线性编辑技术和控制软件，提升文献资料数字转化、图像音频文件处理、文化资源编目储存的能力，

实现土司文化资源的数字化、加工、转换、查询、服务、发送功能，具备土司文化资源创意产品研发的条件，将土司文化资源转换为教学、科研资源，为全国土司研究、土司文化遗产保护、土司文化爱好者等各类人员提供查询、阅读、下载、引用等优质服务，实现土司文化资源全社会共享。

3. 土司文化资源交流系统

优化提升现已运行的中国土司网，建成融土司文化资源集聚与共享、土司文化资源文保教育与土司研究信息交流、土司研究成果与土司文化资源创意产品展示交流于一体的综合平台，提供网络个性化共享服务，满足民族文化传承创新与高等学校人才培养，促进土司研究与民族学尤其“土司学”的学科理论建设，推介土司研究成果和展示文创产品，为民族地区文化旅游产业与经济社会发展提供信息咨询和资源支持。

4. 土司文化资源研发与成果展示系统

将长江师范学院建成的“西南土司文化陈列馆”提档升级为中国土司文化陈列馆，依托环幕投影等多功能室、共享工程技术实践实训平台等，实现土司文化资源的实物展示和数据本土查询，征集和陈列印章文献、契约文书、令牌信牌、土司谱牒、办公用具和文房四宝、礼器兵器、生活器物、生产用具、牌匾等土司文物，购买和收集民国以来专著、编著、论文集、史料汇编、学术论文、土司衙署宣传资料等土司研究成果，汇聚土司文化资源创意产品与文创教育成果等，使之成为土司文化资源实物陈列展示与图文影像呈现、文献资料纸质保存与数字化储存、文保教育与文创研发成果展示交流平台。

“共享工程”是国家支持地方高校发展的建设项目，对学校学科专业建设与科研特色凝练、人才培养目标转型与教育教学质量提升、文化传承创新与服务地方社会发展具有重要的意义。现代网络平台和数字技术手段是深度融入时代、社会发展潮流的重要工具，土司文化资源的采集、编储、发布与共享土司研究成果和文创产品展示等都是直接作用于民族文化传承创新的有效方式，发掘、利用和共享类型多样、内涵丰富和价值独特的土司文化资源，能够最大范围、最为快捷、最大成效地保护民族文化遗产，助推民族地区文化旅游、文化产业的发展，实现土司文化资源的经济效益和社会效益以及民族地区发展的目标。

总之，“中国土司学”的学科体系是一个相互依赖、相互渗透、彼此交叉的多层次的系统。构建“中国土司学”的学科体系，目的在于更好地服务于民族地区社会稳定、经济发展、文化繁荣以及国家对民族地区相关政策的客观事实。

第六章

中国土司学构建的主要内容

从研究对象上看，“中国土司学”主要研究与土司相关的问题，而在土司相关问题中又可以归纳为基础理论研究和应用研究两个层面。基础理论研究主要是指以研究土司、土司制度、土司问题、土司现象、土司文化为主要内容。重点探讨元明清政府“齐政修教”“因俗而治”“以夷治夷”等国家治理理念。阐释中国土司制度的缘起、形成、发展、衰亡、改土归流等发展历程，厘清元明清时期土司的分布范围与类型特点，深入研究中国土司制度以及内孕的子系统——职官制度、承袭制度、贡赋制度、土兵制度、司法制度、安插制度、文教礼仪制度等，既有学术概念的诠释，又有理论框架的构建。而应用研究则主要集中于土司现象、中央政府对土司区的国家治理以及土司文化的保护、保管、展览、传承、开发与利用等具有实用意义的内容。在过去的研究中，对基础理论的研究关注较多，如土司制度、土司文化、土司现象和“改土归流”等，资料丰富，成果丰硕，但是在应用研究方面则相对关注不足，致使不少土司遗产破坏、丢失，甚至损毁。因此，对土司研究者而言，构建“中国土司学”，不仅需要在土司基础理论研究方面予以拓展、补充和完善，同时也要在土司应用研究方面，特别是在土司文化遗产保护方面做到全面、深入和落实。“中国土司学”作为一门专学，必然具有研究的主要内容。鉴于土司制度是“中国土司学”构建中的核心内容，因此，其研究内容主要应在中国土司制度史（历程）、各个时期土司的地理分布等方面着力。

第一节 土司制度历程

由于元代地域辽阔，边远地区的行政管理与中原地区的行政管理存在着较大差别，因此，元代中央政府在西南地区建立了一种新型的政区制度——土司制度。元明时期是土司政区逐步建立并全面推广的时期。到了清代雍正年间实施大规模改土归流后，土司制度逐渐衰微，直至清末，土司制度作为一种制度已经终结。

一 中国土司制度的形成

有宋一代，中央政府对南方少数民族地区羁縻州、县、峒土官的承袭，已有了一些规定。当时土官承袭是先由都誓主召集群酋（管辖下的首领）会议，从其子孙及弟、侄、亲党中确定当立者。然后联名具保，经有关部门上报，朝廷赐敕告、印符作为信物，承袭人北望天阙叩拜谢恩。经过这些手续之后，承袭方算完成。[①] 后于绍兴七年（1137 年）九月，又规定驻地帅司要核实土官子孙应袭职者上报。史载："（绍兴七年）九月，诏荆湖、广南路溪峒头首土人内有子孙应袭职名差遣，及主管年满合给恩赐之数，俾帅司取会核实以闻。"[②] 这是中央政府为了预防袭职中发生错乱和争斗而采取的有效措施。从宋代对土官袭职的这些规定可见，土官土司制度在宋代已有萌芽或者说发轫。土官承袭的例子不胜枚举，如绍兴十二年（1142 年），"诏以施州南砦路夷人向再健袭父思迁充银青光禄大夫、检校国子祭酒兼监察御史、武骑尉、知懿州事"[③]。乾德四年（966 年），南宁州刺史、落使龙彦瑫死后，"其国（族）人诣涪州，言南宁州蕃落使龙彦瑫卒，归德将军武才及八刺史壮请以彦瑫子汉瑭为嗣，诏授汉瑭为南宁'刺史兼蕃落使'"[④]。宋代土官的承袭，或嫡子、庶子，或弟侄，或亲党，或族人，办理程序尚不规范，可见，包括土官

① 龚荫：《中国土司制度史》，四川人民出版社 2012 年版，第 100—101 页。

② （元）脱脱：《宋史》卷 494《蛮夷传二·西南溪峒诸蛮下》，中华书局 1977 年版，第 14189 页。

③ 同上。

④ （元）脱脱：《宋史》卷 496《蛮夷传四》，中华书局 1977 年版，第 14224 页。

承袭在内的土司制度还没有正式形成。

有元一代，在唐宋中央王朝对西南少数民族实行羁縻州县的基础上有了新发展。换言之，元代在多方面对西南少数民族地区加强治理，使土司制度在元代基本形成。其标志体现在以下六个方面。

（一）土司职官制度的形成

元代中央政府对西南地区的治理，不仅设置宣慰、宣抚、安抚、招讨、长官诸司以及军民总管府、土府、土州、土县等地方政权，而且“参用土人”为官，并使土司职官制度在西南少数民族聚居地区逐渐形成。例如设置宣慰使或宣慰使都元帅等官职。《元史》卷一百六十六载：至元十八年（1281 年），信苴日入觐，帝嘉其忠勤，“进大理威楚金齿等处宣慰使、都元帅”，后其子阿庆袭爵，授“大理金齿等处宣慰使、都元帅”[①]。还设置宣抚使、安抚使、长官等官职。《元史》卷二十一载：大德七年（1303 年）冬十月庚子，“以叙州宣慰司为叙南等处诸部蛮夷宣抚司”[②]。这里的“蛮夷宣抚司”，实际就是以蛮夷为宣抚司官的一种官职。《元史》卷二十九载：泰定元年（1324 年），广西“以岑世兴为怀远大将军，遥授沿边溪洞军民安抚使”；“黄胜许为怀远大将军，遥授沿边溪洞军民安抚使”[③]。此外，在靠近内地的少数民族地区设置路总管府、军民总管府、土州、土县等土官。这表明，在少数民族聚居地区的地方政权，则完全是“参用土人”为官，这标志着土司职官制度在元代已基本形成。

（二）土司承袭制度的形成

元明清时期土司承袭制度体现了国家对土司的有效管理始终占据主导地位，各地土司、流官政府在中央政府“因俗而治”的政策指导下共同参与土司地区的国家治理。元代中央政府对土司承袭制度的形成，具有开创“世袭其职”之功，也就是说，元代确定了土官世袭的一个基本原则。元代土官一经授职，即为世袭。《元史》卷二十六载：延祐六年（1319 年），“中书省臣言：‘云南土官病故，子侄兄弟袭之，无则妻承夫

---

① （明）宋濂：《元史》卷 166《信苴日传》，中华书局 1976 年版，第 3911 页。

② （明）宋濂：《元史》卷 21《成宗四》，中华书局 1976 年版，第 455 页。

③ （明）宋濂：《元史》卷 29《泰定帝一》，中华书局 1976 年版，第 652 页。

职。远方蛮夷，顽犷难制，必任土人，可以集事。今或阙员，宜从本俗，权职以行。'制曰'可'"[①]。在《元史》中有关"袭其父职""袭其父爵"的记载不乏其例。有元一代，管辖地域较广的土官，如要承袭，须先报经朝廷准许后方可袭职。如《元史》卷九载：至元十四年（1277年），"播州安抚使杨邦宪言：'本族自唐至宋，世守此土，将五百年。昨奉旨许令仍旧，乞降玺书。'从之"[②]。如果土官不经朝廷准许就承袭职位，朝廷就要向土官兴师问罪，如《元史》卷十一载：至元十七年（1280年），"亦奚不薛病，遣其从子入觐。帝曰：'亦奚不薛不禀命，辄以职授其从子，无人臣礼。宜令亦奚不薛出，乃还军'"[③]。这就是典型的例子。从总的来看，元代的土官承袭制度，虽然不如明清时期完备，但已基本形成。

（三）土司信物制度的形成

元代以前施行羁縻政策，中央政府给少数民族酋领赐一个官职称号，标志着民族酋领就是中央王朝封委的土官。元代中央王朝实施土司制度后，中央政府不仅授予民族酋领土官称号，而且还正式赐予民族酋领土官多种信物。[④] 一是诰敕，这是中央政府封官授爵的敕书，也可以说是少数民族土官受中央政府封官的文书。"诰敕"是元朝廷给土官土司的"任职证书"，是少数民族土官作为朝廷命官的凭证。二是印章，这是一种用作地方土官取信于民的凭证。《元史》卷三十八载，元统二年（1334年）正月，云南土酋姚安路总管高明来献方物，"赐符印遣之"[⑤]。元代时，中央政府赐给土官的印章是土官权威的象征，土官可以凭借该印章号令辖区内的老百姓。三是虎符，是古代帝王授予臣属兵权和调动军队所用的凭证。元朝时，中央王朝赐给土官的虎符是节制军马的凭据。据《元史》卷三十八载，后至元元年（1335年）诏："诸官非节制军马者，不得佩金虎符。"[⑥] 中央王朝之所以有这项规定，是因为边陲土官有保境靖边的

---

① （明）宋濂：《元史》卷26《仁宗三》，中华书局1976年版，第589页。

② （明）宋濂：《元史》卷9《世祖六》，中华书局1976年版，第192—193页。

③ （明）宋濂：《元史》卷11《世祖八》，中华书局1976年版，第227页。

④ 龚荫：《中国土司制度史》，四川人民出版社2012年版，第117—118页。

⑤ （明）宋濂：《元史》卷38《顺帝一》，中华书局1976年版，第820页。

⑥ 同上书，第826页。

责任，所以，中央王朝给予边疆土官“节制军马”的权力。四是驿传玺书与金（银）字圆符。《元史》卷三十五载，至顺二年（1331年），云南威楚路之蒲蛮猛吾来朝贡，愿入银为岁赋，诏为置散府一及土官三十三所，“皆赐金银符”[①]。龚荫先生认为，驿传玺书是“通行证件”，金（银）字圆符是“紧急军务证明”。驿传玺书与金（银）字圆符在当时具有十分重要的作用，《元史》说得很清楚：“其给驿传玺书，谓之铺马圣旨。遇军务之急，则又以金字圆符为信，银字者次之。”[②]《元史》卷二十四载，至大四年（1311年）敕：“诸使臣非军务急速者，毋给金字圆牌。”[③]驿传玺书与金（银）字圆符等信物的使用，能起到中央王朝对边疆地区、民族地区的交往联系畅通无阻以及遇到紧急事务及时处置的作用。土司信物制度形成后，对明清时期的土司制度有着十分重要的影响。[④]

（四）土司朝贡制度的形成

元代中央政府规定，各地土官作为朝廷命官，必须向朝廷进贡。土官向中央王朝朝贡，象征着土官对中央王朝的臣服。因此，中央王朝非常重视各地土官的朝贡。元代土官朝贡制度已基本上形成制度化。一是规定朝贡时间，一年、二年或三年均有。各地土官朝贡的时间，因物品差异、地之远近而不同。如“播州每岁亲贡方物”[⑤]；而洞蛮则是“岁进马五十匹、雨毡五十被、刀五十握；丹砂、雌雄黄等物，率二岁一上”[⑥]；地处云南极边地区，则“令三年一入贡”[⑦]。二是规定贡品必须是土特产，诸如雨毡、马、朱砂、雄黄、驯象等。各土官所贡方物的品种、数量均有定额，超过、减少或罢免要经朝廷允准。三是规定赏赐物品。元朝对进贡土官或赐给驿马、衣袄、币帛、裘帽鞋袜等，赏赐较为优厚。各地土官以得到朝廷赏赐感到无比荣耀，而朝廷则用此办法以拉拢和笼络民族酋领，双方各有所图，各得其所。

---

① （明）宋濂：《元史》卷35《文宗四》，中华书局1976年版，第785页。

② （明）宋濂：《元史》卷101《兵四》，中华书局1976年版，第2583页。

③ （明）宋濂：《元史》卷24《仁宗一》，中华书局1976年版，第541页。

④ 龚荫：《中国土司制度史》，四川人民出版社2012年版，第117—118页。

⑤ （明）宋濂：《元史》卷11《世祖八》，中华书局1976年版，第233页。

⑥ （明）宋濂：《元史》卷16《世祖十三》，中华书局1976年版，第351页。

⑦ （明）宋濂：《元史》卷39《顺帝二》，中华书局1976年版，第846页。

（五）土兵征调制度的形成

土兵征调制度是土司制度中一个十分重要的内容，这个制度在元代已基本形成。一是在组织形式上。元代土兵或按民族组成，如寸白军、彝族土兵、白族土兵、僮兵、黎兵、蛮兵、傜兵、藩部壮丁等；或按地域组成，如思播土兵、罗罗斯军、顺元土军、八番军、碉门安抚司兵等。二是在土兵使用上。元代土兵，在对内方面，或镇压统治阶级的内部反叛，或镇压人民起义，或用来“以蛮攻蛮”等；在对外作战方面，或攻降交趾，或防御缅兵等。这些土兵，无论是在对内还是对外作战中，因熟悉地形并且得到人民支持，每次参战都是战功卓著。三是在屯田自给方面。元王朝组织西南民族地区土兵寓兵于农，“立屯耕种”，既“以资军饷”，又“屯田备蛮”，使元王朝在少数民族地区的统治得到了巩固和加强。[①]

（六）土官纳赋制度的形成

在元代中央政府看来，各地土官向朝廷纳赋是天经地义的事情。元代土官虽然纳赋数量不多，但却意味着土司地区归属中央王朝的版籍。元代土官纳赋作为一种制度，主要体现在四个方面[②]：一是确立赋法。元代中央王朝统一西南民族地区后，正式确立租赋征收办法，这标志着元代开始真正对民族地区进行了实质性的治理和掌控。二是建立户籍。元王朝通过“阅户籍民”，不仅增加了赋税收入，充实了国家府库，而且对民族地区的控制也进一步深入和加强。三是征收赋税。元代中央政府对民族地区主要征收金银、粮食、土产、牲畜等赋税。除上述常赋外，有的土官土司为了取悦朝廷或期求晋升，还要“增输”金银。当然，元代对边远、人稀及高寒山地，则很少甚至不予征收。四是提供军需。遇有战事，各地土司要出金银、粮草、牛马、民丁以供军需。这些数量不小的军需，无疑给土司地区民众增加了很大负担。元代土官的“赋税制”具有承前启后的作用，对明代土司的“额以赋役”富有启发性。

二　中国土司制度的完备

明代和清前期，是中国土司制度最完备的一个时期。具体来讲，主

---

① 龚荫：《中国土司制度史》，四川人民出版社2012年版，第123—126页。

② 同上书，第122—123页。

要体现在以下几个方面。

（一）国家管理机构的完备

国家管理土司事务的机构主要有吏部、兵部、礼部等。吏部管理土司的机构主要是验封司，《明史》载："掌封爵、袭荫、褒赠、吏算之事，以赞尚书。……土官则勘其应袭与否，移文选司注拟。"[①] 吏部管辖的军民府、土府、土州、土县，其设官情况与经制府州县相同。[②] 兵部管理土司的机构主要是武选司，"掌卫所、土官选授、升调、袭替、功赏之事。……凡土司之官九级，自从三品至从七品，皆无岁禄。其子弟、族属、妻女、若婿及甥之袭替，胥从其俗"[③]。兵部管辖宣慰、宣抚、安抚、长官司等领土兵的土司。其中，宣慰司设有宣慰使、宣慰同知、宣慰副使、佥事、经历、都事等职；宣抚司设有宣抚使、宣抚同知、宣抚副使、佥事、经历、知事、羁縻等职；安抚司设有安抚使、安抚同知、安抚副使、佥事、吏目等职；招讨司设有招讨使、副招讨、吏目等职；长官司设有长官、副长官、吏目等职。其他未入流的有蛮夷长官司，设有长官、副长官等职；另设有蛮夷官、苗民官及千夫长、副千夫长等官。[④] 明代和清前中期，在地方设置的管理土司的机构，既有布政使司、府州县，又有都指挥使司、行都指挥使司、羁縻卫所。一般情况下，布政使司管理设置在民族聚居地区的军民府和土府、土州和土县等土官机构；都指挥使司和羁縻卫所管理设置在靠近内地的土府、土州和土县等土官机构以及边疆少数民族地区的宣慰司、宣抚司、安抚司、招讨司、长官司、蛮夷长官司等土司机构。明代和清前期在行政体制上，既有国家管理土司事务的机构，也有地方管理土司事务的机构；国家层面既有兵部的管理，又有吏部的管理，还有礼部参与管理；地方层面既有布政使司和府州县的管理，也有都指挥使司和羁縻卫所的管理，不仅实现了土司管理机构的"多轨制"，而且是中国土司制度管理机构最完备的一个时期。

（二）国家管理土司的主导性增强

明代和清前期在土司地区施行"齐正修教""因俗而治"的民族政策

---

① （清）张廷玉：《明史》卷72《职官一》，中华书局1974年版，第1735页。

② （清）张廷玉：《明史》卷76《职官五》，中华书局1974年版，第1876页。

③ （清）张廷玉：《明史》卷72《职官一》，中华书局1974年版，第1751—1752页。

④ （清）张廷玉：《明史》卷76《职官五》，中华书局1974年版，第1875页。

充分体现了以皇帝为首的统治者在治理土司时的意志和利益，决定了土司制度中的国家主导原则和国家利益至上的走向。下面以国家权力主导各地土司承袭为例予以说明。

1. 重视顶层设计

在土司承袭制度的顶层设计上，无论是《明会典》还是《钦定大清会典》均做出了明确规定。任何一个土司要承袭，中央政府都要委官体勘查核，且取具应袭土司的宗支图本、地方官吏和邻近土司要做保结，当相关手续完结之后，由督抚向中央政府具题请袭，当中央政府准允某土司承袭土职后，应袭土司或到京城赴阙受职，或“取具地方官保结并宗图，呈报该督抚保送，到日准其承袭”①。当然，明清政府的这种顶层设计，有一个逐渐完善的过程，当然这个过程也是中央政府对土司承袭制度逐渐加强控制的过程。

2. 严格加强管理

在土司承袭过程中，中央政府从三个方面严格管理。一是强制要求应袭土司必须建造宗支图本、预造应袭名册、制作告袭文簿且请地方官吏和邻近土司撰写结状文书等承袭文书，这是对土司承袭人的一种有力监督。二是控制土司承袭的次序，虽然规定了以父死子继为主的世袭制度，但也不排除兄终弟及、母女袭职、妻婿承袭、叔侄相袭等袭职顺序与形式，这无疑使土司承袭基本上是在有序的状态下进行，实现了中央政府对土司承袭有序管控的目的。三是通过中央政府授予应袭土司诰敕、印信、号纸、冠带、符牌等信物，达到了对土司承袭的有效驾驭。

3. 妥善处理问题

在土司承袭过程中难免会出现诸如借职、代职、越职等现象以及冒袭、争袭、仇杀、战乱等弊端，明清中央政府会采取诸如土司不世袭、土司分袭、革职、改土归流等处置办法。据著者在查阅《土官底簿》时发现，其中规定某土司“不世袭”或“不做世袭”之处多达168次。有时中央王朝甚至威胁土司，“若不守法度时换了”或“废了”。如《土官底簿》卷上“云南府安宁州知州”条中：永乐元年二月奉圣旨：“见任的流官知州不动，这董节是土人，还让他做知州，一同管事，不做世袭，

① （清）乾隆：《钦定大清会典则例》卷110“土官袭职”条，乾隆十三年（1748）抄本。

他若不守法度时换了。”总之，《土官底簿》中“奉圣旨”“奉钦依准”“不世袭”“还不世袭”“他若不守法度时换了”等字样的记载，充分表明了土司官职由中央王朝所授，中央政府有任免大权，各地土司必须唯命听从的事实。明清时期土司承袭始终处于中央王朝的严格控制之下。

（三）各项具体制度更加完善

从现有资料看，土司制度一般包括在中央王朝的律、典、例等形式之中。这些制度具有普遍的效力，并且系统化，形成了一个结构有序、较为完整的制度体系。明代和清前期的中央王朝通过《明会典》《大清会典》《礼部志稿》《钦定三部则例》《大清会典事例》和《钦定大清会典则例》等制度的颁行，由此构成了职官制度、承袭制度、征调制度、朝贡制度、赋税制度、奖惩制度、礼仪制度、文教制度、司法制度、抚恤制度、分别流土考成制度、裁革土司安插制度等完整的土司制度体系。明代和清前期的中央政府从“因俗而治”的国家治理理念出发，或适应土司地区的不同情况，或根据各地土司的不同要求，由中央政府制定和发布了上述专门的制度或法规。在明代，国家成文制度主要汇集在《明会典》和《礼部志稿》中。《明会典》卷之四《官制三》“外官”条对各宣慰使司、各宣抚司、各安抚司、招讨司、长官司、蛮夷长官司、蛮夷官、千夫长、百夫长、军民万户府经历司等土司机构正官、副官、首领官等官员人数的设置①；卷之六《验封清吏司》对土官承袭的各种制度性的约束②；卷之一百零八《朝贡四》和卷之一百一十三《给赐四》对全国土司朝贡物品、朝贡时间、朝贡名单以及回赐物品、数量等的规定③；卷之一百二十一《铨选四》对“土官袭替”“土官就彼袭替”“土官袭替禁例”“夷人袭替”等均有明确的制度规定。④在《礼部志稿》卷一“敦教化之训”“远边学校之训”“怀远人之训”等条文中对云南、四川、贵州、广西以及广东儋州等“边境土官皆设儒学”，以

---

① （明）申时行：《明会典》，中华书局1989年版，第23页。

② 同上书，第31页。

③ 同上书，第581—586、597—598页。

④ 同上书，第626页。

实现中央王朝“风化达于四海”之目的；卷五“朝贡之训”“诸司朝觐仪”等条中对土司朝贡年限以及朝觐时的礼仪均有严格的规定；卷十七中对岁贡额数、起贡时间、土官入学等规定十分严明。尤其是对土官朝贡方物、进贡时间、朝贡通例、信符金牌等都有严格的规定，基本上能够使土官朝贡事宜做到有章可循。

三　中国土司制度的衰亡

自明朝后期“平播之役”以及“平奢安”之后，实力最强的土司已逐渐被消灭，土司制度也就随之衰弱，特别是清代雍正年间大规模改土归流以及乾隆年间平定大小金川之役且改土设屯后，土司制度更是式微，与明代的土司制度完全不能同日而语。

著者在前面已论述，辛亥革命推翻清王朝专制统治后，我国的国家政治体制史无前例地发生更替，这使土司制度失去了存在的法理依据，从根本上否定了土司制度存在和延续的基本前提。同时，中华民国建立后，民国政府彻底解除了各地土司的义务，没有授予土司旧职以及印信、号纸等信物，有些地方的土司虽仍在承袭，但已不是民国政府所任命，他们仅担任了土兵队长、土兵营长、独立队长、团务监督长等职务，早已不是昔日的土司了。

改土归流以及中华民国建立后，从法理上否定了各地土司的贵族身份，土司已丧失政治、军事、司法及财政等多种特权。所以，民国时期仅有土司残余存在，并无土司制度可言。事实上，中华民国的建立，就意味着土司制度的消亡。

四　西南地区的改土归流

从明代洪武二年（1369 年）广西太平府土官黄英衍扰乱地方，强占太平路，明代中央政府被动改流，到新中国成立后彻底废除土司制度止，前后达 580 余年，经历了一个十分漫长的过程。

（一）明代西南地区的改土归流

明代中央政府在西南民族地区实施改土归流始于洪武年间。据《明太祖实录》记载，洪武二十一年（1388 年），云南越州土知州阿资叛，明代中央政府经过八年征伐，于洪武二十八年（1395 年）终于平定叛乱。

之后，废除土州，改置越州卫，以流官统之。[①] 之后，中央政府拉开了对西南民族地区土司改土归流的序幕，据不完全统计，有明一代，计改流 90 家土司。

自明代初期改土归流始，中央政府为了实现国家权力在西南民族地区乡村社会的扩张，最终达到政治一体化的目标，只要具备一定的条件和机会，就会对土司实行改土设流。终明一代，中央政府实施改土设流的原因有三：一是对叛逆、犯罪土司实施改土设流；二是土司绝嗣无人承袭而乘机改流；三是以“不予世袭”为由改流。[②] 概言之，明代改土归流的动因基本上是土司嗣绝、叛逆及内部争袭等。明代规模较大的改土归流有两次：一次是永乐年间平定思南、思州两个田氏土司之乱，析其地为八府四州，并设立贵州布政使；另一次是万历年间平定四川播州杨氏土司之乱，分播地为遵义、平越二府，其中遵义府隶属四川，平越府隶属贵州。但总的来讲，明代的改土归流是很不彻底的，对整个土司制度没有根本触动。也就是说，明代中央政府并没有把国家权力的扩张发挥到极致，而只是把改土归流作为控制土司的一种手段和措施，通过改土归流以达到缓解中央政府与地方乡村社会之间的矛盾而已。

（二）清代西南地区的改土归流

如果说明代中央政府没有把国家权力的扩张发挥到极致，那么，到了清代，由于天下大定，国家各种实力大增，国家权力扩张到西南民族地区的欲望增强，中央政府已具备制服西南地区土司的力量，加之西南地区土司与中央政权的矛盾又十分尖锐，因此，中央政府大规模改土归流自然就提上议事日程。[③]

第一，中央政府实现国家权力扩张与土司政权割据一方的矛盾以及封建地主制与封建领主制（甚至奴隶制）的矛盾日趋尖锐，以致不可调和，这是清代改土归流的根本原因。明以来的改土归流都是在土司抗拒皇命或拥兵反叛，对中央政权构成威胁的情况下进行的。明末以降，西

---

① 《明太祖实录》卷一百九十四“洪武二十一年十月至十二月”条；《明太祖实录》卷一百九十五“洪武二十二年正月至三月条”。

② 龚荫：《中国土司制度史》（上），四川人民出版社 2012 年版，第 159 页。

③ 李世愉：《试论清雍正朝改土归流的原因和目的》，《北京大学学报》1984 年第 3 期。

南民族地区的一些土司对中央政权构成极大威胁，危害西南地区的社会稳定，这种情况到清雍正年间已非常突出。如湖广容美土司“新造鼓楼、三层拱门”，设“龙凤鼓”“景阳钟”，开“玉带河”，架“月宫桥”，住居“九五居”、筑“观星台”，捉人“割做太监”达33人，并有“鸟枪、兵器、盔甲等”[①]；云南东川土司经常“绑掳人口，劫抢牲畜”[②]；广西泗城土府差土役“各执器械，越境拏人”[③]；湖广容美土司掠夺桑植人民“千有余口”[④]。由此可见，西南地区一些土司俨然就是独霸一方的土皇帝，以致“土人知有土官而不知有国法久矣”[⑤]。这是作为强权政治的清代统治者绝对不能容忍的。因此，清代中央政府的改土归流势在必行。

第二，西南民族地区土民与土司之间的矛盾日益激化，这是清政府实施改土归流的直接原因。土司制度自诞生之日起，就建立在政治压迫和经济剥削之上，西南民族地区各地土民与土司之间的矛盾一直尖锐地存在着。清代康熙初年以降，随着各地土司势力膨胀之快以及对土民敲骨吸髓之深，土民在不能承受的情况下，反抗斗争越来越激烈，且达到白热化的程度。据史载，在西南民族地区，土民杀死土司的现象屡见不鲜。如康熙年间贵州就发生四起这种事例：康熙四年，定番州苗民杀死小龙土司龙象贤、丹平土司莫大成；十二年，土民又杀死小龙土司舍龙象宾、龙正吟[⑥]；康熙十二年，都匀府苗民杀死夭坝土司夭应禄[⑦]；康熙四十年，黄平州苗民杀死土司何瓒远[⑧]。此外，在湖广、广西、云南、四川等地也有同样的事例。这反映了土民与土司之间矛盾尖锐已到登峰造

① （清）允禄、鄂尔泰：《硃批谕旨》（第54册），乾隆三年（1738）武英殿朱墨套印本“雍正八年四月二十四日”条。

② （清）允禄、鄂尔泰：《硃批谕旨》（第25册），乾隆三年（1738）武英殿朱墨套印本“雍正四年三月二十日”条。

③ （清）允禄、鄂尔泰：《硃批谕旨》（第25册），乾隆三年（1738）武英殿朱墨套印本“雍正五年五月初十”条。

④ （清）允禄、鄂尔泰：《硃批谕旨》（第12册），乾隆三年（1738）武英殿朱墨套印本“雍正六年二月十七日”条。

⑤ （清）蔡毓荣：《筹边第二疏》，见（清）鄂尔泰、尹继善《乾隆云南通志》卷二十九《艺文》，乾隆元年（1736）刻本。

⑥ （清）年法尧等：《康熙定番州志》卷1《大事》，巴蜀书社影印本2006年版。

⑦ （清）鄂尔泰等：《乾隆贵州通志》卷24《师旅》，巴蜀书社影印本2006年版。

⑧ （清）李台等：《嘉庆黄平州志》卷3《武备》，巴蜀书社影印本2006年版。

极的地步。土民的反抗斗争彻底动摇了土司制度的根基，在此情况下，清代统治者为了维护西南民族地区的稳定与安宁，不得不下决心实施改土归流。

第三，朝廷命官与乡村民众要求改土归流的呼声越来越高，这是清代中央政府实施改土归流的重要原因。康熙中期以后，统治阶级中的一些人对土司制度弊病的认识比以前更深入，对改流的要求也更为强烈。一是朝廷命官对改土归流具有一定的认知。如湖北巴东县知县齐祖望认为，“倘不申明法纪，严加禁制，使土司无敢萌其觊觎之私，……诚恐数十年后边人终未得高枕而卧也”①。云贵总督蔡毓荣已经意识到土司之患在于土司制度已经腐朽：“土官以世系承袭，不由选举，……我国家八法计吏，三年考绩，土官皆不予焉。不肖者尢惩，间有一二贤者，亦无以示劝，欲其奉职守法也得乎?”② 也就是说，土司制度已经腐朽，不实施改土归流就不能推动西南民族地区乡村社会发展。鄂尔泰是前人思想之集大成者，也是提出改土归流建议最为合理并被雍正皇帝首肯的封疆大吏，他的改流主张更为坚决。如言：“欲靖地方，须先安苗倮，欲安苗倮，须先制土司。”③ 他在同年九月的一份奏折中指出：“苗倮逞凶，皆由土司……若不尽改土归流……大端终无头绪……滇黔必以此为第一要务。”④ 二是云南的一些知识分子，同样看到了土司制度的腐朽性，强烈要求改土归流。如刘彬在《永昌土司论》中说：“自谓土官世职，莫可如何！以致骄纵滋蔓，尾大不掉。所由肆屠虐而不悛，玩法纪若罔闻者，故曰其为恶最深也……往者滇省常受其害，如阿资、凤继祖……沙定州辈。一夫作难，全省震荡。前车已覆，后车不戒，岂非以其固结已久?”刘彬直接提出“改土归流，变夷为夏者，十且八九，未闻必借土司而后保固也”的看法。刘氏还认为：“若仅泥于目前，非不晏安无事，而不知其有事之机自在也。且以土人言之，同在中华之内，而风化不能及，恩泽不克沾，盖各有土官以隔别之。在流官曰，此土人非我百姓，漠视之

① （清）齐祖望：《清严边防详》，参见《同治宜昌府志》卷14《艺文》。

② （清）蔡毓荣：《筹边第二疏》，见（清）鄂尔泰、尹继善《乾隆云南通志》卷29《艺文》，乾隆元年（1736）刻本。

③ （清）允禄、鄂尔泰：《硃批谕旨》（第25册），雍正四年二月二十四日鄂尔泰奏。

④ （清）允禄、鄂尔泰：《硃批谕旨》（第25册），雍正四年九月十九日鄂尔泰奏。

耳。至于科派之重，刻虐之惨，则惟土官司之。在流官又曰，此土人非我百姓，奚预我事，又漠视之耳。”[①] 同属中华民族之民众，却不能享受同样的待遇，甚至徭役、科派均不同，官吏管理职责也不明，易造成各种混乱。可见刘氏要求改土归流之切！戴名世则认为，土司制度的存在，“名为羁縻”，实为“天地间之缺陷”[②]，鲜明地指出土司制度如果继续下去的危害。云南昆明人倪蜕分析得更为深刻：“世每谓土官家争杀淫纵之为，悉属边蛮沴气。……春秋二百四十年，《左传》所载诸侯卿大夫家事，岂不有甚于今日土官家所为者。齐、鲁、郑、卫，岂是边蛮？而其骄淫杀夺，无所不有。盖非太公、康叔贻谋之不善，亦封建世官之流弊必至于此极者也。”[③] 三是西南民族地区各族人民为了改变自己的地位，争取相对好一点的生活条件，对改土归流表现出极大的热情。如四川天全州土司残暴贪婪，“民怨若沸”，“久愿归流”[④]。云南丽江木氏土司衙署内的两千多奴仆闻知改土归流，都主动请求交纳丁银，承担赋税，“以等齐民”[⑤]。贵州铜仁府红苗因不甘邻近土司的残害，在清政府招抚后，“欢欣鼓舞，情愿编户纳粮”[⑥]。

上述三方面的原因表明，清代实施大规模改土归流以及国家权力在西南民族地区乡村社会扩张的时机已十分成熟。因此，清代中央政府在实现全国统一、国力已经强盛之时，为了实现“大一统”的目标，为了国家权力在西南民族地区的扩张，改土归流已势不可当。

有清一代的改土归流情况，《清朝续文献通考》卷一百三十六记载十分清楚。宣统三年（1911 年）民政部奏各省土司拟请改设流官称：“西

---

① （清）刘彬：《永昌土司论》，参见（清）贺长龄《皇朝经世文编》（卷 86）《兵政十七·蛮防上》。

② （清）戴名世：《戴南山全集》卷 12《纪红苗事》，还书屋民国七年（1918）木活字印本。

③ 倪蜕：《土官说》，参见（清）贺长龄《皇朝经世文编》（卷 86）《兵政十七·蛮防上》。

④ 中国第一历史档案馆藏：《硃批奏折》（民族事务类）第 1674 号卷，雍正五年正月二十九日岳钟琪奏。

⑤ 中国第一历史档案馆藏：《硃批奏折》（民族事务类）第 1729 号卷，乾隆三年五月初七庆复奏。

⑥ 中国第一历史档案馆藏：《硃批奏折》（民族事务类）第 1783 号卷，雍正八年十一月二十八日鄂尔泰奏。

南各省土府州县及宣慰宣抚安抚长官诸司之制，大都沿自前明。远承唐宋，因仍旧俗，官其酋长，俾之世守，用示羁縻。要皆封建之规，实殊牧令之治。康熙、雍正年间，川、楚、滇、桂各省，迭议改土归流。如湖北之施南，湖南之永顺，四川之宁远，广西之泗城，云南之东川，贵州之古州、威宁等府厅州县，先后建置，渐成为内地。乾隆以后，大小金川，重烦兵力。迨改设民官而后，永远底定。比值筹备宪政，尤宜扩充民治。近年各省，如云南之富州、镇康，四川之巴安等处，均经各该疆臣，先后奏请改土归流。而广西一省改革尤多，所有土州县均因事奏请停袭，及撤任调省，另派委员弹压代办。此外，则四川之瞻对、察木多等处尚未实行，德尔格忒、高日、春科等处，甫经核准。伏维川、滇等省，僻处边陲，自非一律更张，不足以巩固疆臣。惟各省情形不同，办法亦难一致，除湖北、湖南土司已全改流官外，广西土州县，贵州长官司等，名虽土官，实已渐同郡县，经画改置，当不甚难。四川则未改流者尚十之六七，云南土司多接外服，甘肃土司从未变革，似须审慎办理，乃可徐就范围。”① 该奏章将清朝的改土归流情况做了总结性的叙述，其改流过程、改流方法、改流特点、存在问题及注意事项等均十分详尽，清楚明白。

第二节　土司地理分布

元明清时期的土司主要分布于我国西南、中南和西北地区，在行政区域划分上主要包括今四川西北和川南、重庆市东南部、云南大部、贵州大部、湖北西部、湖南西部、广西大部、甘肃南部、青海东部和南部、西藏昌都地区、广东和海南少部地区。元明清中央政府在上述地区推行土司制度，让各地土司代表中央政府对上述民族地区的少数民族实行间接统治。土司政权辖区作为元明清土司制度在西南、中南及西北的地理分布，虽然表面上看只是国家权力及政治运作的产物，但实际是元明清中央政府的政治行为在地理空间上的表现形式。这从另一方面彰显出土司的地理分布与中央政府的边地治理、国家治理、边疆治理

① 《清朝续文献通考》卷136《职官·直省土官》，第8964页。

的治国理政理念密切相关。“土司的地理分布”既指元明清时期土司在特定时间范围和空间地域内的数量分布以及变化，也指土司在具体地理空间上呈现出来的与区域、职衔、朝代等具体因素相联系的分布状况。研究元明清时期土司的地理分布，不仅有利于揭示不同地域范围土司地理分布的状况、特点和成因，而且能为当下国家治理、边疆治理提供智力支持。

一　元明清时期土司的地理分布

元代的土司并非称“土司”，而是称宣慰使、宣抚使、安抚使、招讨使、长官司、总管、土府、土州、土县等。这些官职名称，除“总管”名称之外，其余官职名称一直沿用到明清两代。根据历史文献和已有研究成果，我们可将西南地区在元明清三代分区域整理出各地土司设置的情况。

（一）元代土司的地理分布

有元一代，由于疆域过大，各行省辖境十分辽阔，中央王朝在离“行省”首府偏远的民族地区以及边境地区设置了“宣慰司”“安抚司”“宣抚司”等官府。这些官府是介于“行省”与“路、府、州”之间，主要起着上传下达的作用。因此，《元史·百官志七》云：“宣慰司，掌军民之务，分道以总郡县，行省有政令则布于下，郡县有请则为达于省，有边陲军旅之事，则兼都元帅府，其次则止为元帅府。其在远服，又有招讨、安抚、宣抚等使”。有时，宣慰司、招讨司、安抚司、宣抚司等官府，还可以代表“行省”单独处理军政事务。[①] 有元一代，我国西南地区已普遍设置了各级土官，正如《黔南职方纪略》卷七所载：“元代土官有总管、宣抚司、安抚司、长官司、土府、土州、土县凡七等。其在顺元宣慰司者，有总管一、安抚使十三、土府六、土州三十七、土县十二、长官司二百七十二。又有乌撒乌蒙宣慰及播州沿边溪洞宣慰，皆在今贵州境。”[②] 著者根据多种文献资料整理出元代西南地区各省土司分布情况表，见表6－1。

---

① 安介生：《历史民族地理》（下），山东教育出版社2007年版，第652页。

② （清）罗绕典：《黔南职方纪略》卷7《土司》，成文出版社1974年版，第199页。

表 6－1　　元代西南地区各省土司分布表

省份	职衔									
	土知府	土知州	土知县	宣慰司	宣抚司	安抚司	长官司	蛮夷长官司	其他	合计
湖广	0	7	0	5	7	19	11	2	8	59
四川	0	0	0	2	6	0	10	1	6	25
云南	0	2	0	4	6	2	0	0	11	25
贵州	2	0	0	3	0	17	197	140	46	405
广西	0	60	20	0	0	0	0	0	3	83
合计	2	69	20	14	19	38	218	143	74	597
说明	1. 表中“其他”类型的土司主要包括除元代设置的“土知府、土知州、土知县、宣慰司、宣抚司、安抚司、长官司、蛮夷长官司”等职衔以外的各级各类土司；2. 由于元代时贵州尚未建省，其各种资料是根据相关文献整理出来的。									

资料来源：1.（明）宋濂：《元史》卷 61《地理志》，中华书局 1976 年版；2.（明）刘大漠、杨慎：《嘉靖四川总志》卷 14、15《土司》，北京图书馆古籍珍本；3.（明）刘文征：《滇志》卷 30《羁縻志》，古永继点校，云南教育出版社 1991 年版；4.（明）彭泽修等：《广西通志》卷 31、32，万历二十七年（1599）刊刻本，台湾学生书局 1986 年版；5.（清）张廷玉：《明史·土司志》，中华书局 1974 年版；6.（清）常明：《四川通志》卷 96—98《土司》，巴蜀书社 1986 年版；7.（清）郝浴等：《广西通志》卷 31，康熙二十二年（1683）刻本。

从表 6－1 可见，在西南、中南少数民族聚居地区，有很多基层地方政权，完全由当地“土人”为官。正如李思聪在《百夷传》中所言：元世祖平云南后，在云南少数民族地区“皆设土官管辖”。这里虽然说的是元代云南的情况，而实际在西南少数民族聚居地区普遍设立了土官，用土官来管理当地少数民族（“峒蛮”）确是一个不争的事实。元代周致中在《异域志》下卷载湖广的情况时说：“有土官掌之，其人皆与广西人同。”[1] 这表明：元代西南少数民族地区的基层政权中已经基本上实施了“皆设土官管辖”的民族政策。元代土官名称主要有宣慰使司都元帅府、宣慰使兼管军万户府、都元帅府、元帅府、宣抚司、安抚司、招讨司以及诸军、诸蛮夷长官司等。元朝土司制度的实施以及土司政区在西南、中南地区的设置，虽然属于土司制度的草创时期，但设置区域以及官名（如宣慰司、安抚司及招讨司等）一直沿用下来，以至于成为土司职官的专用名称，这种土司政区的建置及官名的沿用，为明代土司制度的全面发展奠定了坚实的基础。

（二）明代土司的地理分布

有明一代在西南和中南地区不仅继承了元朝的土司制度，而且还完善了土司制度。《明史·土司传》对西南各民族区域的土司建置与分布进行了翔实的记载，为我们了解明代土司的地理分布提供了极大的便利。但《明史·土司传》与《明史》卷七十六《职官五》的记载是否有出入，著者未做统计。据《明史》卷七十六《职官五》载：“洪武七年，西南诸蛮夷朝贡，多因元官授之，稍与约束，定征徭差发之法。渐为宣慰司者十一，为招讨司者一，为宣抚司者十，为安抚司者十九，为长官司者百七十有三。其府州县正贰属官，或土或流，大率宣慰等司经历皆流官，府州县佐贰多流官，皆因其俗，使之附辑诸蛮，谨守疆土，修职贡，供征调，无相携贰。有相仇者，疏上听命于天子。又有番夷都指挥使司三，卫指挥使司三百八十五，宣慰司三，招讨司六，万户府四，千户所四十一，站七，地面七，寨一。”[2] 如果按照这个数字计算，明代土司就是571家。但著者综合多种统计，其结果为584家。其分布如表6-2所示。

明代的广西、云南、贵州三省是当时西南地区少数民族人口最为集中之地。具体而言，广西多瑶僮，云南多僰爨，贵州多苗夷，在这些少数民族聚居地区，中央王朝因力量所限，只有实施间接统治的制度——土司制度。

---

① （元）周致中撰：《异域志》下卷《洞蛮》条，中华书局1981年版，第61页。

② （清）张廷玉：《明史》卷76《职官五》，中华书局1974年版，第1876页。

表 6-2　　明代西南地区各省土司分布表

省份	职衔									
	土知府	土知州	土知县	宣慰司	宣抚司	安抚司	长官司	蛮夷长官司	其他	合计
湖广	0	6	0	6	5	7	28	3	0	55
四川	1	0	0	1	4	8	46	0	24	84
云南	13	28	5	4	4	9	45	0	91	199
贵州	3	1	1	3	0	8	112	25	27	180
广西	4	44	11	0	0	0	5	0	2	66
合计	21	79	17	14	13	32	236	28	144	584
说明	表中"其他"类型的土司主要包括除明代设置的"土知府、土知州、土知县、宣慰司、宣抚司、安抚司、长官司、蛮夷长官司"等职衔以外的各级各类土司。									

资料来源：1.（明）刘大漠、杨慎：《嘉靖四川总志》卷14、15《土司》，北京图书馆古籍珍本；2.（明）刘文征：《滇志》卷30《羁縻志》，古永继点校，云南教育出版社1991年版；3.（明）彭泽修等：《广西通志》卷31、32，万历二十七年（1599）刊刻本，台湾学生书局1986年版；4.（清）张廷玉：《明史》卷311《四川土司》、卷40—46《地理志》，中华书局1974年版；5.（清）常明：《四川通志》卷96—98《土司》，巴蜀书社1986年版；6.龚荫：《中国土司制度史》，四川人民出版社2012年版。

（三）清代土司的地理分布

清朝初年至雍正年间，中央王朝沿袭元明两朝的土司制度。有学者统计，清代土司总数与分布情况为："清代鸦片战争前曾经存在的土司，大约有八百多个。其分布区域，主要是湖广、云南、贵州、广西、四川和甘肃，青海和西藏也有少数土百户、百长等。"① 可见，清代在西南、中南和西北地区推行土司制度的过程中，不仅进一步完善了土司制度，而且在雍正年间实施了大规模的改土归流。乾隆朝又在黔东南、川西、湘西等原土司地区实施改土归屯举措，这就使原来在西南土司地

① 张捷夫：《清代土司制度》，见《清史论丛》第三辑，中华书局1982年版，第188—202页。

区实力较强、级别较高、管辖面积较大的土司不复存在。《清史稿·土司传》对湖广、四川、云南、贵州、广西、甘肃等地的土司建置与分布均有翔实的记载。著者对清代各地土司的地理分布情况整理出表6-3。

表6-3　　　　清代各省土司分布表

省份	职衔									
	土知府	土知州	土知县	宣慰司	宣抚司	安抚司	长官司	蛮夷长官司	其他	合计
湖广	0	3	0	3	0	7	24	1	5	43
四川	0	0	0	5	6	17	40	0	365	433
云南	2	4	1	0	1	0	7	0	46	61
贵州	0	0	0	1	0	0	111	1	103	216
广西	2	32	7	0	0	0	13	0	18	72
甘肃	0	0	0	0	0	0	0	0	27	27
青海	0	0	0	0	0	0	0	0	304	304
合计	4	39	8	9	7	24	195	2	868	1156
说明	表中“其他”类型的土司主要包括除清代设置的“土知府、土知州、土知县、宣慰司、宣抚司、安抚司、长官司、蛮夷长官司”等职衔以外的各级各类土司。									

资料来源：1.（清）常明：《四川通志》卷96—98《土司》，巴蜀书社1986年版；2.（清）郝浴等：《广西通志》卷31，康熙二十二年（1683）刻本；3.（清）卞宝第、李翰章：《湖南通志》卷85《武备志八·废土司》，续修四库全书编委会：《续修四库全书》第661册《史部地理类》，光绪刻本，上海古籍出版社1995年版；4.（民国）赵尔巽：《清史稿》卷512—516《土司传》，中华书局1976年版；5. 龚荫：《中国土司制度史》，四川人民出版社2012年版。

清代与明代相比，在土司制度发展与衰亡的历史进程中，改土归流几乎与有清一代相始终。换言之，清代自始至终将改土归流、实现“天下一统”作为一项基本国策在实施。经过清代的改土归流，土司制度在全国范围内已接近了历史的终点。[①] 时至清王朝灭亡之时，全国大部分土司已完成了“内地化”的转变，土司制度已寿终正寝。

上述部分朝代的土司地理分布，仅是指特定时空内数量的分布及变化，这种变化也只是一个总体情况而已。因为土司制度在元代“松”、明代“细”、清代“严”的情况下，其地理分布及时段数量是在不断变化之中。如清代雍正年间大规模改土归流前全国有土司1156家，到清光绪时期仅尚存637家。[②]

二　元明清时期土司的地理分布特点

构建“中国土司学”以及研究土司问题，土司的地理分布只是为土司政区地理、民族地理研究提供线索。对于这个问题，马强先生认为，研究元明清时期土司政区地理需要解决土司所辖政区的地理范围及其变迁，土司政区行政中心（即土司衙署），土司政区与经制州县的边界划分、行政权限及“飞地”，土司政权历史地图，土司政区划定的背景与具体勘分过程，土司与土司之间政区与领地范围争端及纠纷解决机制，改土归流后某一政区设置等七个问题。[③] 在“中国土司学”构建过程中，我们不仅要高度关注土司相对集中的区域，而且也不能忽视那些较早改流的民族地区，结合具有可靠性的正史数据以及丰富的方志数据，全面厘清各土司的地理分布特征以及土司的民族构成问题。有鉴于此，有必要研究元明清时期土司的地理分布特点。

（一）土司地理分布的民族性

元明清时期我国土司地理分布的最大特征就是以岷江以西的大渡河、大娄山为纵向轴线，以及岷江汇入长江后自叙州府一直到宜昌以南，呈半月形的地理分布，这一半月形的西部土司分布最为密集，半月形的南部逐渐向东，其土司分布渐次稀疏，这与元明清时期及当今我国少数民族的地理分布具有重合性。这事实上体现了土司地理分布的民族性问题。

---

① 胡耐安：《明清两代土司》，存萃学社编集《清史论丛》第6集，香港大东图书公司1980年版，第145页。

② 郭松义、李新达：《中国政治制度通史》，人民出版社1996年版，第289—291页。

③ 马强：《土司历史地理刍议—以西南地区土司地理为主》，《遵义师范学院学报》2016年第6期。

成臻铭《群在时空之间：论明代土司的民族族系分布特点》一文是我国目前唯一研究土司地理分布的研究成果，具有开先河的学术价值。但该文仅对明代土司的族属分布、时间分布和空间分布做了一些基本分析和族系的断代清理。尚未指出土司地理分布与当今民族构成之间的关系。翻检史籍我们就会发现，元明清时期四川土司，不仅分布在四川缘边地区，而且土司的民族构成与今也基本相同。川西北松茂一带的土司以"西番"为主，即现在的藏族先民；川西南的乌蒙、东川、乌撒、镇雄等四府土司以罗罗为主，即当今的彝族先民；南部永宁、播州一带的土司以土僚或苗、仲，也就是现在布依族和苗族的先民；分布在川东南的石砫、酉阳和秀山等的土司，则是土家族的先民。元明清时期云南的土司分布全省，分布在滇西北的土司，主要是当今的藏族、纳西族；分布在滇西的土司，主要是当今的藏族、彝族；分布在滇西的土司，主要是当今的傣族、佤族和景颇族；分布在滇南的土司，主要是当今的傣族、景颇族和哈尼族；分布在滇东南的土司，主要是当今的苗族、壮族和哈尼族。由此可见，时至今日，元明清时期土司分布的这些区域，不仅仍然是我国当今少数民族聚居和杂居地区，而且土司的民族成分与现在的民族成分也基本相同。

（二）土司地理分布的边缘性

展开谭其骧先生主编的元明清时期的历史地图集，我们就会很清楚地发现，元明清时期土司基本上分布在边境之内地区、靠近边境地区、边境地区和边远地区，即周边、临界、沿边的边缘地带。如明代四川土司主要集中于四川边缘地区，且大多集中于四川与云南、贵州、朵甘都司等地交界地带。各地土司的这种地理分布难免造成管理的不便与成本的增加。因此，《明史》有言："四川土司诸境，多有去蜀远，去滇、黔近者。"① 如乌蒙土司和东川土司更接近云南昆明，乌撒土司、镇雄土司、播州土司更靠近贵阳。于是就形成了"去省窎远，莫能控制……虽受天朝爵号，实自王其地"②的格局。处于明代四川和乌斯藏都司之间的朵甘都司所属土司，时称四川"徼外土司"，也就是边外土

① （清）张廷玉：《明史》卷311《四川土司》，中华书局1974年版，第8001页。

② 同上。

司的意思。从民族的角度看，土家族土司主要分布在湘鄂渝黔交界的武陵山区，彝族土司主要分布在川黔滇三省交界区域，藏族土司主要分布在甘青川三省交界地区，这些土司就处在临界、沿边的边缘地带，远离中央政府在当地设置的省级中心区。云南、广西两省的土司则处于我国西南边疆，且临近缅甸、老挝、越南的边界，因此，明清及民国时期的壮族、傣族、布朗族和景颇族土司分布在今云南、广西两省边境，跨越缅甸、老挝、泰国、越南四国，成为我国为数不多的边外土司。这种地理分布的边缘性，体现了帝国控制力量的局限性，所以，土司制度事实上是元明清中央政府通过各地土司对土司地区实施管理的间接统治。

（三）土司地理分布的差异性

元明清时期土司地理分布存在着一定的差异性，这体现了土司制度的同中有异，因为一切事物都是同和异的统一体，土司的地理分布也不例外。一是土司设置地点的差异性。在“蛮夷杂处”的云南，虽然流官与土官相辅，且每个流官政区机构中都有土官的存在，但流官所在政区与土司所在政区之间的差异十分明显。[①] 因此，《明史·云南土司传》在论及这个问题时说：“……统而稽之，大理、临安以下，元江、永昌以上，皆府治也。孟艮、孟定等处则为司，新化、北胜等处则为州，或设流官，或仍土职。今以诸府州概列之土司者，从其始也。盖滇省所属多蛮夷杂处，即正印为流官，亦必以土司佐之。”[②] 这是对云南流官政区与土司政区差异性的概述。二是土司级别分布的差异性。如明代广西东部和南部的土司地理分布呈现出级别的差异性。具体来讲就是，广西东部的土司多以土巡检司和土副巡检司为主，级别较为低下；广西南部的土司则以土州、土县为主，级别相对较高。三是文职土司和武职土司分布的差异性。明代文职土司主要分布在广西西部的壮族聚居地区、云南中部少数民族杂居地区等社会经济较发达的少数地区；宣慰司、宣抚司、安抚司、长官司、蛮夷长官司等武职土司则主要分布在湖广西部、川西北、贵州山地、云南沿边地带等社会经济较落后的少数民族聚居地区或

---

① 安介生：《历史民族地理》（下），山东教育出版社 2007 年版，第 692 页。

② （清）张廷玉：《明史》卷 313《云南土司》，中华书局 1974 年版，第 8063 页。

边远地区；而土指挥使、土指挥同知、土指挥佥事、土千户、土百户、土总旗、土营长等武职土司则主要分布在西南少数民族地区的津要之地或国家屏障地方的卫所之中。[①] 有学者在研究土司问题时否定土司有文武之分，这是一种不太正确的理解。因为在清代的学者编纂地方志时就早有文职、武职之分。如清代谢圣纶在《滇黔志略》卷之十四《云南土司》中说："云南旧志载，土官一百五十余人，先后裁革七十余人。康熙二十九年续修《通志》，所存者土知府六，土同知三，土知州八，土通判一，土州同三，土州判四，土县丞七，土经历一，土知事一，土主簿二，土典史一，土巡检二十有一，土驿丞三，宣慰司一，安抚司二，宣抚司五，副宣抚司二，长官司二，副长官司三，计七十六人。圣纶按：土司官有武衔者，宣慰使同知，安抚司正长官、副长官，土千户、百户之类是也。有文衔者，土知府同知、通判，土州同，土县丞、主簿、巡检之类是也。"[②] 此后的佘贻泽、凌纯声、江应樑、龚荫、成臻铭等均有类似分类，著者认为这有一定道理。

（四）土司地理分布的阶段性

由于前面著者是按照朝代在论述元明清各代土司的地理分布，因此，这里有必要突出各代土司分布或同一朝代土司分布的阶段性特点。

一是土司地理分布数量的阶段性。从前面三个表格可见，元明两代，土司数量基本上维持在600个之内，清代最多时则达1156家，基本上翻一番。就云南一省在明代的情况看，也呈现出前后分布的差异。《明史·地理七》在阐释云南政区设置时说：云南前期"领府五十八，州七十五，县五十五，蛮部六。后领府十九，御夷府二，州四十，御夷州三，县三十，宣慰司八，宣抚司四，安抚司五，长官司三十三，御夷长官司二"[③]。前后悬殊之大可见一斑。同时，还有一种现象是，历史文献记载的元明清云南边境的一些土司，当时在我国版图内，现已在缅甸等四国版图内，详见表6-4。

---

① 龚荫：《中国少数民族史》（上编），四川人民出版社2012年版，第135—137页。

② （清）谢圣纶著，古永继校点：《滇黔志略》卷14《云南土司》，贵州人民出版社2008年版，第173—174页。

③ （清）张廷玉：《明史》卷46《云南·贵州》，中华书局1974年版，第1171页。

表 6－4　　元明清时期云南边境土司一览表

土官名称及姓氏	治所地	设置时间
木邦军民宣慰使司罕氏	今缅甸腊戌新维	元至元二十六年（1289 年）
孟密宣抚使司思氏	今缅甸掸邦蒙米特	元至顺二年（1331 年）
八百大甸军民宣慰使司刀氏	今泰国清迈	明洪武二十一年（1388 年）
缅中军民宣慰司卜氏	今缅甸中部阿瓦	明洪武二十七年（1394 年）
孟养军民宣慰使司思氏	今缅甸克钦邦孟养	明永乐二年（1404 年）
老挝军民宣慰使司刀氏	今老挝琅勃拉邦	明永乐元年（1403 年）
缅甸军民宣慰司那氏	今缅甸中部阿瓦	明永乐二年（1404 年）
孟艮府土知府刀氏（来属土司）	今缅甸掸邦景栋	明永乐三年（1405 年）
大古剌军民宣慰司	今缅甸南部勃固	明永乐四年（1406 年）
底马撒军民宣慰司	今缅甸南部勃固东南毛淡棉	明永乐四年（1406 年）
茶山长官司早氏	今缅甸克钦邦恩梅开江畔明	永乐五年（1407 年）
里麻长官司刀氏	今缅甸克钦邦卖立开江畔	明永乐六年（1408 年）
底兀撒宣慰司	今缅甸南部勃固西北	明永乐二十二年（1424 年）
东倘长官司新氏（来属土司）	今缅甸掸邦境内	明宣德八年（1433 年）
蛮莫安抚司思氏	今缅甸克钦邦曼昌	明万历初年（1573 年）
孟养长官司思氏	今缅甸克钦邦孟养	明万历十三年（1585 年）
猛梭寨土寨长刀氏	今越南北部封土	清顺治九年（1652 年）
猛赖寨土寨长刀氏	今越南北部莱州境	清雍正四年（1726 年）
猛蚌寨土寨长刀氏	今越南北部孟崩境	清雍正四年（1726 年）
猛乌土把总召氏	今老挝北部	清雍正七年（1729 年）
乌得土把总刀氏	今老挝北部	清乾隆六年（1741 年）

资料来源：根据龚荫《中国土司制度史》（四川人民出版社 2012 年版）下编有关土司纂要整理。

表 6－4 中云南边境土司的地理分布，在空间上反映了元明清时期我国边地的外扩或内缩，实际上体现的是国家实力和多种力量在疆域上的角逐与较量。

二是土司职衔地理分布的阶段性。如明代四川的武职土司以宣慰使、宣抚使、安抚使、土长官、土千户、土百户为主，清代时，除了明代土司设置的传统外，却新增了土屯守备、土屯千总、土屯把总、土屯外委及土目，且数量多达260家左右。这无疑是清朝乾隆年间在川西地区实施改土设屯的结果。如明代贵州土司有宣慰使、宣慰同知、宣慰佥事、安抚使、安抚同知、安抚佥事、长官司、副长官司、土同知、土通判、土推官、土州同、土州判、土县丞、土主簿、土巡检、土吏目诸官。清代贵州土司有土同知、土通判、土推官、土县丞、土主簿、土吏目、土巡检、正长官、副长官，土弁有外委、土守备、外委土千总、外委土把总、土舍、土里目。土司、土弁共二百有五员。可见，清代贵州诸如宣慰使、安抚使、长官司等武职土司已不再设置。①

三　元明清时期土司地理分布的成因

元明清时期土司地理分布问题不是一个简单的历史地理问题，而是一个十分复杂的政治学问题。元代至清末，土司地理分布的基本规律是：随着改土归流的逐步推进，国家直接控制的区域逐渐扩大，土司在全国所占据的地理空间逐渐缩小。一方面是元明两代土司数量基本稳定在600家而清代反增至1100多家，另一方面则是宣慰司、宣抚司、安抚司、土知府、土知州、土知县等级别较高的土司由明代的412家减至清代的287家（在光绪年间仅200家左右），增加品级较低的土百户、土屯守备以及不入流的土总管、土寨长、土目、土徭长等土司，土司其管辖范围和实际权力不断被挤压。可见，元明清时期土司政权的辖区在一定时空上是稳定的，但随着中央王朝实力的增强、国家权力的不断扩张、“天下一统”意志的坚定而不断地调整。从元代至清末土司的地理分布看，土司政区的变动与国家治理、边疆治理存在着纷繁复杂的关系，这就需要我们对元明清时期不同时空、不同地域、不同土司的政区变动等具体问题做具体分析。因此，笔者拟采用柯文“在中国发现历史”的分析模式，以边地治理、国家治理和边疆治理为视角，来深入分析元明清时期我国土司地理分布的成因。

（一）帝国边陲的边地治理

在元明清中华帝国的历史发展进程中，相对于中央王朝的政治中心以及处于内地的地域中心而言，土司地区无疑处于帝国边陲。应该说，

① （清）罗绕典：《黔南职方纪略》卷7《土司》，成文出版社1974年版，第199—202页。

土司地区是中央王朝难以推进中原文化的那些“化外之地”，或者叫“边地”。元明清时期实施的土司制度实际上是元明清中央王朝“天下观”的“中心”与“边缘”结构问题的实践，说白了，也就是中央王朝企图解决的边地治理问题。自元代开始，中央王朝在边地设置职衔及品级各不相同的土官，正如《元史》卷九十一《百官七》所载：“宣慰司，掌军民之务，分道以总郡县，行省有政令则布于下，郡县有请则为达于省。有边陲军旅之事，则兼都元帅府，其次则止为元帅府。其在远服，又有招讨、安抚、宣抚等使，品秩员数，各有差等。”[①] 从当时设置的土司看，乌蒙土司、东川土司、乌撒土司、镇雄土司、播州土司、朵甘都司、长河西鱼通宁远宣慰司、董卜韩胡宣慰司，都是元明两代各省的边地土司。《元史》卷六十三《地理六》对播州杨氏任沿边溪洞宣慰使司有如下记载：“以播州等处管军万户杨汉英为绍庆珍州南平等处沿边宣慰使，行播州军民宣抚使、播州等处管军万户，仍虎符。”[②] 除了这些内陆的边地土司外，元明清时期还有一些在缅甸、老挝、泰国、越南四国边界的边地土司。《元史》卷六十一《地理四》在论述“彻里（即后来的车里）军民总管府”时说：大德中，云南省言：“大彻里地与八百媳妇犬牙相错，势均力敌。今大彻里胡念已降，小彻里复控扼地利，多相杀掠，胡念日与相拒，不得离，遣其弟胡伦入朝，指画地形，乞别立彻里军民宣抚司，择通习蛮夷情状者为之帅，招其来附，以为进取之地。”[③] 乃立彻里军民总管府。著者在涉及“临安广西元江等处宣慰司兼管军万户府”下辖的“舍资千户”时有“其地近交趾”的句子，在论及“建水州”时，也有“近接交趾，为云南极边”的语句。可见，元明时期边地豪酋大姓就成为中央王朝可以倚重的对象，土司制度就是在这种背景下应运而生的，那些数省交界地区以及靠近国界的土官自然就成为国家政权在边地的“正统”代理人。中央王朝通过在边地设置土司借以稳固帝国的权力和统治，而边地土司借由朝廷命官的身份及地方政权的方式不仅维持边地的稳定，而且再造出中心与边缘的政治格局。帝国通过土司制度得以进入边地，

---

① （明）宋濂：《元史》卷91《百官七》，中华书局1976年版，第2308页。

② （明）宋濂：《元史》卷63《地理六》，中华书局1976年版，第1551页。

③ （明）宋濂：《元史》卷61《地理四》，中华书局1976年版，第1463—1464页。

这或许就是帝国借助边陲土司治理边地的政治运作模式。

（二）王朝权力的国家治理

明清时期土司制度在继承前代的同时，又不断做出新的调整和改革。在一系列土司政区的裁革、增置、品级升降、隶属调整中，众多土司政区由原来的全土地区逐渐演变为土流共存政区或土流分治政区，直至全流官管辖政区。土司地理分布的演变以及土司政区的消灭，无疑与明清中央王朝权力的不断下沉以及国家治理能力的逐渐增强密切相关。如果将土司的地理分布与土司的政区变动过程置于明清时期国家治理的历史脉络中进行深入细致的考察，我们就会发现土司的地理分布与土司的政区变动实际上是明清中央王朝适时权衡土司地区社会发展所面临的复杂局势，因应各地土司的内部纷争以及周边土司的相互仇杀，通过土司辖区的调整做出的国家治理举措。具体而言，无论是内地土司还是边地土司，土司与中央政府之间、土司与当地流官之间、土司与土司之间、土司与下属吏目之间、土司与辖区民众之间都充斥着各种不同的利益矛盾，中央王朝与土司之间的博弈不断、土司内部之间竞争不息。各地土司相互争夺各自利益、谋求利益的最大化，这种不断竞争最终导致各地土司自身力量的不断削弱，从而让明清中央王朝力量得以顺势而入。明清中央政府或者通过土司管辖范围与人口的调整，或者通过改为省级布政司直隶，或者通过改属流官政府及军事卫所的管控，或者通过分地新置土司政区和流官政区，以此逐渐缩小土司的势力范围，中央政府通过这种制度上的安排逐渐将国家权力渗入土司地区，从而使国家秩序在西南、中南和西北土司地区得以不断推进。而随着明清中央王朝行政秩序的推进，各地土司的内部斗争也必然逐渐受到行政区划调整的影响。一方面，宣慰司、宣抚司、安抚司、长官司、土知府、土知州、土知县等级别较高的土司利用政区调整，借助明清中央王朝的地方行政体系不断获取国家资源和维护自身利益；而另一方面，这些土司在获得国家承认其合法性地方政权的同时，反过来又倒映出中央王朝力量对土司地区社会的延伸、扩张与下沉，凸显了中央王朝对土司地区的国家治理过程的逐渐加强。[①]

---

① 刘家铨：《王朝・边地・土司：边疆管控与明代桂西南政区演变研究》，硕士学位论文，广西民族大学，2016 年，第 53—54 页。

有清一代国家治理土司地区的一个重大变化是：有的土司职衔只是一个虚衔而已，并无实权。据光绪《大清会典事例》卷一百四十五载：乾隆五十年覆准，“各省土官向无地方村寨管辖者，将原袭文职改授土官。……遇袭替时，止准换给号纸，按照品级填写几品土官，不必仍书通判、推官、县丞、主簿、巡检等字样。向有给予印信者，将印信咨送礼部销毁”。《清史稿》卷一百十七“广西土知州”条载：“其不管理土峒者，正六品土官二人，从六品、正八品、正九品土官各一人，从九品土官一人，未入流土官二人”；同卷“云南土知府”条载：“其不管理苗裔村寨者，土通判二人，丽江府、鹤庆州，各一人”；同卷“贵州土同知”条也载：“其不管理土峒者，正六品、正七品土官各一人，正八品土官三人，正九品、从九品土官各二人。”① 可见，这些土司只是名义上的土司，他们既然不管理土峒和村寨，也就没有任何行政权力，因为代表土司实施行政权力的凭证——信印已回收且“咨送礼部销毁”。这说明清代一些土司的权力越来越小，中央政府对土司及土司地区的控制力越来越强。中央王朝就是通过对土司实施分其地、降其职、限其权、虚其衔等举措，使国家治理能力不断增强，有效地维持了土司地区的社会稳定。

（三）近代国家的边疆治理

元明清时期西南边地或边外土司的地理分布与当今我国西南地区边界的形成密切相关，特别是晚清时期云南边地土司辖区从“边地”到“国界”的历史演变进程反映出近代国家的边疆治理。通过表6－4我们就会惊奇地发现，原来元明清时期云南土司的地理分布竟然与缅甸、越南、老挝、泰国四国的边界有着千丝万缕的联系。云南西南部土司的地理分布由元及明代中期以前的帝国版图内而延至明代后期及清代逐渐移出帝国版图之外，究其原因，主要有两个：

一是明朝处理云南边地土司辖地的失误以及明代后期明王朝实力的衰减。在元代至明代正统年间的“三征麓川”时期，元明中央政府实际上控制了大金沙江（今缅甸伊洛瓦底江）以西地区，特别是通过“析麓

① （民国）赵尔巽：《清史稿》卷117《土司各官》第12册，中华书局标点本，第3414—3416页。

川地”设“三宣一长官司”的举措，帝国力量有效地控制了今缅北及滇西南的大片领土。但明代天顺以后，由于明朝“抚绥失宜”，处置不当，云南西南部边地土司叛服无常，木邦、孟密、孟养等土司之间，虽或因世仇，或为领土争端而仇杀不断，但仍在明朝版图之内。嘉靖末年，缅甸东吁王朝兴起，迅速消灭了缅甸宣慰使司（阿瓦），统一了缅甸，并不断骚扰和侵占云南西部边地土司，打破了云南西部边地土司地区的力量平衡。这一时期，明代中央政府虽尽力试图控制该地区，使之成为云南内地与缅甸的藩篱，但因明朝国势衰落等原因，已无暇顾及云南边境土司的去留，所以，云南边地土司或内属，或外奔，最终导致云南边地土司逐渐分属于缅甸东吁王朝和明朝。虽然在明朝万历年间击退缅甸后，在三宣之外设置八关九隘，且屯田防守缅甸，但在这之后，明朝只能控制“关内”土司，已不能控制“关外”曾经属于云南管辖的边地土司，滇西边境土司“朝滇暮缅，朝缅暮滇”的局面已一去不复返。至此，滇西疆域已内缩许多。

二是以明清中央王朝为中心的藩属体系与以西方世界条约制度为核心的世界体系的冲突。有清一代，在中国历史发展与西方列强入侵的双重作用下，滇西南土司彻底成为“云南边外土司”，完成了从“边地”向“国界”的最后转换，我国仅保住了“八关九隘”之内的土司疆域，最终自八关至遮放土司为界之内的国土划给清国，“八关九隘”之外的国土划给缅甸。这证明在清缅划界问题上清国的完败。历史文献表明，在乾隆时期，缅甸曾经奉表纳贡，成为清朝属国，乾隆皇帝认为缅甸已为我“版籍”，已在国家“区宇之内”，在乾隆皇帝及大清帝国的意识里，清缅之间的界线已不存在。然而，光绪十一年（1885 年），缅甸沦为英国殖民地后，清缅藩属体系轰然崩溃，大英帝国将近代民族国家的模式用于清缅划界。大清帝国与大英帝国虽然经过多次交涉和商谈，但最终还是签订了丧权辱国的《续议滇缅界务条款》，将“八关九隘”之外的土司疆域划归缅甸，从而使象征着“领土实力结构的契约线”形成。这就意味着中国经历并完成了从传统王朝国家向近代民族国家的转型，在这个转型过程中，我国付出了沉重的代价，那就是象征着我国主权的大片领土丧失。但从另一侧面则唤醒国人：中缅国界的形成，国家边界概念已深入人心。滇西南部分土司成为云南“边外土司”的事实说明，由于清朝没有强大的实力作后盾，不仅藩属国缅甸未能保住，而且滇西南土司大片疆域也丧失，藩属体系无力抵挡西方世界条约制度为核心的世界体系的冲击。这是一个极其深刻的历史教训，值得当今国人深思及在边疆治理过程中引起高度重视。

第三节　深化土司研究

从全国哲学社会科学规划办公室 2016 年立项项目看，土司研究虽然出现了诸如族群认同变迁、国家治理、社会治理、土司遗址保护与利用、改土归流、南方土司制度与北方盟旗制度比较等新的选题取向，但著者认为，要深入研究土司问题，学界应该根据历史文献、各地档案、地方志书、土司谱牒、土司志等文献记载，重点深化下列问题的研究。①

一　土司制度建置问题

土司制度建置问题主要包括土司制度的起源、发展、兴盛、衰亡的历史进程和具体内容以及历代朝廷命官、文人墨客、专家学者对其所作的评价。对这些内容的研究，已有相当多的成果，但也不乏深入研究的空间。就起源而言，不仅要探讨为什么会在宋代开始萌芽、元朝兴起并初具制度的形态，而且更要深入地研究在元明清三代的具体推行，在推行过程中顶层设计、具体制度、各专项制度在不同朝代、不同地区、不同民族究竟有什么区别？为什么会有这些区别？影响中央王朝“因俗而治”的因素究竟有哪些？在土司制度发展和兴盛的过程中，官职、授职、职衔、任命、承袭、分袭、印信、号纸、升迁、惩罚、贡赋、征调、土兵、宽贷、考核、安插、教化等各个方面在不同历史时期究竟有哪些异同？其中有无规律可循？土司制度的衰亡不是一蹴而就，它是一个循序渐进的过程，从土流并治、土司降职、众建诸蛮、异地安置到革职、废黜以致改土归流，既有相同之处，也不乏相异之处。自明代中期开始，时人对土司制度的地位、作用和流弊就有众多的评价。在此，我们不必列举鄂尔泰、魏源等名人对土司、土司制度功过是非的评价，仅广西一

① 李良品：《深化土司研究的十个问题》，《长江师范学院学报》2017 年第 2 期。

省，明清两代对土司制度的评价就有丘浚的《广西众建土官议》，周琦的《条陈地方利弊疏》，刘颖的《请处置田州事宜疏》，林富的《议土思田等处事宜疏》，王阳明的《处置平复地方以图久安疏》，田汝成的《广西土官论》，郑晓的《论土官》，魏浚的《官司治瑶僮不如土司能用其众》，苏浚的《土司用兵议》《庆远府土官论》《镇安土官论》《田州土官论》《武靖州土官论》《思明府土官论》《泗城州土官论》《奉议州土官论》《思明州土官论》《龙州土官论》，邝露的《论广西土司形势》，李绂的《覆陈土司绥靖疏》，倪蜕的《土官说》，颜嗣徽的《“八寨考”论及土司》，《百色厅志》中的《论田州土司》，谢光绮的《条陈粤西土田州土目事宜》等疏论，这些短文与长论无疑是研究土司制度建置沿革、嬗变、利弊得失以及改土归流原因的最好资料。

二　土司职官问题

元明清时期的土司，虽然是世袭土官，但同样是朝廷命官，对他们的职官名称、职权范围、品级地位等的确定，实际上就是土司职官制度。研究土司职官制度时必须高度关注如下内容：一是土司管理机构。在明代，管理土司的机构主要是吏部和兵部，其次是户部和礼部。在一般情况下，吏部和兵部掌管各地土司的承袭、征调和考核，户部掌管土司的朝贡、纳赋，礼部掌管土司入国子监学习、兴建司学和土司进京朝贡时的礼仪、接待和回赐物品等。清代在沿袭明代相关制度和管理的基础上，新增理藩院专门管理番部土司事务。二是土司层级。元明清时期无论是文职土司还是武职土司，他们均具有一定的职衔和品级。元代土司官职的设置十分明确，具体情况如下：宣慰使司，从二品。每司宣慰使三员，从二品；宣慰使兼管军万户府，每府宣慰使三员。宣抚司和安抚司，正三品，宣抚使或安抚使一员，正三品。[①] 明代武职土司的职衔名称、数额、资格如下：“宣慰使司设宣慰使一员，从三品；同知一员，正四品；副使一员，从四品；佥事一员，正五品；宣抚司设宣抚一员，从四品；同知一员，正五品；副使一员，从五品；佥事一员，正六品；安抚司设安抚一员，从五品；同知一员，正六品；副使一员，从六品；佥事一员，

① （明）宋濂：《元史》卷91《百官七》，中华书局1976年版，第2308—2310页。

正七品；招讨司设招讨一员，从五品；副招讨一员，正六品；长官司设长官一员，正六品；副长官一员，从七品。而蛮夷官、苗民官、千夫长、副千夫长、土官中头目、原无专职品级。”① 这些土司的职责是各统治其部落、听从征调、守卫疆土、戍防边塞等，其级别比元代低。清代土司的职衔、品级与明代大同小异，只有很少的变化。除常规职衔与品级外，也时有封与虚衔的，如明代石砫土司秦良玉，除其官职有光禄大夫、四川招讨使、中军都督府左都督、镇东将军、四川总兵、提督等实职之外，还有太子太保、太子太傅、忠贞侯、一品诰命夫人等虚衔。三是土司类别。按照现在一般的划分，文职土司主要包括土知府、土同知、土知州、土通判、土州同、土县丞、土经历、土知事、土主簿、土典史、土巡检、土驿丞等，武职土司主要有宣慰司、宣慰使同知、宣抚司、安抚司、长官司②以及土指挥使、土都司、土外委、土守备、土千总、土把总、土千户、土百户、土游击等。在国家管理层面，他们分别属于吏部和兵部。四是土司辖区内的等级。从文献资料看，在土司辖区内，存在着森严的等级制度。一般情况下，按照等级高低依次为土官、官族、土目、土丁、农奴。清代广西的安平州内分为八化，每化设置土目，其等级依次是知峒、团长、总化、副峒、掌峒、权峒、签峒、总理、总管、权隘、郎首、夜兵等，层层隶属，其职责是：知峒，负责处理全化一切事务，由土官委派；团长，专负训练与组织团勇，保卫地方；总化，是知峒的差役，专门负责送来往信件；权隘，专守隘口，有的兼任郎首，管理本屯事务；权峒，专门受理官田，每年催收租谷；签峒，受权峒领导，职务与权峒同；副峒、总理等，其职权专门负责本屯行政事务，不能超越他屯；郎首，专门负责收粮钱催夫屯内事务；夜兵，各屯头目之差役。③ 又如播州杨氏土司修建的海龙屯，除杨氏家族外，其余官吏级别较高的依次是总管、总领、把总、提调等，级别最低的是书吏和守囤各役。无疑，“总管”是海龙屯最高行政长官，由杨应龙的心腹担任，专门管理海龙屯的

① （明）申时行：《明会典》，中华书局 1989 年版，第 613 页。

② （清）谢圣纶著，古永继校点：《滇黔志略》卷 14《云南土司》，贵州人民出版社 2008 年版，第 173—174 页。

③ 广西壮族自治区博物馆：《广西土司资料汇编》，内部刊印，1962 年，第 369—370 页。

兵马。[1] 与土司职官制度密切相关的还有土司做流官的问题，这是目前极少涉及的一个问题，有待深入研究。此外，土司职衔的沿革与嬗变的演化进程值得研究。从现有史料看，一些地方的土司改土归流后并未彻底裁革，而是变换职衔与品级。如明万历二十九年（1601 年）“平播之役”后，中央王朝对余庆、白泥两土司实行“改土为流”。是年，该两县虽置流官，但原余庆长官司改任土县丞一职，且一直由毛氏家族承袭到宣统三年（1911 年）。石硅马氏土司自乾隆二十六年（1761 年）改土归流后，担任土通判直至民国三十五年（1946 年），只是不管民事，有职无权了。

三　边地土司问题

元明清时期设置的边地土司，有三种类型：一是内地的边地土司。如容美土司、永顺土司、石硅土司、利川土司等，属于当时四川与湖广交界地带；乌蒙土司、乌撒土司、镇雄土司、东川土司等，属于四川、云南、贵州三省交界地带；播州土司、永宁土司等，属于四川与贵州边缘地带土司，这些地方都是元明两代及清前期各省的边地土司，他们虽然远离国家的政治中心——京城和地方的政治中心——省城，是真正的边地土司，但他们属于朝廷命官，有自己的治所——衙署，并在衙署基础上，修建小城镇，形成了国家边缘的地方性中心。二是邻国边界的边地土司。如广西的凭祥土司、龙州土司、上冻土司、下冻土司与越南接壤；云南“八关九隘”之内的土司，诸如里麻司、干崖宣抚司、盏达副宣抚司、陇川宣抚司、耿马安抚司、麓川平缅宣慰使司、孟连司等土司与缅甸交界；车里宣慰司等土司与老挝接壤。[2] 滇西边境土司那种“朝滇暮缅，朝缅暮滇”的现象、阶段变化及成因值得深入探讨。三是跨国的边地土司。诸如木邦军民宣慰使司罕氏、孟密宣抚使司思氏、八百大甸军民宣慰使司刀氏、缅中军民宣慰司卜氏、孟养军民宣慰使司思氏、老挝军民宣慰使司刀氏、缅甸军民宣慰司那氏、大古剌军民宣慰司、底马撒军民宣慰司、茶山长官司早氏、里麻长官司刀氏、底兀撒宣慰司、蛮

---

① 李良品、李思睿、余仙桥：《播州杨氏土司研究》，华中科技大学出版社 2015 年版，第 205 页。

② 谭其骧：《中国历史地图集（元明时期）》，地图出版社 1982 年版，第 76—77 页。

莫安抚司思氏、孟养长官司思氏、猛梭寨土寨长刀氏、猛赖寨土寨长刀氏、猛蚌寨土寨长刀氏、猛乌土把总召氏、乌得土把总刀氏等土司，元明清时期曾经在中华帝国的版图内，或因中央政府处理边地土司辖地的失误，或因中央王朝实力的衰减，或因藩属体系的崩溃，致使一些边地土司之地至今已列入缅甸、老挝、泰国、越南四国版图之内，成为名副其实的"边外土司"。对这些"边外土司"仅有邹建达、王春桥等专家学者有过研究，其深入研究空间还很大。其中最重要的问题在于它涉及元明清三朝的边疆治理、疆域的外扩及内缩与元明清国力的强盛关系、清代国界形成等问题。尤其是要研究元明清三代的特定时间段，土司辖地的变化与我国疆域的外扩及内缩究竟到达哪些地域？在演进的过程中出现了哪些变化？这些演进变化对我国有什么影响？

四　土司规建问题研究

元明清时期各地土司辖区内规划建造问题的研究，一直是一个盲区。这里应重点研究三个方面的内容。一是土司城的研究。土司城址不仅反映了元明清时期我国土司制度历史演变及土司社会的生活方式和文化特征，而且见证了统一多民族国家对土司地区实施"齐政修教""因俗而治"的国家治理理念。近年来，由于土司遗址申报世界文化遗产的需要，对湖南永顺老司城、湖北唐崖土司城以及贵州遵义海龙屯等地有深入的研究，其余研究仅限于广西忻城县莫土司衙署的研究。此外，现今保存较为完好的土司衙署或官寨很多，诸如贵州省毕节市大屯土司庄园、开阳县马头寨古建筑群；云南省广南县侬氏土司衙署、孟连县娜允镇孟连宣抚司署、梁河县南甸宣抚司署、兰坪县兔峨土司衙署、维西县叶枝土司衙署、建水县南坡头乡纳楼长官司署、新平县陇西世族庄园、陇川县王子树乡邦角山官衙署、云南省宣威市倘可巡检衙署；甘肃省永登县鲁土司衙门；四川省马尔康县卓克基土司官寨、小金县沃日土司官寨经楼与碉楼、丹巴县巴底土司官寨。专家学者可以重点研究土司衙署、官寨、庄园的选址、规划、营建、结构、沿革以及城池、街道、集市、房屋的建筑特色、装饰艺术、文化特征、功能、价值、保护、利用等内容。二是其他建筑的研究。包括土司宗祠、寺观、楼台、古迹、冢墓以及与碑匾相关的碑刻、匾额、墓志铭等方面。三是土司在任期间在土司地区修建的交通设施（如关隘、古道、驿站、津梁等）和水利工程，这方面的研究十分欠缺。在贵州水西安氏担任贵州宣慰使期间，不仅有奢香修筑龙场、六广、谷里、水西、奢香、金鸡、阁雅、归化、毕节“九驿”的壮举，而且有明成化年间（1465—1487 年）和万历年间（1573—1620 年）修建“前十桥”和“后十桥”之杰作。这些驿道与桥梁，在成为纵横贵州到云南、四川、湖南的交通要道的同时，既沟通了土司地区与中原在政治、经济和文化上的联系，也增进了多民族之间的交流，促进了黔西北地区的经济社会发展。又如播州杨氏土司各代十分重视兴修水库、塘堰等水利工程，如今尚存的大水田堰、雷水堰等水利设施，为遵义成为“黔北粮仓”奠定了坚实的基础。[①]

五 土司地区经济问题研究

土司地区经济是指土司地区人们在物质资料生产过程中结成的，与当时土司地区社会生产力相适应的生产关系的总和。在土司地区经济问题方面研究最多的不外乎土司的朝贡与赋税等内容，这主要是由于中央王朝对土司有朝贡、纳赋的义务规定，而与此不太相关的内容基本上无人问津。因此，著者认为，土司地区经济问题至少应该有六个方面的内容不能忽视。一是土司地区的人口问题，它包括人口数量、分布、结构，因为这与土司地区人们的物质生产与生活、缴纳赋税密切相关，还与基层里甲、保甲、团练、乡约等制度建设，土民承担土司的劳役义务等关系密切。二是土司地区的物产。物产是维系土司地区民众生存的物质生活必需品。土司地区虽然地处偏远、交通不便，但很多地方气候适宜，物产丰富，四季分明，利于动植物的生长，具有较好的农耕生产条件。如云南傣族土司辖区内均有成千上万亩的小平原。又如播州土司地区优越的自然地理环境，加之杨氏土司经过长期的经营，播州地区的物产十分丰富。《遵义府志》中记载该地区的物产有谷类、蔬类、果类、货类、木类、药类、羽类、毛类八大类，数以百计的小类。[②] 三是土司地区的土

① 史晓波：《浅议杨氏治播的积极影响》，《贵州文史丛刊》2002 年第 4 期。

② （清）郑珍、莫友芝：《遵义府志·物产》，遵义市志编纂委员会办公室出版发行 1986 年版，第 491—531 页。

地制度。土司地区的土地制度不仅是反映人与人、人与地之间关系的一种重要制度，而且是人们在一定社会经济条件下，因土地归属和利用问题而产生的所有土地关系的总称。土司统治区，土司拥有辖区全部土地，包括耕地、草场、森林、山川，甚至还包括依附于土地的农奴，都属于土司所有。因此，在川西嘉绒藏族土司地区通行一句俗话——“连人都是土司的”。从广西忻城莫氏土司统治区的情况看，土地大部分集中在土司及官族手中。土司将辖区内的田地分为三大类。[①] 第一类是官田。一般而言，土司直接收租之田为官田。广西忻城土县的田地，大半为官田、官族田、土目田、役田、兵田。[②] 此外，在莫氏土司的官田中又有官族田、祭田、脂粉田、送礼田、嫁妆田、奶妈田、养姑田、土目田、酬劳田等多种。第二类是役田。役田是土司分给土民耕种，不交租不纳税，只为土司服役，分兵田、夫田、烧炮田、人头田、鸡谷田、杂役田等多种。第三类是民田。民田是土民自垦自造之田以及差田（土目俸田）、夫丁田、红名田（郎头田）。民田可父传子承，也可以买卖。四是土司地区的生产。农业不仅是国民经济的重要支柱，而且也是土司地区各族民众生活的重要支柱。各地土司在屯田生产、水利建设、农作物种植、农产品加工等方面取得一定成效；有的土司在纺织业、酿造业、造纸业、制瓷业、矿冶业和商业贸易方面成绩斐然，如播州杨氏土司不仅修建了采石场、养马城、猎场、田庄等维系杨氏土司家族生活的农业设施，而且还积极发展农业、工业和商业，促进了元明时期播州地区经济的快速发展。[③] 五是土司地区的赋税。元明清时期土司地区的赋税主要包括田赋及各种捐税。诸如田赋、义谷、租课、耗羡、力役税、当税、领支、杂税等，均属于国家依法或习俗征收的款项，有很大部分是土司政权上交给中央政府的费用。六是土司朝贡。朝贡是土司与中央王朝互动往来的纽带，各地土司通过朝贡表达对中央王朝的臣属关系和统治的高度认同。对土司朝贡问题，主要应探讨例贡和不定期朝贡、庆贺性朝

---

① 韦业猷：《忻城土司志》，广西人民出版社 2005 年版，第 75—84 页。

② 同上书，第 78 页。

③ 蓝武：《明代播州土司经济开发的主要成就探因》，见《2014’遵义·播州土司历史文化研讨会论文集》，第 220—229 页。

贡和事务性朝贡等类型，朝贡者的品级和人数，朝贡及回赐物品，回赐标准和时间，正赏、价赏和宴赏等赏赐类型，朝贡使者、原因及其影响等。

六　土司军事问题研究

元明清时期无论是文职土司还是武职土司，均涉及土兵和战争的相关事务，尤其是武职土司更是如此。土司军事问题研究除了李良品的专著《土司时期西南地区土兵制度与军事战争研究》较为深入之外，其余仅有几篇硕士学位论文和一般学术论文。因此，研究空间十分广阔。一是土兵制度的研究，包括土司麾下土兵形成的历程、特点、功能、影响以及涵盖军事组织、军事领导、兵役、军事教育训练、军事后勤、军事法规等内容的土兵制度。二是土兵的职责。元明清时期土司麾下的土兵，虽然总的职责是保境安民、轮戍、征调、巡守、护送人与物，但在不同时期承担的职责也不尽相同，尤其是明清时期广西的耕兵，资料丰富，无人涉足。三是加强土兵的屯防（如屯兵、屯田、团练）、武器装备（如冷兵器、热兵器的名称、种类、构造等）、军事建筑（如武署、军事遗址等）、奖惩（奖赏、惩戒、抚恤）、内斗（争袭、内讧）以及兵事（征调、仇杀、反抗、讨伐）等相关内容的研究。四是土兵征调研究。元明清时期西南地区战争频繁，作为国家后备力量或者说地方武装力量的土兵，参与了国家与国家之间的战争（如元代数次征缅战争、明代中央王朝与安南的战争、抗倭战争）、国家政权与土司政权之间战争（如“三征麓川”“五征武定”、平播之役、平奢安之乱、平定大小金川）、土司与土司之间的战争（如永顺土司与酉阳土司的仇杀）等方面的军事暴力行为；更加值得研究的是，西南地区土兵在参加诸如“征蛮”“平叛”“征贼”“援辽”“抗倭”等军事行动时，在充当明清中央王朝主要打手的同时，又维护了封建王朝的统治，促进了国家统一和政治稳定。

七　土司教育问题研究

如果我们将教育界定为泛指一切有目的地影响人的身心发展的社会实践活动的话，那么，元明清时期的土司教育就应该包括两个方面的内容：一是传统教育。按照现在一般的说法，传统教育是指在一定历史时期形成的流行的、具有影响的教育思想、制度和方法。元明清时期土司或土司地区的传统教育主要是指家庭教育、家族教育、村寨教育、社会教育和宗教教育。在这个方面，专家学者主要注重家族教育，如骆昭平等在《从“教士条规”看广西忻城土司官族的教育思想》中认为，《教士条规》主要反映了忻城土司官族对中原儒家文化的重视。[①] 蒋芳春在《论明代丽江木氏土司的家族教育》中认为，丽江木氏土司重视家族教育有外部和内部两方面的原因，其教育内容主要有思想道德、知识文化和军事实践三个方面，采取言传身教、修谱建祠和聘请名师等教育方式，并取得了较好的教育效果。[②] 但对家庭教育、村寨教育、社会教育等内容的研究比较欠缺。二是学校教育。苍铭先生认为：清前期在西南边疆推行了鼓励土司、土民学习汉文化和科举入仕的教化政策，在具体措施上采取了兴办义学、单列招生名额、另编试卷字号考试等手段，为西南边疆民族融入主流社会提供了制度保障。[③] 可见，元明清时期的土司地区教育仍然是以学校教育为主体，但其中又以土司地区的儒学教育为重点，至于学校教育中涉及的土司子弟进入国子监学习以及学署、学官、学田、书院、义学、考棚、宾兴以及科举考试等诸多问题基本上较少涉猎。

八　土司地区习俗问题研究

“习俗”一词是风俗习惯的简称。土司地区的习俗是指土司辖区内人们共同遵守的行为模式或规范，它对土司地区社会成员有非常强烈的制约作用。对土司地区风俗习惯的研究除瞿州莲、王剑有所涉及外，其余专家学者未能触及。土司地区习俗主要包括几个方面的内容：一是人生礼仪习俗。孕育、生育、成年、婚配、寿辰、丧葬，是土司辖区民众一生中十分重要的几个阶段，也是人的自然属性和社会属性得以确立的重

① 骆昭平等：《从“教士条规”看广西忻城土司官族的教育思想》，《广西社会科学》2007年第5期。

② 蒋芳春：《论明代丽江木氏土司的家族教育》，硕士学位论文，云南师范大学，2008年。

③ 苍铭：《从〈钦定学政全书〉看清前期西南土司土民教育政策》，《民族教育研究》2015年第2期。

要标志，因而土司辖区民众每个阶段产生了相应的仪式活动，这些仪式活动构成了土司辖区民众的人生礼仪习俗。[①] 二是岁时节令习俗。这种习俗是土司地区民众在历史进程中逐渐形成并相沿成习的仪式性、社交性、娱乐性的活动。诸如人们在春节、清明节、端午节、七夕节、中元节、中秋节、重阳节、腊八节等节日期间的庆祝、祈禳、村市赛会等活动所形成的节日民俗。[②] 三是宗教信仰习俗。宗教信仰习俗是土司辖区的民众在生产、生活或娱乐中寄托希望、祈求幸福、保持心理平安而产生的一系列神灵崇拜观念、行为模式及仪式制度，主要包括原始宗教中的图腾及祖先崇拜、自然崇拜、占卜算命、多神供奉、禁忌等内容，体现了土司地区民众的多元信仰。[③] 四是生产生活习俗。土司地区民众由于受自然环境、社会条件、经济水平等各种因素的影响，其生产及衣食住行等生活方式会表现出不同的特征，各民族也会形成独特的习俗。在生产方面有结标、祈雨、还愿等习俗，在日常生活方面有住宅、饮食、服饰、祝寿、冠礼、祭祀等习俗，在交际方面有交友、拜契等习俗，在祭礼方面有正祀、通祀、俗祀等习俗。[④] 五是社会组织习俗。土司地区社会组织习俗是指土司辖区内的家族、村落、社区、秘密宗教及庙会组织在长期活动过程中形成的规范和制约人们行为的习俗惯例和公共守则。土司地区民间社会组织主要有宗法组织、村落社区组织、宗教组织、行会与乡帮组织、民间教育组织等。[⑤] 如宗法组织中的家族习俗在土司时期尤为盛行，不仅重视每个人在宗祠的职责、规禁和修缮义务，而且十分注重族谱的修订、族长的选择、族规的制定、家训的确立等。如酉阳土司家族《冉氏家谱》的卷首《家规》中有孝顺父母、尊敬长上、友于兄弟、新睦宗族、和睦邻里、敦肃闺门、禁止争讼、勤习正业、定正名分、致谨坟墓、慎选婚姻、教约子弟、慎重继嗣[⑥]等规定。其中不乏中国传统文化的优秀思想，对我国当代的家庭教育具有一定的借鉴意义。

---

① 刘丽：《遵义市风俗志》，中国文史出版社 2014 年版，第 8 页。

② 同上书，第 62 页。

③ 同上书，第 106 页。

④ 同上书，第 215 页。

⑤ 同上书，第 156 页。

⑥ （清）冉崇文：《冉氏家谱》，同治二年（1863）刻本，现藏重庆市酉阳县图书馆。

九　土司人物研究

一个国家的盛衰，一个民族的兴亡，都与历史人物有着千丝万缕的联系。一个土司家族的兴衰存亡与一定时期的土司人物也密切相关。各地土司在任职期间经历了王朝腐败、社会动荡、战乱不断，加之天灾人祸以及众多土司叛服无常，使土司地区民不聊生。在这种情况下，有的土司顺从王朝、励精图治、安抚民众、发展经济、注重教育，受到民众拥戴，成为当地德高望重的政治家和思想家；有的土司利欲熏心、侵夺财物、欺男霸女，乃至反叛中央王朝，成为某个土司家族的"末代土司"。由此可见，土司人物的研究值得高度重视。自 2013 年以来，越来越多的学者参与到土司人物的研究中，其中既有与明清中央政府友好交往的奢香夫人、秦良玉、瓦氏夫人等，也有与中央统治者极端冲突的杨应龙等人。目前，《长江师范学院报》开辟了一个"土司志传"的栏目，将对各地土司名人做研究，这无疑开了一个好头。但土司人物研究涉及面广，内容丰富。一是土司传记，包括各地土司人物传记、代理土官传记以及土司家族名人传记等；二是土司具有多种类型，诸如对忠烈、叛逆、高义、孝友、贤达、懿行、仕宦、耆寿、恶性、节妇、烈妇、贤媛等土司的研究；三是土司谱牒中的十分丰富的"世家传"以及土司后裔的世系，土司家族的旁系及居地等方面的研究；四是一些土司家族谱牒中保存的历代王朝相关的文书——"皇帝诰符"，如酉阳《冉氏家谱》中的"诰""诰封""敕授""诰赠""诰命""符檄"等文书，系酉阳土司家族自冉守忠入酉阳，朝廷任命冉氏子弟为知寨、知州、土司的文书，计 24 世 28 人。这些文书是难得的珍贵史料，对研究土司制度、酉阳土司历史均具有重要的参考价值。贵州余庆县的毛氏家族，世袭该地土知州、余庆长官司至土县丞，历经一千多年，人丁兴旺，官宦不断，人才辈出，铸就了比较丰厚的文化积淀，在他们中就有一大批很有学问的人。据康熙版《余庆县志》记载，仅在清朝统治期间就有三十多人考取进士功名，至于举人拔贡之类更是不胜枚举。其他地方的土司，也不乏人才济济的情况，研究空间巨大。

十　土司文史研究

如前所述，贵州余庆县的毛氏土司家族不仅科举考试获得功名者数不胜数，而且毛氏土司家族的毛琚、毛鸣凤、毛云桥、毛增、毛文钠等还有大量著作传世。土司文史研究应立足于几个方面：一是土司撰写的文学作品。在元明清时期的各地土司中，流传下来的文学作品众多，既包括记、序、传、奏、状、启、跋、题名、碑文等散文，也包括铭、颂、诗、词等韵文，还包括经、史、子、集等方面的经籍著述。如在容美土司中，由田九龄《紫芝亭诗集》、田宗文《楚骚馆诗集》、田玄《秀碧堂诗集》、田圭《田信夫诗集》、田商霖《田珠涛诗集》、田霈霖《镜池阁诗集》、田既霖《止止亭诗集》、田甘霖《敬简堂诗集》、田舜年《白鹿堂诗集》等汇编而成的《田氏一家言》，不仅内容丰富，形式多样，韵律谨严，风格明丽，而且成为土家族文学史上一块划时代的丰碑。二是土司及族人撰写的土司志。土司志是一种特殊类型的民族史志或地方志，这类志书有《白山司志》《卯峒司志》《思陵土州志》《九姓志略》等。毫无疑问，清代白山土司王言纪撰写的《白山司志》以脉络清晰内容详尽而位列这类志书之首。清代九姓长官司土司任启烈编纂的《九姓司志》，则依清代雍正年间《四川总志》之例编撰而成，除卷首八景图及《九姓志之序》外，其余内容分为两卷。上卷分别对九姓司的沿革、疆域、形胜、八景、城池、山川、乡场、古迹、古邱墓、公署、学校、岁支、乐章、祀典、寺名、赋役、兵防、塘汛、水利、风俗、祥异等；下卷分别对九姓司的职官、名宦、封赠、人物、流寓、土产、宸翰、艺文、轶事等有详细的记载。[①] 俨然就是一部民族史志或地方史志。三是土司谱牒。这类族谱诸如容美土司的《田氏族谱》，酉阳土司撰写的万历、康熙、乾隆《冉氏忠孝谱》以及同治《冉氏家谱》和民国《冉氏续修家谱》，永顺彭氏土司后裔于道光年间（1821—1850 年）撰写的《彭氏源流族谱》等。清代学者龙绍纳为亮寨龙氏土司撰写的《龙氏迪光录》，不愧为族谱与志书有机结合的典范。清代土司后裔、曾任云南布政使、云南巡抚、云贵总督的岑毓英撰写的《西林岑氏族谱》，其内容

---

① （清）任启烈：《九姓司志》，乾隆四十五年（1780）刻本。

涵盖诰命、敕书、旌典、渊源分族世表、系图世记、祖训、家传、科名仕宦、文艺、武备、派名定字、典礼、土田等内容，同样也是族谱与志书的结合。[①] 四是土司发布的文告和签订的契约（包括田契、地契、林契等）。酉阳冉氏土司自冉维屏万历十八年（1590 年）发布《为遴选贤良，以匡宗政事》文告以降，冉御龙、冉跃龙、冉天麒、冉天育、冉奇镳、冉永沛、冉裕枢等八任土司计发表文告 21 篇。[②] 上述文学与史志方面的研究较为欠缺，有深入研究的空间。

关于深化土司研究的问题，李世愉、方铁、毛佩奇等专家都提出过一些好的建议，这里再次谈及这个问题，不是否定他们的建议，而是希望再提出一些新的看法，以便使土司研究抽丝剥茧，层层深入，为构建“中国土司学”奠定坚实的基础。

---

① （清）岑毓英：《西林岑氏族谱》，光绪十四年（1888）刻本。

② 重庆酉阳冉氏族谱续修委员会：《冉氏族谱》，内部刊印，2007 年，第 75—83 页。

第七章

中国土司学构建的基本路径

随着土司遗址申遗的成功，“中国土司学”的构建与土司研究就不仅是一个中国的学术问题，而且是一个世界性的学术问题。作为研究土司的专家学者，不仅需要在书斋中借助历史文献史料彻底厘清土司、土司制度、土司文化、土司遗址、土司文化遗产、土司事象、土司人物的内涵和意蕴，弄清这些词语出现的语境和土司制度存在的时空场域，而且还需要走出书斋，走进田野，对正在逐渐消失的土司文物、土司遗产、土司遗存等进行田野考察和现场记录，特别是要为以土司、土司制度、土司问题、土司现象、土司文化为主要内容的“中国土司学”的构建寻找到基本路径。

第一节　总结研究成果

认真总结前辈和时贤的研究成果，这是构建“中国土司学”十分重要的学术基础。中国土司问题的文献资料汗牛充栋、异常丰富。110 年来研究成果丰硕，可谓“千年文献积累，百年学术探索”。自 1908 年就有学者开始研究土司问题以来，专家学者们先后走过了土司、土司制度、土司问题、土司文化、“土司学”构建的学术研究道路。总结前辈和时贤的研究成果，避免无效的重复劳动，理出新的研究视角、新的选题和学术观点，撰写出高质量的研究成果势在必行。因土司制度与土司文化研究始于 20 世纪初期，至今已走过整整一个世纪的学术历程，著者将其分为五个时期予以阐述。

一　启蒙期的研究成果

从1908年到1949年，是中国土司制度研究的启蒙期。1908年，雪生（即李根源）在《云南》杂志第14期发表的《云南之土司》一文，应为中国土司制度与土司文化研究之发轫，具有里程碑的意义；1911年，安建发表了《贵州土司现况》一文。上述两篇论文分别研究了云、贵两省的土司现状。

民国初年，对云南土司问题具有深刻认识的莫过于唐璆，他当时在云南，不仅出掌腾越厅，而且兼任《滇南日报》主笔，他曾“居腾边境者二年，筹办沿边缉私团，短衣匹马，奔驰土司之地千余里。复因野人滋事，随守吏出师剿办，居野人山两月有余。谨就所见，有可补军府之不及者而发表之”。而且他“出入野人山者十数次，考察地形，询访民物”，在深入调查滇西土司的基础上写成《云南土司问题》一书。该书开宗明义，阐明了云南土司问题的重要性：“云南之有土司，犹我国之有蒙藏也。土司之关系于云南，犹蒙藏之关系于我国也。蒙藏不改省，则我国行政不能统一。行政不统一，则国防不能巩固。土司不改流，则云南行政不能统一。行政不统一，则边防不能巩固。”这个道理是很明白的。不过，该书在认真分析云南边境土司的现状后又指出，“按之时势，征之事实，改土归流之举，有不可贸然从事者。”特别是作者在追溯历史、分析现状后说：“夫迤西边务交涉累次失败，固由土司为之障害。然其所以失败，至失沿边二千余里之地，为他人所得，则其咎不在土司，实满清时官吏不知地形、不修边备之有以致之也。”该书最后指出：“夫云南之得失，关系中国之安危。土司之得失，关系云南之安危。”作者认为必慎重对待，谨慎处理。作者“谨就管见所及，有关于外交边防者，发为土司问题一篇，以冀我云南军政府与迤西将吏及热心边事之君子，鉴一得之愚忱，作百年之硕画，采择而见诸实行，不惟云南之幸，实即中华民国前途之幸。则记者是篇，即谓之为筹边补牢民记可也”①。唐璆《云南土司问题》一书提出的问题及对策建议，对研究历史上土司问题和民族政策至今仍然有十分重要的参考价值。该书不仅是近代学术意义土司制

① 唐晋源、唐晋湘编著：《唐璆文集》，当代中国出版社2010年版，第212—224页。

度研究的发轫之作，而且是土司制度与边疆治理研究的发端之作。

1914 年，赵内森的《改土归流之计划》一文，针对“官与土司不相接洽之弊”“夷人与汉人相仇”的实际，提出了“应设土司办事行署”“与夷人建设，一切欲用其力”“建南宜设强健官府，县官分地为治”等建议，实为“识时务之言”。民国八年（1919 年），周希武为处理川、甘地界纠纷写成的《玉树调查记》一书在上海出版发行，该书涉及土司问题。

20 世纪 30 年代，无论是国民政府还是专家学者，对我国西南、西北地区残留土司表现了极大关注。1930 年，葛赤峰提出“土司制度”一词，并探讨其成立与流弊，从而使“土司制度”一词作为特定政治制度名词使用至今。1935 年，刘锡蕃出版《岭表纪蛮》一书，书中专设“土司”一章，对土司制度做了较为系统的论述，这对我们认识土司制度（尤其是广西的土司制度）颇有帮助。佘贻泽在《禹贡》杂志相继发表《明代之土司制度》《清代之土司制度》，前者系统论述了土司制度的起源、明代土司的等级与俸禄、土司之承袭、土司之征调、明朝之抚剿策略、改土归流，后者深入研究了清代以前西南少数民族与中国之关系，清代土司之职衔，清代土司之统计，清代土司之承袭、铨选、贡赋、职责等，清代土司之专横不法与宗教，土司与防边及清廷之对付策略等，这成为我国近百年来系统而全面研究土司制度的开山之作。1938 年，江应樑发表的《滇西僰夷的土司政治》，对云南西部腾越龙陵边区紧邻缅甸一带的 10 个土司的制度沿革、行政组织、土司及职官、土司的承袭等进行了系统研究，该文首次将云南的中国土司制度与土司文化研究纳入云南民族史研究的视野。

20 世纪 40 年代，在国难当头的时刻，学者们仍笔耕不辍，相继有万斯年的《记武定土司那氏所藏雍乾间军务案稿》、朱祖明的《改流前之瞻化土司》、凌纯声的《中国边政之土司制度》、任映苍的《大小凉山之土官制度》、江应樑的《云南土司制度之利弊与存废》、谷苞的《卓尼番区的土司制度》等论文问世，特别是凌纯声的《中国边政之土司制度》一文，从宏观着眼，对土司之起源、土职之品衔、明代之土制、卫所与土司、土司之土地、土司之袭职、清代之土制、现在之土司分别进行了全面深入的分析。1944 年，佘贻泽《中国土司制度》一书的内容包括明清土司制度、土司制度的沿革及现状、改土归流、当时各省政府对土司的态度及土司的改进问题和建议，基本形成了土司制度学术研究的体系。这不仅成为中国土司制度研究的奠基之作，而且为“中国土司学”的构建打下了坚实的理论基础。

新中国成立前夕，林耀华与陈永龄对嘉戎土司的历史沿革及政治现状进行调查后，发表《川康北界的嘉戎土司》一文，对当时嘉戎土司的现状作了比较详细的记录；江应樑发表的《云南土司制度之利弊与废存》和《摆夷的生活文化》，不仅对现存土司是否应该存在表示关注，而且对云南摆夷地区的土司制度、经济状况、生活习俗、家庭与家族等有较为翔实的记述。

从总的来讲，启蒙期的土司研究，或聚焦于土司制度的起源和发展脉络，认为土司制度是已经没有生命力、远离今日之生活的一项过时的制度；或集中于讨论在当时情势下是否保留土司以及土司制度存在的必要性。中国土司制度研究的学者们致力于对国家将来道路的探讨和摸索，将土司问题同国家政体形式走向、国家领土安全等联结在一起考虑，从而提出了解决土司政治冲突问题的对策。这是一种将土司制度与应时的政治对策有机结合的研究。

二　低迷期的研究成果

从 1950 年到 1979 年，是中国土司制度研究的低迷期。新中国成立后，不仅佘贻泽立足现实研究传统土司制度的方法被专家忽略，而且残留土司制度及现代土司现象也淡出学者视线。从 1950 年到 1978 年，传统土司制度研究在我国学术界沉寂了近 30 年。虽然如何使土司族属研究为当时的民族识别工作服务已列入议事日程，并成为中国土司制度研究者共同面对的问题，但由于受到人所共知的政治意识形态的影响，相关学者忌讳介入民族政治问题，从而使中国土司制度研究陷入了低谷。

三　发展期的研究成果

从 1980 年到 1998 年，这是中国土司制度与土司文化逐渐结合起来研究的快速发展期。这一时期受“改革开放”后持续升温的“中国文化热”的驱动，土司研究学者开始积极反思和评价各民族的土司制度，总结其经验教训，产生了极富学术分量的研究成果。该时期中国土司制度与土司文化研究的特点有四个：第一，中国土司制度与土司文化研究专家学者们发表了大量的学术论文。据著者不完全统计，1980—1998 年计发表论文 264 篇。第二，召开学术会议集中研究土司制度。20 世纪 80 年代和 90 年代各召开两次研讨会[②]。1988 年 8 月，广西民委、广西民族研究所、广西民族研究学会与忻城县委在忻城县联合主办全国土司制度研讨会，集中讨论了广西土司制度的起源和形成、民族成分、作用与流弊等问题。这次会议推动了中国土司制度与土司文化研究的深入开展，同时也带动了全国各地的中国土司制度与土司文化研究。第三，创办土司博物馆。如 1989 年广西忻城县委组织部蓝承恩放弃了令人羡慕的部长职务，筹办忻城土司博物馆。第四，土司文学及影视作品问世。如苏星、阿来先后推出《末代土司》《尘埃落定》两部土司文学作品。尤其是《尘埃落定》《木府风云》《奢香夫人》等拍成电视连续剧在全国公映之后，反响很大，使中国土司制度与土司文化研究开始走上文化产业化发展道路。

这一时期的学者大都关注对土司制度的产生源头和发展过程的探讨。吴永章、龚荫、李世愉等均有论述，基本倾向于土司制度是由羁縻政策发展、演进而来，开始于元代，完备于明代，衰落于清代。龚荫对于土司制度发展脉络的梳理，是前面的研究成果中的集大成者。如此，他们勾勒出了一个土司制度从产生到发展再到消亡的线性脉络。

四 快速发展期的研究成果

从 1999 年到 2012 年，是中国土司制度与土司文化研究的快速发展期。其重要标志：一是队伍庞大。继 1999 年田敏先生的博士学位论文《土家族土司兴亡考述》之后，在 14 年中，已有 67 名博士和硕士研究生的毕业论文专门研究土司。长江师范学院的一批本科生也加入了中国土司制度与土司文化研究的行列，冉进、王静、刘小寒、杨杰等相继在《三峡大学学报》等刊物上发表了学术论文。二是成果丰硕。这 14 年里，产生了大量的中国土司制度与土司文化研究专著、编著、史料辑录、土司族谱、学术论文，如论文共计 692 篇，博士和硕士学位论文 67 篇。成臻铭先生曾经做过统计，1908—2001 年，94 年的时间里共在期刊上发表论文及出版论著 300 篇（部），平均每年 3 篇左右；2002—2006 年，5 年时间在期刊上发表论文200余篇，平均每年40余篇。据著者统计，2007—2009年内在期刊上发表论文156篇，平均每年52篇；2010—2012年内，学术期刊发表304篇论文，平均每年101篇，另有报纸发表文章46篇。可见发展速度之快。三是成立机构。如2004年吉首大学成立了"中国土司历史文化研究中心"，2007年长江师范学院成立了"西南地区土司文化研究中心"，这些专门研究机构为中国土司制度与土司文化研究的深入创造了有利条件。四是研究转向。自1999年土司文化遗产作为宝贵的民族文化遗产被逐步列入政府保护之后，逐渐形成了由原来的土司制度研究向土司文化研究的转向。1996年，余嘉华先生首次提出"土司文化"概念之后，被中国土司制度与土司文化研究者广泛认同，一批民族学者如王晖、东人达、覃彩銮、韦业猷等在他们的成果中也都强化这些概念，逐渐使"土司文化"等成为具有特定含义的术语表达。五是土司研讨会频繁召开，把弘扬民族文化艺术与开展经贸洽谈、旅游资源开发等连在一起，开辟了一条"文化开路，旅游搭台，经济唱戏"的大道，使土司菜、土司茶与土司酒等新的土司文化产业勃然兴起。五是国家社科基金项目的大力资助，著者根据"国家社科基金项目数据库"搜索得知，自1991年王继光获得一般项目《明清甘青中国土司制度与土司文化研究》以来，国家社科基金项目各种类型的项目均有资助。西部项目有蓝武的《华南边陲传统民族社会的国家认同——以壮族土司制度为实证》(2008年)、龚荫的《中国土司制度史》(2010年)、彭福荣的《乌江流域历代土司的国家认同研究》(2010年)，青年项目有齐德舜的《从赞普到土司：唃厮啰家族发展嬗变研究》(2012年)，一般项目有成臻铭的《明代土司政治文化研究》(2010年)、周凌玉的《贵州彝族余氏土司作家群研究》(2012年)。重点项目有龚荫的《基于宦谱家谱诰敕谕旨等的土司制度研究》(2012年)，尤其可喜的是中国社会科学院李世愉先生于2012年获得了重大项目《中国土司制度史料编纂整理与研究》，这无疑会将中国土司制度研究再推向一个新阶段。

这一时期的学者自觉地将土司制度与国家认同有机结合，将土司文化与土司遗址研究相结合，为土司遗址申遗做了铺垫性的前期工作。成臻铭的《清代土司研究：一种政治文化的历史人类学观察》一书，从土司区域内部情形研究我国的土司制度，不仅系统总结了前人土司制度研究理论，提出了要从“三个层面”“四个视角”观察土司，而且还提出了土司研究应该从土司区域的变动与土司城的变迁加强研究；同时，该书以土司政治文化为基础运用了历史学的实证方法，史论结合，寓论于史，因此是这一时期的扛鼎之作。

五　高潮期的研究成果

从 2013 年至今，是中国土司制度与土司文化研究的高潮期。著者之所以将这一时期称为高潮期，是因为这一时期凸显了几个特点：一是国家高度重视。从现在披露出来的信息来看，我国是 2012 年正式启动土司遗址申遗工作的。2013 年年初，国家文物局正式明确湘鄂黔中国“土司遗址”作为 2015 年中国申报世界文化遗产项目。由于老司城遗址保存最完整，规模最大，申遗起步最早，基础工作最扎实，国家文物局指定由湖南省牵头，三省三地联合开展申遗的相关工作。2014 年 2 月，中国政府提交了中国“土司遗址”的正式申遗文本。2015 年 4 月，国际古迹遗址理事会通过对中国“土司遗址”申遗文本的评审和现场考察评估结论，推荐中国“土司遗址”列入第 39 届世界遗产大会表决。2015 年 7 月 4 日，土司遗址获批世界文化遗产。这体现了国家对土司遗址的高度重视。另一方面，全国哲学社会科学规划办公室加大土司研究的国家社科基金项目的立项工作。2013 年以来，获得全国哲学社会科学规划办公室立项的有 16 项，大大超过历史上立项的任何时期。二是众多刊物提供发表研究成果的平台。目前有 4 家刊物创办“土司研究”专栏，如《青海民族研究》的“土司学研究”，《吉首大学》的“土司文化研究”，《长江师范学院学报》的“中国土司文化研究”，《遵义师范学院学报》的“土司研究”等，这为土司学界提供了学术研究成果的发表平台。还有诸如《民族研究》《中央民族大学学报》《西南民族大学学报》《中南民族大学学报》《贵州民族研究》《广西民族研究》等一些刊物不定期地发表一些有关土司研究的学术论文。三是研究成果丰硕。在学术专著方面，吉首大学出版了“土司文化研究丛书”以及成臻铭的《土司制度与西南边疆治理研究》等专著；长江师范学院出版了《中国土司制度与土司文化研究年度发展报告》4 部，李良品等专家学者的《土司时期西南地区土兵制度与军事战争研究》《西南土司研究》《中国土司制度与土司文化暨秦良玉研究》《播州土司文化研究》以及彭福荣的《乌江流域土司时期文学探赜》等；此外，遵义师范学院的陈季君教授、贵州省文物考古研究所李飞博士、广西民族大学的玉时阶教授等也出版了有关土司研究的著述；学苑出版社还出版了《中国历代方志土司史料辑录》一套38本的史料辑录。在学术期刊论文方面，这4年里，产生了研究土司的论文467篇、改土归流的论文71篇、土司遗址方面的论文82篇；博士和硕士研究土司、改土归流及土司城的学位论文70余篇，另有报纸发表文章尚不在统计之列。可见发展速度之快。四是土司研讨会频繁召开。几年来，先后在长江师范学院、重庆石柱县、广西忻城县、遵义师范学院、湖北咸丰县、湖南永顺县、吉首大学等地召开有届次的“中国土司制度与土司文化国际学术研讨会”以及“唐崖论坛”“中国土司学高层论坛”等学术会议，将中国土司制度与土司文化研究推向了高潮。

近几年的土司研究，学者们自觉地将土司制度与社会治理、土司遗址申遗以及后申遗时代的土司遗址保护与利用等有机结合，产生了大量的研究成果。由吉首大学党委书记游俊教授主编，2014年6月由民族出版社出版的400余万字的《土司文化研究》丛书十部，以世界文化遗产永顺老司城遗址作为切入点，拓展了土司研究的思路和视域，不愧为全面研究土司制度与土司文化的力作，代表了我国目前研究老司城的最高研究水平。该套丛书独具特色，新意迭出，不仅带有强烈的社会责任感，而且以内容的全面性、研究的微观性、学科的综合性、史料的创新性、价值的普世性等特点，使该套丛书具有很高的学术价值，不愧为土司制度研究的新突破，并有力地支撑了土司遗址成功申报世界文化遗产。著者在《土司时期西南地区土兵制度与军事战争研究》中结合土司时期西南民族地区土兵武装组建与军事征战的经验教训，针对当前及未来我国东海、南海斗争形势日趋复杂严峻、钓鱼岛等领土争端问题不断升级的情况，明确强调：借鉴吸收历史时期地方武装建设和各族土兵保疆卫国的历史经验，牢固树立“寓兵于农（渔）”的思想，加强我国东南沿海民兵武装建设和运用，使东南沿海渔民成为开发渔业资源、巡逻海洋领土、护卫国防边疆的重要力量。这些建议在理论研究的同时，强化了土司研究服务于国家战略需求的意识。

综上所述，100多年的土司研究，先后走过了土司、土司制度、土司文化、土司制度与社会治理、土司遗址申遗以及“土司学”构建的学术研究道路。每一次新进展均离不开政府的引导，均大大拓展了中国土司制度与土司文化研究的内容。土司研究学界应该认真总结前辈和时贤们在不同历史时期的研究成果，为“中国土司学”的构建奠定学术史的基础。

第二节 深入挖掘史料

土司史料主要包括正史、政书、档案、实录、奏议、文集、文人笔记、各省府州厅县志及其他地方史书，以及碑刻、家谱、契约文书、考古材料等地方文献。考之元明清时期的著述，如《元史》《明史》《清史稿》《明实录》《清实录》《明会典》《钦定大清会典事例》《土官底簿》《蛮司合志》《四川通志》《贵州通志》《云南通志》《湖广通志》《广西通志》《甘肃通志》以及各地历代方志中保存有大量的土司制度史料，这为我们研究土司制度提供了宝贵的资料来源。对这些史料的挖掘，是构建“中国土司学”急需的基础资料。[①]

一 深入挖掘史料的价值和意义

土司研究的基础是对史料的挖掘和研究。没有中国土司制度、土司问题、土司事象等方面的历史文献，是无法对土司问题进行全面深入研究的。因此，深入挖掘史料就具有十分重要的价值和意义。

（一）深入挖掘史料的价值

深入挖掘史料对于构建“中国土司学”和土司研究至少具有三方面的价值。第一，史料价值。中国土司制度的史料文献，颇为系统地反映了宋元明清时期中国土司制度的起源、发展、兴盛与衰亡的历程，真实地记录了历代中央王朝、各级官府、各级土司与乡村社会的社会变迁、民族关系、国家认同与文化认同，是了解中国历史特别是宋元明及清前期八百余年以来我国土司制度的实况及对社会影响的珍贵资料。如以中央政府为主体的包括正史、明清会典、明清档案、明清实录等历史文献，

① 李良品、彭福荣：《深化土司研究的突破点》，《民族学刊》2016 年第 5 期。

以四川、云南、贵州、广西、湖南、湖北、甘肃、青海等省为主体的明清及民国时期的省志和府县志地方志书，以及文人笔记、土司家族谱牒、碑刻、契约、墓志铭、民间笔记等民间文献，这些史料均具有极高的史料价值。第二，学术价值。构建“中国土司学”及土司研究将运用历史学、史料学、历史地理学、档案文献编纂学、政治学、社会学、民族学、民俗学、方志学、军事学及历史人类学等学科的基本理论，深入探寻中国土司制度的形成、发展、演变与消亡的历史以及土司制度在不同时段、不同民族、不同地域实施过程中的差异，彻底厘清历代封建王朝对西南、中南、西北少数民族各方面治理的成功经验和失败教训，正确认识历史发展规律。因此，这些史料具有重要的学术理论价值。第三，应用价值。通过深入挖掘史料以及土司研究，对于人们正确认识中国西部地区历史上社会制度的演变规律，深入了解不同历史时期中央王朝经略西部地区的经验教训，为我国逐步完善民族区域自治制度、全面建设和谐社会，具有十分重要的现实意义。

（二）深入挖掘史料的意义

深入挖掘土司史料和土司研究，不仅是进一步收集、完善中国土司制度深入挖掘史料的需要，更是抢救珍贵历史文献的需要，而且也是弥补文献资料缺漏和匡正文献谬误的需要。在文化大繁荣大发展的时期，深入挖掘我国土司史料，对于构建“中国土司学”和深入研究土司问题具有多重意义。一是从政治学角度看，深入挖掘史料具有“资政”意义。通过构建“中国土司学”和深入研究土司问题，深知元明清中央政府一直对边疆民族地区的治理高度重视。正是由于中央政府对边疆少数民族地区推行土司制度，民族地区方才得以有效统治和长治久安。因此，通过深入挖掘史料以及土司问题的深入研究，总结中央王朝经略民族地区的基本规律，有利于促进国家统一，能加快民族地区、边疆地区建设与和谐社会构建。二是从历史学的角度看，深入挖掘土司史料具有“存史”的意义。收集和整理我国各地现存的各种土司史料，深化土司研究，对于中国史学尤其是民族史学具有很高的学术价值。三是从学术上看，深入挖掘史料能为构建“中国土司学”提供可能。土司学的历史发展与研究对象，决定了土司学的研究主题是土司、中国土司制度、土司制度文化、土司政治文化和土司现象等专门研究领域。迄今为止，在“中国土司学”的构建方面，已有的论文为“中国土司学”做了学理方面的铺垫，而深入挖掘史料则为构建“中国土司学”提供学术奠基与可能。

二　深入挖掘史料的途径

陈寅恪先生曾言：“一时代之学术，必有其新材料与新问题。取用此材料，以研求问题，则为此时代学术之新潮流。”编纂整理中国土司制度史料最关键的要素就是史料的发掘和收集。自元代以来，有关土司问题的历史资料浩如烟海，十分丰富。所以考察这段历史依据的文献资料，除中央王朝层面的正史、明清实录、明清会典、明清中央王朝档案史料之外，还包括官方修订的各省总志、通志及各府州县厅的志书以及民间文献（大量的土司族谱、碑刻资料以及野史笔记、私人著述）。可见，在前后持续700年左右的历史长河中，涉及土司制度的史料浩如烟海，除已经由学苑出版社出版的《中国历代方志土司史料辑录》以及李世愉先生主持的国家社科基金重大项目“中国土司制度史料编纂整理与研究”将编纂一套《中国土司制度史料集成》之外，还应该深入发掘明清及民国时期的各类土司史料，其具体途径有三。

（一）国家层面的史料

从中国第一历史档案馆及台湾故宫博物院获取朱批奏折、录副奏折、上谕档、题本、军机处档奏折、宫中档奏折等清代档案；从《元史》《元史纪事本末》《明史》《明史稿》《明书》《明通鉴》《国榷》《明实录》《明史纪事本末》《万历会计录》《古今治平略》《边政考》《全边略记》《名山藏》《皇明大政记》《皇明太训记》《皇明大事记》《清史稿》《东华录》《清实录》《清史纪事本末》《圣武记》《大元一统志》《大清一统志》《大明一统志》《明经世文编》《皇朝经世文编》《古今图书集成》《四库全书》《续修四库全书》《中国野史集成》《中国野史集成续编》等历史文献中获取土司制度史料；从《元典章》《大明会典》，清代五朝《会典》及《会典事例》，《国朝典汇》《续文献通考》《续通志》《续通典》《清朝通典》《清朝通志》《清朝文献通考》《清朝续文献通考》等获取侧重于典章制度的史料；从《平播全书》《纪略》《平苗纪略》《平定金川方略》《平定两金川方略》等历史文献中获取方略史料；从《历代名臣奏议》、（元）苏天爵《元文类》、（明）张瀚《皇明疏议辑略》、孙旬

《皇明疏钞》、王翱《抚辑两广瑶壮疏》、张统《云南机务钞黄》、何乔新《勘处播州事情疏》等获取奏议方面的土司史料。上述这些史料，是研究土司制度和土司问题最基本、最主要的汉文史料。

（二）地方层面的史料

涉及中国土司制度的地方层面的史料主要有三种：一是地方志书，诸如《中国西南文献丛书》（203 册）、《贵州府县志辑》（50 册）、《云南府县志辑》（83 册）、《四川府县志辑》（70 册）、《湖南府县志辑》（86 册）、《湖北府县志辑》（67 册）、《广西府县志辑》（43 册）、《天启滇志》、《乾隆云南通志》、《雍正四川通志》、《嘉庆四川通志》、《嘉靖广西通志》、《嘉庆广西通志》、《嘉靖贵州通志》、《乾隆贵州通志》、《民国贵州通志》、《万历湖广总志》、《康熙湖广通志》、《民国湖北通志》、《云南史料丛刊》（13 卷）、《蛮司合志》、《土官底簿》、《苍梧总督军门志》。二是实录类编，诸如《明实录类纂·四川史料卷》《明实录类纂·贵州史料卷》《明实录类纂·有关云南历史资料摘抄》《明实录类纂·广西史料卷》《明实录类纂·湖北史料卷》《明实录·藏族史料》《明实录类纂·鄂西史料辑注》《清实录·贵州资料辑要》《清实录·有关云南史料汇编》《清实录·广西资料辑录》《大清历朝实录四川史料》等。三是地方史书，这主要指记载涉及土司内容的史书。如明代田汝成《行边纪闻》、朱孟震《西南夷风土记》、邝露《赤雅》、杨慎《滇载记》、清代田雯《黔书》、李宗昉《黔记》、爱必达《黔南识略》、檀萃《滇海虞衡志》、师范《滇系》，以及《小方壶斋舆地丛钞》等。四是元明清的部分文人文集和笔记。对于具体个人文集的收录，主要针对在西南和中南的土司地区有过任职经历或流放、游历经历人员的文集，如明代徐霞客《徐霞客游记》、王恕《王端毅公文集》、何乔新《椒丘文集》、叶盛《边奏存稿》《两广奏草》，清代杨锡绂《四知堂文集》、晏斯盛《楚蒙山房集》、甘汝来《甘庄恪公全集》、蓝鼎元《鹿洲初集》等。明清文人笔记中包括了大量土司制度有关的史料，如明代沈德符《万历野获编》、彭时《彭文宪公笔记》，清代赵翼《檐曝杂记》、赵慎畛《榆巢杂识》、刘声木《苌楚斋随笔》等。五是地方档案。在四川、云南、贵州的省、州、县档案馆还保存了大量有关土司的档案。如云南省档案馆保存有关土司问题的档案 27 件；云南省盈江县档案局收藏有干崖土司的档案 42 件，盏西孟氏土目呈文档案 15 件；云南省耿马县档案局收藏有耿马土司的各种历史文献 17 件。四川省档案馆、阿坝州档案馆、甘孜州档案馆、德格县档案馆、康定县档案馆、巴塘县档案馆、马尔康县档案馆等地均有土司档案存留。这些土司史料是研究土司制度和土司问题必备的最基本的地方文献。

（三）民间文献的史料

民间文献的土司史料主要是指土司地区的碑刻、土司家族谱牒、契约文书等。这类史料非常丰富，但较为分散，除极少部分地区整理过相关资料，如广西民族研究所《广西少数民族地区石刻碑文集》（1982 年）、广西壮族自治区编辑组《广西少数民族地区碑文契约资料集》（1987 年）；云南省古籍办《云南少数民族官印集》，云南省民族古籍办编《孟连土司法规》（1986 年），云南楚雄彝族文化研究所编《清代武定彝族那氏土司档案史料校编》（1993 年）；贵州毕节地区民宗委编《彝文金石图录》（共 4 册）等外，绝大多数史料都未经整理。各地土司家谱的数量非常多，如贵州锦屏县亮司的《龙氏迪光录》、丽江军民府的《木氏宦谱》、贵州宣慰司同知的《宋氏家谱》、播州宣慰司宣慰同知的《罗氏族谱》、四川龙州宣慰司的《薛氏族谱》、广西忻城土司的《莫氏宗谱》等。大量的土司家谱，有的附于地方志，有的藏于地方文史馆，有的至今仍存于土司后人手中。涉及土司的契约文书十分丰富，有的已经整理出版，如《贵州清水江流域明清土司契约文书·亮寨篇》，就是专门收集的亮寨龙氏土司家族的契约文书。

上述三方面的土司史料和新发现的考古文献资料，不仅可为土司研究诸多选题的进一步研究提供有力的支撑，也将催生新的研究领域和研究方向。

三　深入挖掘史料应注意的问题

研究土司制度或土司问题，史料显得极为重要。因此，深入挖掘历史文献，对于研究中国土司制度与土司文化尤为急切。土司史料按表现形式分，主要有文献史料、实物史料、口述史料三种。其中文献史料是以文字形式记录的资料，是土司史料中最为丰富的一种，包括官私史书、文书档案、地方史乘、传记谱牒、文集笔记、野史日记等。仅以明清档案来看，土司史料至少包括几个方面：一是土司制度方面的史料，如土司职官制度、土司承袭制度、土司分袭制度、土司贡赋制度、土兵征调制度、土司奖惩制度、土司抚恤制度等；二是对土司的限制与禁例方面的史料，如划定土司疆界、严禁土司私自延幕、严禁土司擅自越境、严禁土司置买田产、限制土司应试和报捐等；三是对土司相关问题处理方面的史料，如土司制度的修订与调整、土司职衔升降、土司之间仇杀、土司内部争袭、土司与土民的矛盾、征伐不法土司、土司地区改土归流、土流并治、分别流土考成等；四是土司地区的社会生活，如土司地区的土地买卖、物产资源、当年收成、自然灾害、赈灾措施等。土司史料是研究中国土司问题的基础，没有土司史料做基础，就无法展开土司问题的研究。因此，著者认为，土司史料的挖掘与利用是土司研究和“中国土司学”学科构建的基石，无论是土司研究者个人研究还是“中国土司学”学科发展都应加强对土司史料的挖掘和土司文献资料数据库的建设。下面，著者以秦良玉为个案，强调挖掘土司史料过程中应注意的问题。①

（一）深入挖掘土司史料的全面性

作为明末石砫土司的杰出代表，秦良玉在对明朝社稷的拱卫、国家秩序的维系和领地百姓的护卫及我国明清两朝交替过程中的表现都具有较为深远的影响。因其“援辽”“平叛”“镇乱”“勤王”等事迹而被人誉为“巾帼英雄”“爱国女将”等，被崇祯皇帝在平台接见、赐酒赠诗，以其非凡事迹和赫赫战功而在《明史》有传，成为中华民族忠贞节义智勇等传统美德的重要代表。正因为如此，著者在承担石柱县地方志办公室《秦良玉史料全集·史料卷》的过程中，根据“广泛收罗，集成全编”的原则，大凡秦良玉生卒年之间与其相关的史料文献俱属网罗对象而加以全面收集，具体包括“明清正史”“编年实录”“纪事本末”“野史别史”“诏令奏议”“人物传记”“史钞地理”“地方志书”“家族谱牒”“文献杂编”等部分。具体来讲，在下列各类历史文献中均有秦良玉的相关史料。明清正史类有张廷玉《明史》、赵尔巽《清史稿》；编年实录类有《明实录》《清实录》；杂史类有万斯同《明史》、夏燮《明通鉴》等4种；纪事本末类有谷应泰《明史纪事本末》等5种；野史别史有虞山遗民《平蜀纪事》、刘声木《苌楚斋随笔续笔三笔四笔五笔》等近50种；

① 李良品、彭福荣：《深化土司研究的突破点》，《民族学刊》2016年第5期。

诏令奏议类有毕自严《度支奏议》等5种；人物传记类有瞿九思《万历武功录》等14种；史钞地理类有顾炎武《天下郡国利病书》等17种；地方志书类有刘大谟《四川总志》卷14《郡县志·石砫宣抚司》、王萦绪《石砫厅志》等24种；谱牒类有《马氏族谱》、秦山高《忠州秦氏家乘秦太保忠贞侯家传》等10种；文献杂编类有彭榉园居士《秦良玉传汇编初集》等14种。从秦良玉史料的收集整理看，秦良玉成为王朝国家、文人学者、乡邦亲故等珍视尊重、载录歌咏、纪念敬奉的对象，与其相关的文献资料、诗文戏曲、影视创作等虽不说汗牛充栋或浩如烟海，但也可谓浩繁纷纭。如果我们不下足功夫，是不可能全面挖掘到这些史料的。

（二）深入挖掘土司史料的客观性

从涉及秦良玉的11类史料中可见，各地土司史料的侧重点各不相同。秦良玉的史料证明：正史主要是对石砫土司和秦良玉事迹的记载；马孔英、朱燮元、胡平表、王三善、邵捷春等人物的“传”中多对秦良玉作历史记录；编年实录则以简短文字，按照历史事件发生的时间顺序将秦良玉留存在历史时段的事迹做概略介绍；纪事本末部分是对正史和编年实录所记历史事件的补充、丰富和完善；野史别史部分则为完整还原历史上的秦良玉提供了多维视角；诏令奏议则是从官方公文的角度审视秦良玉及其统治下的石柱地区政治、军事与社会情况；人物传记部分则是历代文人为秦良玉所做的个人传记，能够呈现秦良玉主导的历史事件的前因后果。史钞地理、地方志书、家族谱牒、文献杂编则分别从地理环境、地方史料、族谱资料和其他相关文献的角度，对秦良玉在中国历史上留下的痕迹进行抽丝剥茧、分门别类的仔细收集和整理。这些史料上至明代万历二十八年（1600年）李化龙的《平播全书》，下至2012年新出版的古籍文献，时间跨度为412年，基本囊括了目前关于秦良玉的历史记载。这些史料从空间范围看，以记载四川、重庆等地的内容为主，又突破地域限制，不仅从周边省市，而且还注重对台湾地区以及朝鲜所藏历史资料的收录。如成大中《华阳洞记》、黄中允《西征日录》、李廷龟《庚申燕行录》等朝鲜历史资料的使用，都是之前较少注意的秦良玉研究资料。

《秦良玉史料全集·史料卷》的编辑整理和史料选取严格遵循史料选取客观性的原则。众所周知，秦良玉作为明末清初石砫宣慰司的首领，不同朝代、统治者和民众对她有着不同的看法。因此，秦良玉“史料卷”注重广泛收集各方观点，尝试将考古学的“多重证据法”引入历史文献的研究之中，运用多视角的方法，力争客观还原历史的真实。仅以秦良玉平奢崇明叛乱这一历史事件为例，这本“史料卷”所收录的《明史》《明实录》《明鉴纲目》《明史全书》《明史纪事本末》《苌楚斋随笔》《国榷》等史料，分别从不同角度进行了记载。同样的一件历史事件，分别从土司关系、心理活动、生存境况、各方势力等多角度进行了阐释，这无疑为后续研究秦良玉奠定了坚实的学术基础。这是土司研究深入挖掘史料者的历史责任和社会担当。

（三）深入挖掘土司史料的后续性

从史学界的情况看，大凡史料工作做得很久、做得很深入的专家学者，学术研究的生命就得到相应的延长，这充分体现了深入挖掘土司史料的后续功能。土司史料的挖掘与土司研究的互动，有助于将土司史料与土司研究、“土司学”理论构建有机联系起来，使土司制度与土司文化研究的学术生命无限延长。由中国社会科学院历史研究所李世愉研究员担任首席专家的国家社会科学基金重大招标项目“中国土司制度史料编纂整理与研究”，将推出包括“土司制度及其史料的研究”“清代档案中土司制度史料的收集整理”“正史、实录、政书中土司制度史料的收集整理”“奏议、文集、笔记中土司制度史料的收集和整理”“地方志中土司制度史料的收集整理”“地方文献中土司制度史料的收集整理”等在内的《中国土司制度史料集成》，这不仅为土司研究工作打下坚实的史料学基础，而且也为李世愉老师自身的后续研究提供便利，为他本人延长学术生命提供可能。著者认为，如果土司研究的专家学者都能够另辟蹊径，将土司职官制度、朝贡制度、赋税制度、征调制度、法律制度等方面的史料进行全面、系统的挖掘、整理，除了可能带来相关研究的突破和学术创新、改变和纠正过往土司研究中的错误判断之外，还能为土司学界的后续研究奠定坚实的史料基础。

第三节　厘清研究取向

自 2013 年至今，是中国土司研究的鼎盛期。不仅全国哲学社会科学规划办公室4年批准17项国家社科基金项目，《青海民族研究》等4家刊物创办“土司研究”专栏，而且出版专著40余部，发表期刊论文620余篇，博士硕士学位论文70余篇，主办国际国内土司研究学术研讨会8次，将土司研究推到极致。可以说，近年来土司学界无论是课题立项，还是研究成果，均表现出积极进取的研究态势，尤其是土司研究的价值取向重构成为一种新趋势，值得学界高度关注。[①]

一 土司机构与职衔研究的价值取向重构

元明清时期西南各地土司在道德引领、民族融合、乡土秩序构建、民族宗教文化传播、民族历史变迁、民族关系促进、家族经济社会发展、汉族官吏与土司政权互动等方面发挥了重要作用。这些内容无疑是专家学者在以往研究中津津乐道的主题。随着土司研究的深入，几十年来重视土司、土司机构与职衔的分类、土司机构与职衔的作用等内容逐渐演变为高度关注土司机构利益的谋取、土司机构的权力结构与运行机制、土司机构权力的法律监控等方面的探讨。具体来讲，这方面研究的价值取向在如下三个方面重构。

（一）土司机构利益的谋取

研究表明，土司制度发展到明清时期已日臻完善，它主要由土司承袭规则、土司朝贡方式、土司赋役制度和土司军事征调等多条线索以及中央政府直管、流官政府监管、军事卫所节制等纵横交错的网状交织而成。帝国凭借这一体制，或以文明向化形式，或以武力征剿方式，促使各地土司在帝国体系中进行“向内充实”。在这一历史进程中，明清中央政府采取部分国家权威逐渐让渡给土司，使国家权力逐步渗透到少数民族地区。[②] 明清时期各地土司与中央政府、与地方流官政府在一些具体事务的博弈中千方百计谋求自身利益的最大化，加之各地土司具有进京刺探情报、攀附中原文化、结交汉族文人、吞并其他土司、行贿地方官员、指使民众劫掠等“手眼通天”的看家本领，所以，包括水西安氏土司在

---

① 李良品：《土司研究取向的新视野》，《民族学刊》2017年第3期。

② 蒲瑶：《帝国边缘的权利与社会——茂州羌族土司研究》，硕士学位论文，广西师范大学，2015年。

内的一些土司叛服无常，中央王朝难以驾驭。[①] 未来的研究取向应在土司机构利益谋取的方式、手段、成因、影响及正当性、合法性等方面着力。

（二）土司机构的权力结构与运行机制

土司机构的权力主要包括土司在其辖区内和宗族内的影响力和支配力。对这一问题的研究已逐渐引起关注，有的学者或从地方治理的角度分析了帝国王权对各地土司权力的管控，或从“土司阶层的内部结构及运作”中探讨土司宗族社会为土司权力结构的整合，或从土司机构的权力赋值[②]、“权赏”关系[③]、权力绩效[④]等方面研究该问题。土司机构权力的获取，或通过积极朝贡和服从征调来获取政治权威，或通过启用帝国象征体系获取地方权力，不一而足。土司机构的权力结构和运行机制的研究十分欠缺，目前仅涉及土司家族内部的运行机制。在未来研究中，要深入探讨土司机构的权力赋予、权力构建、权力义务、权力传承、权威象征、权力丧失、权力制衡以及土司机构的权力结构、运行机制与国家治理、社会治理、区域治理、边地治理等问题的勾连。

（三）土司机构权力的法律监控

各地土司机构权力的法律化是国家控制地方土司势力扩张的主要手段。明清中央政府通过法律手段控制土司机构的权力，不仅为土司的国家认同提供了法制统一的制度基础，而且为实施改土归流奠定了中央权威基础。已有研究表明，元明清中央政府历来重视以法律手段对土司机构权力实施监控，在这一历史进程中，由于元代的土司制度不够完善，实施监控相对宽松；明代土司制度较为全面系统，法律监控力度逐渐加强，故《土官底簿》中经常出现某土司“若不守法度时换了”的说法即可佐证；清代土司制度十分完备，对土司的法律监控更加严苛，如清朝对各地土司机构的法律控制就是从承袭、朝贡、征调、奖惩等方面采取具体措施。目前学界仅有方悦萌的博士学位论文[⑤]对土司机构权力的法律

---

① 刘砚月：《“内在边陲”与权利博弈：十六世纪贵州土司的变迁研究——以贵州宣慰使安国亨为中心》，硕士学位论文，南京大学，2013 年。

② 曾超：《永顺司的权力赋值研究》，《长江师范学院学报》2016 年第 5 期。

③ 曾超：《酉阳司权赏问题研究》，《湖北民族学院学报》2016 年第 5 期。

④ 曾超：《酉阳司权力赋值绩效研究》，《重庆师范大学学报》2016 年第 6 期。

⑤ 方悦萌：《清朝前期对南方土司地区的法治统治》，博士学位论文，云南大学，2015 年。

监控有所涉及。未来应该从土司的职衔制度、承袭制度、朝贡制度、征调制度、司法制度、奖惩制度等方面研究元明清中央政府是如何对土司机构的权力实施法律监控的，以便探索出中央政府运用国家法律体系对各地土司机构权力实施有效监控而产生一定绩效的规律。

二　土司制度研究的价值取向重构

土司制度是一种“齐政修教”“因俗而治”的政治制度，是元明清王朝在国家治理下逐渐实现国家统一与地方自治的地方行政管理制度。土司制度与唐宋时期的羁縻制度相比，其最大优势在于，它完全纳入中央政府的地方行政管理体系之中。如果从 1930 年葛赤峰提出“土司制度”一词并展开研究算起，土司制度研究已走过了启蒙期、低迷期、快速发展期、高潮期、鼎盛期五个阶段，专家学者们就土司制度的概念、起源、成因、完备、评价等进行了不懈的研究，有些问题在学界已基本达成共识。近年来，土司研究学界已从过去的中国土司制度史的梳理、土司制度评价，逐渐演变为土司制度历史地位与构成、土司制度的功能与终结、土司制度内蕴的承袭制度、朝贡制度等方面的深入探讨，有的专家就缅甸和越南的土司制度、不同地区与不同区域的土司制度、土司制度与其他民族文化互动、土司制度与伯克制度的比较等问题进行了广泛而深入的研究。土司制度研究的价值取向重构呈现在以下三个方面。

（一）土司制度的结构与功能

从学理层面和制度本身看，元明清时期我国土司制度应该由国家成文制度、各地土司颁布的制度以及土司区民间制度三个部分共同构成。[①]一定程度上看，明清时期国家成文的土司制度不仅具有政治、管理、法律、社会及文化等理论功能，而且具有工具性、稳定性等实用功能。可以说，从学理层面诠释土司制度的结构与功能至今还是空白。

（二）土司制度的终结

土司制度究竟终结于何时，是一个值得认真探讨甚至争鸣的问题。至今至少有四种说法：一是清代雍正年间改土归流说，二是清末赵尔丰

---

① 李良品、吴晓玲：《论明清时期土司制度的构成——学理层面的诠释》，《三峡论坛》2016 年第 3 期。

在川边改土归流说，三是新中国成立之初说，四是1958年最后终结说。杨庭硕先生先后发表《试论土司制度终结的标志》《对土司制度终结的再认识》两篇论文，基本上认为辛亥革命是土司制度终结的标志。[①] 著者倾向于这种观点，因此也撰写《土司制度终结的三个标志》一文，可以算是对杨庭硕先生这种观点的回应。著者认为，辛亥革命后我国政体的更替、民国政府土司义务的解除以及各地土司特权的丧失，无疑成为土司制度终结的重要标志。[②] 其实，土司制度终结的缘起、过程、方式、路径、作用及影响等问题均有值得深究的空间。

（三）土司制度的专项制度

元明清时期的土司制度内蕴政治、经济、军事、法律、文教等方面的具体制度，涉及土司职衔、承袭、朝贡、征调、赋税、奖惩、教育等内容，是一套系统而综合的“制度集合”。目前学术界对各种专项制度均有一定程度的研究，但不够深入。如对于土司制度下的土兵制度的基本要素（诸如军事组织体制、军事领导体制、军事指挥体制、军事后勤体制、兵役制度、军事教育训练制度、军事法规制度等体制和制度）的研究，虽著者的《土司时期西南地区土兵制度与军事战争研究》[③] 一书多有涉及，但仍存在巨大的研究空间。土司承袭制度是土司制度中的核心内容，研究土司的专家学者对于土司的承袭程序、承袭文书、承袭次序与范围、承袭信物、承袭法规等均有一定的研究，但有两个问题未曾涉及：一是对于承袭制度中的世袭、应袭、袭职、承袭、袭替、保袭、准袭、告袭、请袭、听袭、借袭、代袭、冒袭、争袭、夺袭等名词概念的内涵界定、方式、区别、作用及影响等问题；二是对于土司承袭过程中形成冒袭、争袭、仇杀、战乱等弊端，中央政府采取的处置办法。只有深入研究这些问题，才能真正理解元明清中央政府对土司承袭的驾驭与控制。

此外，土司制度研究还存在诸多空白：一是土司制度实施过程中如何体现国家统一与地方自治？中央政府与土司政权之间如何互动、调适、博弈？二是新设土司的程序与袭职的手续究竟如何运行？各地土司在朝

---

① 杨庭硕：《试论土司制度终结的标志》，《云南师范大学学报》2012年第3期。

② 李良品：《土司制度终结的三个标志》，《吉首大学学报》2016年第5期。

③ 李良品：《土司时期西南地区土兵制度与军事战争研究》，重庆出版社2013年版。

贡与征调过程中如何有序进行？中央政府、地方流官政府如何有效控制各地土司？三是元明清三朝实施土司制度的预期目标、治策设计与施行效果究竟存在着哪些时空动态性和区域差异性？这些问题都是未来研究中需要回答的问题。

三　土司区治理方面的价值取向重构

自20世纪30年代以来，江应樑《滇西僰夷的土司政治》、佘贻泽《明代之土司制度》和《清代之土司制度》、凌纯声《中国边政之土司制度》、黄奋生《边疆政教之研究》等论文以及佘贻泽《中国土司制度》的专著，都将全国土司区的治理同国家命运紧密相连。特别是佘贻泽在《中国土司制度》一书中自觉将土司区治理与国家政体走向联结在一起考虑，他说："我国自民元以来，以民主政体相标榜，二十年国民会议所通过之约法，以孙中山先生之三民主义为建设国家之根本。民主、民权，已为今日立国之中心思想。土司为封建制度，其官为世官，其民为世民，既失民主之精神，亦无民权之可言。此在民国当视为一种过去时代之制度。若以行政而言，土司辖民领兵，据地一方，既非行政长官，又非军政将领。土司之治，为专制一人之治；土民有讼，听其裁判；土民有罪，任其处罚；举凡辖地之户口、钱粮、税收，皆取决于一人之意志。是则在行政完整及国家建设上，值得注意之事也。"[①] 凌纯声在《中国边政之土司制度》一文中同样提出："土司制度演变至今，实已成为部落而封建兼备之制，以土司之虚名，实行部酋之统治，较之盟旗之外藩旗制，有过之无不及。目下中国政治统一，此种'不叛不服之臣'，当不能使其继续存在，听其逍遥于政府法令之外，急应加以改革，令其就范。但改革土司制度初步，应将土司政治列入边政范围。盖因土司之官为世职及其分配土地统治人民之制度，异于内政而同于盟旗或政教制度，且其所在地域，亦多远处边陲。应以土司划归边省与中央专管边政机关直辖，使土官不得借口为土司而自处于法外。又令各省土司情形虽多特殊，推行改革固可因地制宜。或仍存旧制，或改弦更张，各种设施。各地亦可不必划一，然不论其地在近边或在远徼，及其环境如何特殊，第一步应达

① 佘贻泽：《中国土司制度》，正中书局1944年版，第184—185页。

到，政权必须统一于中央。”[①]凌纯声在该文中将明代土司按照地域的不同，分为内地土司、腹地土司、沿边土司和边外土司四种。其实，在元明清时期，中央政府在治理过程中，其举措也不尽一致。土司区治理的研究历来是土司研究的核心问题之一。从 2013 年至 2016 年获批的国家社科基金项目看，其主要价值取向十分注重土司制度与国家治理、土司制度与民族地区社会治理、改土归流与国家治理、改土归流与社会治理等主题；发表的学术论文又主要集中在土司治理方式、土司治理边疆、土司区社会治理、土司与边疆治理、土司地区的治理与边疆稳定、藏区治理策略、土司的社会治理与国家认同、土司地方治理、西南边疆及土司地区的治理、改土归流与地方社会治理等方面。因此，著者认为，土司区治理研究应以如下三个方面为价值取向。

（一）土司地区与国家治理

元明清时期的土司制度体现了国家对土司地区的治理始终占据主导地位，地方流官政府、各地土司政权、社会基层组织、土司辖区民众则在中央政府“齐政修教”“因俗而治”的政策指导下共同参与土司地区的国家治理。迄今为止，还没有严格意义上的这方面的研究，著者认为，这方面的研究应该从五个方面入手：一是研究国家治理下土司制度的缘起、发展、嬗变与改土归流的历程；二是探讨国家治理下土司制度内蕴的职官、承袭、贡赋、征调、升迁等共性制度；三是对元明清时期不同时段、不同地区、不同民族的土司制度做比较研究；四是深入探讨土司制度实施中的国家治理体系；五是探究土司制度实施过程中的国家治理能力。明清时期改土归流是王朝与地方实力强弱消长、国家治理能力、民族地区经济社会发展水平等因素综合作用的结果，在这一过程中，中央政府治理土司地区起着决定性的主导作用。土司区改土归流与国家治理的研究应注重几个问题：一是探讨明清时期中央政府在不同地区推行改土归流的动因、条件、进程、类型、特点、规律，对比明、清两朝在推进改土归流过程中的异同及地区差异；二是探讨明清时期实施改土归流过程中围绕中央政府对原土司区治理的宏观制度设计与具体路径选择，

① 凌纯声：《中国边政之土司制度》，《边政公论》1943 年第 11—12 期，1944 年第 1—2 期。

探明国家治理结构、功能、制度、方法、运行五大基本内容的“国家治理体系”；三是大规模改土归流后国家治理下中央政府对原土司区在基层组织建设、经济开发、民族关系、社会保障、文化教育、宗教事务等方面的社会重构，从而探明国家与地方、官方与民间围绕地方社会治理的互动关系；四是分析改土归流实施之中和实施后原土司区社会、经济、文化等方面的治理效能。

（二）土司区的地方治理

这个问题涉及三个方面，一是中央政府对土司区的治理，二是流官政权对土司区的治理，三是土司政权对本辖区的治理。宋娜针对有关问题提出了她的看法：在“家国同构”政治模式下，中央政府实施“齐政修教”“因俗而治”之策，以“礼治”和“安抚”为主，土司家族内部在提倡孝道、保证家族内部稳定的情况下，积极朝贡纳赋、奉调出征，以使土司政权的“合法性”固若金汤，以巩固土司政权在辖区内的统治地位。[①] 土司政权对本辖区内治理的研究目前仅限于周智生、谭志满、韦顺莉、贾霄锋、赵秀丽，吉首大学硕士生李西玲研究最深，她以忻城莫氏土司明清时期的地方治理为个案，认为忻城莫氏土司主要从土司政权建构、辖区内地方法规制定与实施、土地的多种分配方式、办学兴教鼓励科举考试等方面对忻城土司辖区进行社会治理。这些举措既保证了土司辖区的社会稳定、经济发展，又促进了土司文化的兴盛繁荣。[②] 针对流官政权如何治理土司地区，郗玉松认为，清朝雍正年间，土家族地区仅用八年时间相继完成了改土归流，流官群体执掌土家族地区政权后，加速实施土家族土司区的治理，他们通过严惩违法官吏、打击地痞、保护商旅等举措，维护了土家族地区的社会稳定；通过清除积弊、廉洁行政、雇佣民工、详定夫价等措施，提高了流官管理土家族地区的效能；通过捐资助教、设置义学、修筑城池、疏通河路、设舟便渡等公益事业的发展，促进了土家族地区的社会和谐。这些地方治理举措对当今加快民族

---

① 宋娜：《论“家国同构”格局下的土司治理方式——以播州杨氏土司为考察中心》，《长江师范学院学报》2016 年第 2 期。

② 李西玲：《明清时期忻城土司地方治理的研究》，硕士学位论文，吉首大学，2016 年。

地区的发展仍有启发和借鉴作用。①

（三）土司制度与边疆治理

土司制度与边疆治理问题也涉及两个方面：一是国家在实施土司制度过程中对边地土司及边疆治理。中国社会科学院于2008年启动了国家重大委托项目“西南边疆历史与现状综合研究项目”，经过6年的努力，该项目于2014年完成，在23部专著中，有11部专著与西南地区土司制度与边疆治理密切相关，特别是成臻铭的《土司制度与西南边疆治理研究》、方铁的《方略与施治：历朝对西南边疆的经营》与土司区治理研究正相关。如成臻铭的《土司制度与西南边疆治理研究》一书，其下编完全是探讨元明清三代借助土司制度对西南边疆的治理，既考察了元明清时期西南土司区治理的特点及其成因，又对西南土司区疆域变动、边疆政治稳定的经验与教训做出了令人信服的总结。云南大学硕士生朱强以民国时期德宏土司为个案，认为当时的边疆治理既有对清代边地土司治理的继承，同时又呈现出时代特点。民国政府采取调整行政区划、设置行政机构、大力改善交通、发展学校教育等方式，逐步削弱了德宏地区土司势力，强化了中缅边疆的控制。② 二是边地土司对辖区的治理。孔含鑫和吴丹妮认为，在以中原儒家文化为中心的主导下，元明清中央政府利用边地土司治理边疆，这是对边疆地区少数民族采取的一种“贱其所有、贵其所无”的政策；边地土司在治理边疆的过程中往往遵循“因其俗而柔其人”的原则，其本质是延续和发展元明清中央政府文化治边策略。③ 可以说，土司制度研究与历代边疆治理相联系，充分体现了土司学界的学术自觉性。

土司区治理研究至今仍存在巨大的空间：一是元明清中央政府实施土司制度对土司区采取了哪些治理政策、方略、结构、模式、机制、措施；二是元明清中央政府治理土司区有什么特点、规律；三是元明清中央政府治理土司区的过程中有无善治，产生了哪些实质性的效果，有哪

---

① 郗玉松：《改土归流后土家族社会治理研究》，《山西档案》2016年第4期。

② 朱强：《民国时期的德宏土司与边疆治理研究》，硕士学位论文，云南大学，2015年。

③ 孔含鑫、吴丹妮：《论土司治理边疆中西南少数民族宗教文化的作用》，《青海民族研究》2016年第3期。

些正面的影响；四是内地的边地土司区、邻国边界的边地土司区、跨国边地土司区的治理与土司辖地的变化对我国疆域的外扩及内缩究竟有什么影响；五是在推进民族地区国家治理现代化的过程中，元明清中央政府治理土司区中能提供哪些有益借鉴。上述问题是未来研究中十分值得关注的问题。

四　土司文化方面的价值取向重构

由于土司文化内容丰富、价值重大、开发利用潜力巨大，因此，土司文化研究也颇受这方面的学者青睐，其研究成果也颇丰。从 1996 年到 2012 年以前对这方面研究的情况看，学界主要的关注点有五个方面：一是对土司文化理论的探讨，如土司文化历史源流、土司文化价值、土司文化中的生态美学思想、土司文化与军事考古等；二是对土司文化互动的研究，如土司文化中的国家认同观念、土司文化研究的文化生态环境、土司文化建设等；三是土司遗址的探讨，大多从历史渊源、选址、文化特点等方面着笔；四是对广西忻城莫氏土司衙署、云南南甸土司衙署建筑、建水纳楼土司衙署、维西叶枝三江土司衙署的旅游形象设计与传播策略探讨；五是土司文化与旅游开发的研究成为学术聚焦点和兴奋点，特别是土司文化遗产保护传承与开发、土司文化资源及其旅游开发、土司文化与旅游发展等更是专家学者研究的重点。如赵秀文深入田野考察，并运用历史人类学的视角和方法，结合甘肃永登连城鲁土司文化资源重点探讨鲁氏土司的历史文化资源，主要涉及鲁土司的衙署建筑、宗教信仰、生活习俗、文化教育等文化资源的旅游开发，并从连城镇概况、规划理念、规划布局等方面提出旅游开发的构想，有一定参考价值。[①] 自 2013 年以来，随着土司遗址申报世界文化遗产的推动以及申遗的成功，土司文化研究的价值取向发生了重大变化，具体内容如下。

（一）土司文化理论研究

从学术理论的视角深入研究土司文化，主要集中在 2016 年，李世愉、李良品、成臻铭、彭福荣、罗维庆等为此做出了较大贡献。李世愉先生

---

① 赵秀文：《永登连城鲁土司历史文化资源及其旅游开发》，硕士学位论文，西北师范大学，2007 年。

认为，土司文化不仅产生于推行土司制度的少数民族地区、产生并存续于土司时期，而是与土司制度密切相关。[①] 著者不仅对土司文化做了内涵界定，而且提炼出土司文化多元性、丰富性、民族性、不可再生性四个特点，归纳出土司文化蕴含的思想价值、历史价值、学术价值、教育价值、艺术价值、资源（经济）价值六种价值。[②] 成臻铭认为，土司文化的结构应该包含心态、行为、制度、物态“四要素”，且内含炎黄文化、中华帝国家国观念、小区域“官家”文化等内容。[③] 彭福荣从物质、制度、精神三个层面考察了土司文化[④]，认为土司文化是由制度、政治、教化、民间文化等方面构成，具有鲜明的时代性、区域性、民族性、等级性、政治性、伦理性等特征。[⑤] 罗维庆提出“土司文化是民族文化的阶段性反映，家族文化是土司文化的组成部分，移民文化是土司文化的外来补充”[⑥]，值得关注。戴玥琳认为，四川甘洛县田坝地区的彝族土司文化具有官方文化、家族文化、民族文化的属性。[⑦] 上述研究表明，对土司文化产生背景的提出、内涵的界定、构成的总结、特点的归纳、价值的提炼，均是土司文化理论研究的重要内容。

（二）土司遗址

龙先琼以历史人类学的方法，认为永顺老司城不仅体现了统一多民族国家政治制度创新的历史过程，而且也是维护多元民族文化的主要标本和历史样板。[⑧] 其余专家学者或探讨土司遗址突出的普遍价值，或讲述土司遗址的调查过程和结果，或研究文化空间重构与土司遗址旅游，探索土司遗址的保护管理规划。吴侔卫则以海龙屯土司文化遗存为个案，

---

① 李世愉：《试论“土司文化”的定义与内涵》，《遵义师范学院学报》2016年第2期。

② 李良品、袁娅琴：《土司文化的界定、特点与价值》，《遵义师范学院学报》2016年第4期。

③ 成臻铭：《论土司文化的结构》，《遵义师范学院学报》2016年第5期。

④ 彭福荣：《乌江流域土司文化述略》，《长江师范学院学报》2016年第1期。

⑤ 彭福荣、李娟：《也谈土司文化的内涵》，《遵义师范学院学报》2016年第4期。

⑥ 罗维庆：《土司文化的边际界定》，《遵义师范学院学报》2016年第2期。

⑦ 戴玥琳：《凉山彝族土司文化探究——以甘洛县田坝地区为例》，硕士学位论文，中央民族大学，2015年。

⑧ 龙先琼：《历史人类学视野下的土司遗址——以永顺老司城为对象》，《吉首大学学报》2014年第3期。

运用历史人类学的方法，探讨土司文化遗存与地方互动的问题，并提出较有建树的学术思想：第一，发展地方文化应充分尊重历史；第二，保护土司文化是开发利用的前提；第三，发展地方文化需要多方资源整合。① 王献水提出，对永顺老司城遗址的保护应以活态保护理论为基础，在进行细节性评估的基础上，从文物保护工程、协调地区经济、非遗考古工作等方面进行具体评估与分析，并进行了可行性分析和学术理论与实践运用的思考。② 土司遗址价值的归纳、文化空间的探讨、后申遗时代土司遗址保护传承与利用等，均是近年来土司遗址研究的热门话题。虽然我国尚有诸多土司城遗址（如湖南省保靖县洛浦土司故城遗址，贵州省岑巩县木召庄园遗址、纳雍县水西宣慰府遗址、大方县九层衙门遗址、黄平县岩门司城垣，云南省景东县卫城遗址等），但遗憾的是土司研究学界和地方政府对这些土司城址的关注者却寥若晨星。

（三）土司衙署（庄园或官寨）

据《中国各级文物保护单位名录中与土司相关的遗产名录》记载，我国目前保存较为完好的土司衙署、庄园或官寨较多，分为国家级、省级或其他级别。国家级有 13 处：贵州省有毕节市大屯土司庄园、开阳马头寨古建筑群，云南有广南县侬氏土司衙署、孟连宣抚司署、南甸宣抚司署、兔峨土司衙署、叶枝土司衙署、纳楼长官司署、新平陇西世族庄园，广西有忻城县莫土司衙署，四川有马尔康县卓克基土司官寨、小金县沃日土司官寨经楼与碉楼，甘肃省永登县鲁土司衙门；省级的有 6 处，湖北宣恩县施南宣抚司土司皇城，贵州省道真县真安州城垣，云南省陇川县邦角山官衙署、宣威市倘可巡检衙署、广西西林县岑氏土司古建筑群，四川省丹巴县巴底土司官寨等。③ 这些文物是我国不可多得的财富。在以往的研究中，专家学者主要探讨了土司衙署园林历史发展、土司衙署建筑文化与建筑特色、土司衙署及周边街区保护规划、土司城衙署平

---

① 吴伜卫：《文化遗存与地方互动：海龙屯土司文化遗存的历史人类学研究》，硕士学位论文，西南大学，2015 年。

② 王献水：《土司遗址的活态保护——以老司城为例》，硕士学位论文，湖南师范大学，2016 年。

③ 李敏等：《土司系列遗产的国内外同类遗产的对比分析》，《中国文化遗产》2014 年第 6 期。

面尺度设计方法以及土司城衙署区建筑遗址复原等问题。姬刚运用人类学的田野调查法、测绘法，在对南甸和孟连宣抚司衙署建筑群的空间环境构成、建筑形态表征、衙署营造思想、各部建构艺术等方面进行深入探究的基础上，透彻分析出两座土司衙署建筑所体现的地区性、多元性文化特征和文化内涵①，富有新意。

未来土司文化研究的价值取向应聚焦在这几个方面：一是加强土司文化的内涵、结构、功能、特点、价值、作用以及与文化旅游的关系等方面的理论研究；二是注重后申遗时代土司遗址有效保护、合理利用的政策、模式、机制、措施等方面的应用研究；三是在对甘肃永登鲁氏土司衙署、贵州省毕节市大屯土司庄园、云南南甸宣抚司署和建水纳楼长官司衙署、广西忻城莫土司衙署、四川马尔康卓克基土司官寨等不同民族的土司衙署全面维修、有效保护的基础上，进行整体打包，以“中国土司衙署”名义申报第二轮世界文化遗产的前期论证。

除了上面三个方面的内容之外，还应该加强“中国土司学”的基础建设，这是构筑“中国土司学”十分急迫的资源基础。李世愉老师曾提出编纂出版《中国土司制度通史》《中国土司大辞典》《中国土司印信图录》等大型工具书，这对构建“中国土司学”无疑是一项奠基工程。此外，在每年出版《中国土司制度与土司文化研究年度发展报告》的基础上，还应加强“中国土司网”运行维护和中国土司制度与土司文化资源数据库建设，这方面的内容此不赘述。

---

① 姬刚：《云南土司司署建筑形制及其文化内涵研究——以南甸和孟连宣抚司署为例》，硕士学位论文，昆明理工大学，2013年。

第八章

中国土司学的研究方法

构建“中国土司学”除了学术概念的阐释、研究对象的明确、理论体系的构建、主要内容的把握、多学科视野的运用和基本路径的厘清之外，研究方法也是一个十分重要的内容。针对“中国土司学”构建的实际，本专学必须坚持运用辩证唯物主义和历史唯物主义方法，宏观研究与微观研究并重、整体性与个案性研究并重、历时性与共时性研究并重。在中国土司制度研究方面，方铁老师提出可采用系统分析方法、历史时段研究方法与比较研究方法。在构建“中国土司学”的过程中，除上述方法外，笔者认为主要应该采用下列方法。

第一节　历史文献法

一般来讲，历史文献法就是搜集整理和分析研究各种现存的有关文献资料，从中选取信息，以达到某种调查研究目的研究方法。历史文献法所要解决的问题是如何在我国浩如烟海的文献中选取适用于构建“中国土司学”和土司研究的资料，并对这些资料做出恰当分析和最有效的使用。在土司制度实施的近七百年的历史长河中，留下了浩如烟海的文献资料，这些丰富的文献资料积累了无数有关的土司制度、土司史实、土司事件、土司数据、土司理论、土司人物，中央政府与土司政权之间的互动、调适、博弈、斗争的策略、方法、举措等，这些文献均成为土司学界研究土司问题的重要依据。作为以历史学为学科理论的土司学和土司研究，历史文献法不仅是最基础、最常用、用途最广泛的搜集资料和科学研究的方法，而且也是一种独特的和专门的研究方法。

一 土司研究历史文献的类别

所谓文献，就是人们把人类的各种知识用文字、图形、符号、声频和视频等不同形式记录下来的具有历史价值或现实参考价值的资料。这些资料汗牛充栋、浩如烟海，其分类也多种多样：一是根据文献形式的不同，可分为文字性文献和非文字文献；二是根据文献信息载体的不同，可分为印刷型文献、手写型文献、缩微型文献、机读型文献和视听型文献等；三是根据文献加工程度的不同，又可分为一次文献、二次文献和三次文献；四是根据文献公开化程度的不同，可分为公开发表的文献和非公开发表的文献；五是根据文献资料性质的不同，可分为图书文献、文物文献和资料文献。在此，根据构建“中国土司学”的需要和土司文献的实际，著者将这些文献分为五类。

（一）档案

土司研究的档案，主要指明清和民国时期的档案。这些档案既有保存在北京第一、第二历史档案馆以及台北故宫博物院的档案，也有保存在一些省、市、州、县档案局（馆）的地方档案。在以往的土司研究中，一些学者比较重视对档案的利用，特别是地方档案的利用。但真正利用档案资料撰写著作及学术论文的很少，这势必影响对土司制度的总体把握以及相关研究的进一步深入。研究表明，现有土司制度的史料，内容十分丰富。一是土司制度所涉及的各方面的内容。如土司的职衔与品级，土司的承袭制度与分袭制度，土司的贡赋与土兵征调，土司朝觐制度，土司的奖惩与抚恤，流土并治与分别流土考成，对革除土司的处理，以及对土司的种种限制。二是土司制度实施过程中的一系列问题。如土司职衔的升降，土司之间的仇杀，土司内部的争袭，土司与土民的矛盾，对不法土司的征伐，各地区的改土归流，土司制度的调整、修订等。三是土司地区的社会生活。如各地物产、收成、自然灾害、赈灾措施、土地买卖等，都有较为详细的记载。四是土司与疆界形成的问题。如在晚清外交档案中涉及英国、法国与我国土司地方的划界，以及土司边界调查等内容。[①] 已经出版的无名氏的《土官底簿》、张统的《云南机务钞黄》《朱批谕旨》《岑襄勤公奏稿》《张允随奏稿》《雍正朝汉文朱批奏折汇编》《宫中档乾隆朝奏折》《清代内阁大库原藏明清档案》《雍正朝汉文朱批奏折汇编》等。此外，还有大量的土司档案资料封尘在中国第一、第二历史档案馆、台湾故宫博物院以及云南、四川、广西等省区省级档案局。上述文献中，只有《土官底簿》是记载土司的专门档案文献。

（二）史籍

史籍泛指记载历史的典籍或史书。如果按“国学大师”网“国学书库”之“史部”的分类，史部分为正史、编年、野史、别史、地理、传记、杂史、史评、载记、政书、职官、纪事本末、诏令奏议、志存记录等类型，下列史籍均可列入相关类型。与土司研究相关的史籍类历史文献有：宋濂的《元史》《元典章》、苏天爵编的《元文类》《通志条格》、苏天爵的《元朝名臣事略》《马可波罗行记》、郭松年的《大理行记》《徐霞客游记》、王世性的《广志绎》、田汝成的《炎徼纪闻》和《行边纪闻》、张廷玉的《明史》、申时行的《明会典》、陈子龙等的《明经世文编》、王圻的《续文献通考》、邝露的《赤雅》、钱古训等的《百夷传》、沈德符的《万历野获编》、宋濂的《洪武圣政记》、张萱的《西园闻见录》、谈迁的《国権》、何乔新的《勘处播州事情疏》、朱燮元的《督蜀疏草》、何乔远的《名山藏》、郭正域的《皇明典礼志》、徐学聚的《国朝典汇》、孙承泽的《春明梦余录》、胡世宁的《胡端敏奏议》、章潢的《图书编》、赵尔巽的《清史稿》、采九德的《倭变事略》、高拱的《靖夷纪事》、朱国祯的《涌幢小品》、陈邦瞻的《元史纪事本末》、谢杰的《虔台倭纂》、诸葛元声的《两朝平攘录》、顾炎武的《天下郡国利病书》、王士骐的《皇明驭倭录》、林尧俞的《礼部志稿》、李化龙的《平播全书》、戴龄的《钦定户部则例》、陈梦雷的《古今图书集成》、陈鹤的《明纪》、王鸿绪的《明史稿》、谷应泰的《明史纪事本末》、罗绕典的《黔南职方纪略》、计六奇的《明季北略》、魏源的《圣武记》、昆冈

---

① 李世愉：《研究土司制度应重视对清代档案资料的利用》，《青海民族研究》2013 年第 1 期。

的《钦定大清会典事例》、顾彩的《容美纪游》、顾祖禹的《读史方舆纪要》《清史列传》、清代五朝《会典》《平定金川方略》《平定两金川方略》《小方壶斋舆地丛钞》、方显的《平苗纪略》《金川案》、李心衡的《金川琐记》、程穆衡的《金川纪略》、夏燮编的《明通鉴》、曹学佺的《蜀中广记》、倪蜕的《滇云历年传》、李佛一的《泐史》《永昌府文征》、汪森的《粤西文载》和《粤西丛载》等。在上述文献中，只有《明史》《清史稿》中的"土司志"以及《勘处播州事情疏》《平播全书》《平定金川方略》《平定两金川方略》是记载土司的专门文献。

（三）志书

地方志是全面记载某一时期某一地域的百科全书，其记述对象是"某地自然与社会"；其时间范围是"历史与现状"。地方志的"地方"，主要是指明清及民国时期某省通志与合志、某府州厅县志，以及为数不多的司志等。如黎崱的《安南志略》、李京的《云南志略》、毛奇龄的《蛮司合志》、谢肇淛的《滇略》、郭子章的《黔记》、刘文征的（天启）《滇志》、陈文等的（景泰）《云南图经志书》、黄佐的（嘉靖）《广西通志》、林希元的（嘉靖）《钦州志》、谢东山的（嘉靖）《贵州通志》、李元阳的（万历）《云南通志》、周季凤的（正德）《云南志》、赵瓒等的（弘治）《贵州图经新志》、檀萃的《滇海虞衡志》、罗绕典的《黔南职方纪略》、刘昆的《南中杂说》、爱必达的《黔南识略》、李宗昉的《黔记》、田雯的《黔书》、（康熙）《云南通志》、（雍正）《云南通志》、（道光）《云南通志稿》、谢启昆的（嘉庆）《广西通志》、（道光）《遵义府志》、（乾隆）《贵州通志》、（光绪）《云南通志稿》、（嘉庆）《四川通志》、王崧的《云南备征志》、《云南志钞》、《贵州府县志辑》（50册）、《云南府县志辑》（83册）、《四川府县志辑》（70册）、《湖南府县志辑》（86册）、《湖北府县志辑》（67册）、《广西府县志辑》（43册）、刘尧诲等的《苍梧总督军门志》、师范的《滇系》、鄂尔泰的《云南通志》、黄廷桂的雍正《四川通志》、常明的（嘉庆）《四川通志》、金鉷的《广西通志》、林富的（嘉靖）《广西通志》、谢圣纶的《滇黔志略》、鄂尔泰的《贵州通志》、刘世显的民国《贵州通志》、徐学谟的（万历）《湖广总志》、徐国相的《湖广通志》等。此外，还有一些土司为其辖地所撰写的志书与族谱相结合的书籍，如《白山司志》《九姓司志》《九姓志略》

《九姓乡志》《龙氏迪光录》《卯洞土司志》等。在上述文献中，只有《蛮司合志》、各种省志中的“土司志”以及土司专志是记载土司的专门文献，这是目前保存数量最多、记载最完整的土司文献。

（四）史料汇编

所谓史料汇编，就是把有关土司问题的各种资料或著作按照一定的体例分类编辑而成的书。迄今为止，最全面、最系统土司史料汇编应该是战葆红主编、学苑出版社出版的《中国历代方志土司资料辑录》，全套书计 38 册。其他涉及土司史料汇编的资料很多，全书为土司史料的有广西壮族自治区博物馆的《广西土司资料汇编》、云南德宏州文史委编的《德宏土司专辑》、彭晓主编的《木氏宦谱》《景谷土司世系》《勐勐土司世系》《孟连土司法规》《秦良玉史料集成》《清代武定彝族那氏土司档案史料校编》《红河地区土司史料专辑》、谢华编的《湘西土司辑录》、鹤峰县委统战部等编的《容美土司史料汇编》、鹤峰县民委编的《容美土司史料续编》、郑栖山的《平定两金川军需例案》、李良品的《二十五史西南地区土司史料辑录》等。有一些史料是部分涉及土司的，诸如《明实录有关云南史料》《明实录贵州史料辑录》《明实录广西史料摘录》《二十四史广西资料辑录》《明实录类纂·四川史料卷》、贵州历史文献研究会的《二十四史贵州史料辑录》、潘光旦的《中国民族史料汇编·明史》、鄂西州民委编的《鄂西少数民族史料辑录》、谷口房男和白耀天的《壮族土官族谱集成》《清实录有关云南史料》《清实录贵州资料辑要》《清实录彝族史料辑要》《清〈圣训〉西南民族史料》、中国第一历史档案馆编的《清代苗民起义档案资料》《中国地方志民俗资料汇编·西南卷》《中国地方志民俗资料汇编·中南卷》《中国地方志民俗资料汇编·西北卷》、方国瑜主编的《云南史料丛刊》和《元代云南行省傣族史料编年》、李春龙主编的《云南史料选编》《中国傣族史料辑要》、方慧编的《中国历代民族法律典籍》、赵寅松等主编的《大理丛书》、方树梅编的《滇南碑传集》、李根源的《新编曲石文录》《云南少数民族官印集》《普洱史迹》、余定邦等编的《中国古籍中有关缅甸资料汇编》、广西民族研究所编的《广西少数民族地区石刻碑文集》、广西壮族自治区编辑的《广西少数民族地区碑文契约资料集》《川东南少数民族史料辑》、邹建达编的《清前期云南督抚边疆事务奏疏汇编》、云南省档案馆等编的《民国时期云南、广西的相关档案》、杜海军编的《广西石刻文献总集整理》、四川省民族研究所的《清末川滇边务档案史料》、方国瑜的《云南史料丛刊》（13卷本）、高聪、谭洪沛的《贵州清水江流域明清土司契约文书·九南篇》等，尤其是《明实录》和《清实录》中尚未利用的有很多土司史料，是土司史料一座富矿。

（五）笔记、文集

笔记源于先秦之左史记言、右史记事以及诸子“语录”和“札记”之文。实际上，笔记是文人墨客随心所欲、随笔记录的文体，名号众多，像“丛谈”“丛话”“丛录”“谈丛”“谈录”“杂识”“杂录”“杂忆”“杂记”“野记”“札记”“笔记”“笔谈”“琐言”“琐语”“闲话”“漫钞”“漫录”“随笔”“野闻”“述闻”“见闻录”和“闻见录”之类，不一而足。元明清及民国时期文人墨客留下的笔记提供了大量的有关土司的历史资料，又可概括为社会生产与经济资料、典章制度资料、政事与吏治资料、人物传记资料、物质文化与社会风气资料五个方面。以社会生产与经济资料而言，像钱泳的《履园丛话》；以典章制度资料来说，像吴振棫的《养吉斋丛录》；以政事与吏治资料而言，像赵翼的《檐曝杂记》、薛福成的《庸庵笔记》；以人物传记资料来说，像昭梿的《啸亭杂录》、朱彭寿的《旧典备征》。这类笔记很多，诸如朱孟震的《西南夷风土记》、彭时的《彭文宪公笔记》、赵翼的《檐曝杂记》、赵慎畛的《榆巢杂识》、刘声木的《苌楚斋随笔》、郑晓的《吾学编》、谢肇淛的《百粤风土记》、邝露的《赤雅》等。这些历史笔记虽有美化统治阶级、排斥进步思想、事实真伪难辨、编排杂乱无章等毛病，但确保留了大量的原始资料，是中国学术遗产和基本史料的重要组成部分，有助于土司研究学者更好地认识元明清时期土司地区社会的真实面貌。古代文集是收录历代文人墨客一人或多人的诗、词、曲、赋以及其他各体文章的集子，是古典文学作品的主要载体，属于我国古代图书四部分类中的集部。与元明清时期土司有关的文集众多，如王守仁的《王文成公全书》、王恕的《王端毅公文集》、何乔新的《椒丘文集》、叶盛的《边奏存稿》《两广奏草》、杨锡绂的《四知堂文集》、晏斯盛的《楚蒙山房集》、甘汝来的《甘庄恪公全集》、蓝鼎元的《鹿洲初集》、陈全之的《蓬窗日录》、张岳的《小山类稿》等，上述文集中也同样保存了大量的土司史料，像《椒丘文集》《小山类稿》《甘庄恪公全集》等就保存了他们作为朝廷命官处理土司问题的奏疏，对于了解明清时期中央政府治理土司地区的治策很有价值。

二　历史文献法的特点

从时间角度看，历史文献法是一种“历史”的研究。作为有近700年历史的土司制度，其历史文献自然多如牛毛。作为土司研究的专家学者，只有学会运用历史文献，才能更好地进行科学研究，发掘古今中外与土司有关的历史文献，揭示元明清时期社会发展的规律，推进国家治理的现代化。作为构建“中国土司学”和土司研究的历史文献法应该具备下列特点。

（一）多元性

土司研究的历史文献包括与土司相关的民族史、土司家族谱牒、碑刻、地方史、地方志、历史事件、历史人物的资料等。笔者在土司研究中发现，有关土司的历史文献十分丰富，其内容包括历史、政治、民族、社会、经济、军事、文艺、教育、哲学、伦理、宗教、民俗等内容，其外延也十分广泛，包括历史档案、古籍和文物等类型，也就是说，涉及土司内容的历史文献具有多元性。一是土司研究的历史文献具有档案属性。如文档、文章、著作、文集、信函、笔记、石刻、印章、木刻等。档案是社会实践的原始记录，是研究土司问题的第一手文献材料，它具有历史文献和历史档案的双重性。二是土司研究的历史文献具有古籍属性。古籍分为原生载体古籍、金石载体古籍、口碑载体古籍和书面载体古籍四大类型。在土司研究的历史文献中，这四种类型的文献均有存在，特别是元明清时期的刻本、写本、稿本、拓本等书面古籍异常丰富，这些书面古籍具有古籍和历史文献双重属性。三是土司研究的历史文献具有文物属性。土司历史文献包括古籍、文档、印章和石刻等，它们无疑具有文物属性。四是土司研究的历史文献包括碑刻、文献、手稿、图书资料等文化遗产，因此也具有文化遗产属性。

（二）丰富性

在土司研究的历史文献中不仅内容丰富，而且类型广泛，既包括历史文献、宗教经典、道德文献、文学文献，还包括民族医药学、矿产学、建筑学、植物学等其他学科文献。如果针对一个具体的土司，其文献也是十分丰富的。从历史文献记载播州杨氏土司的情况看，以“平播之役”为界，分为两个时期，“平播之役”前为第一个时期，“平播之役”及以后为第二个时期。仅以“平播之役”及以后的文献史料为例予以说明。平播战争是由明朝中央势力发动的旨在镇压播州土司杨应龙为首的地方叛乱势力的一场战争。这场战争前后持续152天，明政府投入兵力24万以及数十万之众民工，播州杨氏土司投入近20万兵力及民工。据《续文献通考》记载：“平播之师，未及期年，约费银一百二十一万六千余两。连川中凑办共约二百余万两。”平播战争是导致明王朝衰亡原因之一。因此，平播战争的相关历史文献史料颇丰，尤其是李化龙的《平播全书》，是“平播之役”的全面记述。其他文献有诸多类型，正史类有张廷玉的《明史》，编年类有《御批历代通鉴辑览》《御定资治通鉴纲目三编》以及徐乾学的《资治通鉴后编》、夏燮的《明通鉴》，纪事本末类有《明史纪事本末》，别史类有傅维鳞的《明书》、万斯同的《明史稿》以及《万历起居注》《明实录》、钦定《续通志》，诏令奏议类有黄训编的《名臣经济录》，传记类有陈鼎的《东林列传》，志书类有《贵州通志》《四川通志》《遵义府志》《湖广通志》《云南通志》，以及李贤的《明一统志》；杂史类有郭子章的《黔中平播始末》和《西南三征记》、杨寅秋的《平播录》、赵汝谦的《平黔三纪》、董其昌的《万历事纂要》、茅瑞征的《万历三大征考》、瞿九思的《万历武功录》、沈德的《万历野获编》、诸葛元声的《两朝平壤录》、程正谊的《播酋始事》、钟奇的《播事述》、郭应聘的《西南纪事》、谢诏的《征西纪事》、李檼的《全黔纪略》；别集类有杨寅秋的《临皋文集》、温纯的《温公毅集》、余继登的《淡然轩集》、倪元璐的《倪问贞集》、魏裔介的《兼济堂集》、汪琬的《尧峰文钞》、田雯的《古欢堂集》、蓝鼎元的《鹿洲初集》、查慎行的《敬业堂诗集》、孙鑛的《居业次编》、申时行的《赐闲堂集》、沈一贯的《喙鸣诗文集》、王家彦的《王忠端公文集》；总集类有黄宗羲的《明文海》；经部类有胡渭的《禹贡锥指》、王夫之的《尚书椑疏》；杂家类有方以智的《物理小识》、姚之骃的《元明事类钞》。此外，还有谈迁的《国榷》、朱国桢的《大事记》及《大政记》、张岱的《石匮藏书》、查继佐的《罪惟录》等。[1] 如果要深入研究“平播之役”，缺乏上述历史文献是很难得出正确结论的。

（三）地域性

众所周知，我国的每一个民族都有自己特定的生活圈子和活动地域，该地域的自然环境、社会环境和文化环境对该民族文化的形成和发展具有决定性的影响。如壮族、彝族、藏族、傣族等民族性格的形成与该地域的历史文化密切相关。而一些小的少数民族也多为大分散小聚居的生活方式。他们基本在某一地域环境中生活，因而反映某一少数民族社会、历史、文化、生活等诸方面的文献就显示出鲜明的地域性。一般而言，与某个具体土司相关的任何一种历史文献都是在一定的地域产生，与该地域的各种环境息息相关，该地域独特的自然生态环境、文化传统、宗教信仰、生产生活及日常生活习惯、民风民俗等从各个方面决定了历史文献的地域性特点。该地域既是该土司的历史文献产生地，又是该土司的历史文献赖以存在、发展和传承创新的土壤和条件。如云南滇西地区傣族土司的历史文献地域性特点在一定程度上又体现和强化了傣族土司历史文献的民族性。

（四）民族性

民族性指为某一民族特有的、深深的打上了这个民族的烙印，体现了这个民族独特的思维方式、智慧、世界观、价值观、审美意识和情感表达等因素[2]。由于各少数民族社会历史发展的差异性，在少数民族历史文献的形式上和内容上体现了突出的民族性。如各少数民族的文字产生时间不同而使文献的数量不同，彝文的文字产生在明代，傣族和纳西族的文字产生于明代以前。这就导致各少数民族历史文献不仅在数量上、形式上存在差别，而且载体也不尽相同。如傣族土司的一些历史文献多书写在“贝叶经”上，纳西族土司的一些历史文献则多书写在窄长形糙纸上。如明清时期川东南土司辖区民众素有悬棺葬的习俗，地方文献有

① 李良品、李思睿、余仙桥：《播州杨氏土司研究》，华中科技大学出版社 2015 年版，第 3—5 页。

② 韩基灿：《浅议非物质文化遗产的价值、特点及其意义》，《延边大学学报》2007 年第 4 期。

记载，如清代《酉阳州志》载："泉门口岩上有五柜，柜二槅，槅三箱；箱长三尺，高半之，中贮白骨数具。……五柜之箱计之，约二十骨云。"光绪《秀山县志》载："北为仙人崖，石壁峭削，庞然临水，崖半，方穴如凿，内度朱箧。"这是一个地方民族特色的具体体现。一个民族独特的思维方式、智慧、世界观、价值观、审美意识和情感表达等因素，自然就构成了维系一个民族共同情感体验、共同伦理意识和世界观的重要内容。正是由于民族与文化有着不可分离的特点，认同一个民族的文化，就必然认同这一个民族。代表某个民族的土司的历史文献，自然也就具有民族性。如与云南耿马宣抚司密切相关的《耿马地方史》《耿马宣抚司亲供宗图册结例志章程清册》《耿马宣抚司银课份田及礼仪》《孟定土司源流》《傣历计算年历》《三百年傣历年表》等傣文古籍典藏，是研究耿马傣族土司历史文化最宝贵的历史资料，其民族特色不言而喻。

（五）批判性和创新性

历史文献法的运用本身就是一种批判与创新的过程。历史文献法的根本目的就在于比较和借鉴，通过检索、收集、鉴别以及研究与运用这一系统化过程，最终实现对元明清时期土司制度、土司事象、土司社会、土司人物的某些特点进行描述和评论，分析其形成的客观原因。因此，在运用历史文献法对土司问题进行研究的过程中，研究者必须对历史文献加以重新组合、升华，从而找出土司制度、土司事象、土司社会、土司人物的新联系、新规律，形成新观点，创造出新理论。在这个过程中，研究者要以自己的政治观点、世界观去进行深入探讨、分析、比较、鉴别。所以，与土司研究相关的历史文献的运用是批判与创新的有机结合。

三 土司历史文献法运用的基本步骤

历史文献法是以各种书面方式呈现出来并载有与土司相关的包括专著、论文、史料、族谱、碑刻、日记、书信、简历、传记、书简、访谈、稽勋录、口述史等在内的历史文献，然后对这些历史文献进行分析、研究，最终获得正确结论的一种方法。这种方法是土司研究的一种重要方法，其主要优点在于能够深入研究无法直接进行田野考察的土司事象。土司研究过程中运用历史文献法可以采取以下的基本步骤。

（一）确定历史文献范围

当研究者选定课题或研究方向后，就要根据需要进行检索，确定查找文献的范围。研究者必须根据自己对课题的理解、自己的知识结构、现有的资料，确定所需要查阅的文献范围，例如职官制度方面的“土官”“土司”“宣慰司”“宣抚司”“安抚司”等，制度方面的“土司制度”“职官制度”“承袭制度”“朝贡制度”“赋税制度”“征调制度”等。确定检索范围后，结合学校图书馆和网络媒介（如“中国知网”“超星”“搜神”“国学网”“国学大师”“贻知网”“四库全书”等）开始检索。

（二）明确文献检索工具

在土司研究过程中必须明确历史文献的检索工具，因为这是历史文献法运用的基础和前提，常用的文献检索工具有两种。

1. 图书目录

主要查阅与土司问题相关的图书，特别是原始材料、原著或名著。如研究者要搜索“平播之役”前与播州杨氏土司相关的历史文献，可以通过多种渠道搜索到下列相关信息。如元代陈桱的《通鉴续编》有“五月播州蛮酋杨贵迁来贡”[①] 的记载。此外，对播州杨氏土司有关事迹做记述的还有长谷真逸的《农田余话》、程钜夫的《雪楼集》、揭傒斯的《文安集》、李存的《俟庵集》、马端临的《文献通考》、苏天爵的《元文类》、脱脱的《宋史》、佚名的《招捕总录》、袁桷的《清容居士集》、张铉的《（至大）金陵新志》等。明代前期和中期对播州杨氏土司记载最为详细的是何乔新的《勘处播州事情疏》，该疏主要奏播州宣慰使杨爱“隐匿贼情、谋陷城池、欺罔朝廷、擅作威福、僭礼犯分、枉杀人命、毒害军民、谋害期亲、诈传敕旨、妄造妖言、谋为不轨，邀截实封、阻当伸诉、变乱成法、倚法为奸、贪淫酷暴、败伦伤化、魇魅不道”等事情。雷礼在《国朝列卿纪》中记载了播州杨友、杨爱、杨辉、杨斌等一些相关事情；雷礼在《皇明大政纪》卷七、卷十六、卷十九等涉及杨升遣兄亮贡马、刑部侍郎何乔新勘播州宣慰使杨爱、播州土官杨友贿刘瑾诸事宜，并有“杨氏据有播州五百余年，蛮夷服从久矣”之说；李贤《明一统志》（清文渊阁四库全书本）卷四十九、卷六十七均记载播州宣尉“兄

① （南宋）陈桱：《通鉴续编》（卷九），清文渊阁四库全书本。

弟争杀，佥议用兵”一事，卷七十二记载明洪武年间创建“播州宣慰司学”。郭子章在《万历黔记》记载播州杨氏的杨端、杨璨、杨价、杨文、杨邦宪、杨赛因不花、杨嘉贞、杨铿、杨升、杨辉等人事迹。田汝成在《炎徼纪闻》中专门记载了杨辉的相关事迹①。明代记载播州杨氏土司的文献繁多，诸如曹学佺的《石仓诗稿》和《蜀中广记》，陈九德的《皇明名臣经济录》，陈全之的《蓬窗日录》，陈师的《禅寄笔谈》，陈士元的《诸史夷语解义》，陈循的《芳洲文集》，陈子龙的《明经世文编》，程开祜的《筹辽硕画》，邓元锡的《皇明书》，杜应芳的《补续全蜀艺文志》，范景文的《昭代武功编》，方孔炤的《全边略记》，方孝孺的《逊志斋集》，何乔远的《名山藏》，贺复征的《文章辨体汇选》，胡广的《胡文穆公文集》，黄道周的《博物典汇》，黄景昉的《国史唯疑》，黄训的《名臣经济录》，焦竑的《熙朝名臣实录》和《皇明人物要考》，柯维骐的《宋史新编》，孔贞运的《皇明诏制》，李贽的《续藏书》，廖道南的《楚纪》，林俊的《见素集》，凌迪知的《万姓统谱》，陆应阳的《广舆记》，罗日褧、茅元仪的《掌记》，彭大翼的《山堂肆考》，邵经邦的《弘简录》，申时行的《纶扉简牍》，沈国元的《两朝从信录》，宋濂《元史》，孙镛《居业次编》，孙旬的《皇明疏钞》，谭纶的《谭襄敏奏议》，陶承庆的《文武诸司衙门官制》，万表《皇明经济文录》，张廷玉的《明史》等。上述历史文献无疑是研究播州杨氏土司在“平播之役”前比较原始的材料。

2. 期刊目录

利用“大成老旧刊全文数据库”搜索新中国成立前有关土司研究的论文，主要有《东方杂志》《军事杂志》《晦鸣周刊》《独立评论》《光华大学半月刊》《开发西北》《康藏前锋》《禹贡》《政治评论》《川边季刊》《四川月报》《新亚细亚》《妇女新生活月刊》《内政公报》《新夷族》《云南教育公报》《云南省政府公报》《滇黔》《妇女生活》《滇黔月刊》《现代青年》《新青海》《边事研究》《康导月刊》《贵州文献季刊》《国民新闻周刊》《永安月刊》《大学月刊》《边疆通讯》《边政公论》《西康经济季刊》《图书季刊》《边政月刊》《西北论坛》《旅行杂志》等

① （明）田汝成：《炎徼纪闻》（卷三），清指海本。

近40种刊物，其中佘贻泽的《明代之土司制度》和《清代之土司制度》，发表在《禹贡》杂志；凌纯声的《中国边政之土司制度》和江应樑的《云南土司制度之利弊与存废》，均发表在《边政公论》杂志；罗英的《滇黔土司存废问题之检讨》，发表在《滇黔》杂志。新中国成立后，发表了数以千计有关土司的学术论文，载文量较高的期刊分别是《广西民族研究》《贵州民族研究》《湖北民族学院学报》《贵州文史丛刊》《西南民族大学学报》《思想战线》《中南民族大学学报》《吉首大学学报》《民族研究》《中央民族大学学报》《青海民族研究》等。这些期刊以及其他载文量较高的期刊多是北京、云南、贵州、广西、四川、湖南、湖北、青海、西藏等地的民族高校和民族研究所主办的，也就是说，中国土司制度与土司文化研究论文集中发表在这些地区主办的刊物上。自2015年以来，相继有《长江师范学院学报》《遵义师范学院学报》《青海民族研究》《吉首大学学报》等学术刊物开辟了“土司文化研究”等固定栏目，每期均发表一定数量的土司研究论文，这更便于土司研究学者搜索与查阅。

（三）探索土司历史文献查找方法

一般来讲，土司研究相关文献的查找可以采取四种方法：一是顺查法。这是一种按照元明清时期的历史发展顺序，由远及近、由旧及新地查找历史文献的方法。二是逆查法。这种方法是按照逆历史发展顺序，由近及远、由新及旧地查找相关历史文献的方法。三是跟踪法。这是一种利用某一篇与土司相关的论文或专著中所列的引文注释和参考文献为线索，跟踪追查，顺藤摸瓜，进一步查找所需历史文献的方法。四是综合查找法。这是一种将各种查找土司历史文献的方法结合起来使用，以实现检索目的的方法。这几种方法没有好坏、优劣之分，无论使用哪种查找方法，适合自己的最有效的方法就是好方法。

（四）厘清阅读文献程序

经验告诉我们，在浩如烟海的土司历史文献中，要能快速获取宝物，就需要按照一定的程序。一是侦察，也就是走马观花地迅速翻阅历史文献。二是浏览，即对火速侦察到的对自己课题或研究有用的题目、章节、段略、句子、词语等文献进行粗略阅读。三是精读，也就是对某项课题研究有用的题目、章节、段略、句子等文献进行深入、细致的阅读，以正确理解该文献的主要内容和精神实质。四是鉴别，这里既包括考证土司历史文献来源的真实性鉴别，也包括考证土司历史文献内容准确性的价值性鉴别。五是记录，即对研究有价值的题目、章节、段落、句子等文献做好记录工作，以备后用。

（五）加工整理有用文献

加工整理有用文献，是土司研究者在侦察、浏览、精读、鉴别、记录相关历史文献的基础上，通过创造性思维过程加以分析、综合、比较、抽象、概括，形成对事实的科学认识之后产生的结果。历史文献加工整理的核心工作是对其进行科学分类，例如重大事件方面有“征麓川”“平播之役”“平奢安”“平大小金川”等类型，重要人物方面有“奢香”“瓦氏夫人”“刘淑贞”“秦良玉”“杨应龙”“安国亨”“奢崇明”“李化龙”“刘綎”“朱燮元”等类型。当然，在分类过程中，既要考虑历史文献的分类标准，又要考虑原始资料和主观感受资料的区分。

总之，只要专家学者合理地运用历史文献法，就能在我国浩如烟海的文献中选取适用于自己从事土司研究的相关文献。在此基础上对这些文献做出恰当分析和最有效的使用，定会收到土司研究的最佳成效。

第二节　比较研究法

比较是认识事物的基础，是人类认识、区别和确定事物异同关系的最常用的思维方法。比较研究法作为一种思维方式，可以运用到社会学、人类学、民族学、经济学、人口学、教育学、政治学、法学、文学、史学、文化学等学科，是人文社会科学研究中广泛应用的研究方法。比较研究法是对人与人之间、事与事之间、物与物之间的相同性和相异性进行比较与判断的方法。换言之，比较研究法是指对两个或两个以上的人、事、物或对象加以对比，以找出人、事、物或对象之间异同的一种研究方法。比较研究法在“中国土司学”构建过程中，确实是一种非常实用、有效的研究方法。

一　比较研究法的作用

在构建“中国土司学”过程中，运用比较研究法可以对两个或两个以上有联系的人与人、事与事、物与物进行比较，寻找其异同，探求普遍规律与特殊规律。

俗话说："不怕不识货，只怕货比货。"专家学者在探讨土司问题时，应将涉及土司的人与人、事与事、物与物进行比较。有比较才有鉴别，有鉴别才有新认识。在构建"中国土司学"过程中运用比较研究法，其作用是等多方面的，这里主要强调三点。[①]

（一）有利于把握历史发展规律

我们把中国历史作为一个整体进行考察时，就会看到在历时性上包含从分到合、再到一统的共同特征，并呈现出国家治理从低级阶段逐步向高级阶段发展的总趋势；在并时性上包含着处于一定时段上的少数民族地区与非少数民族地区不同社会形态的阶段性特征。[②] 虽然土司制度在元明清时期仅在湖广、四川、云南、贵州、广西、甘肃等省的部分地区实施，但这种制度却先后实施近七百年，如果我们运用比较研究法予以研究，或求同、或求异，或求常、或求变，进而从同异、常变之中发现中国历史发展的共性和个性，并从宏观和整体上把握中国土司制度兴起、形成、兴盛、衰亡的历史进程，即可把握元明清时期中国历史的发展规律。

（二）有利于提出新的历史问题

比较研究法运用在"中国土司学"构建过程中，能促使专家学者提出新的历史问题，并寻找到新的研究视角。研究表明，元明清时期设置的边地土司，有内地的边地土司、邻国边界的边地土司、跨国的边地土司三种类型。如乌蒙土司、乌撒土司、镇雄土司、东川土司等土司，属于内地的边地土司，这些土司处于四川、云南、贵州三省交界地带；如云南"八关九隘"之内的里麻司、干崖宣抚司、盏达副宣抚司、陇川宣抚司等，属于邻国边界的边地土司，这些土司位于中国和缅甸交界地区；如木邦军民宣慰使司、孟密宣抚使司、八百大甸军民宣慰使等，就属于跨国的边地土司。这些土司在元明清时期曾在中华帝国的版图内，后来因各种因素列入缅甸、老挝、泰国、越南四国版图内，成为"边外土

① 张利：《论历史比较研究法的意义和作用》，《许昌师专学报》1996 年第 4 期。

② 同上。

司”。特别是研究元明清三代邻国边界的边地土司后就会提出这样的问题：这些土司在元明清时期，其辖地究竟到达哪个地域？在辖地演进的过程中出现了哪些变化？其辖地的变化与我国疆域的外扩及内缩究竟有什么影响？于是，专家学者就会带着这些问题去深入研究边疆土司的相关问题。比较研究法能引导研究者在转换思维角度的基础上开阔视野、择善而从，减少研究者在民族、政治、国家等方面的偏见。

（三）有利于预见民族地区未来发展

土司问题属于民族地区的历史问题，历史发展是有规律可循的。因此，土司问题的比较研究法不仅适用元明清时期土司地区的历史探索，而且有助于推断现在相似的同类现象的发展趋势，并能预见民族地区未来发展大概方向。笔者曾经对土司地区乡村社会的社会管理作过研究，并总结出明清时期土司地区乡村社会经受“四重管理”，一是官方基层组织（如里甲制、粮长制等）的管理；二是官民共建基层组织（如乡约、社学、社仓等）的管理；三是民间宗族组织（宗祠、族谱、族长、族田等）的管理；四是拥有政治、经济和社会上的各种特权的基层民间精英——绅士阶层的管理。土司地区乡村社会基层组织存在四个系统，每个系统之下又各有不同的具体组织，其功能前后变化，互动互补，共同构成基层社会的管理、控制网络。由此，笔者建议，在推进国家治理现代化和未来发展过程中，民族地区乡村社会治理应吸取土司制度实施过程中的有益养分，做到“治官权”“治民权”“参治权”相结合，在国家主导下，采取多元共治的方法，促进民族地区与非民族地区共同发展、共同繁荣。这是将历史上的和现实社会中的某些现象进行类比分析后对民族地区未来发展趋势提出的预见性建议。

二　比较研究法的运用

“中国土司学”构建以及土司研究，离不开使用比较研究法。在这个过程中，选用什么样的思维方式来进行比较研究，这就是比较研究法的具体运用问题。概括起来，比较研究法可运用四种形式。

（一）纵向比较

纵向比较是指运用历时性的方法，从元明清时期顺次出发，进行不同历史朝代、不同发展阶段的相关内容的比较。比如：土司的官职名称、职衔级别、承袭顺序、各种信物、职位升迁、奖励惩罚、朝贡纳赋、土兵征调等涉及土司制度的内容。虽然元明清各代均存在，但在不同的历史时期确实存在一些区别，要通过纵向比较，找出它们究竟有哪些异同。又如，土司分为武职土司（主要有宣慰司、宣慰使同知、宣抚司、安抚司、长官司）、文职土司（主要包括土知府、土同知、土知州、土通判、土州同、土县丞、土经历、土知事、土主簿、土典史、土巡检、土驿丞等）、土屯土司（土都司、土外委、土守备、土千总、土把总、土千户、土百户、土游击等），其官职名称也时有变化，也同样须通过具体的朝代、具体时段来区别。例如，土司承袭人的人选明清时期也不完全一致，明王朝规定“土司承袭，其子弟、族属、妻女、若婿及甥之袭替，胥从其俗”[①]。而清王朝在《钦定大清会典则例》则规定：“承袭之土官，嫡庶不得越序。无子，许弟袭；族无可袭者，或妻或婿；为夷众信服，亦许袭。”[②] 尤其是清王朝“预制土官”政策的出台，使土司承袭有法可依，基本上制止了以往因土司承袭而发生争袭、仇杀等类事件的发生，起到稳定土司政权的作用。从元代至元十八年（1281 年）杨邦宪袭土司，后升宣慰使以降，杨汉英、杨嘉贞、杨忠彦、杨铿、杨升、杨纲、杨炯、杨辉、杨爱、杨斌、杨相、杨烈到末代土司杨应龙，共经历宣慰司 15 代，承袭 323 年，为什么前面 300 年左右杨氏土司均是忠于元明中央王朝，而到杨应龙时期就反叛明代中央政府呢？通过比较，也能找到其中的缘由。把元明清时期土司制度中涉及的主要问题及其变化进行归纳比较，有利于我们探索出土司制度兴起、形成、兴盛和衰亡的原因及其本质。同时，也让读者明白，虽然土司制度贯穿于元明清时期的西南、中南和西北民族地区，但在不同时期、不同地区、不同民族是存在很大差别的。

（二）横向比较

横向比较是从空间角度出发，进行不同地域、不同民族甚至不同国家的边地土司与边外土司的比较研究。近年来，在对土司研究时，不乏

---

① （清）张廷玉：《明史》卷 72《职官一》，中华书局 1974 年版，第 1752 页。

② （清）乾隆：《钦定大清会典则例》卷三十“土官承袭”条，乾隆十二年（1747）抄本。

横向比较的论文。他们有的从家族视角或土司制度视角对西北土司与西南土司进行比较[①]，有的以明代普通行政制度与土司行政制度作对比[②]，有的以清代鄂西与川边的改土归流进行比较[③]，有的以清代"改土归流"后的土司制度与伯克制度做比较[④]，有的将中国壮族与越南岱族的土司制度做比较[⑤]，有的将南诏国和水西土司与中央王朝的战争做比较[⑥]，有的将土司山城与高句丽山城做比较[⑦]，还有的就近代卫藏贵族与西康土司的对内统治差异做比较[⑧]。形式多样，不一而足。特别是贾霄锋从土司来源、土司地区分布和职务构成、土司与中央王朝的关系、土司与流官关系、土司与藏传佛教关系等方面予以比较分析，最后得出结论，土司制度在实施过程中，充分体现了"因俗而治，因地制宜"的传统治边思想，较有创新之处。[⑨] 有的学者将同属于川东南的石砫马氏土司与酉阳冉氏土司从多方面做比较，这不失为一种较好的比较方式。如从流官机制的运行、军事卫所的监督、以夷治夷的实施、马氏土司的效忠、主流文化的认同、马氏土司的民族关系等方面比较两土司的政治博弈。从物产资源、土地制度、生产经营、交通运输、商业贸易、纳贡赋税等方面比较两土司的民众生计。从军事设施、军队建设、军事征调、军事遗址等方面比较两土司的训兵备战。再从家庭教育、家族教育、社会教育、宗教教育、

---

① 何威：《家族视域下的西北土司与西南土司比较研究》，《中央民族大学学报》2016 年第 5 期；冯海晓：《明代西南、西北边疆地区土司制度比较研究》，硕士学位论文，云南大学，2011 年。

② 田晶：《明代普通行政制度与土司行政制度比较研究》，《民族论坛》2006 年第 6 期。

③ 岳小国：《清代鄂西与川边改土归流之比较研究——以容美土司与德格土司为例》，《湖北民族学院学报》2010 年第 5 期。

④ 谢孝明：《清代"改土归流"：土司制度与伯克制度的比较》，《贵州社会科学》2015 年第 12 期。

⑤ 蓝韶昱：《中国壮族与越南岱族土司制度比较述略》，《广西社会主义学院学报》2009 年第 2 期。

⑥ 陈世鹏：《南诏国和水西土司与中央王朝战争比较研究》，《贵州民族学院学报》2009 年第 5 期。

⑦ 崔镐玹：《土司山城与高句丽山城比较分析》，《南方文物》2015 年第 1 期。

⑧ 曹力：《试比较近代卫藏贵族与西康土司的对内统治差异》，《四川民族学院学报》2015 年第 3 期。

⑨ 贾霄锋：《元明清时期西北与西南土司制度比较研究》，硕士学位论文，西北师范大学，2004 年。

官学教育、科举考试等方面比较两土司的文治教化。从文学、艺术、文物、文告、谱牒、习俗等方面比较两土司的艺文彰显，从社会基层组织、民族关系、人地关系、乡村秩序、保障体系、文化教育等方面比较两土司地区改土归流后的社区重构……也就是从多方面对比两土司如何处理地方土司政权与中央政府之间的互动与和谐、认同与调适、博弈与冲突的关系。此外，对土司与中央王朝之间的战争作比较研究也不失为一种好方法。如付春、于晓燕对“奢安事件”和“沙普之乱”比较之后，总结两次战争有三大共同特点：一是这两次土司叛乱均是在明末内忧外患、社会矛盾日趋复杂化与尖锐化的基础上爆发的；二是都是以彝族土司为叛乱的主力，辅以其他少数民族，且土司之间的联合，以婚姻关系为纽带联系在一起；三是都是在征剿土司叛乱时，朝廷是饬令多省联合，征调众省土司兵进行剿灭。[①] 大凡战争的比较，应多从战争的目的、性质、影响等方面入手。这种多维度的详细的比较与分析，可以理解各地土司的异同，明白某土司为什么会与中央王朝发生战争，从而更深刻地认识土司制度。

（三）宏观比较

宏观比较是指站在土司制度的整体角度，对元明清不同时期的职官、承袭、朝贡等专项制度进行全面、综合的或高度概括性的比较研究。土司制度的系统认识、土司事象的本质揭示、土司制度历程的探索发现，主要通过宏观比较研究来实现。对于土司制度来讲，尤其适合从官职、授职、职衔、承袭、分袭、印信、号纸、朝贡、纳赋、征调、考核等各个方面进行宏观比较，以便探索各项制度。

翻检文献可见，元明清时期的土司制度，并非一成不变，随着朝代的不同，制度也在不断完善。具体来讲，元王朝在边疆少数民族地区设置宣慰使、宣慰使都元帅、路总管府、军民总管府、宣抚使、安抚使、长官司、土府、土州、土县等行政机构，对授职的土官土司均给予一定的品级，初步建立起一套管理土官土司的办法：凡授职土官土司的承袭，老土官土司亡故，承袭土官土司必须经朝廷允准方准承袭；土官土

---

① 付春、于晓燕：《“奢安之乱”与“沙普之乱”比较研究》，《贵州民族研究》2008 年第 1 期。

司有功或忠勤者给予奖励，准予升迁，土官土司有罪者则予以惩罚，其惩罚原则是“罚而不废”。明代的土司制度在元代基础上增加了宽贷、文教及礼仪等方面的一些制度；清代则更加完善，增加了抚恤、分疆、分袭、限权及禁例等制度。明代更加注重确定各地土司的职级、授职与隶属，清代则新增了各地土司的分袭、分疆、奖赏、惩处、考核、抚恤、安插等内容，使土司制度管理更加严格。在中央政府赐予各地土司信物方面，元代赐给土司的信物有诰敕、印章、虎符、驿传玺书、金（银）字圆符等；明代中央政府赐给各地土司的信物主要有诰敕、印章、冠带、符牌，减少了虎符、驿传玺书、金（银）字圆符等信物；清代中央政府赐给各地土司的信物有诰命、敕命、印信、号纸，省去了冠带、符牌等信物。元明清时期的土司制度可以通过职官制度、承袭制度、征调制度、朝贡制度、赋税制度、法律制度、优抚制度、文教礼仪制度、安插制度等方面予以宏观比较研究，以揭示中国古代历史发展的规律。

（四）微观比较

微观比较是指不论从元明清时期的时间观念还是从湖广、四川、云南、贵州、广西、甘肃等省的空间观念出发，都是站在历史的待定角度，对土司制度、土司文化、土司事象、土司社会、土司人物等进行具体的比较研究。元明清对西南、中南及西北民族地区土司的官职授予，在不同朝代，举措也不尽一致。如元王朝施行土司制度，在西部少数民族聚居地区设置的中、上级地方政权，实行“参用其土人”为官的原则。因此，云南、广西等少数民族地区“皆设土官管辖”（钱古训撰《百夷传》作“各设土官”）[①]。时值明代，一改元王朝在西部少数民族地区“皆设土官”的政策，而采用“西南夷来归者，即用原官授之”[②]。并且“以劳绩之多寡，分尊卑之等差”[③]。这是明王朝授予土司官职的政策原则。到清代时，中央政府对各地土司授职则没有明确的规定。二是具体人物的比较。对于一个具体制度、一种土司文化遗产、一个土司事象等在元明

① 钱古训撰，江应樑校注：《百夷传》，云南人民出版社1980年版，第50页。

② （清）张廷玉：《明史》卷310《土司》，中华书局1974年版，第7982页。

③ 同上。

清历史发展过程中某个侧面的比较考察，对于一个特殊的土司人物的比较评价，对于涉及土司重大事件比较研究等，都属于微观比较研究类型。

三　运用比较研究应注意的问题

比较研究法在一定程度上克服了既往土司研究的片面性和局限性，具有其他研究方法无法取代的优越性。对于构建“中国土司学”以及土司研究，比较研究法既可上下求索、左右对比，也可多方比较、反复求证，穿越时空，发掘出历史现象之间的联系，进而探索出元明清时期西南、中南及西北民族地区历史发展的规律，为民族地区社会发展提供富于启迪性的研究成果。在“中国土司学”构建以及土司研究中的比较研究法，其实就是根据一定的标准，对两个或两个以上有联系的事物进行比较，寻找其异同的方法。使用比较研究法构建“中国土司学”以及从事土司研究应注意以下问题。

（一）注重可比性

涉及“中国土司学”构建以及土司研究的人与人、事与事、物与物，都必须注重可比性以及比较是否符合逻辑和遵循正确的程序。人与人、事与事、物与物的可比又必须以比较标准的一致性为前提，以相关事实的客观性为基础。没有可比性，就失去比较研究的价值。美国社会学家斯梅尔塞从方法论的角度提出了选择比较分析的五条标准：一是分析对象必须适合于研究者所提出的那种理论问题；二是分析对象应与被研究现象有贴切的因果关系；三是考虑分析对象“社会性”或“文化性”分类标准的一致性；四是分析对象有关的资料的可利用程度；五是选择分析对象应以标准化的和可以重复的程序为基础。著者认为，研究土司制度或土司问题，不仅可做长时段的比较，也可就元明清不同朝代、不同地区、不同民族的情况做中时段或短时段以及并时性的比较。通过《永顺宣慰司历代稽勋录》比较从彭思万在元代实施土司制度后，以下的彭胜祖、彭万潜、彭天宝、彭源、彭仲、彭世雄、彭显英、彭世麒、彭明辅、彭宗舜、彭翼南、彭永年、彭元锦、彭廷机、彭洪澍、彭肇桓、彭肇相、彭廷椿、彭洪海、彭肇槐、彭景燧等俱承袭土司之职，专家学者可从任职时间、所任职务、袭职年限、管辖地域、任职期间功勋、享年与谥号等方面予以比较。因为他们属于同一土司家族、同一地域、同一环境，不同的仅是时代和社会发展的变化。运用比较研究法，还可将土司制度与其他边疆统治制度如羁縻制度、盟旗制度、伯克制度等进行比较，通过比较研究，不仅有助于揭示少数民族地区实施的各种制度蕴含的深刻内容，而且有助于揭示有关制度的形成、演变有其自身的发展规律。

（二）重视差异性

这里既有对元明清三朝实施土司制度与国家治理土司地区在预期目标、治策设计与施行效果诸方面存在差异性的比较研究，也有对某一重大事件差异性的异同比较。这里据“平播之役”后各类人物对该重大事件的评价为例予以说明。有专家认为，“平播之役”是播州杨氏集团内部，播州杨氏土司与周边少数民族土司之间，播州土司政权与贵州、四川、湖广等地地方政府之间，播州土司与朝廷之间各种矛盾错综交织、互相激化而酿成的一场事变。[①]“平播之役”双方都付出很大的代价。第一，死伤很大。播州杨氏首领、土目、土兵被俘 1124 人，被斩首 22687 人，杨氏族属被俘 5539 人，招降播民 1262111 人。[②] 平播官军伤亡约 3 万至 5 万人，其中官兵阵亡将军 78 人，士兵 4645 人，重伤 969 人，轻伤 2458 人，其余伤亡均为土兵。[③] 第二，耗费巨大。官方所耗财物为：耗银 1465415 两，铜钱 1665500 文；各色苞米 319571 石，炒米 5615 石，粟米 4157 石，干鱼 70039 斤，食盐 123662 斤，生姜 37158 斤，干蒜 32658 斤；柴炭 182190 斤，马草 85315 束；药饵 12842.11 两；战马 880 匹。[④] 针对这场代价高昂的战争，时人和清人对“平播之役”及杨应龙的评价不尽相同。李化龙在《平播全书·报进兵日期疏》中针对杨应龙“虐焰燔乎五司七姓，淫毒渐于九溪二巴”的实际，认为“天地不容，神人共愤”[⑤]。郭子章认为：“其亡也必有所以亡也，其存也必有所以存。不乐其亡而存其存，安、宋之子孙，其务日兢兢与国相终始。殷鉴不远，覆车

① 廖可斌：《〈征播奏捷传〉的成书方式和思想倾向》，《文学遗产》2015 年第 1 期。

② 贵州省遵义县志编纂委员会：《遵义县志》，贵州人民出版社 1992 年版，第 771 页。

③ 遵义市汇川区高坪镇志编纂委员会：《遵义市汇川区高坪镇志》，方志出版社 2012 年版，第 576 页。

④ （明）李化龙：《平播全书》（遵义市地方志编纂委员会点校本），大众文艺出版社 2008 年版，第 219—221 页。

⑤ 同上书，第 70 页。

在前。戒之哉！戒之哉！”[①] 瞿九思认为：“杨酋流毒土司，血溅千里，视南诏惨焉。督臣运筹决胜，直犁其庭，扫其闾，郡县而置之，此唐宋以来一大伟绩也。”[②] 朱国桢认为，“播州一案……悉天下全力，平二千里，为国家辟土开疆，此盛事也。”[③] 谷应泰认为：“若应龙者，倔强偏陲，不知汉大，宗嗣荡灭，取世戮笑，尤足为凭险负固之戒。悲夫！”[④] 此外，还有茅瑞征、谈迁、陆从平等人的评论。申时行则认为：“播州之役，三省财力耗费以巨亿计，楚蜀之间驿骚甚矣，向非委官不索贿，应龙不系狱，调则必赴，召则必来，何至称兵叛逆，悍然不顾乎？挑衅启祸，必有任其责者，故好事喜功，穷兵殚财，非国家之利，已事可永鉴也。”[⑤] 相比之下，申时行的评论在一边倒的情况下，强调对该事件看法的差异性，对我们正确认识“平播之役”或许更有启发性。

（三）强调程序性

“中国土司学”构建以及土司研究中的比较研究应强调按照一定的程序进行。第一，无论是人与人、事与事、物与物，还是制度与制度、现象与现象的比较，都必须确定它们之间可比性的主题。第二，要寻找出人与人、事与事、物与物、制度与制度、现象与现象可比内容之间的特点、过程、根本属性以及本质区别。第三，从不同角度综合比较上述各项的同中之异、异中之同。第四，提出上述各项之间的命题假设，探索出土司制度在实施过程中的本质和规律。第五，验证理论，通过与土司相关的人与人、事与事、物与物、制度与制度、现象与现象之间的比较研究，提出理论的真实性，并通过比较分析证明其理论的科学性、客观性。

（四）克服局限性

在“中国土司学”构建以及对土司研究中，比较研究法既受到条件的限制，又容易流于形式的比较。因此，我们必须克服比较研究法的局

① （明）谈迁：《国榷》（第五册），中华书局 1988 年版，第 4855—4856 页。

② 同上书，第 4856 页。

③ 同上。

④ （清）谷应泰：《明史纪事本末》卷六十四“平杨应龙”，中华书局 1977 年版，第 1002 页。

⑤ （明）谈迁：《国榷》（第五册），中华书局 1988 年版，第 4855 页。

限性。一是坚持运用辩证唯物主义和历史唯物主义方法，坚持宏观与微观研究并重、整体性与个案性研究并重、历时性与共时性研究并重，只要运用正确的历史观作指导，比较研究法就会对“中国土司学”的构建和土司研究产生良好的效果。二是运用综合比较的方法，有利于克服比较研究存在的局限性，使比较研究走向科学化的道路。从《中国各级文物保护单位名录中与土司相关遗产名录》① 统计中可见，我国至今尚存101 处土司遗产，其中土司城址和土司官寨 19 处，土司衙署与土司庄园50 处，由于这 69 处土司遗产是各地土司行政、军事、生活、文化等综合功能的活动中心，因此，如果我们对这些土司遗产有选择性地进行土司职级、遗存年代、民族属性、保护级别、功能类型、周边环境、建筑主人、建筑规模、园（署）内面积、建筑结构、庄园墙高，园（署）内建筑、主要遗存、建筑特点、建筑风格、装饰艺术、遗产现状、园（署）内实物等方面的综合比较，就可以揭示出某土司遗产在该土司发展历程中的历史作用。

第三节　田野调查法

田野调查又叫实地调查，从严格意义上的学科来讲，它属于传播学范畴的概念。田野调查作为社会科学的一种研究方法，主要用于社会学、人类学、民族学、民俗学、地理学、语言学等学科。科学的人类学、民族学的田野调查法，它最重要的研究手段之一就是参与观察。它要求调查者要与被调查对象（人与物）共同生活一段时间，从中观察、了解和认识人与物的社会与文化。土司研究同样离不开田野调查，只有通过田野调查、参与观察，才能获取第一手资料。特别是当今还保存的一些土司遗产，更需要我们进行必要的田野调查。

一　土司遗产田野调查的必要性

元明清三朝在西南、中南及西北民族地区实施土司制度虽然已成历

① 《中国各级文物保护单位名录中与土司相关遗产名录》，《中国文化遗产》2014 年第 6 期。

史陈迹，但各地尚保存着十分丰富的土司遗产，土司制度与土司文化的影响犹存。特别是随着2015年湖南永顺老司城遗址、湖北唐崖土司城遗址和贵州播州海龙屯遗址代表我国土司文化遗产申报世界文化遗产的成功，我国土司遗产的有效保护、合理利用等工作列入了议事日程。据《中国文化遗产》杂志2014年第6期《中国各级文物保护单位名录中与土司相关遗产名录》统计，我国湖南、湖北、贵州、云南、广西、四川、重庆、甘肃等省、自治区、直辖市尚存101处土司遗产，世界级3处，国家级19处，省市（自治区）级20处，区县级62处，按其功能划分，土司城址/官寨类19处，土司衙署/庄园类50处，墓葬类23处，单独建筑类6处，其他类型3处。[①] 其中国家级重点文物保护单位土司衙署就有12处，详见表8－1。

表8－1　　　　国家级重点文物保护单位土司衙署一览表

序号	名称	位置	功能类型	简介
1	大屯土司庄园	贵州毕节县龙场大屯	土司衙署建筑群	大屯土司庄园始建于清道光初年，为彝族土司余象仪所建，后有扩建。庄园四周砌有2米高墙，沿墙筑有碉堡六座。庄园内建筑为三路三重堂宇。中路为面阔五间大堂、对厅及正房；左路为花园、客厅、余氏宗祠、厨房；右路为客房、仓库、碾房。该建筑群保存基本完好
2	侬氏土司衙署	云南广南县	土司衙署建筑群	侬氏土司所建的衙署以及吴天阁、都天阁古建筑群，位于广南县城中心，占地近205万平方米。衙署主轴线上，依次为大门、二门、三门、公堂，左右并配置有五风楼、花果楼、议事厅、祭祀堂、寝室等建筑。衙署右侧围吴天阁，与衙署前方的都天阁相望。体现清至民国后边疆民族地区工艺技术的特点以及民族文化与汉文化的交融。广南土司府是中国壮族土司中管辖范围最广、建筑规模最大、世袭历史最长土司府

① 《中国各级文物保护单位名录中与土司相关遗产名录》，《中国文化遗产》2014年第6期。

续表

序号	名称	位置	功能类型	简介
3	纳楼长官司署	云南建水县坡头乡回新村	土司衙署建筑群	纳楼长官司署是彝族纳楼茶甸长官司副长官衙署之一。始建于清光绪三十三年（1907），占地面积2.8万平方米，主要建筑有照壁、大门、前厅、正厅、后院等。正厅即司署大堂，为主体建筑，厅面阔三间，单檐硬山顶，是土司审理事务、举行重大典礼的场所。衙署四周建两道墙垣，四角建碉堡样角楼护卫，是保存完整的纳楼
4	孟连宣抚司署	云南孟连县城西门外	土司衙署建筑群	孟连傣族土司衙门始建于明永乐四年（1406），后被焚毁，清光绪五年（1879）重建，占地1.2万平方米。在2米高墙内有正厅、议事厅、后厅、东西厢楼、门堂、谷仓、监狱等。议事厅为三层三重檐歇山顶干栏式木楼，长23.3米，宽16.1米，高10.2米。有斗拱飞檐，造型别致。内设宣抚司坐椅、案桌，旁列刀、矛等仪仗，为傣、汉合璧风格古建筑物。署中保存清代朝廷赏赐的官服、旗帜、傣、汉文图籍等
5	叶枝土司衙署	云南维西县	土司衙署建筑群	叶枝土司衙署位于维西傈僳族自治县叶枝镇，分南北两套二进大院，坐东向西。衙署为历代纳西族世袭土司王氏官邸，于清康熙年间（1662—1722年）形成规模，原土司府占地50余亩，现存建筑1910平方米。衙署主要建筑有大门、碉楼、会客厅、公堂、厢房，还有黑神殿、经堂、监狱、马店、后花园、祭天台等，县衙署、土司卧室、卫队室、大门、门楼及西侧碉楼仍保存完整。衙署建筑融汉、藏、白等民族风格为一体，建筑及装饰工艺精湛，是多民族建筑艺术完美结合的典型范例，为多元文化交流融合的难得实物证明

续表

序号	名称	位置	功能类型	简介
6	南甸宣抚司署	云南梁河县	土司衙署建筑群	南甸宣抚司始建于清咸丰元年（1851 年），完成于 1934 年。司署依汉式衙署格局，占地面积 1 万多平方米，主要建筑有大堂、二堂、三堂、正堂等。主体建筑为大堂，面阔 23 米，进深 12 米，单檐歇山顶，抬梁式木构架，是土司审理重大案件的场所。私塾另有佛堂、戏楼、花园、粮库、监狱等建筑
7	兔峨土司衙署	云南兰坪县	土司衙署建筑群	兔峨土司衙署位于兰坪县兔峨乡兔峨村，坐西朝东，土木结构建筑。衙署于1918—1921 年建成，总占地面积1600 平方米。兔峨土司衙署为土木建筑，梁柱结构、均衡对称的庭院布局。主体建筑有照壁、正堂、二堂、两耳房、两进房、两厢
8	陇西氏族庄园	云南新平县	土司衙署建筑群	陇西氏族庄园始建于 1938 年，于 1943 年建成，是前清乾隆御封“岩旺土把总”世袭土司——岩旺土把总李显智的末代传人李润之（1886—1950 年）的宅第，其高祖李毓芳因镇压农民起义有功，清廷诰封为“世袭云骑尉”，乾隆三年（1738 年）清廷封李玉芳子李显智为“世袭岩旺土把总”，官居七品
9	卓克基土司官寨	四川马尔康县	土司衙署建筑群	卓克基土司官寨地处海拔 2700 米以上的高原，建于清乾隆年间，几经扩建至现在规模，共有楼房四栋，前栋和左右两栋为四层，后面一栋为六层。后楼一层为厨房，二层为土兵住房与储藏室，三层以上为经房及防御建筑：炮孔、瞭望室与碉堡相呼应。卓克基官寨系土司衙门，是全寨统治中心
10	沃日土司经楼与碉楼	四川小金县沃日乡	土司衙署建筑群	土司官寨始建于清代早期，现仅存经楼与碉楼两座建筑。经楼坐西向东，平面呈长方形，石木结构，三重檐四角攒尖顶耸立。通高 37 米，由下往上收分，整体呈台锥形。外部保存完整，内木架无存。碉身修长，棱角分明，墙体光滑如初

续表

序号	名称	位置	功能类型	简介
11	忻城土司衙署	广西忻城县	土司衙署建筑群	莫氏土司衙署为我国现存明、清时期规模最大、保存最好的土司衙署。始建于明万历十年（1582 年），延至清光绪三十二年（1906 年）最后一任土司，历代均有修建。衙署占地面积 4 万余平方米，中轴线主要建筑有大门、大堂、二堂、三堂、后苑、祠堂、祭堂、代理土司官邸等。另有大夫第、参军第、官族府第、汉堂邸、三清阁、观戏台、文庙、城隍庙、滑坡庙、练武场、碉堡、陵园等，形成了一个以衙署为中心的庞大建筑群，现基本保持原貌
12	连城土司衙署	甘肃永登县	土司衙署建筑群	连城鲁氏土司衙门创建于元，明、清均有修葺。分衙门、妙音寺和住宅 3 个部分。衙门中轴线依次排大照壁、牌坊、六扇门、仪门、大堂、如意门、燕喜堂、朝阳门、祖先堂 10 组建筑组成的 5 座院落。衙门东侧为宅第，有二堂、书院、寝院和官园。西侧妙因寺列置有山门、鹰王殿、科拉殿、古隆宫殿、塔尔殿、万岁殿、大经堂等。三组建筑高低错落，布局严整。这种集衙门、庙宇、私宅为一体的建筑群落，国内尚不多见

目前云南现存的土司衙署、官寨性质的建筑还有很多，分别属于省级或区县级，诸如云南景东卫城遗址，属于土司城堡遗址性质；云南武定县万德土司遗址片区，属于土司治所、宗祠等性质；云南陇川县王子树乡邦角山官衙署，具有土司衙署建筑群、城堡遗址性质；云南陇川县城子镇陇川宣抚司署，也是土司衙署建筑；云南宣威河东营村的沾益州土州衙署，是土司衙署建筑，现仅存宗祠正殿；云南宣威市倘塘村倘可巡检衙署，是全国唯一保存的土巡检衙署建筑；云南保山市坝湾乡的潞江安抚司憩娱楼，是傣族安抚司线氏土司单体建筑；云南元阳攀枝花乡元阳勐弄司署，是保存最完好的土寨长衙署建筑。对这些现存的土司遗产进行田野调查十分必要。

（一）有助于推动世界文化遗产保护

国家“十三五”规划纲要提出要“构建中华优秀传统文化传承体系，加强文化遗产保护，振兴传统工艺，实施中华典籍整理工程”。在近七百年的历史长河中，我国各民族创造了类型多样、内涵丰富、价值独特的土司文化资源，举凡土司文献、土司遗址、土司官寨与衙署、土司墓葬、土司文学、土司服饰和土司习俗等成为中华民族的文化财富，也是我国发展先进文化及实施文化“走出去”战略的宝贵资源。随着土司遗产成功申报世界文化遗产，将散落在湖南、湖北、贵州、云南、广西、四川、重庆、甘肃等省区的土司遗产予以调查，并利用计算机、网络、通信和多媒体等先进手段挖掘、整理、发布和共享中国土司遗产资源，不仅能迅速扭转公众视野内土司文化信息匮乏的状况，而且也有助于推动世界文化遗产的保护。

（二）有助于各类人才培养

根据《国家中长期教育改革和发展规划纲要》（2010—2020 年）“培养一批拔尖创新人才，形成一批世界一流学科，产生一批国际领先的原创性成果，为提升我国综合国力贡献力量”的要求，根据国家长远战略利益的需要，对土司遗产进行深入的田野调查，如果再将收集到的土司遗产资源，能够成功建设一个“中国土司文化资源共享工程”，这不仅是打造少数民族特色文化和优秀文化，满足人民群众精神文化生活的工程，而且能够弘扬民族精神和传承民族文化，“推动高校、科研院所开放科研基础设施和创新资源”，更有助于土司遗产保护、文创产业、科学研究等各类人才的培养。

（三）有助于促进原土司地区经济发展

如果通过田野调查，能够深入挖掘全国各地 100 多处国家级、省级、县区级的土司遗址、土司城址、土司官寨、土司衙署与庄园、土司墓葬与其他单体建筑等土司文化遗产，不仅使全体人民在土司文化资源共享、土司文化遗产保护、中国土司研究和文创产品研发中拥有更多获得感，而且实现土司文化遗产的科学保护、合理利用与文化旅游融合发展，利用土司文化资源发展文创产品及文化产业，建构起“五位一体”（政府组织、企业行业、各类学校、专家学者、人民群众）紧密结合的保护、传承、利用系统，更加有助于促进原土司地区经济社会发展。

二　土司遗产田野调查的基本维度

土司遗产是构建“中国土司学”过程中十分重要的财富，也是不可或缺的文化遗产。对这些遗产进行田野调查可以充实和丰富“中国土司学”的内容。土司遗产田野调查可以通过对土司遗产（特别是土司城址与官寨、土司衙署与庄园、土司墓葬等）涉及的“人”“事”“产”“境”“文”“史”“值”七个维度进行仔细观察、深入分析、综合研究，用以揭示元明清时期土司制度与尚存的土司遗产之间的耦合历程。借此明确界定土司遗址与土司文化变迁的类型，以了解某一具体土司在土司制度实施过程中的特殊历程、该土司家族在这一历史进程中发生过哪些重大事件、土司与土司遗址生态环境是否适应以及本民族文化、外来文化等多因素复合作用的机制。

（一）与土司遗产相关的“人”

人是与土司遗产密切相关的“主体”。无论是土司城址、土司官寨，还是土司衙署、土司庄园发生的所有大大小小的事件，所有各式各样的活动，都是由土司城址、土司官寨、土司衙署与庄园的上自宣慰使、宣抚使等官员，下至小吏、杂役及居民来完成的。但各级各类人员在各类事件、各种活动中所履行的职责、所扮演的角色不尽一致。以人物分类，不仅有忠义、节烈、孝友、乡贤、隐逸、流寓、仙释、方技之类，也还有进士、举人、封荫、土兵之别；对于职官而言，除了名宦、政绩、选举、武功之外，还有提名封赠、封荫等类。作为土司城址、土司官寨、土司衙署，其主人或主角无疑是担任土司职务者。如云南广南侬氏土司衙署自元朝至元十二年（1275 年）至民国三十七年（1948 年），由侬士贵到侬鼎和，共 27 代世袭宣抚使、同知职，长达 673 年。又如播州杨氏末代土司杨应龙时期的海龙屯，不仅人数众多，而且构成复杂。根据《骠骑将军示谕龙岩囤严禁碑》的记载[①]，除杨应龙家族之外，海龙屯上的官吏主要有“守囤名役、总管、总领、把总、提调、书吏”，这些官吏必须“各理事务”，其中级别较高的是总管、总领、把总、提调，“总管”

---

① 遵义市汇川区高坪镇志编纂委员会：《遵义市汇川区高坪镇志》，方志出版社 2012 年版，第 544—545 页。

是海龙屯上最高行政长官，“总管厅”为其办公场所。平播之时，“总管”一职由杨应龙的心腹杨珠担任，管理囤内兵马。重要关口设“把总”，如在海龙屯前办理入关手续的龙凤关，即设有“龙凤关把总”。次设“提调”，海龙屯后的万安关即设有“提调”。级别很低的是书吏和守囤名役。海龙屯作为军事关隘，其进出人员主要有两类：一类是常驻海龙屯的人员（包括“守衙小童、守仓户、打扫户、总旗、小旗、军士、苗军并住囤医生、匠作、住持人等”），他们“各有役次，时刻不可擅离”；另一类是临时进出人员（包括“运送口粮帮户”“官差”“跟随一应人役”“来往工匠人夫”等），这种情况的人员基本上发放如当今通关的临时通行证。[①] 在“平播之役”即将来临之时，杨应龙立孙时泰等二人为军师，以何汉良、李旭、戴贵、张玉、彭道、张汉、何廷瑞、陈泰等为谋士，以杨兆麟、郭通绪、杨珠、杨明等为督军总管，以何邦宁、田十鹏（管高安路军事）、田飞鹏（管掌溪路军事）、田良玉为内司总管，以尚守忠、赵士登、谢朝俸、张汉、武网、朱敬、袁守刚、陈大恩、石腾俸等为提调巡警，以吴金钱、吴金富、石朝贵、曹万、曹严等为苗头总管，以叶国、张让、穆照、袁年、袁鏊、王继先等为各里头目；又以亲弟杨兆龙管清平路兵马钱粮，弟杨从龙管金鼓路兵马钱粮，五弟杨世龙管周子路兵马钱粮（最骁勇，军中呼为“五相公”），以何廷玉为大总管，主掌八司五十四里粮差，以马忠掌文书，又挑选桃溪庄丁五十四里、八十八局人户、八路十二庄亲管家丁，犹恐兵马不足，节年招九股恶苗及红脚黑脚等，杨应龙将堪用者全部招入本州，充为目把。[②] 对一个土司遗产做田野调查，首先要了解该城址、官寨、衙署或庄园的土司世袭，这在于厘清从血亲到姻亲等方面的关系；其次要了解重大事件的相关人员，因为这些人在重大事件或重大活动中的职务不同，责任和权力也各不相同；最后要了解各类人员在重大事件或重大活动后的结果。如“平播之役”中，播州杨氏集团战死者有22687人，另有杨应龙的亲人或属下俱成为俘

---

① 李良品、李思睿、余仙桥：《播州杨氏土司研究》，华中科技大学出版社2015年版，第204—205页。

② 诸葛元声：《两朝平攘录》卷5《播上播下》，见《中国野史集成》（卷17），巴蜀书社1992年版。

虏，这在李化龙的《献俘疏——题为仰仗天威，剿平播逆，循例献俘，并解进得获器械，伏候宸断处分，以明国法，以彰天讨事》中将杨应龙及亲人、属下等俘虏叙述得十分详尽。可见，土司遗产的田野调查既要研究参与重大事件或重大活动的人群角色，又要了解这些人群角色的分类以及职责、权利和义务。

（二）与土司遗产相关的“事”

元明清时期土司地区往往因为政治权利、经济利益等而导致中央政府与土司政权之间、土司与土司之间、土司与辖区民众之间、土司家族内部之间经常发生重大事件，这些事件与土司城址、土司官寨、土司衙署、土司庄园密切相关。这些事件纷繁复杂，类型多样：一是土司与外国人发生的事件，如云南泸水土司会同当地各族人民抗击英军的“片马事件”，与土司和土司地区民众有关的“马嘉理事件”，这些事件充分体现了滇西土司的爱国情怀。有的事件既与外国有关，又与中央政府有关，如“巴塘事件”。二是土司与中央王朝之间因双方均期盼谋求利益最大化而发生的事件，诸如岑猛之乱、三征麓川、五征武定、平播之役、奢安之乱、沙普之乱、平定大小金川、杂谷事件、瞻对事件、巴塘事件（又名“凤全事件”）、理塘事件等。三是土司与土司之间的仇杀事件，诸如明末四川酉阳冉氏土司与湖广永顺彭氏土司之间因争夺袭位、争夺大木、争夺土地而发生的仇杀；明代孟密与孟养二土司因争夺地盘而引起的仇杀事件；民国时期四川大节寺与白利土司因土地和差民争端而发生的大白事件。四是在元明清时期因父子之间、兄弟之间、族人之间、姻亲之间争袭而发生的事件，如明代发生在播州土司杨辉导演的“播凯之乱”，清代田州岑氏土司内部的承袭事件，晚清时期四川德格土司兄弟曲加多吉僧格和昂翁降白仁青为争夺土司职位而发生的争袭事件；五是土司家族内部的仇杀，如明末贵州宣慰使安国亨因杀从父安信而与安信的兄长安智于隆庆四年（1570 年）在黔西朵泥桥发生战争的“安氏之乱”。六是土司地区民众反抗土司的事件，如清代青海撒拉族社会矛盾积累而爆发的不仅反抗土司头人、格杀老教，而且还与清朝地方政府相抗衡的“苏四十三事件”。除了这些重大事件之外，土司遗产中的承袭、征调、朝贡、纳税、仇杀、战争以及共商大计、撰写族谱、修建宗祠、祭祀祖先、兴建学校、教子耕读、维护稳定、重要仪式、迎来送往等，也经常发生事情。上述林林总总的“事”，是土司城址、土司官寨、土司衙署、土司庄园在与国外、与中央政府、与地方政府、与土司之间、与土司辖区民众处理各种关系时发生。通过对土司遗产的田野调查和重大事件的深入研究，有助于深入理解事件的背景、过程、结果，挖掘事件的历史影响，并做出正确评价。

（三）与土司遗产相关的“产”

这里的“产”主要指土司辖区的物产。据《同治酉阳直隶州总志》卷十九《物产志》对酉阳冉氏土司辖区的记载：“其可入药者木则有”条对酉阳直隶州的本书药材记载有：厚朴、黄柏、杜仲、桑白皮、五加皮、栀子、楝子、酸枣、茯苓、枳实、巴豆。此外，在“山草则有”“芳草则有”条还记载有一些药材：沙参、土党参、黄精、黄连、当归、芎䓖、藿香、薄荷等。[①]《酉阳县志》载，酉阳全县常见的中药材达1059种，在全国常见中药材418种中，酉阳县境就有231种，占57%。在采集、鉴定的1600多种标本中，植物方面的药材有金银花、菊花、防风、白术、白芍、厚朴、合欢、黄连、山茱萸、黄柏、吴萸、枳壳、茯苓、蒙花、猪苓等一千多种；动物方面的有麝香、山獭、牛黄等几十种；矿物类的药材有水银、朱砂、硫磺、石膏等十余种。[②]《补辑石砫厅志·物产》统计瓜果蔬菜和谷物林木等共计408种[③]。《酉阳直隶州总志·风俗志》记载清酉阳直隶州交易物产云：“多江右楚南人，以桐油蓝靛为居积者，十居八九。”[④] 在原川东南原酉阳冉氏土司、石砫马氏土司、秀山杨氏土司管辖的地盘内物产各有优势，酉阳药材、石柱黄连、秀山桐油等长期享有盛誉，这不仅决定了川东南地区土司的贡品主要有黄连、大木、钞、彩币、马、马氇氆、彩帛表里、绢、金器、银器、香蜡等，而且也决定了这些物产成为川东南土司与外界交流的重要物资。因此，石柱西界沱

① （清）冯世瀛、冉崇文编纂，酉阳自治县档案局整理：《酉阳直隶州总志》（点校本），四川出版集团2009年版，第495—497页。

② 《酉阳县志》编纂委员会：《酉阳县志》，重庆出版社2002年版，第576页。

③ （清）王槐龄：《补辑石砫厅新志》，道光二十三年（1843）刻本。

④ （清）冯世瀛、冉崇文编纂，酉阳自治县档案局整理：《酉阳直隶州总志》（点校本），四川出版集团2009年版，第511页。

在明清时期成为川东、鄂西边境物资集散地之一。[①] 酉阳土司辖区的龙潭成为冉氏土司借酉水之利而与荆湘地区交换物资的重要口岸。“其水流入沅江，商船通往常德，交通方便，商旅云集，甚为繁华，一直为酉阳县东南部主要物资集散地。”[②] 酉阳土司辖区的龚滩更是土司时期乌江下游重要的中转站，物资流转的枢纽。可见，土司遗产以及土司辖区内各族民众生存方式和生计模式是土司地区经济生活不断演进的结果。在对土司地区生存方式和生计模式系统描述的背后，可以揭示土司遗产以及土司辖区内各族民众是如何营造与自然环境、社会文化环境达到耦合，实现社会文化变迁的。比如在西南各地土司的农耕文化中，既有汉族农耕文化的共同特点，又有稻作文化的相异之处，如哈尼族与布依族，他们不仅有自己独特的耕作制度、作物品种、生产方式，而且还有与之匹配的土地神崇拜、牛崇拜和农耕风俗等文化内容。对与土司遗产相关的物产的考察，其目标在于通过对特定民族的经济生活方式的调查，以揭示各地土司辖区内各族民众生活方式的变迁以及自然环境、社会文化环境的耦合历程。

（四）与土司遗产相关的“境”

这里主要探讨的是与土司遗产相关的社会文化环境。土司城址、土司官寨、土司衙署、土司庄园等均属于社会文化环境。土司时期所有事件与活动都是在土司遗产这个特定的社会文化环境展开的，这个特定的社会文化环境涉及的内容异常丰富：从城址、官寨、衙署与庄园的公共空间到土司家族的公共空间，从城址、官寨、衙署与庄园神圣空间到土司家族及其他家族的神圣空间，从城址、官寨、衙署与庄园的世俗空间到土司家族及其他家族的世俗空间，从宣慰使、宣抚使、安抚使、长官司、总管、总领、把总、提调等土司上层人物的活动空间到书吏、差役、辖区百姓等不同层次群体的活动空间，从幼童、少年、青年、壮年、老年等不同年龄层次的活动空间到男人、女人不同性别群体的活动空间等。这些不同的社会文化环境使土司地区各种重大事件和不同活动在这样复杂的文化空间进行有序切换，这样的社会文化环境和文化空间布局成为

---

① 石柱县志编纂委员会：《石柱县志》，四川辞书出版社 1994 年版，第 59 页。

② 《酉阳县志》编纂委员会：《酉阳县志》，重庆出版社 2002 年版，第 219 页。

土司遗产和民族文化的有机构成。对与土司遗产相关的社会文化环境进行考察，其目标在于通过对土司遗产社会文化环境的特定布局与有序切换的研究，以从“场景”的角度展示本民族文化，并通过对土司遗产空间切换与人群角色、物象、符号等的匹配关系，以把握土司遗产、土司辖区系统文化体系的实质。当然，这里也涉及各地土司生存的自然环境，因为它是土司及土司辖区各族民众赖以生存的物质基础。在一定程度上，土司地区的自然环境对土司与中央政府之间、土司与地方流官政府之间、土司与土司之间、土司与辖区民众之间、土司家族与其他族群之间诸方面的关系产生较大的影响。

各地土司与辖区民众在这样的环境中生存，存在着适应与制约、实践与需要、伦理与道德等多种关系。对土司生存的自然环境的考察研究，主要在于揭示自然环境不仅可以模塑文化和稳定文化，而且在于揭示自然环境是土司遗产文化取法和加工的对象，是不同地区、不同民族土司遗产文化构造的本底，是土司城址、官寨、衙署、庄园等土司遗产营造的基础条件和自然源泉。

（五）与土司遗产相关的“文”

这里的“文”，主要是指与土司遗产密切相关的文化。土司文化包括物质文化、制度文化和精神文化三类。土司城址、官寨、衙署、庄园等土司遗产是十分重要的土司物质文化。在这些可视、可触、可感的土司遗产中，土司王宫、观阁、亭榭、坛庙、陵墓、公馆、别墅、寺观、佛塔、楼祠、营盘、寨堡等，无不显示出高超的艺术创造力和精湛的工艺水平。另外一些诸如锄头、犁头、耙、镰刀、弯刀、斧头、风簸、连枷等农耕工具，铁锅、碗、瓢、盆、桶、铁铲、背架、背箩、碓、蓑、笠、囤箩、篾盆、簸箕、筛、连枷、风簸等生活用具，以及服饰、饮食、交通、兵器等物质载体，也是土司地区不可或缺的物质文化。元明清中央政府针对各地土司制订的职官、承袭、朝贡、征调、优抚、文教等制度，各地土司在遵守国家律令的基础上根据当时当地的实际，制定的土地政策、赋役制度、土司家族家规家训以及民间习惯法规，均属于制度形态的土司文化。土司制度文化既是元明清中央政府经略民族地区、管控民族社会的特殊文化形态，也是土司地区具有时代性、民族性和地域性等重要特征的文化形态。元明清时期土司精神文化或体现在修纂家谱、修建祠堂、制定族规、祭祀祖先、保留族田等宗族形式上，或体现在具有依托自然的择地理念、因地制宜的空间结构、严谨有序的平面布局、等级森严的立面造型、民族风格的建筑装饰、宗祠核心的精神空间、“五常”伦理的文化意象等土司城址、官寨、衙署、庄园等建筑物体上，或体现在史志、谱牒、碑文、公文檄书、诗歌、散文、辞赋、杂感等土司文学上，或体现在音乐、舞蹈、戏剧、造型、服饰等艺术形式上。可见，土司精神文化的核心价值在于“忠信孝悌”的伦理观、尊祖敬宗的家族观、人际和谐的亲睦观、人地和谐的自然观、重视品行的道德观，这些都是王朝国家倡导、中原文化影响和历代土司回应的结果。土司遗产的“文”主要展示出土司辖区各族民众的人文精神，尤其是在宗族凝聚、物体建造、文学感染、艺术影响等各个环节中都得到体现。通过对土司遗产中“文”的考察和研究，深切地理解土司辖区各族民众人文精神的“乡土性”与“民族性”，以找回人文精神的本真，也为土司地区非物质文化遗产的传承、保护与利用找到生命延续的路径。

（六）与土司遗产相关的“史”

土司遗产的流变历程可以充分反映出该民族历史的发展进程。如云南丽江木氏土司府就有“一座土司府，半部民族史”之说。申报成功列入世界文化遗产名录的三处土司遗产，不仅见证了古代中国作为统一多民族国家对多民族聚居地区独特的管理智慧，而且也见证了元明清时期实施土司制度的历史进程。今天仍然遗存且展现在世人面前的包括土司城址、土司官寨、土司衙署、土司庄园等在内的文化事实是各土司辖区各族民众数百年文化积淀的结果，也是将元明清时期（有的甚至还包括民国时期）诸如经济生活的狩猎采集、刀耕火种、游牧、农耕、商贸等“文化要素”在漫长的历史演替中编串起来的结果。在土司遗产考察中，尤其要挖掘各种文献以便理解土司遗产及土司辖区各族民众的历史。历史文献包括五类：一是来自官方的文献，包括地方志书等，如彭氏土司的很多事迹在《乾隆永顺府志》《同治永顺府志》《民国永顺县志》等方志中。二是来自民间的文献，如土司家族谱牒、民间传说、碑刻、契约文书、宗教科书、私人书信、乡规民约等。三是来自政府的档案，如法律条文、调查报告、土司统计数据、户籍资料等；四是重要实物，如土司的官服、印章、仪仗、记田户簿、祭神器具、日常生活用具等。笔者

2016 年在云南玉溪市东山王氏土司后裔王家鸿家中亲见纸质《令牌》、各寨头目土练的《花名册》《求子文》《计开租息欠项》《世职劝惩录》《治家格言》《历代收租流水簿》《丧礼簿》、王潮的《手谕》《玉溪王氏宗谱》等文献，这无疑是研究玉溪市东山王氏土司最重要的文献。五是文集、笔记，如明清及民国时期地方官员、钦差大臣、外国传教士、文人墨客及游历者等留下的记载。在考察中对土司遗产及土司辖区的包括土司家族谱牒、民间传说、碑刻、契约文书、宗教科仪书、账本、告示、私人书信、乡规民约等民间文献以及口述资料进行收集整理，并将所获取的官方文献、民间文献、政府档案、重要实物、文集和笔记等资料进行归类整理。其目的在于把握土司遗产及土司辖区的传统文化因素，并对归类整理出来的文化要素进行整合，揭示出土司地区各民族文化建构和文化淘汰机制。

（七）与土司遗产相关的“值”

这里的“值”，主要探讨土司遗产的价值。毋庸置疑，我国现存的土司城址、土司官寨、土司衙署、土司庄园等土司遗址是元明清时期中央政府实施土司制度十分重要的物质载体，具有十分重要的多重价值。如有的学者将土司遗址的历史价值提炼成“三重”——元明清时期土司制度的重要体现、建筑史研究的重要材料、民族地区习俗研究的重要资料。在现有研究中，既有将土司遗产从学术理论的角度提炼出历史价值、文物价值、审美价值、思想价值、学术价值、教育价值、社会价值等多方面的价值，也有从现实需要方面归纳出资源价值、旅游价值、现实价值、科技价值等方面的价值。葛政委在《土司文化遗产的价值凝练与表达》一文中提出了专项价值、比较价值、核心价值三种类型，这无疑是超越其他学者的创新思维。

在专项价值中，既包括思想、历史、艺术等价值，也包括科技、资源等价值；他认为武陵山区土司遗产的价值可以与青藏高原、云贵高原、藏彝走廊、南岭走廊、滇桂边境、西南边外的土司遗产的价值进行比较研究，最终凝练出不同区域、不同民族的土司遗产价值。通过对土司遗产价值的深入考察，一方面能够更好地发掘土司遗产深厚的文化内涵，另一方面能够将土司遗产的关联性和整体性进行有效展示。只有将人类学的人文关怀理念渗透到土司遗产的保护、传承与展示中，才能使土司遗产价值得到高质量的表达。[①]

三　土司遗产田野调查的理想状态

在土司遗产田野调查中，专家学者不仅要通过上述七个维度深入、细致考察土司遗产的方方面面，而且要使田野调查达到最理想的状态。

(一) 土司遗产田野调查的常规事宜

土司遗产田野调查与其他田野调查一样，也可分为准备、开始、调查、撰写调查研究报告和补充调查等几个阶段。这里仅就前三个阶段做概要说明。

1. 准备阶段

土司遗产田野调查在准备阶段要做好几件事情：一是选择“有特色”“有代表性”以及前辈时贤调查研究过的土司遗产作为调查对象，如湖南永顺土司城、贵州遵义海龙屯、甘肃永登连城鲁氏土司衙署、云南省梁河县南甸宣抚司署等比较符合上述要求。二是熟悉土司遗产调查点的各方面情况，包括该土司建置沿革、各代世系、遗产修建历史、地理环境、空间布局、民族成分、部落支系等内容，都要在调查前做好功课，通过各种文献和地方志予以了解。三是拟定好调查提纲和调查问卷材料。四是熟悉结构理论、功能理论、族群理论、交换理论、冲突理论、互动理论等与土司遗产有关的理论。

2. 开始阶段

土司遗产田野调查在开始阶段有几件事情必须做好：一是持单位介绍信到当地政府或有关部门报到，以获得政府相关部门的支持和帮助。二是到达土司遗产调查点所属县、乡、村之后，通过查阅地方资料或当地群众口述，掌握土司遗产点的基本情况，然后展开土司遗产点调查。三是选好居住地。其考虑因素：既要考虑方便参与观察和深度访谈，又要考虑人身安全。

3. 调查阶段

居住地选定之后是“参与观察”与“深度访谈”，这一阶段应注意几方面的问题：一是了解当地各民族的社交礼仪和习俗禁忌；二是尊重当

---

① 葛政委：《土司文化遗产的价值凝练与表达》，《长江师范学院学报》2014 年第 5 期。

地人的风俗习惯；三是注意个人形象；四是对土司遗产做详尽细致观察；五是采取问卷访谈和深度访谈等多种方式；六是注重收集土司家族谱牒、碑刻、契约、老照片、宗教科书、账簿、法律条文、乡规民约等新材料；七是做好土司遗产田野笔记和整理调查材料。

（二）深入挖掘土司遗产的普遍价值

《中国文化遗产》2014 年第 6 期搞了一个“土司遗址申遗专辑”，全方位解读湖南永顺老司城遗址、湖北唐崖土司城址、贵州遵义海龙屯等三处遗址作为世界遗产的资格，更为重要的是，以傅晶为代表的官方学者对三处遗址做了深入的研究与分析，有《土司系列遗产潜在的突出普遍价值分析》《土司系列遗产的国内外同类遗产对比分析》等重要文章，前者在历史、考古、社会、民族学等相关学术领域对土司制度及土司遗址研究的基础上，以世界遗产理论体系中“系列遗产”的价值认知视角，分析提炼了土司系列遗产总体的突出普遍价值；后者就全球范围及同一地理文化区域类似主题的土司遗产进行对比分析，阐释中国土司遗址的遗产价值和实物遗存在世界范围内的独特性和代表性。[①] 可以说，这是从国家层面对土司遗产价值的高度肯定。土司遗产首批申报世界文化遗产时以世界遗产专业机构发布的“价值主题框架”为定位依据，以世界文化遗产六条标准为分析方向，以土司遗产的价值认知方法为手段。苍铭先生提炼出“齐政修教”“因俗而治”八字，不仅是实施近七百年的土司制度的内涵，而且也是土司遗产重要的文化价值。著者前面提到我国现尚存的土司城址/官寨类、土司衙署/庄园类合计 69 处，如果根据《操作指南》制定的世界遗产价值认定标准来分析，其中 62 处土司遗产符合世界遗产价值标准。[②]

1. 符合世界遗产标准（iii）

这些土司城址、土司官寨、土司衙署、土司庄园等具有明清时期的历史时段，属于山地、河谷、高原等不同的地理环境，有土家族、彝族、苗族、傣族、藏族、壮族、白族、景颇族等不同族属，有宣慰司、宣抚司、安抚司、长官司、土知府、土知州、土县令、土千总、土把总、土

---

① 编辑部：《卷首语》，《中国文化遗产》2014 年第 6 期。

② 傅晶等：《土司系列遗产潜在的突出普遍价值分析》，《中国文化遗产》2014 年第 6 期。

政府、土千户、土寨长、土目等不同职衔和行政级别，在建筑结构、空间布局、聚落形态、建筑风格等方面既有共性特征又有不同的建筑特色，它们共同见证了元明清时期土司制度以及中央政府的管理理念，符合世界遗产标准。应该说，这些土司城址、官寨、衙署、庄园是元明清时期在西南、中南和西北地区实施土司制度的代表性物证。

2. 符合世界遗产标准（ii）

土司遗产在山地、河谷、高原地区的聚落格局、建筑形式与建筑风格方面，展现了在元明清时期土司制度作用下，中央政权与西南、中南及西北地区地方政权、地方族群间在国家认同、社会发展、文化传承方面具有人类价值观的交流与互动，尤其是土司承袭、朝贡、征调、纳税及土司子弟进国子监学习儒家文化，既体现了中央政府对土司制度的国家治理，也显示出土司对中央政府治权的高度认同。

3. 符合世界遗产标准（vi）

一是我国至今尚存的69处土司城址、官寨、衙署、庄园，与西南、中南及西北地区实施长达近七百年的土司制度直接关联。换言之，这些土司遗产不仅在我国的正史、编年、野史、别史、地理、传记、杂史、史评、载记、政书、职官、纪事本末、诏令奏议、志存记录等史籍中有明确的记载，而且在湖南、湖北、四川、云南、贵州、广西、甘肃等省的明清及民国时期各省通志与合志、府州厅县志以及为数不多的司志均具有详细的，甚至是专门的文献记载。二是与西南、中南及西北地区的土家族、彝族、苗族、傣族、藏族、壮族、白族、景颇族等不同的族群繁衍至今的文化传统和生活习俗具有直接关联，且元明清时期土司分布区域民族成分与我国当今少数民族聚居和杂居地区的民族成分也基本相同。

（三）撰写土司遗产田野调查报告

土司遗产田野调查主要是通过对土司城址、土司官寨、土司衙署、土司庄园、土司墓葬等进行仔细观察、深入分析、综合研究，用以揭示元明清时期土司制度与尚存的土司遗产之间的耦合历程。撰写土司遗产田野调查报告应该注意两个问题：

1. 注重“人”“事”“产”“境”“文”“史”“值”七个维度

因为土司遗产考察时以土司遗产和土司辖区的“人”为主体，以“事”为中心，以“产”为基础，以“境”为舞台，以“文”为布景，以“史”为线索，以“值”为追求，以“参与观察”为视角，有助于深入探讨土司遗产和土司辖区的“传统文化”与“现实应用”相接轨，探究土司城址、土司官寨、土司衙署、土司庄园等土司遗产的保护、传承、利用与创新。七个维度的田野调查，不仅能够深度认知与理解我国土司遗产保护管理与有效利用的本质，而且能够将土司遗产的保护管理、合理开发与有效利用纳入“文化制衡”的“民族生境”中进行探讨。

2. 必须以某个具体土司遗产为田野调查后撰写报告的个案

只有这样，才能探讨某土司遗产的历史时段、地理环境、行政级别、民族属性、建筑结构、空间布局、建筑风格等特征和内在关联①。撰写的土司遗产田野调查报告，不仅要描述出该土司遗产的现状、存在的问题，更重要的是要提出该土司遗产的文物保护、环境整治的规划与对策，甚至拟出《某土司遗产保护管理规划》，可供政府有关部门采纳与实施。

第四节　个案研究法

近十年来，著者在研究水西安氏土司、播州杨氏土司和石砫马氏土司等一个个具体的土司时，或多或少都会有一些新发现和新收获。如果说水西安氏土司属于叛服不常的代表，播州杨氏土司属于先忠后叛的典型，那么，石砫马氏土司则是自始至终忠于朝廷的典范。鉴于此，著者越来越觉得土司学界对元明清时期实力较强的“大土司”研究不够，需要下更多的功夫做深入细致的个案研究。②

一　个案研究的可能性

元明清时期实施的土司制度，前后延续近七百年。有的土司家族仅承袭一代，有的土司承袭了数十代，时间最长的甚至有 40 代以上。四川金川县西北观音桥绰斯甲宣抚司，前后承袭 41 代，著者根据资料整理出四川、云南、贵州土司承袭 18 代以上的家族，详见表 8－2。

---

① 傅晶等：《土司系列遗产潜在的突出普遍价值分析》，《中国文化遗产》2014 年第 6 期。

② 李良品、彭福荣：《深化土司研究的突破点》，《民族学刊》2016 年第 5 期。

表8－2　四川、云南、贵州土司家族承袭18代以上者一览表

行省	土司名称	姓氏	现今地点	承袭代数
四川	瓦寺宣慰司宣慰使	索氏	四川汶川县城南	25
	黎州安抚司安抚使	马氏	四川汉源县北大田	27
	天全六番招讨司招讨使	高氏	四川天全县东南始阳	21
	绰斯甲布宣抚司宣抚使	诺尔布斯丹臻	四川金川县西北观音桥绰斯甲土司官寨	41
	明正宣慰司宣慰使	甲氏	四川马尔康县城	19
	德尔格忒宣慰司宣慰使	丹巴七立	四川德格县县城	22
	普济州长官司长官	古氏	四川米易县西北普济	18
	平夷长官司长官	王氏	四川屏山县新安乡	28
	九姓长官司长官	任氏	四川叙永县西北古宋西	27
	酉阳宣慰司宣慰使	冉氏	重庆酉阳县城	28
	邑梅长官司长官	杨氏	重庆秀山县梅江镇	23
	平茶长官司长官	杨氏	重庆秀山县美沙	20
	石柱宣慰司宣慰使	马氏	重庆石柱县城	26
云南	凤羽乡巡检司土巡检	尹氏	云南洱源县南	18
	箭杆场巡检司土巡检	字氏	云南云龙县东新荣镇	18
	溪处甸长官司土副长官	赵氏	云南红河县东溪处	24
	镇南州土判官	陈氏	云南南华县县城	18
	广南府土同知	侬氏	云南广南县城	23
	富州土知州	沈氏	云南富宁县东皈朝	18
	沾益州土知州	安氏	云南沾益县城	19
	丽江军民土知府	木氏	云南丽江纳西族自治县城	27
	车里军民宣慰司宣慰使	刀氏	云南景洪县城	23
	南甸宣慰司宣慰使	刀氏	云南梁河县城关	25
	干崖宣抚司宣抚副使	刀氏	云南盈江县城关	23
	盏达副宣抚司副宣抚使	思氏	云南盈江县西北盏达莲花山	20
	陇川宣抚司宣抚使	多氏	云南陇川县西南弄巴	24
	湾甸州土知州	刀氏	云南昌宁县西南湾甸镇	26
	潞江安抚司安抚使	线氏	云南保山市西南怒江坝	23
	芒市安抚司安抚使	放氏	云南潞西县驻地芒市	21

续表

行省	土司名称	姓氏	现今地点	承袭代数
云南	户撒长官司长官	赖氏	云南陇川县北户撒	21
	腊撒长官司长官	盖氏	云南陇川县北腊撒	20
	东川军民府土知府	禄氏	云南会泽县城	19
	芒部军民府土知府	陇氏	云南镇雄县西南有芒部故城	18
	景东府土知府	陶氏	云南景东县城	23
	南涧土县丞	阿氏	云南南涧彝族自治县城	20
	永宁府土知府	阿氏	云南宁蒗彝族自治县西北永宁镇	26
	北胜州土知州	高氏	云南永胜县城	18
	蒗蕖州土知州	阿氏	云南宁蒗彝族自治县城	25
	顺州土同知	子氏	云南永胜县西南顺州镇	23
	北胜州土副同知	章氏	云南永胜县城	23
	勒品甸土巡捕	李氏	云南武定县北	18
贵州	贵州宣慰司宣慰使	安氏	贵州贵阳市	22
	白纳长官司长官	周氏	贵州惠水县东北	20
	乖西长官司长官	杨氏	贵州开阳县西北	20
	乖西副长官司副长官	刘氏	贵州开阳县东北	22
	养龙长官司长官	蔡氏	贵州息烽县养龙车站	21
	大谷龙长官司长官	宋氏	贵州龙里县猫营乡大谷龙村	20
	小谷龙长官司长官	宋氏	贵州龙里县洗马区猫营乡谷龙村	18
	平伐长官司长官	庭氏	贵州贵定县云雾区平伐镇	24
	大平伐长官司长官	宋氏	贵州贵定县云雾区铁厂乡	22
	小平伐长官司长官	宋氏	贵州贵定县抱馆乡	19
	顶营长官司长官	罗氏	贵州关岭县关索区顶营乡	20
	募役长官司长官	礼氏	贵州镇宁县募役区募役乡	23
	沙营长官司长官	沙氏	贵州关岭县永宁区沙营乡	18
	黄坪营土营长	黄氏	贵州兴义县	22
	草塘安抚司安抚使	宋氏	贵州瓮安县金星乡新以村	18
	瓮水安抚司安抚使	犹氏	贵州瓮安县西北珠藏乡翁水司村	21
	高坪长官司长官	李氏	贵州福泉县道坪区高坪乡	19
	余庆长官司长官	毛氏	贵州余庆县敖溪区敖溪镇	22

续表

行省	土司名称	姓氏	现今地点	承袭代数
贵州	夭坝安抚司安抚使	夭氏	贵州丹寨县北岩英乡夭坝司村	22
	麻哈州土同知	宋氏	贵州麻江县西下司镇	21
	独山州服色土同知	蒙氏	贵州独山县	26
	丰宁上长官司长官	杨氏	贵州独山县上司	23
	丰宁下长官司长官	杨氏	贵州独山县上司南	22
	养鹅长官司长官	王氏	贵州麻江县北	21
	潭溪长官司长官	石氏	贵州黎平县德凤区潭溪乡	20
	八舟长官司长官	吴氏	贵州黎平县北八舟	23
	古州长官司长官	杨氏	贵州黎平县西北罗里乡罗里村	22
	洪州长官司长官	李氏	贵州黎平县洪州镇岩寨村聂家湾	21
	洪州副长官司副长官	林氏	贵州黎平县地青乡黑洞村	19
	新化长官司长官	欧阳氏	贵州锦屏南新化乡新化司村	18
	欧阳副支书副长官	吴氏	贵州锦屏南新化乡欧阳村	20
	亮寨长官司长官	龙氏	贵州锦屏县南亮司乡	23
	湖耳副长官司副长官	杨氏	贵州锦屏县东南	20
	中林长官司长官	杨氏	贵州锦屏县西南	20
	龙里长官司长官	杨氏	贵州黎平县北	18
	省溪长官司长官	杨氏	贵州江口县北	24
	提溪副长官司副长官	张氏	贵州江口县西	22
	乌罗长官司长官	杨氏	贵州松桃县西南乌罗镇	20
	乌罗副长官司副长官	冉氏	贵州松桃县西南乌罗镇	20
	平头著可长官司长官	杨氏	贵州松桃县南平头乡	24
	思南府随府办事长官	田氏	贵州思南县城关	18
	水德江长官司长官	张氏	贵州德江县	20
	水德江副长官司副长官	杨氏	贵州德江县	18
	蛮夷长官司长官	安氏	贵州思南县城西	19
	沿河祐溪长官司长官	张氏	贵州沿河县祐溪	21
	沿河祐溪副长官司副长官	冉氏	贵州沿河县祐溪	22
	印江长官司长官	张氏	贵州印江县	22

由表8－2可见，元明清时期承袭18代及以上的土司家族，四川13家，云南28家，贵州47家，其中承袭有超过40代以上的家族。如果按照封建社会每代人25年计算，18代人就是400年。大凡一个土司政权在当地延续达400年以上，对当地的政治、社会以及文化的影响均极其深远。有的土司家族虽然承袭没有达到18代以上，但由于该土司职级较高，对地方影响较大，也可作为个案研究，诸如今四川丹巴县的巴底宣慰司（承袭10代）和巴旺宣慰司（承袭9代），今四川西昌市的建昌府土知府安氏（承袭16代）。有的土司由于在历史上发生过重大事件，如今云南开远县的阿迷州土知州普氏，虽仅承袭11代，历史上发生过“沙普之乱”；四川播州宣慰司宣慰使杨氏在元明两代虽然仅承袭14代，却有著名的“平播之役”；今四川叙永县西南的永宁宣抚司奢氏虽仅承袭10代，却爆发了赫赫有名的“奢安之乱”，这些土司家族均可作为个案深入研究。有的土司积极参加抗倭、援辽、“征蛮”和“征贼”等方面的军事征调，且立下赫赫战功。如容美宣慰司田氏，虽仅承袭17代，在明代嘉靖年间，面对倭寇在东南沿海的烧杀劫掠、破坏社会生产的严峻形势，容美土司带领辖区土兵毅然决然地参加了抗倭战争，在三年多的抗倭战争中多次取得重大胜利①，这无疑可以作为个案重点研究。在今云南的一些土司，如兰坪县境内的兰州土知州罗氏（承袭7代），元阳县猛弄寨土寨长白氏（承袭10代），姚安府土知府高氏（承袭15代），建水县纳楼茶甸长官司土副长官普氏（承袭16代），巍山县的蒙化府土知府左氏（承袭16代）。无论这些土司家族承袭时间长或短，但其土司衙署至今尚存，对当地文化影响极为深远，也可作为个案加以探讨。另一种现象是，虽然该土司承袭时间不是很长，但却保留了大量丰富的历史文献，且具有独特价值。如云南耿马直隶宣抚司罕氏虽然统治该地仅15代，但该土司在清末用傣文编写的《耿马宣抚司礼仪课赋底薄》共16大类，其主要内容有礼仪规定（含礼物种类及内容，还礼礼物，还有感恩礼、谢情礼、请兵礼、说亲提亲迎亲礼、问候病人礼、吊丧礼等礼物礼品和还礼礼物礼品的地方性礼仪规定）、祝贺辞及答谢辞（包括土司

---

①　李良品、张芯：《明代土家族土兵抗倭的缘起、进程与取胜原因》，《长江师范学院学报》2014年第2期。

官登基、执政、结婚时的祝辞答谢辞，土司官提亲、迎亲嫁娶、叩拜双亲时的提亲辞、迎亲辞、祝贺辞及答辞，臣民百姓向土司叩送鸡蛋礼或朝拜、谢恩时的祝辞和答谢辞、土司及亲属死亡时的悼辞和答辞、勐与勐之间友善往来时的问候辞和答辞等)、书信格式（包括问候信、试探联婚信、提亲信、迎亲信、安抚信等)、课赋底簿（包括耿马司署辖区的九勐十三圈及勐简、孟定景信两陶孟辖地、耿马城29个村寨的门户银、门户稻谷、缴纳贡品的底簿，还有数量、质量和时间的具体规定，并有向缴纳呈贡者的还礼规定)、织土布和耕种衙门曰的徭役夫差规定、祭地方神（色勐）和滴水献斋的规定、记载耿马土司世系宗谱、记载土司娶亲时礼物实录、宣抚司署份田登记底簿、全勐实收银课登记等。[①] 仅礼仪规定就有15项之多，可谓傣族土司社会统治之大全，在我国目前来讲可能是绝无仅有。因此，将这些土司作为个案来深入研究完全是可能的。

二　个案研究的必然性

个案研究是通过对现象的描述、事实的叙述、问题的解释和类型的比较，来实现理论建构。从研究方法上讲，个案研究是一种实证研究方法。前文“中国土司家族承袭18代以上者一览表”显示，元明清时期全国土司承袭18代及以上的土司家族有140余家，再加上前面提到的10余家比较特殊的土司家族，也就是说，全国有近160家土司可以作为个案来研究，这就给土司研究的专家学者提供了广阔的研究空间。换言之，如果把全国近160家土司均作为个案来研究，这无疑使个案研究成为一种必然。土司个案研究应该注意两个问题。

(一) 理论的构建

土司个案研究的主要目的在于通过对某个具体土司各方面情况的阐释和深入研究来建构某种理论，这种社会理论应成为连接微观认知与宏观理论、特殊个案与一般理论的桥梁，土司个案研究的魅力和生命力也因为理论的建构得以延伸和扩展。土司个案研究应从理论出发，通过对

---

① 尹绍亭、唐立：《中国云南耿马傣文古籍编目》，云南民族出版社2005年版，第4—5页。

土司现象的描述、事实的叙述、问题的解释，然后再回到理论建构的过程。在具体研究过程中，应将土司个案研究与社会历史背景的整体认识与土司学学科理论建构置于一个共同体中来理解。著者于 2014 年至 2015 年合著出版了《播州杨氏土司研究》一书，其主要目的在于探索出一种土司个案研究的范式。选取播州杨氏土司作个案，就是想通过考察唐末至明代播州杨氏土司实施土司制度与国家治理地方社会，探讨国家制度逐渐地方化的历史进程，揭示地方社会与国家制度有机结合与不断博弈的内在机制，以期深化对中国传统国家与社会关系的认识。主要研究三个问题：一是“政权下乡”问题——国家权力、国家制度是如何不断扩张与逐渐深入到西南边陲的播州地区，实现“政权下乡”之目的；二是播州杨氏土司在国家土司制度框架内按照国家的“因俗而治”策略治理播州地区——地方社会治理是如何与国家土司制度有机衔接的；三是“家国冲突”（杨氏土司与大明王朝冲突）的起因、过程及结局等问题——中央王朝是如何通过战争形式，消灭杨氏土司，实施改土归流，进行地方社区重构的。可见，通过考察元明清时期播州地区基层行政制度与地方社会治理模式，探讨国家制度“地方化”的历史过程，揭示国家制度与地方社会相结合的内在机制，以期深化对中国传统国家制度与社会关系的认识，这无疑是一种理论构建的新尝试。

（二）典型的选择

土司个案研究应该具有典型性和代表性。著者和同人们在过去的两三年中做了一个《秦良玉史料全集》的项目，该项目设计共编辑六卷：第一卷为史料集成，收集秦良玉所有相关的历史资料；第二卷为研究论文，收集研究秦良玉的国内论文资料；第三卷为小说创作，收集以秦良玉为主题的长、中、短篇小说；第四卷为戏剧曲艺，收集以秦良玉为主题的京剧、越剧、木偶戏、评书等；第五卷为诗歌散文，收集赞颂秦良玉为主题的诗歌、散文作品、民间故事；第六卷为影视作品，收集以秦良玉为主题创作的电影电视作品。为什么我们要选取秦良玉，原因很简单，因为她是明末乱世中对大明王朝“愚忠”的典型。无论是军事才能还是忠君护国思想，在元明清时期所有的土司中是绝无仅有的。如果将秦良玉作为一个土司的典型做个案研究，确实具有理论价值和现实意义。因为作为石砫土司的秦良玉，她那“不为势移、不为威屈”的民族气节，感召着众多豪杰志士和人民群众保家卫国，勇敢战斗，不怕牺牲，争取胜利。秦良玉的忠义感天动地，数十年南征北战，破家为国，数赴国难，血染征袍，至死不叛、不降，大义凛然。今天，我们称赞这位真正的巾帼英雄，也就是弘扬中华民族的民族精神，共建中华民族的精神家园。

此外，土司个案研究所得出的理论或观点应该具有概括性，理论论证过程也须通过精确的语言来清晰表述。只有这样，学科理论的建构才能成为土司个案研究的标志性意义。①

三　个案研究的系统性

土司个案研究应该遵循系统论的思想。按照系统论的思想，土司个案研究就要把研究的某个具体土司当作一个总系统，深入研究该土司的结构与功能；主要研究该土司的各个子系统、各个要素、各种环境的相互关系和变化规律，并从中提炼出带有普遍性的规律。在著者掌握的一些土司个案中，无论是湖北咸丰唐崖覃氏土司、湖南永顺彭氏土司，还是贵州大方水西安氏土司、广西忻城莫氏土司，其内容均有某土司的概述、政治统治、土地关系、社会经济、土司兵制、土司教育、生活习俗、文化艺术、改土归流、文化遗产的保护与开发利用等内容。著者《播州杨氏土司研究》一书计十章，也非常注重内容的系统性。在“因俗而治：播州杨氏土司概况”章研究了播州杨氏土司的环境、沿革、辖地、世系、承袭；“权力运作：播州杨氏土司政权”章探讨了播州杨氏土司的职官等级、机构设置、法律制度、民族关系、左右联姻等内容；“双方博弈：播州杨氏土司政治”章研究了播州杨氏土司的运行、军事卫所的监督、以夷制夷的实施、杨氏土司的效忠等；在“民众生计：播州杨氏土司经济”章分析了播州杨氏土司的物产资源、土地制度、生产经营、纳贡赋税等；“训兵备战：播州杨氏土司军事”章主要阐述了播州杨氏土司的军事设施、土兵制度、军事征调、军事遗址等；在“文治教化：播州杨氏土司时期的教育”章研究了包括传统教育、学校教育、社会教育、科举考试

① 石腾飞、刘敏：《走进个案——从比较、抽象到理论建构》，《华东理工大学学报》2015年第5期。

等内容；“艺文彰显：播州杨氏土司文化”章主要阐述了播州杨氏土司的物质文化、制度文化、精神文化等内容；“铤而走险：一场双输的‘平播之役’”章透析了“平播之役”的缘起、过程、结局及评价等内容；“播州终结：播州改土归流后的社区重构”章阐述了播州改土归流的实施以及社区重构的内容和影响。① 但该书最大的遗憾是原计划要总结元明时期中央王朝与播州杨氏土司在土司制度下互动与和谐、认同与调适、博弈与冲突的历史启示（诸如顺应潮流是前提、改土归流是手段、社区重构是重点、政权下乡是目的、国家统一是根本等内容），以揭示在国家制度与地方社会之间的互动与和谐框架下加强民族团结、促进区域发展和维护国家稳定的规律，指导民族地区构建和谐社会，后因时间原因而未能书写该内容。

土司制度在中国大地存在了近七百年，留下了丰富的历史文化遗产。研究土司问题，虽然相关概念、土司制度、土司文化、土司遗址申遗等内容十分重要，但如果忽略纷繁复杂的事件、浩如烟海的史料和各具特色的个案，就很难有理论突破和学术创新。

除了上述四种研究方法之外，著者强调“总体史”研究方法的运用。研究中国土司制度和土司文化要避免“碎片化”的毛病，尽可能地回归“总体史”的研究方法，力求把握三方面的内容：一是有鲜明的问题意识，二是长时段的时间观念，三是历史学的学科本位与多学科的交叉融合。著者曾经发文讲过，“中国土司学”的构建与土司研究的内容涉及哲学、经济学、法学、教育学、文学、历史学、理学、工学、农学、军事学、管理学、艺术学等学科门类②。专家学者在具体研究过程中在众多的一二级学科中均能找到学科对应点，如果我们没有“宽视角、长时段、多学科”的“总体史”研究方法，就很难实现与大历史融会的目标，也就很难在土司研究中取得标志性成果。目前，土司区的研究成为一个重点，所谓土司区其实是指土司控制的空间区域，这个区域有两个层次：一是宏观土司区，主要指土司控制的某个地区，如西南土司区、西北土司区、中南土司区等；二是微观土司区，主要指某个具体土司控制的地

---

① 李良品、李思睿、余仙桥：《播州杨氏土司研究》，华中科技大学出版社 2015 年版。

② 李良品、李思睿：《构建“土司学”的几点思考》，《青海民族研究》2014 年第 2 期。

区，如跨县、跨乡、跨村的微型土司实体（如永顺彭氏土司、唐崖覃氏土司、播州杨氏土司、水西安氏土司）。在研究土司个案时，既要研究土司区内的政治、经济、军事、文化等多种生活样态，又要研究土司社会体系、权力结构、土司区功能结构、人文环境、民族人口、制度文化、土司建筑等多个研究取向，还要观照土司区内高原、山地、河流、海岛等自然生态环境。在这一过程中，土司研究必然会打破历史学学科本位的限制，只要是对土司研究有用的诸如哲学、经济学、法学、教育学、文学、理学、工学、农学、军事学、管理学、艺术学等学科的理论与方法，都可以为专家学者所重视和利用，以实现“总体史”研究的目标。该方法将中国土司制度与国家治理视为一个复杂系统，综合运用历史学、民族学、政治学、社会学、法学、文献学等学科理论，深入研究诸多要素的结构、关系及变化如何深刻影响国家发展的进程和国家治理的效能。

第九章

中国土司学与土司文物保护单位

土司文物保护单位是国家对与土司有关的确定纳入保护对象的不可移动文物的统称，它包括具有历史、艺术、科学价值的土司城址、官寨、衙署、庄园、墓葬及其他单独建筑等文物。土司文物保护单位的区域包括土司文物本体及周围一定范围能够给予重点保护的区域。

土司文物保护单位作为元明清及民国时期科学技术信息的重要载体，不仅对于民族史、民族艺术以及科技史和科学技术诸方面的研究有着十分重要的意义，而且对于构建“中国土司学”有着特别重要的价值。因为“中国土司学”既要研究包括土司、土司制度、土司制度发展史、土司社会、土司事象、土司人物等在内的一些基础理论问题，也要研究土司文化、土司遗产保护管理、合理开发与有效利用等应用理论问题。因此，土司文物保护单位是“中国土司学”构建过程中不可或缺的重要内容。

第一节　土司文物保护单位的类型

我国的土司文物保护单位与其他文物一样，分为国家级、省级和市县级三个级别。土司文物保护单位根据其级别分别由国务院、省级政府、市县级政府划定保护范围，设立文物保护标志及说明，建立记录档案，并根据土司文物保护单位的具体情况分别设置专门机构或专人负责管理。土司文物保护单位根据作为不可移动文物的建筑情况以及遗存的功能，可分为不同的类型。

一　综合性功能的土司文物保护单位

我国现存的土司文物保护单位中，土司治所、城堡、官寨、衙署建筑群、庄园等均是各地土司政权统治当地老百姓的行政中心和生活中心，建筑规模一般较大，并且具有行政、军事、经济、文化及生活等综合性功能。这种土司文物保护单位信息丰富，可较为全面地反映土司权力结构、统治地区的社会面貌和当地各民族文化的运用。按照《中国各级文物保护单位名录中与土司相关遗产名录》① 的分类，综合性功能的土司文物保护单位主要有两类。

第一类是土司城址和官寨类，详见表9－1。这一类的土司文物保护

表9－1　　全国土司遗产保护单位城址/官寨类名录

名称	位置	遗存年代	民族属性	土司职级	保护级别
老司城遗址	湖南省永顺县	明—清	土家族	宣慰司	国家级
唐崖土司城址	湖北省咸丰县	明—清	土家族	长官司	国家级
容美土司遗址	湖北省鹤峰县	明—清	土家族	宣抚司	国家级
海龙屯	贵州省遵义市	明	仡佬族	宣慰司	国家级
开阳马头寨古建筑群	贵州省开阳县	明—清	布依族	土目	国家级
侬氏土司衙署	云南省广南县	明—清	壮族	宣抚司	国家级
孟连宣抚司署	云南省孟连县娜允镇	清	傣族	宣抚司	国家级
卓克基土司官寨	四川省马尔康县	清	藏族	长官司	国家级
鲁土司衙门旧址	甘肃省永登县	明—清	蒙古族	土指挥使	国家级
洛浦土司故城遗址	湖南省保靖县	明—清	土家族	宣慰司	省级
景东卫城遗址	云南省景东县	明	傣族	土知府	省级
巴底土司官寨	四川省丹巴县	清	藏族	安抚司	省级
新司城遗址	湖南省永顺县	清	土家族	宣慰司	其他
腊惹洞长官司官署遗址	湖南省永顺县	明	土家族	长官司	其他

① 《中国各级文物保护单位名录中与土司相关遗产名录》，《中国文化遗产》2014年第6期。

续表

名称	位置	遗存年代	民族属性	土司职级	保护级别
土知州城堡	湖南省永顺县	明—清	土家族	土知州	其他
白岩洞遗址	湖南省龙山县	明—清	土家族	长官司	其他
万德土司遗址片区	云南省武定县	清	彝族	土知府	其他
瓦寺宣慰司官寨	四川省汶川县	明—清	藏族	宣慰司	其他
白利土司官寨遗址	四川省甘孜州生康乡	明—清	藏族	长官司	其他

单位计 19 处。从文物保护单位的级别看，国家级有 9 处，省级 3 处，区县级 7 处；从所处省份看，湖南 6 处，湖北 2 处，贵州 2 处，云南 4 处，四川 4 处，甘肃 1 处；从遗存年代看，全部是明清时期；从民族属性看，土家族 8 处，彝族 3 处，傣族和藏族各 2 处，仡佬族、布依族、蒙古族和壮族各 1 处；从土司职级看，宣慰司 5 个，安抚司 4 个，长官司 4 个，土知府 2 个，土知州 1 个，土指挥使 1 个，土目 1 个。如位于湖北省咸丰县尖山乡的唐崖土司城，总面积约 74 万平方米，是武陵山地区保存最完好的土司城遗址。该土司城在明末时辟有 3 街 18 巷 36 院，主要包括衙署区、宗庙区、军事区以及书院、花园、养马场、狩猎场等，占地 100 多公顷。迄今为止，虽然衙署早已不见踪影，然而街道墙垣依旧清晰可辨，明熹宗御赐授书的“荆南雄镇”石牌坊依然矗立，土王墓葬、夫妻杉等数十处遗迹仍然保存完好。其他土司城址或官寨均有一定数量的遗存。

第二类综合性功能的土司文物保护是土司衙署和庄园，详见表 9－2。

表 9－2　　全国土司遗产保护单位衙署/庄园类名录

名称	位置	遗存年代	民族属性	土司职级	保护级别
南甸宣抚司署	云南省梁河县	清—民国	傣族	宣抚司	国家级
兔峨土司衙署	云南省兰坪县	民国	白族	土知州	国家级
叶枝土司衙署	云南省维西县	清	纳西族	土都司	国家级
纳楼长官司署	云南省建水县	清	彝族	长官司	国家级

续表

名称	位置	遗存年代	民族属性	土司职级	保护级别
大屯土司庄园	贵州省毕节市	清—民国	彝族	宣抚司	国家级
陇西世族庄园	云南省新平县	1938 年	彝族	土把总	国家级
莫土司衙署	广西壮族自治区忻城县	明—清	壮族	土县令	国家级
施南宣抚司土司皇城	湖北省宣恩花园镇水田坝	明—清	土家族	宣抚司	省级
岑巩木召庄园遗址	贵州省岑巩县大有乡木召村	明	土家族	宣慰司	省级
水西宣慰府遗址	贵州省纳雍县	明—清	彝族	宣慰司	省级
九层衙门遗址	贵州省大方县	明	彝族	宣慰司	省级
邦角山官衙署	云南省陇川县王子树乡	1935 年	景颇族	抚夷司	省级
宣威倘可巡检衙署	云南省宣威市倘塘村	清	彝族	土巡检	省级
岑氏土司古建筑群	广西壮族自治区西林县	明—清	壮族	长官司	省级
利川沙溪土司遗址	湖北省利川市	明—清	土家族	宣慰司	其他
来凤宣抚堡散毛土司遗址	湖北省来凤县	明—清	土家族	宣抚司	其他
大旺安抚司遗址	湖北省来凤县	明—清	土家族	安抚司	其他
金峒安抚司遗址	湖北省咸丰县	明—清	土家族	安抚司	其他
忠孝土司遗址	湖北省利川市	明—清	土家族	安抚司	其他
田氏土司衙院	贵州省岑巩县注溪乡	清	土家族	宣慰司	其他
新业任氏土司衙门	贵州省印江县	清	汉族	长官司	其他
盘石田氏土司衙门	贵州省印江县	清	土家族	长官司	其他
朗溪蛮夷长官司遗址	贵州省印江县	明—清	土家族	长官司	其他
思南苗民长官司衙署	贵州省思南县	明—清	苗族	长官司	其他
喇平宣抚司治所遗址	贵州省贵阳乌当区	宋—清	苗族	长官司	其他
贵定大平伐长官司衙署	贵州省贵定县	明—清	苗族	长官司	其他
贵定新添长官司衙署	贵州省贵定县	明—清	苗族	长官司	其他
贵定小平伐长官司衙署	贵州省贵定县	明—清	苗族	长官司	其他

续表

名称	位置	遗存年代	民族属性	土司职级	保护级别
福泉杨义长官司衙门	贵州省福泉市	明—清	苗族	长官司	其他
花溪中曹司土司庄园	贵州省贵阳花溪区	明—清	汉族	长官司	其他
省溪司土司衙门	贵州省江口县	明—清	汉族	长官司	其他
池坝土司衙署明古建筑	贵州省印江县	明	汉族	副长官司	其他
榕江因略土司衙门	贵州省榕江县	清	不详	不详	其他
威宁土司府署	贵州省威宁县	明—清	不详	不详	其他
牛棚土目庄园	贵州省威宁县	清	彝族	土目	其他
金沙契默土司庄园	贵州省金沙县	清	彝族	土目	其他
镰刀湾土司庄园	贵州省毕节市	清	彝族	土目	其他
陇川宣抚司署	云南省陇川县城子镇	清	景颇族	宣抚司	其他
芒市安抚司护印府旧址	云南省潞西市	明—清	傣族	宣抚司	其他
干崖宣抚司护理府	云南省盈江县	明—民国	傣族	宣抚司	其他
沾益州土州衙署	云南省宣威市河东营村	清	彝族	土知州	其他
沈土司衙署旧址	云南省富宁县	清	壮族	土知州	其他
永宁土司衙门	云南省宁蒗县	明—清	普米族	宣抚司	其他
老窝土司衙门	云南省泸水县	明—清	白族	土千总	其他
六库土司衙署	云南省泸水县	明—清	白族	土千总	其他
那土司遗址	云南省武定县	清	傣族	土千户	其他
元阳勐弄司署	云南省元阳攀枝花乡	民国	哈尼族	土寨长	其他
宗瓦寨土司掌寨衙门	云南省元阳县	民国	彝族	土寨长	其他
昭觉科且土司衙门遗址	四川省昭觉县	明—清	彝族	土目	其他
酉阳土司衙署	重庆市酉阳县	明—清	土家族	宣慰司	其他

这一类的土司文物保护单位计50处。从文物保护单位的级别看，国家级有7处，省级7处，区县级36处；从所处省份看，湖北6处，贵州22处，云南16处，四川1处，重庆1处；从遗存年代看，上起明代，下讫民国时期；从民族属性看，涉及10多个民族，其中彝族12处，土家族11处，苗族6处，傣族4处，汉族4处，壮族和白族各3处，景颇族2处，纳西族、普米族和哈尼族各1处，民族属性不详的2处；从土司职级看，至少有15种以上，其中宣慰司5个，宣抚司8个，安抚司4个，抚夷司1个，长官司和副长官司14个，土知州3个，土都司、土把总、土县令、土千户、土巡检各1个，土目4个，土千总和土寨长各2个，职级不详的2个。位于广西忻城县翠屏山麓具有“壮乡故宫”之称的莫土司衙署，是一个规模宏大的土司衙署建筑群，主要由土司衙门、莫氏祠堂、土司官邸、大夫第、三界庙等主要建筑组成，是全国现存规模最大、保存最完好的土司建筑群。

二　单一性功能的土司文物保护单位

我国现存的土司文物保护单位中，土司墓葬、土司单独建筑等文物保护单位，与综合性功能的文物保护单位相比，不仅规模较小，较为琐碎，而且功能单一，它仅能反映元明清及民国时期土司制度及土司政权统治辖区社会的局部信息。

（一）土司墓葬

在传统中国，“墓”与“葬”是既有联系又有区别的两种事物。“墓”是指放置尸体的固定设施，“葬”是指安放尸体的方式。在考古学上，“墓”与“葬”常被合称为“墓葬”。自古以来，由于人们受“祖先崇拜”以及“事死如生”等传统观念的影响，包括各土司在内的各族民众对丧葬十分重视。因此，土司墓葬资料所提供的不仅是埋葬土司的习俗和墓葬制度本身，它往往在一定程度上反映出元明清时期土司辖区社会政治、经济、生产、生活、风俗、宗教、观念等方面的情况。所以，土司墓葬包含土司地区埋葬习俗与埋葬制度，是当时当地社会的一个缩影。土司墓葬作为单一性功能的土司文物保护单位，至今保存完好的较多，详细情况见表9－3。

表9-3　全国土司遗产保护单位墓葬类名录

名称	位置	遗存年代	民族属性	土司职级	保护级别	功能类型
奢香夫人墓	贵州省毕节市	明—清	彝族	宣慰司	国家级	墓葬
猫儿堡土司墓群	湖北省宣恩县	明—清	土家族	宣抚司	省级	墓葬
杨辉墓	贵州省遵义县	明	仡佬族	宣慰司	省级	墓葬
杨烈墓	贵州省遵义县	明	仡佬族	宣慰司	省级	墓葬
高坪杨氏墓群	贵州省遵义市汇川区高坪镇	元—明	苗族	宣慰司	省级	墓葬
刀安仁墓	云南省盈江县	民国	傣族	宣抚司	省级	墓葬
旧州岑氏土司墓群	广西壮族自治区靖西县	明—清	壮族	不详	省级	墓葬
瓦氏夫人墓	广西壮族自治区靖西县	明	壮族	不详	省级	墓葬
东阳湾墓群	湖北省鹤峰	明—清	土家族	宣抚司	其他	墓葬
官坟园墓地	湖北省鹤峰县	明—清	土家族	宣抚司	其他	墓葬
屏山向氏墓群	湖北省鹤峰县	明—清	土家族	宣抚司	其他	墓葬
百户司土官墓	湖北省来凤县	清	土家族	安抚司	其他	墓葬
覃峒长墓	湖北省来凤县	清	土家族	安抚司	其他	墓葬
向金銮墓	湖北省来凤县	清	土家族	长官司	其他	墓葬
沈明通墓	云南省富宁县	明	壮族	土知州	其他	墓葬
遮放多氏土司墓群	云南省芒市	清—民国	傣族	宣抚司	其他	墓葬
盏达副宣抚司刀思氏墓	云南省盈江县	清	傣族	宣抚司	其他	墓葬
刀如玉墓	云南省盈江县	清	傣族	宣抚司	其他	墓葬
刀盈廷夫妻墓	云南省盈江县	清	傣族	宣抚司	其他	墓葬
干崖宣抚司刀氏墓群	云南省盈江县	清	傣族	宣抚司	其他	墓葬
那德洪墓	云南省武定县	清	傣族	土千户	其他	墓葬
盏西孟氏土目墓	云南省盈江县	清	不详	土目	其他	墓葬
安土司墓	云南省永善县	清	彝族	土千户	其他	墓葬

土司墓葬计23处，从文物保护单位的级别看，国家级有1处，省级

7处，区县级15处；从所处省份看，湖北7处，贵州4处，云南10处；从遗存年代看，上起元明时期，下讫民国时期，主要在明清两代；从民族属性看，主要涉及彝族、土家族、仡佬族、苗族、傣族、壮族等；从土司职级看，至少有宣慰司、宣抚司、安抚司、长官司、土知州、土千户、土目7种。这里重点介绍国家级墓葬奢香墓。该墓位于贵州省大方县城北0.5公里处云龙山下洗马塘畔，始建于明洪武二十九年（1396年），当时的墓葬按正三品规矩结合彝俗的墓建风格营造。奢香墓于清康熙三年（1664年）吴三桂率兵“剿水西”时，毁于兵燹。清道光十三年（1833年），奢香后裔安淦辛以奢香代夫袭职，开通九驿，“勋垂竹帛，在国为功臣；守励冰霜，于家为节妇”为由，禀文大定府知府请予修葺“顺德夫人祠墓”。当时大定府即予立案，批文曰：“顺德夫人以笃忠贞，志坚金石；名垂竹帛，望重华夷。路通九驿，凿山著磐石之功；坐镇百蛮，赐姓奠苞桑之固。实千古伟人，幸一抔沿在，宜加奖藉，以励精诚。”后由贵州大定知府王绪昆、黔西知州吴嵩梁于道光十八年（1838年）主持将墓修复为围石封土，另立面碑和墓志碑，立“奢香夫人故里”石标于墓侧卧路旁。后由于未加管理，日久年湮，濒于毁废。1960年，对奢香墓进行了初步维修，并列为贵州省级文物保护单位。1988年1月，经国务院批准，奢香墓列为全国重点文物保护单位。修葺后的奢香墓，在规模和结构上恢复了原貌。该陵墓坐北向南，左面有条“青龙”，乃是“万山环地拱，一岭向天撑”的云龙山，登高放眼，层峦叠嶂，云雾缭绕，伟岸如海，会使人顿生胸襟宏阔、意兴高远的情怀；右边有条“活龙”，则是已经通车、川流不息的黔西北第一条高等级公路，由大方县城抵四川的纳溪，直接与长江水运相连的大纳公路。前有浪风台“驰逐于其南”，后有将军山“坐镇于其北”。奢香墓在四周山高林秀的风景映衬之中，更显出建构布局的气势恢宏，肃穆庄重，岿然巨制。环围墓表的板柱、瓦筒、瓦当和护栏、华表等的浮雕雕刻精细，刀法古朴，造型生动，全是形态各异的生龙活虎之象，鲜明地体现了彝族独特的传统文化内涵和建筑艺术风格，具有较高的审美价值。

（二）土司单独建筑及其他类型

在现存的土司遗产保护单位中，土司单独建筑物较少，按照《中国各级文物保护单位名录中与土司相关遗产名录》[①] 的统计，主要有碉楼、经楼、经堂、城垣、憩娱楼、千岁衢、摩崖石刻、土司故居等，详细情况见表9－4。

表9－4　　全国土司遗产保护单位单独建筑及其他类型名录[②]

名称	位置	遗存年代	民族属性	土司职级	保护级别	功能类型
直波碉楼	四川省马尔康县	清	藏族	长官司	国家级	单独建筑
沃日土司官寨经楼与碉楼	四川省小金县	清	藏族	安抚司	国家级	单独建筑
道真明真安州城垣	贵州省道真县旧城镇	明	土家族	长官司	省级	单独建筑
黄平岩门司城垣	贵州省黄平县山凯乡岩门司村	明	汉族	长官司	省级	单独建筑
潞江安抚司憩娱楼	云南省保山市坝湾乡	民国初年	傣族	安抚司	其他	单独建筑
绰斯甲土司官寨经堂	四川省金川县	清	藏族	宣抚司	其他	单独建筑
千岁衢及摩崖石刻	贵州省大方县高店乡石桅村东	明	彝族	宣慰司	省级	其他
宋氏别业	贵州省贵阳乌当区	明	彝族	宣慰司	其他	其他
刀安仁故居	云南省盈江县	清	傣族	宣抚司	其他	其他

从上面这些文物保护单位的级别看，有国家级2处，省级3处，区县级4处；从所处省份看，四川3处，贵州4处，云南2处；从遗存年代看，主要集中在明清两代；从民族属性看，以彝族、藏族、傣族为主；从土司职级看，既有级别较高的宣慰司，也有级别较高的长官司。

总之，上述这些土司文物保护单位，不仅体现了西南、中南及西北

① 李敏等：《土司系列遗产的国内外遗产对比分析》，《中国文化遗产》2014年第6期。

② 同上。

多民族的传统建造工艺，而且包括土司治所、城堡、官寨、衙署建筑群、庄园等行政建筑群是元明清时期各地土司拥有中央授权的统治身份的象征。即便规模较小、功能单一的土司墓葬、土司碉楼、土司经堂、土司城垣、土司故居等文物保护单位，也是元明清时期各土司辖区社会局部信息的反映或缩影。

第二节　土司文物保护单位的价值

土司遗址、土司官寨、土司衙署、土司庄园、土司墓葬、土司单体建筑等文物保护单位，不仅共同见证了元明清时期土司制度的实施及其管理理念，展现了我国统一多民族的文化与思想交流交融的实践，而且对推动土司地区的社会发展、维护国家长期统一和边疆稳定、保障少数民族文化多样性的传承具有重要意义。根据《保护世界文化和自然遗产公约》对建筑群“从历史、艺术或科学角度看，因其建筑的形式、同一性及其在景观中的地位，具有突出、普遍价值的单独或相互联系的建筑群”[①]的规定要求，以土司衙署（官寨、庄园）为代表的土司文物保护单位属于建筑群类文化遗产，符合世界遗产价值相关三条标准。现存的全国土司衙署（官寨、庄园），详见表9－5。

表9－5　　　现存全国土司衙署（官寨、庄园）一览表

名　称	遗存年代	民族属性	土司职级	保护级别	功能类型
贵州毕节市大屯土司庄园	清—民国	彝族	宣抚司	国家级	庄园
贵州开阳马头寨古建筑群	明—清	布依族	土目	国家级	官寨
云南广南侬氏土司衙署	明—清	壮族	宣抚司	国家级	衙署
云南孟连宣抚司署	清	傣族	宣抚司	国家级	衙署
云南梁河南甸宣抚司署	清—民国	傣族	宣抚司	国家级	衙署
云南兰坪兔峨土司衙署	民国	白族	土知州	国家级	衙署
云南维西叶枝土司衙署	清	纳西族	土都司	国家级	衙署
云南建水纳楼长官司署	清	彝族	长官司	国家级	衙署

① 姜敬红编著：《中国世界遗产保护法》，西南交通大学出版社2015年版，第1页。

续表

名　称	遗存年代	民族属性	土司职级	保护级别	功能类型
云南新平陇西世族庄园	民国	彝族	土把总	国家级	庄园
广西忻城莫土司衙署	明—清	壮族	土县令	国家级	衙署
四川马尔康卓克基土司官寨	清	藏族	长官司	国家级	官寨
甘肃永登鲁土司衙门	明—清	蒙古族	土指挥使	国家级	衙署
四川丹巴巴底土司官寨	清	藏族	安抚司	省级	官寨
贵州岑巩木召庄园遗址	明	土家族	宣慰司	省级	庄园
云南陇川邦角山官衙署	1935 年	景颇族	抚夷司	省级	衙署
云南宣威倘可巡检衙署	清	彝族	土巡检	省级	衙署
广西西林岑氏土司古建筑群	明—清	壮族	长官司	省级	衙署
云南武定万德土司遗址片区	清	彝族	土知府	其他	官寨
贵州岑巩田氏土司衙院	清	土家族	宣慰司	其他	衙署
贵州印江新业任氏土司衙门	清	汉族	长官司	其他	衙署
贵州印江盘石田氏土司衙门	清	土家族	长官司	其他	衙署
贵州南苗民长官司衙署	明—清	苗族	长官司	其他	衙署
贵州贵定大平伐长官司衙署	明—清	苗族	长官司	其他	衙署
贵州贵定新添长官司衙署	明—清	苗族	长官司	其他	衙署
贵州贵定小平伐长官司衙署	明—清	苗族	长官司	其他	衙署
贵州福泉杨义长官司衙门	明—清	苗族	长官司	其他	衙署
贵州花溪中曹司土司庄园	明—清	汉族	长官司	其他	庄园
贵州江口省溪司土司衙门	明—清	汉族	长官司	其他	衙署
贵州榕江因略土司衙门	清	不详	不详	其他	衙署
贵州威宁土司府署	明—清	不详	不详	其他	衙署
贵州威宁牛棚土目庄园	清	彝族	土目	其他	庄园
贵州金沙契默土司庄园	清	彝族	土目	其他	庄园
贵州毕节镰刀湾土司庄园	清	彝族	土目	其他	庄园
云南陇川宣抚司署	清	景颇族	宣抚司	其他	衙署
云南宣威沾益州土州衙署	清	彝族	土知州	其他	衙署
云南宁蒗永宁土司衙门	明—清	普米族	宣抚司	其他	衙署
云南泸水老窝土司衙门	明—清	白族	土千总	其他	衙署
云南泸水六库土司衙署	明—清	白族	土千总	其他	衙署

续表

名　　称	遗存年代	民族属性	土司职级	保护级别	功能类型
云南元阳勐弄司署	民国	哈尼	土寨长	其他	衙署
云南元阳宗瓦寨土司掌寨衙门	民国	彝族	土寨长	其他	官寨
四川汶川瓦寺宣慰司官寨	明—清	藏族	宣慰司	其他	官寨

资料来源：《中国各级文物保护单位名录中与土司相关遗产名录》，《中国文化遗产》2014年第6期。

如果将上表中12个国家级土司衙署（官寨、庄园）打包申报下一轮世界文化遗产，命中率是极高的，因为这些土司衙署（官寨、庄园）至少体现出三方面的价值，或者说，它们至少符合世界文化遗产的三项标准。

一　独特性

我国现存的土司衙署（官寨、庄园）是人类历史上无可估价的文化财产。这些最珍贵的财富，一旦遭受任何破坏或消失，都是人类文化遗产的一次浩劫。这些文化遗产不仅具有独一无二的特性，而且具有“突出的普遍价值”。在一定程度上讲，现存的土司衙署（官寨、庄园）在历史时段、地理环境、民族属性等方面的共性特征和内在关联，共同见证了元明清时期土司制度以及民国时期土司制度残余的实施及其管理理念，至少符合《保护世界文化和自然遗产公约》中的第三条标准。换言之，土司衙署（官寨、庄园）能够作为已消逝的土司制度的一种独特的历史物证。①

（一）历史时段

表9-5中的41处土司衙署（官寨、庄园）反映了元明清及民国时期我国土司制度从兴起、形成、鼎盛、衰亡到废止的整个历史发展过程。如广南侬氏土司自元至元十二年至民国三十七年，自侬士贵以降，相继有侬士富至侬鼎和计世袭28世，授予广南西路宣抚使、宣慰使、宣抚使、宣抚同知、土通判等职衔，直至民国三十七年云南省政府宣告废除

① 傅晶等：《土司系列遗产潜在的突出普遍价值分析》，《中国文化遗产》2014年第6期。

土司制度，依氏土司才结束了在广南的统治。即便始建于民国二十七年（1938 年），竣工于民国三十二年（1943 年）的陇西氏族庄园，也见证了土司制度残余时期的全过程。至今保存完整的土司衙署（官寨、庄园）的兴废背景与我国元明清及民国时期土司制度形成、发展、鼎盛、变革到彻底废止等发展阶段相对应，反映了我国元明清及民国时期国家和民族发展过程中中央政权和以土司地区为代表的少数民族地区利益平衡关系的不同处理方式。

（二）地理环境

包括表 9－5 中 41 处土司衙署（官寨、庄园）在内的所有土司衙署（官寨、庄园），反映了元明清土司制度推行的典型地理环境与社会背景。翻开《中国地势图》可见，元明清时期的土司区主要集中在青藏高原东部、云贵高原及周边地区，这些地区不仅是我国的资源富集区、水系源头区、生态屏障区，而且更是文化特色区、边疆地区以及外国与我国发生战争时的缓冲区，这里除了具有大山阻隔、山川密布、交通不便、信息闭塞等典型地理特征外，还分布在几省交界地带、塞外、边外、临界、沿边的远离中央政府的边缘地带。因此，这些地区能够完整、有效地推行长达近七百年的土司制度。

（三）民族属性

在现存的 41 处各级土司衙署（官寨、庄园），体现出不同族群的文化传承。这些土司衙署（官寨、庄园）位于彝族、布依族、壮族、傣族、白族、纳西族、藏族、蒙古族等少数民族聚居区，这些土司衙署（官寨、庄园）体现出不同民族的建筑特色。如云南新平县“城堡式”庄园“陇西世族”庄园，它那高大的外墙、坚厚的墙基、雄伟的大门和各处的枪眼，表面上虽然犹如中世纪欧洲的城堡，但就其大门拱架、雕梁画栋、门面和庭柱、堂屋门窗、山水壁画、题诗题句、奇花异木等，却无不彰显彝族的特色。贵州毕节市大屯土司庄园和开阳马头寨古建筑群，云南孟连宣抚司署、兰坪兔峨土司衙署、维西叶枝土司衙署和四川马尔康卓克基土司官寨的空间布局、建筑结构、内外装饰等则分别将彝族、布依族、傣族、白族、纳西族、藏族等各不相同的民族特色体现得淋漓尽致。各处土司衙署（官寨、庄园）的当地典型的民族文化传统和特色能够传承至今，这反映了元明清时期土司制度的管理方式对各土司地区少数民族文化的充分尊重。

（四）行政职级

表 9 - 5 中 41 处土司衙署（官寨、庄园）反映了明清时期土司职衔和职级体系。它们涉及最高级别正三品的土指挥使，依次有正四品的土都司、从四品的宣抚司、从五品的土知州、正六品的长官司、正八品的土县令、正九品的土把总，以及最低级别的从九品土目。土司衙署（官寨、庄园）作为土司制度中职官体系的典型物证，整体反映了在元明清时期中央官制体系框架下设定的规范的土司职级体系，这既体现了元明清中央政府行政管理模式在西南及西北民族地区的推行，也从另一角度体现了各地土司对元明清中央政府授予相关职衔、品级及统治身份的高度认同，这其实更是一种文化认同和国家认同。

（五）功能构成

表 9 - 5 中的土司衙署（官寨、庄园）都是云南、贵州、四川、广西、甘肃等地土司在其统治地区建设的行政、军事和生活中心，它集中反映了上述地区土司统治的管理模式和社会文化特征。值得一提的是，这些土司衙署（官寨、庄园）包括了西南、西北地区土司统治时期针对当地不同的社会背景、不同的管理需求而建设的土司综合治所。如建于清末和民国时期的大屯土司庄园，沿墙筑有六座碉堡；纳楼长官司署，四周建有两道墙垣，四角建有碉堡样式的角楼护卫；叶枝土司衙署，其东西两侧建有碉楼；卓克基土司官寨，在第三层楼以上修建有炮孔、瞭望室与碉堡等防御设施，且互相呼应。土司衙署（官寨、庄园）留存的这些建筑格局，除了表明这是西南、西北地区土司行政和生活中心聚落的代表性物证，反映了西南、西北土司辖区的管理模式之外，更代表了元明清直至民国时期西南、西北地区的社会文化特征。如土司衙署（官寨、庄园）建有碉楼、炮孔与瞭望室等设施，说明当时社会动荡、土司辖区民不聊生，时有盗匪出没抢劫的现象。

总的来讲，这些土司衙署（官寨、庄园）是兼具行政、经济、军事、司法和生活等功能的综合性治所。聚落内有大堂、大门、前厅、正厅（议事厅）、祭祀堂、花园、客厅、宗祠、厨房、客房、仓库、碾房、照壁、后院、监狱、碉楼、经堂、马店、后花园、祭天台等建筑，鲁土司衙门建有书院、妙因寺（其中列置有山门、鹰王殿、科拉殿、古隆宫殿、塔尔殿、万岁殿、大经堂）等建筑；莫土司衙署甚至还有大夫第、参军第、官族府第、汉堂邸、三清阁、观戏台、文庙、城隍庙、滑坡庙、练武场、陵园等建筑。可见，这些土司衙署（官寨、庄园）的功能构成涵盖了土司辖区社会的政治、经济、军事、司法、教育、文化、宗教等多个方面，是综合型的土司治所。

（六）聚落形态

从聚落形态上讲，这些土司衙署（官寨、庄园）具有相同的聚落形态特征，它们明确反映了云南、贵州、四川、广西、甘肃等地土司遗产共同的价值主题。它们反映出两个特征：第一，因地制宜。这些土司衙署（官寨、庄园）在聚落整体格局上主要呈现出青藏高原东部、云贵高原及周边地区各少数民族聚落背山面水、因地制宜修建大型建筑群的特征。第二，自我中心。西南、西北地区的土司，虽然从地理分布上均处于交界地带、塞外、边外、临界、沿边等远离中央政府的边缘地带，但他们在其统治地区，均制造出一个中心，并在统治的核心区域建设一个有区别于一般庶民百姓居住的、土司统治时期特有的土司衙署（官寨、庄园）区。该建筑群具有格局严整、规模宏大、规格很高的特征，建筑形式体现出各地土司对中央王朝建筑样式的吸收与运用，是西南、西北各地土司拥有中央授权的统治身份的象征。

总之，土司衙署（官寨、庄园）作为元明清及民国时期土司制度完整实施地区的代表性物证，以贵州大屯土司庄园和开阳马头寨古建筑群，云南侬氏土司衙署、孟连宣抚司署、南甸宣抚司署、兔峨土司衙署、叶枝土司衙署、纳楼长官司署，陇西世族庄园，四川卓克基土司官寨，广西莫土司衙署，甘肃鲁土司衙门等国家级文物保护单位为代表构成的组合为例，它们反映了土司制度发展的重要历史阶段，具有土司制度实施地区典型的地理环境和民族特征，反映了土司职衔从宣慰使、土指挥使到土寨长、土目等不同行政级别体系、并具有共同价值主题的建筑特点，它们整体反映了土司制度推行时期中央政权对西南和西北多民族地区的管理方式以及西南和西北地区的社会文化特征。

二　交融性

土司衙署（官寨、庄园）在青藏高原东部、云贵高原及周边地区各少数民族聚落格局、建筑形式与建筑风格的发展方面，呈现出西南及西北土司在元明清时期土司制度作用下，中央政权与地方政权、国家与乡村社会之间在尊重少数民族文化和认同国家主流文化方面的交流与交融，这符合《保护世界文化和自然遗产公约》中的世界遗产标准的第二条。[①]

（一）选址模式吸收国家主流文化

作为土司衙署（官寨、庄园）的典型代表，其选址模式基本上呈现出青藏高原东部、云贵高原及周边地区聚落背山面水、因地制宜的传统选址特征，充分体现了元明清时期在实施土司制度的过程中一直秉承“齐政修教”“因俗而治”的治国理念，充分尊重包括土司地区在内的少数民族地区本土文化的维系与传承。专家学者及地方文化名人对土司衙署（官寨、庄园）选址特征的概括，反映了在土司制度“齐政修教”“因俗而治”的治国理念作用下土司地区对以儒家文化为主体的国家主流文化的充分运用与有效吸收。现存的这些土司衙署（官寨、庄园），无论是位于半山平缓坡地的大屯土司庄园、开阳马头寨古建筑群、侬氏土司衙署、孟连宣抚司署、纳楼长官司署、兔峨土司衙署、叶枝土司衙署、陇西世族庄园，还是坐落于平坝的莫土司衙署、南甸宣抚司署、鲁土司衙门以及位于两河交叉的卓克基土司官寨，其选址模式基本具备背山面水的特征。如鲁土司衙门地处黄河支流大通河谷地，坐落在河西走廊门户、甘青要道上，北倚笔架山，坐北向南。其选址模式体现出青藏高原东部少数民族因地制宜、依托地形、适应条件的生存智慧，体现元明清时期中央政府在土司地区实施土司制度“齐政修教”“因俗而治”的特点。特别是鲁土司衙门牌坊上从明成化二年（1466 年）题额的“世笃忠贞”到清初改题的“世笃忠诚”以及院北大堂内悬挂的“报国家声”匾额，无不彰显出鲁氏土司对国家主流文化的高度认同和对中央王朝矢志不渝的忠贞。可见，在土司制度“齐政修教”“因俗而治”的治国理念推动的多元文化交流作用下，这些土司衙署（官寨、庄园）与周边环境的关系，逐渐被赋予了具有明显中原王朝政治文化特征的寓意。

① 傅晶等：《土司系列遗产潜在的突出普遍价值分析》，《中国文化遗产》2014 年第 6 期。

（二）整体格局吸收汉文化

作为土司衙署（官寨、庄园）的典型代表，贵州开阳马头寨古建筑群等处具有整体自由、局部规整的格局特征。马头寨面对底窝大田坝，背靠百花山，两面环水，清河、深水河分别环绕寨北和寨东，由此构成了以山为骨架，以两河为血脉，以草木为毛发的“玉水绕金盘”的聚落环境。马头寨的整体格局主要呈现出贵州布依族聚落成阶梯依山就势、错落有致、坐西南向东北的建筑特征。开阳马头寨古建筑群现存寺庙两座（朝阳寺和兴隆寺），民居三合院90多栋等。马头寨民居古建筑主体采用汉族传统的穿斗（抬梁）式木结构或砖木结构，悬山青瓦顶，堂屋多配雕花腰门，围墙或左厢房多建朝门，门窗和走廊多配精致木雕。马头寨古建筑主体为汉式建筑的同时，在朝门和细部装饰方面则吸收了布依族文化成分，充分体现出布依族文化与汉族文化水乳交融的特点。一是马头寨朝门不像汉族建在照壁或对厅与明间大门相对处，而是建在照壁左侧或左厢房与照壁交界处。二是马头寨古建筑在门窗木雕中经常使用“卍”字格做装饰，注重水车花或螃蟹花充分体现出布依族的水文化传统。三是布依族人在接受汉文化的同时又保持了一些布依文化因素。如马头寨先民在装修房屋时多就地取材，大都使用当地产的椿树和楸树等木材，蕴含“家有春秋子”（家中有读书人）的儒家文化气息。可见，马头寨古建筑群不仅充分体现了水东文化中人与自然、人与人、人与社会和谐的天人合一核心内涵，而且也彰显出布依族文化与汉族文化的交流融合。①

马头寨古建筑群主要包括衙门、寺庙、民居、寨墙等。整个古建筑群完全围绕土司官寨的安全和土司利益的需要按等级而建。土司官衙地位最高，位于寨中地位最高、最险要的大朝门；宋氏家庙兴隆寺地位次之，位于衙门之下；普通民居地位再次，位于兴隆寺侧及其下。马头寨进寨的三个路口处建有高大的石质寨墙，完全符合元明清及民国时期土司官寨的建筑规制和安全需要。② 马头寨古建筑群的行政、家庙、民居等整体建筑结构引入了围合内向、序列关系等体现出了元明清中央王朝礼

---

① 何先龙：《马头寨古建筑群见证千年水东文化历史》，《贵阳文史》2014年第5期。

② 同上。

制文化，以及土司统治权力象征的营造特征。马头寨古建筑群的格局特征反映了水东宋氏土司统治地区在元明清土司制度“因俗而治”的基础上，因“齐政修教”作用而强化的社会秩序，以及社会功能构成的变化和聚落形态的发展。①

（三）建筑风格体现王朝建筑特点

作为土司衙署（官寨、庄园）的典型代表，大屯土司庄园、开阳马头寨古建筑群、侬氏土司衙署、孟连宣抚司署、纳楼长官司署、兔峨土司衙署、叶枝土司衙署、陇西世族庄园、莫土司衙署、南甸宣抚司署、鲁土司衙门的建筑风格体现出彝族、布依族、壮族、傣族、白族、纳西族、藏族、蒙古族等民族的特征，或整体、或局部增添了中央王朝官式建筑的特点。从现存的土司衙署看，与流官衙署的中轴布局模式几乎相同，整体符合“中轴对称”“左尊右卑”“坐北朝南”“前朝后寝”的典章制度。可见，在元明清中央政府土司制度“齐政修教”理念作用下，各地土司自觉接受中央王朝规制和国家主流文化影响，又新增了各土司区特有的行政、文教、军事等建筑功能类型。如大屯土司庄园、广南土司衙署、孟连宣抚司署、纳楼长官司署、忻城土司衙署、南甸宣抚司署、连城土司衙门设有司法、刑罚建筑，甚至像南甸宣抚司署大堂中的链条、脚镣、手铐、四方枷、鱼尾枷、大戒方、皮嘴掌、老虎凳等刑具，均体现了各地土司在元明清中央政府规制下的行政管理功能需求。忻城莫氏土司衙署现存的三清阁、观戏台、文庙、城隍庙等建筑，鲁土司衙门现存的妙音寺、书院等建筑，共同体现了这些土司衙署在土司制度和国家主流文化影响下增加的文教、非本土宗教等功能建筑。南甸宣抚司署坐东南向西北，在整个建筑群的四个主院落、十个旁院落的宫殿式建筑中，按封建衙门等级，分为大堂、二堂、三堂、四堂，一进四院，逐堂升高，这种总体结构布局采用王朝官式建筑，其主要目的在于体现各地土司特有的、象征土司统治的特殊身份和地位，以反映元明清时期土司制度“齐政修教”的作用。

（四）建筑形式和内外装饰凸显民族特色

土司衙署（官寨、庄园）在采用王朝官式建筑且不违背中央规制

---

① 傅晶等：《土司系列遗产潜在的突出普遍价值分析》，《中国文化遗产》2014年第6期。

的情况下，其建筑形式、内外装饰则以凸显当地少数民族的特色为主，这是元明清土司制度“因俗而治”理念的体现。卓克基土司官寨建筑中，在建筑平面及外观模仿汉式中轴线对称形式，细部构件如栏杆、窗格仿汉式花纹，该官寨在大胆引进吸收汉族建筑技术精华的同时，保留了川西地区嘉绒藏族传统建筑风格，如侧立面为前低后高的拖厢做法，并且在结构、用材、技术、房间安排、厕所处理等方面仍采用藏式建筑的传统做法。马头寨民居建筑虽沿袭汉族建筑的三合院、四合院的特点，由正房、两厢房、照壁共同构成一门一户的封闭庭院，但大门外腰门装饰中的万字纹、寿字纹、蝙蝠纹以及万字纹的水车花、浮萍花、螃蟹花等却具有布依族独特的民族特色。从建筑功能角度看，这些土司衙署（官寨、庄园）作为彝族、布依族、壮族、傣族、白族、纳西族、藏族、蒙古族等少数民族聚居地区的文物保护单位，其建筑功能构成以本民族、本地区类型为主，包括民居建筑、城墙、城门、道路、街市、祭祀堂、花园、宗祠、厨房、客房、仓库、照壁、碉楼、经堂、码头、水井、兵营、哨所等，体现了元明清时期中央政府在实施土司制度过程中秉承“因俗而治”理念，对土司地区本土文化的维系与传承。

三　关联性

元明清时期的土司制度以及民国时期土司制度的残余，前后长达近七百年，在土司制度实施过程中，自然而然地与西南及西北土司地区诸如明初平定思南、思州之乱建立贵州布政使、明代三征麓川和五征武定、沙普之乱、奢安之乱、平播之役以及清乾隆年间平定大、小金川之乱等具有突出的普遍意义的事件。诸如彝族、布依族、壮族、傣族、白族、纳西族、藏族、蒙古族等少数民族的文化传统，诸如“齐政修教”“因俗而治”“以夷治夷”等观点理念，以及少数民族的一些民间信仰、文艺作品有直接或实质的联系。这符合《保护世界文化和自然遗产公约》中的世界遗产标准的第六条。①

① 傅晶等：《土司系列遗产潜在的突出普遍价值分析》，《中国文化遗产》2014 年第 6 期。

（一）与中央政府实施的土司制度直接关联

无论是大屯余氏土司、开阳马头寨宋氏土司、南甸龚氏土司、广南侬氏土司、新平李氏土司，还是忻城莫氏土司、连城鲁氏土司等，各种历史文献均能与各地土司衙署（官寨、庄园）的物质遗存相互印证，并对土司衙署（官寨、庄园）的解读、真实性判断起到了关键作用，为了解各地土司地区社会的政治、经济、军事情况提供了十分重要、可信度很高的信息来源。土司衙署（官寨、庄园）与中国西南、西北地区实施长达近七百年的土司制度具有直接的关联，特别是与元明清中央政府专门针对土司地区的管理方式制定的、并留存有完整记录的土司制度具有直接关联。

1. 通过政府文献予以印证

土司制度形成于元代，发展完备于明代，在清代继续沿用，直至民国时期尚有残余。在近七百年的时间里持续实施，保障了统一多民族国家的长期稳定。土司制度是以世袭族群首领统辖当地人民和土地，这项专门针对西南及西北民族地区管理的行政制度体现了元明清中央政府与少数民族关系、保持民族文化多样性方面的杰出智慧。土司制度涉及的职官体系、管理内容等系统记录在元明清国家各级政府的文献之中，并完整留存至今。翻检历史文献，我们发现，元明清时期政府文献主要有三类：一是档案（包括朱批奏折、录副奏折、上谕档、军机处档奏折、宫中档），二是正史（包括《元史》《明史》《清史稿》）、实录（包括《明实录》《清实录》）、政书（包括《元典章》《大明会典》，清代的五朝《会典》及《会典事例》《平定金川方略》《平定两金川方略》等），三是地方志（包括明清及民国时期云南、贵州、四川、广西、湖广、甘肃等地的通志、合志、府州县志等）和地方档案。土司制度作为专门的政治制度，其制度体系和管理包括土司授职、职衔、承袭、信物、朝贡、纳赋、征调、升迁、惩罚、文教、礼仪等方面的职责和权力的制度规定。土司制度的这些内容完整、系统地记录于上述各类政府文献之中。这些各级政府文献不仅是今人了解和研究元明清时期土司制度的重要参考资料，而且也是印证土司制度的重要证据。

2. 通过民间文献和前辈时贤的研究予以印证

土司文物保护单位是各级各类土司统治、生活活动中最直接的物质载体，包括土司专用的王城、衙署、官寨和庄园等遗存，是土司制度的具体物证，与土司制度具有直接的联系。专家学者可以通过民间文献和前辈时贤的研究予以印证。对于研究和印证土司制度的民间文献主要有两类：一是地方史书（如《行边纪闻》《西南夷风土记》《滇载记》《黔书》《黔记》《黔南识略》《滇海虞衡志》《小方壶斋舆地丛钞》等），二是与土司相关的文献（包括家谱、碑刻、契约文书等）。通过上述民间文献可以证明土司专用的王城、衙署、官寨和庄园与中央政府实施的土司制度有直接关联。如鲁氏土司衙门的相关情况就可以通过民间文献和前辈时贤的研究予以印证。据六世土司鲁经撰写于明嘉靖十五年（1536 年）的《鲁氏忠贞录》、八世土司鲁光祖于明万历二十二年（1594 年）撰写的《鲁氏家谱》、十四世土司鲁瑶于清乾隆五十二年（1787 年）撰写的《重续鲁氏家谱》、十五世土司鲁纪勋于清道光三十年（1850 年）撰写的《鲁氏世谱》以及目前研究表明，鲁氏土司衙门与明清时期中央政府实施的土司制度直接关联。甘肃永登县连城镇鲁氏土司始祖脱欢属蒙古族，时久居西土，在明初时已有自己的封地和少量的属民。明洪武七年（1374 年）次子巩卜世杰率部归附，始授昭信校尉、歧宁卫管军百户。永乐年间，北方的蒙古族与明朝的对抗非常严峻，战事频繁。鲁氏土司三世鲁失迦（？—1447 年）在明代多次军事行动中英勇善战，且有谋略，于永乐二十年（1422 年）“赐以鲁姓，改名为贤”。于是，自鲁失迦以降，鲁氏土司在明廷的历次征调中屡建战功，屡得升迁。由于明代中央王朝极为倚重，鲁氏家族日益显赫，军事实力不断增强，逐渐发展成为河湟地区极具影响的土官家族。明崇祯十七年（1644 年），李自成农民军“左金王”贺锦部经略河西，“庄浪鲁家军”拼死抵抗，在西大通被消灭大部，九世土司鲁允昌（1589—1645 年）率余部退守连城，连城又被攻破，鲁允昌被杀。赫赫有名的“庄浪鲁家军”全军覆没，从此不见于史册记载。鲁土司的军事势力仅余数量甚少的土兵，且“区区部卒，无所施力焉”。随着清王朝政权的巩固和西北地区的安定，鲁氏土司同西北地区其他土司一样，家族实力日渐衰落，军事势力大不如前。鲁氏土司家族随后与阿拉善蒙古联姻，使鲁氏家族豪奢成性、不思进取，加之清中期鲁氏土司家族大兴土木，一度强盛的经济实力也被销食殆尽。民国年间，西北马家军阀势力迅速膨胀，鲁氏土司衙门于民国三十年（1941 年）

出卖给马家，这标志着鲁氏土司对连城地区五百多年的统治历史宣告结束。[①] 应该说，鲁氏土司族谱翔实记载了鲁氏土司家族自明代初年至上世纪中期的各代土司世系和发展历程，并为中央政府的土司制度在当地的兴起、发展、衰亡和废止以及鲁氏土司衙门的营建提供了珍贵的历史信息。

（二）与当地少数民族文化直接关联

土司衙署（官寨、庄园）与青藏高原东部、云贵高原及其周边地区各少数民族传承至今的风俗习惯和文化传统具有直接的关联。成臻铭先生的研究表明，明清时期我国的土司，从民族属性看，主要有彝族、土家族、壮族、汉族、藏族、蒙古族、满族、撒拉族、白族、傣族、纳西族、瑶族、维吾尔族、土族、羌族、布依族、苗族、侗族、仡佬族、哈尼族、回族、阿昌族、普米族、布朗族、景颇族、黎族 26 个民族，各民族土司分布于今湖南、湖北、四川、云南、贵州、广西、甘肃、青海、重庆、海南、广东 11 省区市以及中南半岛的缅甸、老挝、泰国、越南 4 个国家。[②] 在《现存全国土司衙署（官寨、庄园）一览表》中，主要涉及彝族、布依族、壮族、傣族、白族、纳西族、藏族、蒙古族、土家族、景颇族、汉族、苗族、普米族、哈尼族 14 个少数民族，分布于今四川、云南、贵州、广西、甘肃 5 省区，这些少数民族是由秦汉以降的西戎、氐、羌、滇、靡莫、劳浸、僰、白蛮、濮、僚、昆明、邛、徙、白马、摩沙、夜郎、百越、五溪蛮、室韦、吐蕃、漏卧、滇越、哀劳、乌浒等古老民族演变发展而来。可见，这些长期居住于青藏高原东部、云贵高原及其周边地区的各少数民族具有悠久的历史，具有河谷纵深的独特地理生态环境，它有利于阻滞马匹长距离飞驰，有利于强化土司社会的稳定性，有利于减少外来文化对各民族土司文化的冲击。因此，土司衙署（官寨、庄园）不仅与各少数民族典型的风俗习惯和文化传统密切相关，而且代表这些民族的历史、信仰以及民族记忆。如云南泸水县六库段氏

---

① 程静微：《甘肃永登连城鲁土司衙门及妙因寺建筑研究——兼论河湟地区明清建筑特征及河州砖雕》，硕士学位论文，天津大学，2005 年，第 18—19 页。

② 成臻铭：《群在时空之间：论明代土司的民族族系分布特点》，《青海民族研究》2011 年第 1 期。

土司衙门建筑群风格是白族典型的“三坊一照壁、四合五天井”的建筑风格。衙门呈现给人们的“雕梁画栋”“勾角翘檐”“牌楼立门”“梁柱压顶”，让人回忆当年六库土司衙门群的恢宏气势。

总之，上述土司衙署（官寨、庄园）均是由“土司制度”这个主题串联而成。如果没有元明清时期的土司制度，就不会有这些土司衙署（官寨、庄园），自然就不出现这些国家级、省级以及区县级的土司文物保护单位。在这些土司文物保护单位中，土司衙署（官寨、庄园）以其历史时段、地理环境、民族属性等方面的共性特征，共同体现出土司衙署（官寨、庄园）的独特性特征。又因其选址模式、整体格局、建筑风格等方面吸收国家主流文化和中央王朝建筑特点以及建筑形式和内外装饰凸显民族特色而产生交融性。这些土司衙署（官寨、庄园）在自觉遵从中央政府的土司制度与融入当地少数民族文化的过程中，不仅真实记录了元明清时期西南及西北土司地区的特定发展阶段和文化特征，而且见证了这一历史进程中独特中央政府“齐政修教”“因俗而治”的管理智慧。

第三节　土司文物保护单位的现状与问题

土司文物保护单位是人类文化遗存的重要组成部分，它具有不可替代性、不可再生性，是人类共同创造和拥有的财富。它的代表性与重要性、差异性等，都显示出它作为人类共同财富的无比珍贵。

一　土司文物保护单位的现状

在人类发展的历史长河中，在城镇化成为全球潮流的进程中，除少数的土司文物保护单位得以幸免外，无数的土司治所、土司城堡、土司官寨、土司衙署、土司庄园、土司墓葬、土司碉楼、土司经堂、土司城垣、土司故居等都成了牺牲品。笔者自 2014 年至今，实地田野考察了老司城遗址、唐崖土司城址、海龙屯遗址、奢香夫人墓、大屯土司庄园、开阳马头寨古建筑群、依氏土司衙署、孟连宣抚司署、南甸宣抚司署、兔峨土司衙署、纳楼长官司署、陇西世族庄园、忻城莫氏土司衙署、卓克基土司官寨、直波碉楼、沃日土司官寨经楼与碉楼、鲁土司衙门旧址、岑巩木召庄园遗址、水西宣慰府遗址、高坪杨氏墓群、景东卫城遗址、宣威倘可巡检衙署、刀安仁墓、巴底土司官寨、田氏土司衙院、贵定大平伐长官司衙署、贵定新添长官司衙署、万德土司遗址片区、陇川宣抚司署、芒市安抚司护印府旧址、沾益州土州衙署、刀安仁故居、元阳勐弄司署、绰斯甲土司官寨经堂、酉阳土司衙署等近40处土司文物保护单位后，深感对这些土司文物保护单位的现状确实令人担忧。

（一）全部损毁

主要是指土司治所、土司城堡、土司官寨、土司衙署、土司庄园、土司碉楼、土司经堂、土司故居等原有的建筑物全部损毁，土司文物保护单位或者是原有的古风古韵退化、损坏，甚至消失；或者夷为平地，现为农民的田地；或者完全由现代建筑所替代。这里着重介绍一下土司衙署。土司衙署是指元明清时期各级各类土司办理公务的处所，它是土司城的主要建筑。各地土司衙署的中正厅（堂）为主要建筑，设在土司衙署主庭院正中，正厅前设仪门、廊庑，遇有重要情况才开启正门，使用正厅。正厅的附属建筑是宣慰司、宣抚司、安抚司、长官司、土知州、土知县等不同级别的土司办理公务的处所。各地土司衙署内设有架阁库用以保存文牍、档案，有的土司衙署还设有军器库、监狱。各地土司衙署基本上是土司的政治、经济、军事、文化以及生活中心。遗憾的是，现在很多土司衙署已全部损毁，如位于贵州省毕节市大方县羊场镇陇公村五指山的九层衙门遗址，现仅存堡坎、石阶、柱础及残砖、碎瓦等。诸如腊惹洞长官司官署、沈土司衙署、昭觉科且土司衙门等土司衙署，也仅为遗址，基本上与九层衙门遗址类似。

1. 毁于无人管理

位于湖北省咸丰县黄金洞乡的金峒安抚司遗址，现遗址所在地既有农户，又有农民田地。[①] 据有关史料记载：金峒土司设于元代，为安抚司。明洪武四年（1371年）降为长官司，覃耳毛为长官使。永乐五年（1407年）复为安抚司，覃氏世袭。明隆庆五年（1571年），金峒土司发生内乱，安抚使被其弟覃壁杀害，覃壁畏罪逃往大悔寨，据其地反明，被朝廷遣兵平定，降金峒安抚司为峒长，由覃氏次支主政。为加强对其

① 恩施新闻网：《金峒土司遗址》，http：//www.enshi.cn。

地的管治，将其纳入明军事机构支罗百户所辖，后又恢复为安抚司。清雍正十三年（1735 年），清廷对武陵山区土司进行改土归流，金峒土司地与周边土司地合并，取“咸庆丰年”之意为咸丰县。金峒安抚司撤销，安抚使覃邦舜改任武职千总，其子覃庭健继任一段时间后，调任山东德州参将，至此，金峒土司及其残余势力全部消亡。金峒安抚司使衙署始建于元代，经历代经营，在周边形成庞大的建筑群，长约 1.5 公里，号称“三街六合司”（即院子一条街，天井一条街，中间屋一条街，六面房舍形成的司署——六合司）建于三街之中。另有覃氏土司与亲属的住房建在后山一带。司署正中有两块石板镶嵌而成的大院坝，宽 12 米，长 20 米，为演兵集会之所，建筑规模宏大。至今，土司衙署及遗物被毁，仅存土司遗址。位于云南富宁县归朝镇后州村龙山半山腰上的沈土司衙署总体布局为“五进式”院落，内设前堂、正堂、三堂、乐房、兵房等，今仅存有炮台、鼓厅、石狮等。

2. 毁于战火

位于贵州省纳雍县乐治镇杨家湾村蚕箐梁子中段芦花百坡山下的贵州宣慰府遗址，原是红楼碧瓦、雕栏玉砌的彝家古建筑，它既是贵州宣慰府，又是水西彝族文化的象征而挺立在乌蒙高原上。遗憾的是，该宣慰府毁于吴三桂“剿水西”的战争之中。贵州宣慰府第因明弘治年间（1488—1505 年）的水西宣慰使安贵荣而得名。据史载，明弘治十四年（1501 年）至明正德三年（1508 年），水西宣慰使安贵荣在纳雍卧这颐养天年。安贵荣文治武功都很出色，征香炉山后在此养病，也没有放弃对水西的建设，他除了修筑大方至纳雍卧这的驿道和水西宣慰府前的箐道外，还在纳雍卧这的猴儿关、岔河营、三锅庄等地增筑军事设施。明嘉靖二年（1523 年），安万镒、安万铨兄弟也在纳雍卧这城堡定居，往返于大方、黔西、水城、威宁、织金一带，这段时期是水西彝族的鼎盛时期。明正德三年（1508 年），王阳明谪居龙场驿，安贵荣看上其爱国忠君、道德文章和处世为人，便以重金奉送，同时还邀请王阳明至水西讲学。王阳明在水西讲学后回到龙场驿，并在贵阳扶风山设立书院。王阳明与安贵荣交往很深，在水西讲学时，他发现安贵荣在香炉山后有非礼之举，曾作《谢安宣慰书》《贻安贵荣书》《又与安贵荣书》，后人誉三书胜过十万雄兵，制止了宣慰府的跋扈行为。清康熙三年（1664 年）的水西战争，安坤是主要领导人，纳雍卧这数十里地方是当时的主战场，战火涉及水城、织金、大方一带，水西兵败，彝兵死伤几十万人，庐舍为之一空，宣慰府被吴三桂烧毁。该建筑坐北朝南，布局为五重堂，四个院落，左右通道，占地约 1 万平方米，院宇四周由石墙围绕。宣慰府被吴三桂烧毁后，只剩下荒台废基、基石、雕花石坎、残墙、瓦当、石级等，这些东西仍然记录着水西文化，闪烁着彝族风情，谱写着历史的变迁。这座安氏宣慰府第不仅有金碧辉煌的古老建筑，卷筒式造型的仿汉瓦当，而且有古钱古币和金银器皿，有"多如牛毛"的竹书木简和彝书符咒，可见这座宣慰府古城堡，无疑是水西安氏土司政治、军事、经济、文化的重镇，是当时彝族的社会活动中心。这里蕴藏着丰富而古老的水西彝族文化，内孕着真实而宝贵的历史遗痕。1985 年，贵州省人民政府将宣慰府遗址列为省级文物保护单位。

（二）面目全非

这主要指原有土司建筑，包括土司衙署、土司官寨、土司王城、土司庄园、土司墓葬等部分遭到破坏，部分得以保护，但已失去原有的本来面貌。

1. 损毁严重

由于保护措施不力，投入不够，比较起迅速崛起的当代建筑，残存的古建筑、古遗迹不伦不类，整个土司建筑面目全非。广南侬氏土司衙署就属于这一类。该衙署位于云南广南县城北街，建于元初，曾设有大小衙门，占地面积 11000 平方米。自元朝至民国的近七百年间，侬氏土司世袭 27 代，掌管云南广南地区的政治、军事、民刑、钱粮等大权。侬氏土司衙署建筑是仿封建朝廷皇宫布局建盖。前低后高。衙内建筑林立，屋宇雄伟，且深门重院，显现出土司衙署的尊严和威风。据《广南府志》载："土司知衙门在府治北，衙署地势高敞，沿四道台阶而上，约占地六十亩，其规模比明、清广南府衙还大。"衙署为元代建筑，元代称"广南西路宣抚司衙署"；清代称"广南世袭清军府"；民国时称"土司衙署""土知府"，民间俗称"土司衙门"。现存的广南侬氏土司衙署曾有古建筑群 100 余间。从门前沿四道石阶拾级而上，分层设大门、中门、三门。大门上竖挂着"广南世袭清军府"的匾额，署前砌一道青砖照壁，大门口置石狮一对，左侧有供告状人击鼓申诉的鼓棚。进大门第一台设有监狱、代办房、签房等两间；第二台是东西书院、议事厅、大堂等，后院有气势恢宏的五凤楼，左上侧有侬氏宗祠、白马庙等。房屋为砖木结构的高大平房，造型雄伟壮丽，雕刻精致，古色古香，具有浓郁的乡土气息和民族色彩，建筑艺术精湛，功夫颇深。[①] 该衙署现为广南县第一小学校址，原衙署仅有三门、公堂（议事厅）、祭祀厅、五凤楼、书楼等建筑保存完好，其余大部分建筑已被拆除或改作他用，面目全非。

2. 部分拆毁

甘肃永登县连城镇鲁氏土司衙署在1958年前后遭到浩劫。当年，由于连城镇古城墙东、西、南三面被拆毁，城内五神宫、教场、山陕会馆、教场、妙因寺囊欠、牌坊等建筑先后被拆毁；鲁氏土司衙门西路组群最后一进大厨房院被县政府拆走；鲁氏土司衙门二号院、三号院曾作为连城公社的厂房、库房及办公用房，并先后拆除三间，倒塌五间。位于云南省武定县的万德土司遗址，在民国二十四年（1935年）万德乡农民反土司起义中遭到严重毁坏后，1958年至今，该土司城堡多处被拆毁。高耸的祖宗阁被乡党委办公楼代替，乡政府以办公大楼为轴心，拆掉了第三进院的土司住所和东西厢房，现成为万德乡派出所和职工宿舍。

（三）强行挤占

现存的许多土司衙署，分别为国家级、省级或其他级别的文物保护单位，本应得到各级政府的有效保护，但是，在现实中被强行挤占屡见不鲜，主要有两种情况。

1. 至今仍然被挤占

前面提及的云南省广南侬氏土司衙署至今被广南县第一小学校挤占就是一例，而万德那氏土司遗址片区的情况更是不容乐观。位于云南省武定县万德乡属于万德土司遗址片区，那里曾经是那氏土司政治权利中心，其遗迹包括土司城堡、土司家庙、新衙门、那德洪等土司墓群、“三进院”以及土司屯兵的大营、土司铜钟等。其中，万德土司城堡的遗址有大照壁、大门、大堂、殿堂、祖宗房、观音阁、花厅、土司官道。至

---

① 云南省广南县地方志编纂委员会编：《广南县志》，中华书局2001年版，第798—799页。

今仍然是万德镇人民政府办公地。万德土司遗址原小花厅先后成为万德村委会办公院和政府食堂。那氏土司家庙及那氏土司修建的儒学堂，至今被万德中学占有。

2. 被挤占后现已归还

云南省兰坪县兔峨土司衙署是被挤占后现作为云南省重点文物保护单位的另一例。位于云南省兰坪县兔峨乡街西的兔峨土司衙署为民国十一年（1922 年）的建筑物。为一进二堂三院的布局，梁柱结构，占地面积 990 平方米。身为白族的兔峨土司，为明代洪武十五年（1382 年）授封兰州土知州罗克的后裔，清初裁州入丽江府，雍正年间降为土舍迁至兔峨，民国以后传至罗星为末代土司，在兰坪统治各族民众 500 多年。兔峨土司衙署建在兔峨梁岭山，整个建筑群保存完好，工艺精细，彩绘生动艳丽。土司府衙署头门是大理石镶嵌横批“兰渡波澄”，两边的大理石对联为“物华天宝自古以来皆有韵，人杰地灵传今而后更多娇”。该衙署为一进两院、四合五天井的白族风格梁柱结构庭院，随着木门的推开展现眼前。衙署照壁内侧手书一个大大的“福”字，正对着正堂大门。衙署从正堂到二堂及四周的建筑，有正房、厢房、过道、漏角，整个建筑面积近 1000 平方米，庭院布局错落有致，木雕石刻工艺精湛，彩绘书法目不暇接。遗憾的是，虽然这里在民国时期是掌管辖内政治、军事、经济等权力中心，但在 1951 年后，这里被挤占为兔峨粮管所，把正堂、两耳及二堂与头门之间的两耳房改造为粮仓，使该衙署在一定程度上受损。1989 年，这里又被挤占为兔峨乡文化站。1998 年，才被列为云南省重点文物保护单位。

（四）幸存得以保护

土司衙署或官寨等土司文物保护单位，至今幸存得以保护的很多，如云南省内的南甸宣抚司署、孟连宣抚司署、叶枝土司衙署、纳楼长官司署、陇西世族庄园，广西区内的莫氏土司衙署，四川省内的卓克基土司官寨以及甘肃省内的鲁氏土司衙门等就是这方面的代表。究其幸存下来的原因，或许有两种。

1. 与红色有关

位于距马尔康县城 7 公里的卓克基土司官寨，依山而建，坐北朝南，被国际友人赞誉为“东方建筑史上的一颗明珠”。这座土司衙署保存至今的重要原因，在于它与中国共产党的发展历史密切相关。卓克基土司官寨为四层碉房，官寨正对面的北楼为四楼一底，一、二、三层为库房、客房、茶房等，四、五层正中为大经堂，两侧则对称排列着黄教、苯教等各大教派的经堂；四层经堂墙外有悬挑出墙外的木质转经回廊，廊内安置有一列牛皮包裹的木质经筒。官寨左右两面的西楼、东楼分别为三楼一底、四楼一底建筑，是土司及家眷的住房、书房、厨房、库房及当班大管家、小管家、杂役的住房；西楼、东楼左边分别有阶梯式木楼梯直通顶层，各楼房靠天井处又有一周木质回廊作为同层各楼道间往来的通道。官寨左面耸立着一座与西楼连通的四角形的碉楼，形态稳健，气势轩昂，不仅是土司及家人在紧危情况下储藏珍贵物资及藏身的防御性建筑，同时亦是土司至高无上的权力、地位和财富的象征。1935 年 7 月，毛泽东、周恩来、张闻天等中央领导及中央机关长征途中进驻土司官寨长达一周，并在“土司议政厅”召开了中央政治局常委会议，专门讨论民族地区的有关问题，通过了《告康藏西番民众书》。号召藏族民众起来反对帝国主义和国民党军阀，成立游击队，实现民族自治。卓克基土司官寨规模庞大，构造精细，几乎囊括了嘉绒藏族建筑艺术之精华，是藏汉民族建筑艺术高度融合的典范，也是土司制度兴衰和红军艰苦卓绝长征精神的历史见证。1988 年，卓克基官寨被国务院列为第三批国家重点文物保护单位。2005 年，列入全国 100 个红色经典旅游景区之一。①

2. 与宗教有关

在甘肃永登县大通河畔的连城镇，保存着一处目前国内规模最大、保留最为完整的土司衙门建筑遗存——连城鲁土司衙门古建筑群。这座古建筑群最大的特点在于土司衙署与宗教寺院有机结合，相得益彰。连城鲁土司衙门总占地面积约 35000 平方米，始建于明洪武十一年（1378 年），宣德、嘉靖间增修，清嘉庆二十三年（1818 年），十五世土司鲁纪勋大规模拓土扩建后，奠定了建筑群中、东部完整的建筑格局。西侧妙因寺初名大通寺，始建于明宣德二年（1427 年），正统、成化间增建，清咸丰年间，十七世土司鲁如皋重葺补建后，布局基本定型。鲁氏土司始祖脱欢相传为元蒙皇室后裔，明初率部归降，遂“治第连城”。三世什伽

---

① 360 百科：《卓克基土司官寨》，http://www.baike.so.com.

时，因战功显著，明成祖以周公辅弼成王之意相勉，赐其鲁姓，并授命“管束庄浪土官、土军、土民，掌印世袭指挥使司指挥使”。此后，鲁氏土司势力得到了迅速发展，清初“精锐有三万余人”，一度号称“西北劲旅”。统辖区域包括今永登县、红古区、天祝县南部、永靖县东北部以及青海省民和、乐都两县的部分地区。鲁氏土司共传 19 世，历 561 年。鲁氏土司衙署建筑群虽经历了近600 年的风风雨雨，但布局结构仍基本保存完好。三组建筑均坐北向南。衙门为整个建筑群轴线的中心，由南向北依次排列着由大照壁、牌楼、仪门、提督军门、东西厢房、大堂、如意门、燕喜堂、朝阳门、东西配楼、祖先堂和大库房等主要建筑物组成的六重院落。院落与院落之间利用地基由南向北逐渐抬升的处理手法，突出展现了土司衙署森严威仪的气势。衙门东侧为鲁氏土司住宅区，配置书院、二堂、寝院等多组院落和花园。西侧为妙因寺，列置山门、万岁殿、禅僧殿、德尔经堂、大经堂等。三组建筑高低错落，深邃威严，气势恢弘，堪称我国土司衙门建筑中的杰作。鲁土司衙门建筑群不仅具有与各朝各代官署衙门同样的老成持重感，妙因寺各殿中保留至今的大量壁画、砖雕等，更为此建筑群增添了独到的鲜活魅力。1996 年，国务院将鲁土司衙署建筑群公布为第四批全国重点文物保护单位。2002 年，国家文物局又投巨资对鲁土司衙署进行了全面维修。作为元明清时期土司制度和当地历史的见证，它正以昔日的风采，向世人昭示着一方水土世事的沧桑变迁。①

此外，云南省梁河县南甸宣抚司署，孟连宣抚司署，陇川宣抚司署，芒市安抚司护印府旧址，盈江县干崖宣抚司护理府、泸水县老窝土司衙门和六库土司衙署，元阳勐弄司署和宗瓦寨土司掌寨衙门等土司衙署能够成为土司文物保护单位，或许与缅甸同我国相互之间的关系密切相关。

二　土司文物保护单位存在的问题

毋庸置疑，土司文物保护单位的现状不容乐观，存在诸多问题，归纳起来，主要表现在以下几个方面。

---

① 360 百科：《连城鲁土司衙门》，http：//www. baike. so. com.

（一）“缺”

虽然目前全国土司文物保护单位众多，类型丰富，但这些土司文物保护单位在保护管理过程中，却缺乏以下几个方面的东西，这应该引起国家以及省市级文物部门的高度重视。

1. 区县政府缺乏正确决策

众所周知，坐拥土司文物保护单位的当地政府拥有庞大的行政资源，对土司文物保护单位的保护与管理有决策权，应该说，土司文物保护单位的保护与管理与当地政府的决策有很大的关系。对于一个国家或一个地区而言，永远的财富是文化；对于土司区来讲，永远的财富或许就是该地区的那个土司文物保护单位。土司文物保护单位本是土司区的名片，当地政府理应积极打造这张名片，但由于有的区县政府领导重视不够，有关部门的领导对土司文物保护单位的现代价值认识不深刻，他们缺乏对土司文物保护单位的保护与管理的意识。

2. 相关资料缺乏挖掘整理

土司文物保护单位与土司制度密切相关。现存土司文物保护单位的区县所在地，土司制度在此一般实施数百年，且为当地大姓。土司制度由于在此地源远流长，内容丰富多彩，表现形式多样。与土司制度、土司文化以及土司文物保护单位紧密相关的文化遗产大多散见于民间，如土司家族谱牒、土司墓碑、土司契约、土司牌匾、印章文献、办公用具、文房四宝、礼器兵器、土司服饰、生活器物、文学作品等文化遗产均缺乏收集与整理。

3. 缺乏保护管理的制度文件

制度既是要求大家共同遵守的行动准则，又是实现土司文物保护单位有效管理的规范体系。虽然国家层面出台了《中华人民共和国文物保护法》和《中华人民共和国文物保护法实施条例》等制度文件，湖南、湖北及贵州也相继出台了三处土司遗址的保护条例或管理办法，但遗憾的是，其他拥有土司文物保护单位的省市或区县均无专门性的保护法、保护条例或保护管理办法。各地应该参照《湘西土家族苗族自治州老司城遗址保护条例》就立法目的、适用范围、保护方针、发展规划和预算、管理体制、资金来源和监管、权利义务、规划制定、标识设置、土地与人口管理、文物权属、遗存文物管理、出土文物管理、文物修缮、建筑物与构筑物管理、建设工程管理、服务项目管理、文物日常管理、拍摄管理、禁止行为、非法转让、抵押及作为企业资产经营责任、擅自交换、借用责任、擅自从事建设工程责任、损坏文物及其保护设施责任、委托执法、主管部门及工作人员责任等问题做出明确规定，以便各类人员能够共同遵守。

（二）“散”

从前面的分析可见，我国目前现存的土司文物保护单位，从地理分布看，它们分布在湖南、湖北、贵州、云南、广西、四川、重庆、甘肃八个省市区。在全国各地的土司区域中，土司文物古籍分散的情况比比皆是。如元明及清初与同属容美土司管辖的鹤峰县，其土司文物古迹就有位于五峰镇水浕司村土司城垣遗址、位于采花乡白溢寨土司帅府遗址、位于五峰镇竹桥村土司寨堡遗址、位于五峰镇水浕司村老衙门墓群、位于五峰镇水浕司村咸池坪容美土司三军旗长田海寿墓、位于五峰镇香东村末代土司张彤硅墓、位于五峰镇水浕司村土司文林郎田荣斗夫妇墓、位于采花乡白溢寨的容美土官桂崇皋墓、位于长乐坪镇腰牌村的田太斗墓、位于采花乡渔泉河村漂水岩和竹桥村“汉土疆界”碑、位于湾潭镇岗坪村的顺桥碑、位于湾潭镇树屏营碑坡的改荒路记摩崖石刻、位于五峰镇香东村庙堉的通寺遗址以及位于五峰水浕司村容美土司田寿年墓等。针对这些土司文物保护单位地理分布广阔、类型功能多种、民族属性多样、土司职级复杂的实际，要有效保护好和管理好确实不是一件容易的事，它的最大问题是拥有土司文物保护单位的当地民众没有对此引起高度重视，换言之，土司区民众对此人心涣散。这就有必要唤醒当地民众的文化自觉、文化自醒、文化自尊、文化自强的意识。否则，土司文物保护单位的保护与管理将成为一句空话。

（三）“旧”

土司文物保护单位的保护与管理十分艰难，难就难在当地政府官员及民众保护意识差。据有关报道，2007 年 8 月，在广西大化县都阳镇政府大院内历经数百年的门槛上雕有精美图案、楼上木窗雕工精细的古建筑“土司楼”就被部分拆除，只剩下几堵墙面和空空的木架子。这座古建筑为砖木结构，瓦片散落地面，屋前台基上堆积着散乱的木材，穿斗式梁架上已找不到瓦片。“都阳土司衙署”，是明清两代都阳土巡检司的衙署，始建于明嘉靖七年（1528 年）。1982 年被列为都安县级文物保护单位。大化县成立后，1998 年此处被列为大化县级文物保护单位。土司文物保护单位的保护与管理所呈现出来的“旧”体现在两个方面。

1. 思想陈旧

一些土司区当地民众由于在土司统治时期受劳役，与土司家族有仇恨，直至几十年甚至数百年后依然恨在心头，思想不解放。云南武定县那氏土司遗址，就是被当地一些有家族仇恨的人破坏的。如 1935 年万德人民反土司起义后，那些与那氏土司有深仇大恨的人，将摧毁那土司遗迹作为一种心理偿还。“文化大革命”期间，人们又把愤怒归罪于历史，疯狂破坏那氏土司墓及其他文化遗产。1980 年，与那氏土司有仇恨的盗墓者在猖狂破坏土司尸骨的同时，极其严重地破坏极为珍贵的绫罗绸缎等陪葬品以及历史遗留物。那些带头疯狂破坏那氏土司的人们，正是在土司统治期间被残酷压迫的汉族同胞，这种延续仇恨而破坏土司文物的做法，在土司遗址地区较为普遍。

2. 设施陈旧

在笔者考察过的一些土司文物保护单位，除了原建筑物因年代久远而严重腐化和受损外，一些遗产配套设施也年久失修或不同程度破损，有的甚至已成为危房难以再用。如云南省宣威市倘塘村倘可巡检衙署除整体建筑外观基本完好外，建筑物从屋檐、瓦片到楼板楼梯，再到门窗雕花等，均是残破不堪，惨不忍睹。云南建水县南坡头乡回新村纳楼长官司署不仅周边破旧不堪的土坯房与这个国家级土司文物保护单位极不协调，而且处于内部外部的基础设施也极其陈旧。

（四）“失”

对于土司区来讲，土司文物保护单位不仅是土司区的名片，而且也是永远的财富。坐拥土司文物保护单位的当地政府和有关部门领导理应具有文化自觉意识，高度重视对其保护与管理。然而，土司文物保护单位的保护和管理的障碍还在于几个“失”。

1. 对土司文物保护单位认同感缺失

新中国成立以来特别是改革开放至今，由于现代文明和城镇化的进程加快，原土司区当地民众的许多价值观念也随之改变。人们对汉族的生活方式、风俗习惯等表现出景仰的态度，把汉族的生活作为当地少数民族追求的目标，这无疑导致原土司区各族民众不把土司文物保护单位当作一种遗产，而是把它们视为破旧衰败的房屋，所以在一定时期很自然就把它们拆除，然后修建汉族风格的居所。更遗憾的是，有的土司后裔，对祖先们辛苦建造的这些建筑物不认同，不爱护，在他们看来这些土司文物保护单位是一种过去的、封建落后的文化，没有认知土司文物保护单位的文化内涵和当代价值。

2. 土司文物保护单位的遗产大量流失

随着新中国成立、"文化大革命"以及改革开放和西部大开发战略的实施，土司文物保护单位与主流文化的交流与融合加速，其受到的冲击十分猛烈。以三个土司遗产为代表的土司文物保护单位在步入世界遗产的同时，其他土司文物保护单位面临着被强势文化同化的严重威胁，这是极其严酷的现实。加之土司文物保护单位经费严重不足，许多市级和县级土司文物保护单位没有得到应有的维护和修缮；一些富有当地民族特色的土司王城、土司官寨、土司衙署、土司庄园变成了"土洋结合"的混合体。一些文物贩子到处搜刮土司家族谱牒、土司契约、土司牌匾、土司印章、土司办公用具、土司文房四宝、土司礼器兵器、土司服饰以及与土司相关的民族工艺品，致使原土司区众多的土司文物大量流失。

3. 人为破坏导致遗产不断消失

一是战争破坏。土司时期各土司为抢夺地盘和人口，战火不熄，很多土司衙署毁于一旦，至今仅存土司遗址；改土归流及民国时期的军阀混战，匪患不断，战争、抢劫等野蛮行为，使一些土司文物保护单位破坏极为严重，至今依然面目全非。二是政治运动的破坏。如"文化大革命""破四旧"。这场政治运动对土司文物保护单位的破坏是灾难性的，无法补救的。当时一些土司衙署、土司城、土司官寨、土司庄园、土司宗祠、土司墓葬等都以"四旧"的罪名被破坏，有的则被彻底铲除，造成土司文物保护单位严重破坏。三是经济建设的破坏。新中国成立以来的基础工程建设、改革开放以来的城镇化建设以及市区开发等，也是导致土司文物保护单位破坏严重的原因。

第四节 土司文物保护单位的管理对策

著者一直强调，现存于各地的土司文物保护单位是永远的财富。坐拥土司文物保护单位的当地政府和各族民众，一定要积极打造和利用好这张名片，保护和管理好这笔财富。针对土司文物保护单位的现状以及存在的问题，如何采取行之有效的保护和管理措施，使其得到有效的利用，是构建“中国土司学”必须认真研究的一大课题。特别是土司遗产后申遗时代，“中国土司学”应将土司遗址、土司城址、土司官寨、土司衙署、土司庄园、土司墓葬、土司单体建筑的文物保护管理、合理开发与有效利用等列入特别重要的研究内容，为中国土司文化“走出去”做出重要贡献。鉴于此，著者建议，政府组织、各类学校、专家学者、当地民众等多方形成合力，共同促进土司文物保护单位的保护管理、合理开发与有效利用。

一 组织管理

根据 2015 年 4 月 24 日第十二届全国人民代表大会常务委员会第十四次会议《全国人民代表大会常务委员会关于修改〈中华人民共和国文物保护法〉的决定》第二条的规定：“具有历史、艺术、科学价值的古文化遗址、古墓葬、古建筑、石窟寺和石刻、壁画”等均属于受国家保护文物。其中，与土司文物保护单位密切相关的有“古文化遗址、古墓葬、古建筑”，按照国家规定，属于不可移动文物。在《中华人民共和国文物保护法》第七条规定：“一切机关、组织和个人都有依法保护文物的义务。”由此可见，任何机关、组织和个人都有保护土司文物保护单位的义务。该法第八条规定：“国务院文物行政部门主管全国文物保护工作。地方各级人民政府负责本行政区域内的文物保护工作。县级以上地方人民政府承担文物保护工作的部门对本行政区域内的文物保护实施监督管理。县级以上人民政府有关行政部门在各自的职责范围内，负责有关的文物保护工作。”从上述保护法可见，省、区县人民政府应当将土司文物保护单位保护、管理工作纳入本级国民经济和社会发展规划，建立土司文物保护单位工作协调机制，加强土司文物保护单位的保护管理机构、人才队伍建设，加强对土司文物保护单位的保护管理工作的宣传，提高全社会自觉保护土司文物的意识。省、区县人民政府文物或文化主管部门负责本行政区域内土司文物保护单位的保护管理、合理开发和有效利用的各项工作。作为省级、区级或县级政府部门，应加强对土司文物保护单位的组织、保护与管理，主要工作包括三个方面。

（一）建立保护管理土司文物保护单位的专门机构

这个机构主要由地方政府、文化部门和文物局（或文物管理所）的领导组成，其职责是负责本辖区内土司文物保护单位有关保护管理的总体策划、整体部署、组织协调；同时，凡拥有土司文物保护单位的省区县应成立专家委员会，由土司文物保护单位研究、保护的专家和有关部门人员组成。这个班子是土司文物保护单位保护与传承的学术机构，全面负责对保护工作的学术指导和具体运行。诸如规划的制定、项目的论证、调查的组织、资料的整理和鉴定等。否则，土司文物保护单位难以进行有效的保护。

（二）制定土司文物保护单位的保护管理规划

凡拥有土司文物保护单位的政府，要因地制宜制定合乎本地区实际情况的保护管理规划。这项工作涉及土司文物保护单位重大项目的搜集和研究、重要的和濒危的土司文物保护单位的抢救和保护、土司文物保护单位生态保护区的划定与保护管理等，均须纳入土司文物保护单位保护管理的议事日程。

（三）组织人力对本地区土司文物保护单位进行普查和整理

凡拥有土司文物保护单位的地区要组织文物部门、专家学者及社会力量，对本地的土司文物保护单位来一次地毯式的普查，拉网式的梳理，全面掌握本地区土司文物保护单位的以及相关土司文化遗产的种类、数量、分布、保护与传承现状及存在的问题。同时还要整理相关资料，并运用文字、录音、录像、数字化多媒体等各种方式，建立土司文物保护单位档案和数据库。

二　制度建设

制定土司文物保护单位的保护管理条例或办法，是拥有土司文物保护单位的地方政府义不容辞的责任和义务。土司文物保护单位只有通过立法形式的保护管理才是最有力最有效的方法。目前已经制定并正在实施的《湘西土家族苗族自治州老司城遗址保护条例》《唐崖土司城址保护管理办法》《海龙屯保护管理办法》等制度或以省级人民代表大会常务委员会批准，或以省府发文形式实施，其余拥有土司文物保护单位的地区对此还没引起足够的重视，保护法规有待完善。同时，还应该加强国家文物登录制度，通过建立文物认定、采集登录标准以及信息更新完善机制等，实现土司文物资源统一管理和动态管理、定期统计和发布、使社会能够共享。

三　经济投入

拥有土司文物保护单位的地方人民政府应该将土司文物保护单位保护管理经费列入本级财政预算。土司文物保护单位保护管理经费用于土司文物保护单位调查、保护、管理、文化传播等工作；管理人员的工资、津贴、奖金等；管理人员的外出学习、文化传承补助费；土司文物保护单位的项目保护经费等。著者建议，拥有土司文物保护单位的地方人民政府应建立土司文物保护单位保护基金，形成各级政府投入土司文物保护单位建设的新格局。此外，还应投入一定资金，确保专门人才的培养、基础设施的维修、土司文献资料的收集整理、出版等方面的经费。

四　打包申遗

虽然以湖南永顺老司城遗址、湖北咸丰唐崖土司城址、贵州遵义海龙屯遗址为代表的土司遗址在 2015 年成功申报世界文化遗产，但我国的土司遗产还远不止这些，著者建议应将四川马尔康卓克基土司官寨、甘肃永登连城土司衙署、广西忻城土司衙署、贵州毕节大屯土司庄园以及云南广南侬氏土司衙署、建水纳楼长官司署、孟连宣抚司署、维西叶枝土司衙署、梁河衙署南甸宣抚司署、兰坪兔峨土司衙署、新平陇西氏族庄园等土司文物保护单位以“土司衙署（庄园）”的名义联合打包第二次申报世界文化遗产名录。上述土司文物保护单位应积极为申报世界文化遗产做一些前期准备工作。

五　固化遗产

20 世纪不同时期对土司文物保护单位破坏十分严重，土司文物没有妥善收藏、保护与管理，有许多非常珍贵的文物已经散失，很多土司文献资料也消失殆尽。因此，著者建议：拥有土司文物保护单位的地方官员应该从保护民族文脉出发，对土司文物保护单位的保护管理予以政策倾斜，通过以土司文物保护单位为基础，建立土司文化博物馆（如现有广西忻城县土司博物馆、甘肃永登鲁土司衙门博物馆，云南南甸土司府将建中国土司制度博物馆，重庆石柱规划建设石柱土司博物馆和石柱秦良玉纪念馆），不断创新资源利用手段，促进土司文物保护单位活起来；注重发挥市场化的力量，吸引社会资源参与土司文物内涵挖掘和创意设计，积极探索创新土司文物资源共享途径；加强土司文化资源的影像录制、数据库建立、史料整理、研究专著出版等工作，将土司文化遗产进行固化，使之世代相传。

六　科学指导

要有效地对土司文物保护单位进行保护管理、合理开发与有效利用，离不开精通专业理论又有实践经验的专家进行科学指导。换言之，广大的专家学者应发挥科学指导作用，为土司文物保护单位的保护管理、合理开发与有效利用提供智力支持。专家学者的主要职责如下。

（一）提供理论支持

文物保护与土司研究的专家学者能从理论上对土司文物保护单位的保护管理、合理开发与有效利用进行全面分析，形成一套具有指导性、可操作性的理论学说，为土司文物保护单位的保护管理、合理开发与有效利用提供理论依据和政策咨询，帮助政府有关部门制定出一系列政策法规和工作方案。对土司文物保护单位进行科学规划、认定、立档、保存、利用。

（二）从事科学研究

文物保护与土司研究的专家学者应结合土司文物保护单位的实际，积极从事有关项目的研究。通过研究以解决土司文物保护单位保护管理、合理开发与有效利用的实际问题为依托，将土司文物保护单位的理论研究与有效利用相结合，对土司文物保护单位的保护管理、合理开发与有效利用提供智力支持。加大土司史料的挖掘、整理、推广、利用的力度，使土司文化“走出去”落到实处。

七　全民保护

土司文物保护单位虽然固定，但土司其他遗产散于社会、藏于民间。因此，这就需要拥有土司文物保护单位的地方社会各界民众积极参与，尤其是参与土司文物保护单位的保护管理及土司遗产的收集整理、捐赠等项工作，要逐步形成关爱土司文物保护单位的观念，当地各族民众要形成广泛社会共识，全民参与土司文物保护单位的保护与管理，以此点燃民族根脉延续的薪火。要通过各种形式让拥有土司文物保护单位的地方各族民众都明白自己既是土司文物保护单位的拥有者，又是保护者，还是管理者，对本地土司文物保护单位及其他土司遗产有责任和义务予以保护管理。只有当全民都具有文化自觉的意识，成为土司文物保护单位及其他土司遗产的保护者，各地土司文物保护单位及其他土司遗产才能真正得到有效保护。

（一）当地民众

拥有土司文物保护单位的地方社会各界民众要积极主动地将土司遗产的实物、资料捐赠给当地政府设立的文化机构予以收藏，或者委托政府设立的文化机构保管或者展出。接受捐赠的文化机构应当对捐赠者给予奖励，并颁发捐赠证书；接受委托的文化机构应当注明委托者的名称。鼓励有条件的公民、法人和其他组织依法成立研究机构，兴办土司文物博物馆，开设专门展室，开展对土司文物保护单位、土司文物、土司文化的研究工作，展示土司文物保护单位代表性项目。鼓励当地各族民众学习、传承土司文化代表性项目技艺，对学习、传承优异者给予补助。当地各族民众应该树立对土司文物保护单位的自觉、自信、自尊和自强的意识，自觉保护和管理土司文物保护单位的生态环境，主动参与土司文物保护单位的保护、管理和有效利用的各项活动，为创作土司相关产品、作品大力提供原始素材。

（二）土司文物保护单位管理者

土司文物保护单位管理者应自觉履行下列义务：一是妥善保护管理

土司文物保护单位的相关实物、资料；二是配合文化主管部门工作人员、文物保护与土司研究的专家学者进行土司文物保护单位、土司文化的调查；三是参与土司文物保护单位公益性宣传。土司文物保护单位管理者应发挥主体作用，积极参与土司文物保护单位的“活态文化”保护管理、合理开发与有效利用中去。

（三）民间艺人

在当地应根据国家相关法律法规对涉及土司、土司族群的民间故事、诗歌、音乐、舞蹈、戏剧等民族传统文化的知识产权进行保护。对本民族在农业、科学及医学方面代代相传的手工技艺、铸锻技巧和民族医药等用专利法予以保护；对土司族属的图腾或充满浓郁民族文化色彩的图形符号用作商标时应根据商标权予以保护。针对土司文化缺乏品牌的实际，应将土司地区传统文化结合现代声光技术、舞台艺术与文化创作等手段，提高传统节目的艺术品质和品位，使之提升到一个新的境界，创作出传统文化精品。拥有土司文物保护单位的地方民间艺人应加强民族传统文化相互交流切磋，每逢节日还可以一起活跃氛围，吸引更多的人参与到民族传统文化活动中来。

著者认为，如果政府组织、企业行业、各类学校、专家学者、当地民众等多方形成合力，共同促进土司文物保护单位的保护管理、合理开发与有效利用，定会取得显著成效。

第十章

中国土司学构建应注意的问题

著者曾在《中国土司制度与土司文化研究应注意的八个问题》中认为①，中国土司制度与土司文化研究目前还存在诸多问题，如果我们不对这些问题高度重视，将会给“中国土司学”的构建带来负面影响。在此，要构建“中国土司学”，除了著者在《构建“土司学”的几点思考》② 和《中国土司制度与土司文化研究应注意的八个问题》中提及的应注意的问题外，至少还应该注意以下几个问题。

第一节　专学构建走向理论化

我国土司研究在百年的发展历程中取得了不少成绩。一是对中国土司制度与土司文化的研究较为广泛，既有包括土兵制度、职官制度、承袭制度、朝贡制度、印信制度等涉及土司制度的宏观和微观的研究，有包括宣慰司、宣抚司、安抚司、招讨司、长官司等涉及土司机构与职衔的研究，有包括宏观政治、社会控制、法律等与土司政治密切相关的研究，有包括土司源流、世系、沿革、族属、分布等与土司建置有关的研究，又有包括土司与中央王朝的关系、土司与地方官员的关系、土司与土司间的关系、土司与辖区民众的关系等民族关系的研究，有包括军事制度、征调、土兵等与土司军事相关的研究，有包括土司奏折、文告、

---

① 李良品：《中国土司制度与土司文化研究应注意的八个问题》，《民族学刊》2015 年第 3 期。

② 李良品、李思睿：《构建“土司学”的几点思考》，《青海民族研究》2014 年第 2 期。

契约等涉及土司公文的研究，有包括宏观土司土地、赋税、朝贡等与土司经济相关的研究，还有与包括土司衙门、土司衙署、土司王城、土司坟墓等土司文物保护单位的研究，也不乏土司文化、土司教育以及改土归流、改流设土、改土设屯等方面的研究。特别是成臻铭先生提出“土司学”概念之后，得到土司学界的积极回应，更是一件幸事。但不可否认的是，在构建“中国土司学”的过程中，如何走向理论化，这是值得土司学界认真思考的一个问题。著者在《构建“土司学”的几点思考》中提出过一些建议，此不赘述。“中国土司学”的构建走向理论化，至少要解决几个问题。

一　精准解释名词概念

在土司研究及“中国土司学”构建中，涉及土司的人、事、物、时、地、机构等实体事物的词语。但这些有关土司学的诸多名词概念至今仍然是见仁见智，表述不一。如土官、夷官、土司、土司区、宣慰司、宣慰使、宣抚司、宣抚使、安抚司、安抚使、招讨司、招讨使、长官司、土知府、土同知、土知州、土通判、土州同、土州、土县丞、土经历、土知事、土主簿、土典史、土巡检、土驿丞、土推官、土州判、土吏目、土弁、土外委、土守备、外委土千总、外委土把总、土舍、土里目、改土归流、改土为流、土流并治、土官制度、土屯制度、土司制度、土司遗址、土官衙门、土官衙署、土司庄园、土司文化，又如土司制度的子制度——职官制度、职衔制度、承袭制度、分袭制度、征调制度、朝贡制度、司法制度、升迁制度、安插制度等名词概念，均无精准的概念表述。再具体到一种子制度的相关概念，如承袭制度中的体勘查核、宗支图本、册报、作保、邻封土司甘结、督抚具题请袭、赴阙受职、就彼冠带、结状文书、预造名册、诰敕文书、勘合照会、告袭文簿、揭帖、草本、诰敕、印信、号纸、冠带、符牌等概念也是如此。就是土司学的核心概念“土司制度”一词，专家学者也是众说纷纭。从国家治理的角度来解释，土司制度是元明清中央政府对西南、中南及西北土司地区实施的有效管理的一种国家制度。佘贻泽、凌纯声、江应樑、吴永章、龚荫、李世愉、成臻铭等专家的解释均存在较大差异。这些解释，基本上趋向于土司制度是统治方式或管理制度，只是强调的重点不同而已。更为突出的一种现象是，同一位专家学者，在不同的专著或论文甚至在同一专著或论文中，对土司制度的解释或界定都不尽一致。要解决土司学相关概念表述精准化的问题，是尽快组织一定的专家团队编纂、出版《中国土司大辞典》，以求概念表述之基本一致与精准。当然，编纂《中国土司大辞典》也不是一件简单、容易的事情。陈炳迢在《辞书概要》中曾指出："辞书，是启蒙书，发人蒙昧；是咨询书，教人入门进阶；是指南书，导人登临险峰胜景，继往开来。"这是陈炳迢先生从辞书多元功能角度展开对辞书本质的再认识。这就明确地告诉我们，编纂《中国土司大辞典》，必须实现三个层次的社会功能：对蒙昧者启蒙，对问难者咨询，对攻关者则是指南。要精准解释与土司学相关的名词概念，必须要注意几个问题：一是注意词语解释的准确性。无论是编纂《中国土司大辞典》，还是撰写专著或论文，都必须以正确的立场、观点和方法为指导，给人以简明、确切、具体而全面的概念，极力避免辗转互训，或以例代释等不能为读者释难解惑的做法，同时也要求尊重传统的解说。为了词语释义准确而精练，还需要掌握解释词义的一些方式。比如析词分释、以词释词、描写说明、反义相释、以今释古等方式。此外，力求每个词语的义项齐备、科学划分。一般而言，词语义项要注意语言的时代性。解释词语不仅要吸收土司研究学界最新的研究成果，如近期对"土司""土官""夷官""土司制度""土官制度"等均有新的研究成果，要有选择地吸收，而且要体现当代语言在土司学构建方面的新进展，如"土司文化""土司时期""土司区"等词语均是近20年出现的新词语。

二　深入研究土司制度

土司制度的研究是构建"中国土司学"的核心和基础。李世愉先生曾经指出："制度的研究是一切研究的基础，没有制度层面的研究，其他方面的研究往往难以深入。"① 如果没有对土司地区赋税制度，包括蠲免、减征、赈济政策深入细致的研究考察，乃至数字统计，就不可能对土司地区社会经济的发展做出正确、全面的评价。令人遗憾的是，目前学界针对土司制度本身的研究明显较弱。土司制度中的职官制度、承袭制度、

① 李世愉：《深化土司研究的几点思考》，《辽宁大学学报》2015年第4期。

分袭制度、印信制度、朝贡制度等，“每一项制度或政策都应该至少有一两部研究专著问世”。[①] 百多年来的土司研究，在土司制度层面确实存在诸多学术空白：一是对中国土司制度实施过程的整体性关注不多。迄今为止，将中国土司制度作为一个历时性、整体性对象进行研究的学术专著尚未出现，特别是将元明清及民国时期不同时段、不同地区、不同民族的土司制度视为一个整体进行立体性的研究较少。二是对中国土司制度实施过程的动态性、差异性关注不够。已产生的研究成果大多是静态性、短时段的研究，且大多数研究仅关注明清两代，或某些时间节点的重要事件，而对元明清及民国时期几百年土司制度予以长时段连续关注的成果较为欠缺。特别是对土司地区实施土司制度在预期目标、施行效果诸方面存在的动态性和差异性探讨不够。三是土司制度本身的研究尚存在诸多学术盲点，诸如土司制度的结构、土司制度的功能、土司制度的终结、土司制度的专项制度等方面以及新设土司的程序、土司袭职的手续、土流并治的推行、土司地区的赋税征收、革除土司的安插等。四是在土司制度发展、兴盛、衰亡直至废止的历史进程中，官职、授职、职衔、任命、承袭、分袭、印信、号纸、升迁、惩罚、贡赋、征调、土兵、宽贷、考核、安插、教化等各个方面在不同的历史时期的异同问题。关于这个问题，著者在第五章第四节“深化土司研究”和第七章第三节“厘清研究取向”中有比较全面的探讨，此不赘述。

三 专学构建具备中国视野

“中国土司学”的构建要具有中国视野。这里套用马大正先生的说法，所谓中国视野就是指元明清时期的中国土司区，是统一多民族中国的不可分割的重要组成部分，又是多元一体中华民族中众多少数民族的主要栖息地。[②] 从历史角度看，我国土司地区各民族共同开发了祖国的锦绣河山、广袤疆域，共同创造了我国悠久的历史和灿烂的文化；土司地区的少数民族与汉族“形成了你中有我、我中有你，谁也离不开谁”的中华民族多元一体格局。从现实情况看，我国云南、广西等地既是当代

① 毛莉：《寻找土司研究“下一个风口”》，《中国社会科学报》2015 年 7 月 8 日。

② 马大正：《关于中国边疆学构筑的几个问题》，《东北史地》2011 年第 6 期。

中国的国防前线，也是当代中国的改革开放前沿，还是当代中国可持续发展的重要组成部分。因此，研究中国土司问题，构建“中国土司学”，一定要有中国视野，必须将土司问题置于全国的大格局中来思考。由此，笔者认为，构建“中国土司学”一定要在多维治理角度着力，包括土司地区与国家治理、土司区的地方治理、土司制度与边疆治理等问题。这个问题笔者在第七章第三节“厘清研究取向”中也有比较深入的分析，此不赘述。专家学者要加强土司制度与国家治理、“改土归流”与地方治理的研究，并以此来解决一些学者套用西方理论的问题。著者认为，自宋元以降，全国土司地区已逐渐纳入了国家体制之内，所以在地方行政中也实行了全国通行的国家制度。元明清中央政府针对西南民族地区实施土司制度和“改土归流”，最终实现了国家大一统，这是国家制度与国家治理的有效结合。通过研究国家制度在土司地区的“地方化”过程，将有助于加深对元明清时期国家制度、国家治理等方面的认识。

四　规避研究中的不良倾向

由于多种原因，在过往的土司研究中，的确存在一些不良倾向，学界不能掉以轻心。著者曾两次接受《中国社会科学报》记者毛莉的采访，指出过相关问题，也提出了解决的办法。在此，将有关内容抄录于后。

（一）土司研究中的不良倾向

在过去的土司研究中，特别是在近年来的土司研究中，存在五个方面的不良倾向。一是土司制度被泛化。由于土司学界对土司制度中的一些基本概念缺乏共识，土司制度被泛化，如有的学者将扎萨克制度、羁縻卫所制度、僧官制度、土屯制度视为土司制度。二是“土司研究扩大化”。也就是将土司设置的时间和空间泛化。如有的学者将土司制度存在的时间上推到秦汉时期，空间扩大到西南、中南及西北以外的东北、北方等边疆地区，把元明清王朝的一些特定边疆民族政策均视为土司制度的内容。三是“西方理论中国化”。也就是一些国外学者和极少数国内学者，以一些现代西方理论来解释我国元明清时期的土司制度，把土司的设置或“改土归流”视为东方的殖民主义，把明清时期中央王朝实施国家一体化的进程等同于西方的殖民扩张。四是土司制度被美化。有少数学者甚至认为，土司制度比现在实施的民族区域自治制度还优越。五是土司研究碎片化，也就是一些专家学者在研究中国土司制度和土司文化的过程中存在着理论归纳的碎片化问题。[①]

（二）规避不良倾向的对策

矫枉必须过正。土司学界在未来的研究中，特别是在构建“中国土司学”进程中，规避这些不良倾向，可采取如下对策。

1. 避免土司研究泛化和扩大化的问题

根据《明史》卷三百一十《土司》中“迨有明踵元故事，大为恢拓，分别司郡州县，额以赋役，听我驱调，而法始备矣”[②] 的论述，将推行土司制度的时间定位在元代是早有定论的。其空间范围，应以《明史》《清史稿》所列《土司传》为准——即元明清时期土司的空间分布为湖广、四川、云南、贵州、广西、甘肃、青海及明代的朵甘都司。有鉴于此，著者认为，如果把实施土司制度的时间无限拉长、把土司分布的空间无限延伸，这既无可靠的历史依据，也将导致土司研究乱象丛生，不利于学术发展和学科构建。

2. 避免“西方理论中国化”的问题

一些国外学者和极少数国内学者，以一些现代西方理论来解释我国元明清时期的土司制度，把土司的设置或“改土归流”视为东方的殖民主义，把明清时期中央王朝实施国家一体化的进程等同于西方的殖民扩张。方铁先生一针见血地指出：土司制度是中国文化的产物，不能成为西方理论的注脚。土司制度在长达数百年时间内能够成功运行，得到了边疆各民族的积极配合，这些地区最后成为中国疆域不可分割的一部分。[③] 因此，著者认为，土司研究学者应该从国家治理的角度研究国家制度在土司地区的“地方化”过程，以此消解西方理论关于土司制度的谬论。虽然土司地区可以“因俗而治”，但自宋元以降，土司地区便逐渐纳入了国家体制之内，所以在地方行政中也实行了全国通行的国家制度。元明清时期，中央政府针对西南民族地区实施土司制度和“改土归流”，最终实现了国家大一统，这是国家制度与国家治理的有效结合。“土司遗

---

① 毛莉：《寻找土司研究“下一个风口”》，《中国社会科学报》2015 年 7 月 8 日。

② （清）张廷玉：《明史》卷 310《土司》，中华书局 1974 年版，第 7981 页。

③ 毛莉：《寻找土司研究“下一个风口”》，《中国社会科学报》2015 年 7 月 8 日。

址”就是将那些对土司制度性质认定为对“殖民扩张”谬论的明确否定。上述问题反映出来的不仅是土司研究中呈现出来的多元思潮的交锋，而且也是在政治立场方面体现的对冲。在“中国土司学”话语体系建构中，我们应该确定坚定和鲜明的政治立场，在坚持辩证唯物主义和历史唯物主义，坚持实事求是等政治立场的同时，必须坚持中国共产党领导，坚持社会主义，这是构建“中国土司学”的话语体系必须坚持的政治立场。事实上，世界遗产委员会对土司遗产投票通过成为世界文化遗产，就是对元明清时期土司制度性质的认定，就是对“殖民扩张”谬论的明确否定和有力回击。

3. 避免土司制度被美化的问题

美化土司制度是一个特别值得注意的现象。方铁先生认为：“我们必须以历史唯物主义、辩证唯物主义的观点和立场进行土司研究。”土司研究学界的各位同人，一定要区分土司制度的精华和糟粕，不能一概肯定，也不能全部否定。我们应该充分肯定土司制度在历史上发挥的积极作用，但也必须看到它作为封建社会政治统治制度的时代和阶级局限性。土司制度在清代“改土归流”后被取代是历史的必然。

4. 极力避免研究中国土司制度和土司文化的“碎片化”

邹建达先生曾发表《土司研究应避免碎片化》的论文，不仅对土司制度研究缺乏整体性、史料的碎片化运用以及土司文化的碎片化研究等表现予以揭示，同时提出了避免土司研究碎片化的具体举措，即除了提高研究选题质量、注重理论方法、占有更多史料外，更要做好学术研究的组织和引导。[①] 著者认为，除了这些途径外，专家学者必须回归“总体史”的研究方法，力求把握三方面的内容：一是有鲜明的问题意识，二是长时段的时间观念，三是历史学的学科本位与多学科的交叉融合。

总之，要加快“中国土司学”构建走向理论化的步伐，国家层面应加大土司研究的投入力度，如投入巨资建立“中国土司文化资源数据库”或“中国土司文化资源共享工程”，完成《中国土司制度通史》《中国土司大辞典》《中国历代土司地图集》等国家社科基金重大项目，发掘资料、编纂整理、深入研究，以解决基本概念缺乏共识、土司研究时空泛

---

① 邹建达：《土司研究应避免碎片化》，《遵义师范学院学报》2015 年第 3 期。

化等问题，为构建“中国土司学”以及土司问题的深入研究做好奠基性工作。构建“中国土司学”不仅是百余年土司研究的梦想和中国土司研究从问题研究走向学科构建的历史起点，而且是当今中国共产党执政治国的现实需求以及土司研究者推陈出新、继往开来的历史使命。

第二节　重大事件重视学理化

在过往的土司研究中，专家学者往往重视土司制度、土司文化、土司遗址申遗等方面的研究，却忽略了对重大事件的剖析。在元明清时期，由于政治权利、经济利益、文化渗透等方面原因的影响，中央政府与土司政权之间经常会出现博弈的现象，当有些矛盾无法调和时，就会发生重大事件甚至战争。诸如明初两思（思南、思州）战争，广西思恩、田州土司叛乱，云南的五征武定、三征麓川和“沙普之乱”，川黔“奢安之乱”，四川的“平播之役”和平定大、小金川之乱等。从现有研究来看，每一次重大事件或者中央政府与土司政权之间发生的大小战争，专家学者们往往注重事件或战争发生的背景、过程、结果、历史影响及评价。时至今日，我国的专家学者没有撰写出一部诸如《五征武定研究》《麓川之战研究》《“沙普之乱”研究》《“奢安之乱”研究》《“平播之役”研究》《乾隆平定大小金川之乱研究》以及《明清西南地区改土归流研究》等剖析与土司正相关或密切相关的重大事件的专著，这无疑是土司研究的重大缺憾。著者认为，对涉及土司问题重大事件的剖析至少要注意三个问题：①

一　重大事件剖析应有全局把握

著者以“金川之役”为例予以说明。迄今为止，关注“金川之役”的专著有阿坝州地方志编纂的《乾隆金川之役》（1998 年）、郑刚的《乾隆金川土司与帝王的对话》（中央文献出版社 2008 年版）、彭陟焱的《乾隆朝大小金川之役研究》（民族出版社 2010 年版）以及周远廉的历史小说《金川历史文化丛书：金川风云》，但真正对“金川之役”研究做出重

---

① 李良品、彭福荣：《深化土司研究的突破点》，《民族学刊》2016 年第 5 期。

大贡献的无疑是张羽新，有很多涉及“金川之役”古籍的校注均出自他之手。彭陟焱是研究“金川之役”的专家，她在《乾隆朝大小金川之役研究》中有三大创新。一是史料创新，作者除了充分利用档案和文献资料外，还善于在文集、方志和调查中寻找相关资料，并借助这些史料对“金川之役”进行概述和总结。二是观点创新，作者通过全面系统概述“金川之役”发生的原因、经过及结局，确定“金川之役”的性质，探索乾隆皇帝对大、小金川地区认识过程及其平定金川的真正原因。三是方法创新，作者综合应用历史学、民族学、宗教学等学科的研究方法，不仅把档案、文献资料与调查资料有机结合，而且充分运用历史人类学的方法，对“金川之役”进行全面而系统的研究。[①] 王惠敏的博士学位论文《清军难以攻克大小金川之原因探析》运用历史文献与田野考察相结合的研究方法，对清军“金川之役”难以攻克大小金川的主客观原因进行深入剖析。[②] 此外，其他研究者还有齐德舜、旦正加、曾唯一、潘洪钢、李涛、张昌富、王惠敏、黄清华等学者。他们对“金川之役”的研究虽然做出了不同程度的贡献，但就研究实际来看，却缺乏对该次战争的全局把握。只有在深入、系统、全面阅读《清史稿》《清实录》《金川案》、程穆衡《金川纪略》、王批《蜀徼纪闻》、李心衡《金川琐记》、郑栖山《平定两金川军需例案》《年羹尧奏折专辑》、张羽新《中国西藏及甘青川滇藏区方志汇编》、赵翼《平定两金川述略》、魏源《圣武记》、昭梿《啸亭杂录》、来保《平定金川方略》、阿桂《平定两金川方略》、张其勤《清代藏事辑要》、庄吉发《清高宗十全武功研究》、赖福顺《乾隆朝重要战争之军需研究》及地方志书的基础上，加上长时间的田野考察，才能产生《乾隆平定大小金川之乱研究》的划时代成果。

二　重大事件剖析应有理论高度

司马迁“究天人之际，成一家之言”的名言对于土司研究或许十分有用。他想用历史来研究人类社会的关系，通晓从古到今的不断变化并

---

① 彭陟焱：《乾隆朝大小金川之役研究》，民族出版社 2010 年版。

② 王惠敏：《清军难以攻克大小金川之原因探析》，博士学位论文，中国社会科学院研究生院，2011 年。

形成自己的学说或理论。“土司学”的理论是靠无数研究者深入研究、逐步建设和不断发展而来。所谓“重大事件剖析应有理论高度”，主要强调要从诸如平定两思战争，广西思、田叛乱，云南“沙普之乱”，川黔“奢安之乱”，四川“平播之役”和平定大、小金川之乱以及明清改土归流等重大事件中，探寻出明清中央政府与地方土司政权之间关系变化的因果规律。这种普遍而带有逻辑联系的因果规律是从一个个具体的、特殊的土司重大事件中抽象出来的。否则，明清时期土司重大事件就变成了一个个按时间顺序排列、毫无因果联系的具体事件堆砌。无可否认的是，因果规律在抽象过程中也不能忽视明清中央政府与地方土司政权之间关系的复杂性，最终形成普遍性与特殊性相互统一的因果关系也就是土司制度与改土归流的相关理论。

从宏观角度来讲，从土司制度到改土归流，反映的是制度变迁与国家治理；但从微观角度看，每一个具体的重大事件又会因时因地的不同，抽象出来的因果规律和学术理论或存在些许具体差异。明代征讨思恩、田州土司叛乱，这有利于边疆治理、稳定人心，其理论在于突出边疆治理；明末“平播之役”和“平奢安之乱”，这有利于维护国家统一和地方稳定，其理论在于突出王朝国家“大一统”；20 世纪上半叶，清朝中央政府在川、滇、藏、青实施的“改土归流”，这有利于维护国家统一和西南地区治理，其理论在于突出国家转型——中国从传统的王朝国家向现代国家转型。因此，研究土司时期的重大事件，必须坚持运用辩证唯物主义和历史唯物主义的方法，坚持宏观与微观研究并重、整体历史背景与个体重大事件研究相结合的方法。只有这样针对明清时期中央政府与土司政权发生的重大事件展开研究，才能得出正确的结论，才能从重大事件抽象出具有理论高度的因果规律。

三　重大事件剖析应有学理意识

所谓学理，通常是指科学上的原理或法则。有学者将“学理”归入“纯学术”的范畴，认为学理意识是一种远离社会的“纯学术”意识。大凡剖析土司时期重大事件而不注重学理的认识，无助于历史学、民族史学等学科学理的建设。著者认为，剖析土司时期重大事件时将传统文化与学理结合起来考虑，有助于具体历史事件的探讨。改土归流既是土司残暴统治和内部纷争导致的必然结果，也与明清中央政府实现“大一统”以及国家治理密切相关，可以说，土司地区实施改土归流，无疑是最重大的事件。如果说过去的专家学者们主要探讨改土归流的背景、原因、目的、措施、影响、评价等基本内容，那么，现在的研究逐渐向改土归流前后的社会变迁、改土归流后的善后处理、改土归流后的社会重构、改土归流后的边疆治理、改土归流后的社会转型等具有学理性的方向转变。可见，传统学术内容与学理的探讨越深入，对于重大历史事件的剖析也就越深入。历史学、民族史学等人文社会科学而包含土司时期重大历史事件在内的土司问题只是其中的一个研究领域。专家学者在研究重大历史事件的过程中，应努力揭示重大事件背后的利益关系以及一系列密切相关的价值选择活动。研究土司时期的重大事件，结合土司制度与改土归流的实际，其重大理论问题主要有五个：一是在土司制度实施过程中不同地区、不同阶段性的变化；二是土司制度与之前的羁縻制度以及改土归流的辩证关系；三是土司制度与北方以及东北、西北等边疆治理制度之间的异同及成因；四是土司制度与国家统一、国家治理以及地方治理的关系；五是土司制度、改土归流与土司地区经济社会发展的关系。笔者认为，只有树立专门学的学理意识，才能使研究达到一定的学理深度。

学理深度从何而来？一是从批驳他人研究的错误观点体现出来；二是从历史发展趋势和必然规律的研究中自然得来；三是从自身研究重大事件中总结出来。笔者研究“平播之役”爆发的原因，总结出“合力论”与“重点论”的统一，外因、内因、远因、近因的结合，这在研究“平播之役”的学者中还是第一次。这里的“合力论”主要是指在朝廷、地方、辖区以及杨应龙本人综合性因素共同作用下爆发了“平播之役”。其外因、内因、远因、近因有四：中央王朝平庸无为，官场腐败；川黔抚按相互倾轧，争夺播州；辖区内部同恶相济，矛盾激化；杨应龙本人骄横残暴，凶残嗜杀。[①] 其“重点论”是指处于核心圈（历代统治者及统治阶层）和外圈（类似当代少数民族）的播州杨氏土司，在元明中央王

---

① 李良品、莫代山：《双输之战：“平播之役”爆发原因》，《长江师范学院学报》2016 年第 2 期。

朝实施土司制度的过程中，当中央政府与杨氏土司政权结成政治与经济同盟——利益共同体时，双方能够和睦相处；[①] 当利益共同体之间的政治信仰相背离、经济利益不公平，就会促使这个利益共同体破裂，产生不可调和的矛盾，直至爆发“平播之役”，这就是核心问题之所在。这些均来自于深层次的研究，并在历史规律层面展开自觉反思总结出来。

第三节 史料类纂注重系统化

我国的土司制度前后持续近七百年，土司研究的相关史料汗牛充栋，浩如烟海。在近七百年的土司研究中，我国土司史料的发掘与运用得到了极大的丰富与提高。中央民族大学图书馆李德龙馆长及历史文化学院院长苍铭教授主持的中央民族大学中国民族史重点学科建设项目《中国历代方志土司史料辑录》38 卷本虽然于 2016 年由学苑出版社出版了，但是，自元初中央王朝在西南地区推行“土司制度”伊始至民国时期全面“改土归流”结束留下了大量的土司制度资料，且无论是《元史》《明史》《清史稿》、明清《实录》，还是西南、中南和西北各地方志以及《土官底簿》《蛮司合志》《明会典》《钦定大清事例会典》等都保存了相当数量的土司制度史料，从而大大提高了中国土司制度史料的发掘与运用。正是在这种情况下，李世愉先生站在学界的最前沿，主持国家社科基金重大招标项目“中国土司制度史料编纂与研究”，将编纂一套包括“清代档案中土司制度史料的收集整理”“正史、实录、政书中土司制度史料的收集整理”“奏议、文集、笔记中土司制度史料的收集和整理”“地方志中土司制度史料的收集整理”“地方文献中土司制度史料的收集整理”的《中国土司制度史料集成》，这套鸿篇巨制无疑将成为中国土司制度与土司文化研究的奠基之著。[②]

在过往的中国土司制度史料编纂整理方面，使用类纂（即分类编纂

---

① 李良品、邹淋巧：《论播州“末代土司”杨应龙时期的民族关系》，《贵州民族研究》2010 年第 5 期。

② 李成燕：《“中国土司制度史料编纂整理与研究”课题立项》，《中国史研究动态》2013 年第 4 期。

整理——笔者注）的方法予以编纂整理的作品却尤为欠缺。事实上，中国土司制度研究也正因土司制度史料类纂的不足而成缺憾甚至障碍，尤其不利于历史学、历史地理学、档案文献编纂学、政治学、社会学、民族学、民俗学、方志学等学科的理论构建。有鉴于此，笔者以为，正确认识并系统把握中国土司制度史料类纂的理论与方法，不仅在于弥补中国土司制度史料类纂过程中缺乏系统理论观照之不足，而且也是每个土司研究者应有的历史担当。

一　中国土司制度类纂的价值与意义

中国土司制度史料是我国历史发展过程中遗留下来并帮助我们认识、解释和重构历史过程的凭据，是研究中国历史、中国民族史、地方史及编纂史书不可或缺的资料，也是研究西南、中南及西北地区少数民族历史文化和民族发展，古代少数民族的民族关系，中原文化与少数民族文化交流等众多领域的重要参考资料。总之，对中国土司制度史料进行类纂不仅价值巨大，而且意义深远。

（一）中国土司制度史料类纂的独到价值

1. 史料价值

中国土司制度史料，颇为系统地反映了元明清及民国时期中国土司制度的起源、发展、兴盛、衰弱及改土归流的历程，真实地记录了历代中央王朝、各级官府、各级土司与乡村社会的社会变迁、民族关系、国家认同与文化认同，是了解中国历史，特别是元明清及民国近七百年来我国土司制度实施及对社会影响的珍贵资料。如：中央文献中的正史、明清会典、明清档案、明清实录等都有对国家治理、地方管控、军事冲突与民族政治等的记载，而各省的地方志书、民间文献（包括土司族谱、碑刻、民间笔记、口述史等）则对地方文化、风俗民情、人民生活和社会治理等进行了翔实的补充。因此，中国土司制度史料类纂对于我们研究中国土司具有十分重要的史料价值。

2. 学术价值

中国土司制度史料，是研究中国历史发展特别是元明清时期、中国少数民族史特别是西南少数民族、中国地方社会特别是西南地区不可或缺的资料，涉及中国历史发展脉络和民族地方社会发展的方方面面，包含历史学、史料学、历史地理学、档案文献编纂学、政治学、社会学、民族学、民俗学、方志学、军事学及历史人类学等学科的诸多内容以及多学科相互交融和跨学科合作研究诸多领域，因此，中国土司制度史料类纂学术价值巨大。同时，随着近年来土司研究的深入，学术界对构建“中国土司学”的呼声日益高涨，中国土司制度史料类纂不仅可以扩大土司学的研究范围，丰富土司学的研究内容，还可以为构建“中国土司学”的理论体系奠定坚实基础。当然，对中国土司制度史料进行类纂，必然有助于我国史料编纂体例的提高与完善。

3. 应用价值

中国土司制度史料，涉及我国西南、中南以及西北地区少数民族的历史文化和民族发展，是研究古代少数民族的民族关系、中原文化与少数民族文化交流等众多领域的重要参考资料，对今天民族历史的梳理、民族关系的维护、民族地区的发展影响重大。事实上，自党的十八届三中全会把推进国家治理体系和治理能力现代化确立为全面深化改革的总目标以后，以中国土司制度史料类纂为切入点，从元明清中央政府国家治理中吸取养分，对于培养中华民族共同体意识、加强中华民族大团结、逐步完善民族区域自治制度、促进民族地区和谐发展以及推进国家治理体系和治理能力现代化就具有十分重要的应用价值。

（二）中国土司制度史料类纂的特殊意义

中国土司制度史料类纂不仅是我国进一步收集、完善中国土司制度文献的需要，是抢救珍贵文献的需要，而且也是弥补文献资料缺漏和匡正文献谬误的需要。在文化大繁荣大发展的新时期，系统收集和整理我国土司制度史料，深入研究中国土司制度，具有原创性、开拓性的特殊意义。

1. 从政治功用看，中国土司制度史料类纂具有“资政”作用

土司制度作为调和元明清中央政治与西南民族地区地方社会矛盾的政治产物，无论是元明前期的大立土司还是明清后期的“改土归流”，从开始实施之初就具有浓厚的政治意蕴。因此，土司研究者能够通过土司史料类纂还原土司制度实施的历史原貌，准确、客观地认识我国的土司制度，理清元明清时期中央政府对边疆民族地区治理高度重视的原因和元明清中央政府通过在边疆少数民族地区推行土司制度，以实现对少数

民族地区进行有效统治和实现长治久安的事实。当然，对于今天的民族区域自治制度而言，中国土司制度史料类纂有利于我们总结治理经验、吸取历史教训、把握民族发展规律、促进民族和谐和国家统一。

2. 从学科建构上看，中国土司制度史料类纂具有“存史”的意义

收集和整理元明清时期的中央文献以及各省区地方志书中的土司制度史料，深化中国土司制度研究，对于中国史学尤其是民族史学具有很高的理论意义。当然，从对中国土司学自身的建构与完善来讲，中国土司制度史料类纂不仅可以丰富中国土司学的研究内容，统一中国土司学的史料规范，完善中国土司学学科体系，还能大大推动中国土司学的专学地位和发展历程。

3. 从学术研究上看，中国土司制度史料类纂能为构建“土司学”提供可能

迄今为止，在构建“土司学”的研究方面，已有成臻铭①、李世愉②、李良品等③发表的相关论文为“土司学”做了学理方面的铺垫，而中国土司制度史料类纂能够从史料方面为构建“土司学”提供学术奠基。

当然，只有对中国土司制度史料进行系统化的编撰整理，珍贵文献史料才能得到深入、全面的抢救，缺漏文献史料才能得到系统、科学的补充，谬误文献才能到权威、翔实的匡正。

二　中国土司制度史料类纂的主要内容与体例框架

毋庸置疑，数十年来，中国土司制度史料编纂也取得了一定成就，如广西博物馆编《广西土司制度资料汇编》（油印本 1—4 册，1961 年）、广西民族研究所的《广西土官岑氏莫氏族谱》（1963 年）、鹤峰县委统战部等编《容美土司史料汇编》（1984 年），云南省少数民族古籍办的《孟连宣抚司法规》（1986 年）、《景谷土司世系》和《勐勐土司世系》（1990 年），楚雄彝族文化研究社校编的《清代武定彝族那氏土司档案》（1993

① 成臻铭：《论土司与土司学——兼及土司文化及其研究价值》，《青海民族研究》2010 年第 1 期。

② 李世愉：《关于构建“土司学”的几个问题》，《云南师范大学学报》2011 年第 2 期。

③ 李良品、李思睿：《构建“土司学”的几点思考》，《青海民族研究》2014 年第 2 期。

年)，云南楚雄彝族文化研究所的《清代武定彝族那氏土司档案史料校编》(1993 年)，何服生的《石柱土司史料辑录》(1994 年)，谷口房男、白耀天的《壮族土官族谱集成》(1998 年)，李鸿仪和李培业的《西夏李氏世谱》(1998 年)，王继光的《安多藏区家族谱辑录研究》(2000 年)，云南省博物馆的《木氏宦谱》(2001 年)，杨国政的《播州杨氏家谱》(2003 年)、曾维益的《白马土司家谱》(2007 年)、彭世清等的《保靖彭氏宗谱》(2008 年)，罗维庆、罗中的《土司制度与彭氏土司历史文献资料辑录》(2014 年)等，都是中国土司制度史料编纂的重要成果，但这诸多史料著作中却没有一部如中国土司制度史料类纂这样具有系统理论观照的史料，实在令学界遗憾。

(一) 中国土司制度史料类纂的主要内容

中国土司制度史料类纂应分为总述卷和分省卷两个板块，其中《中国土司制度史料类纂——总述卷》，主要对中国元明清正史、明清会典、明清实录、明清中央王朝档案中有关土司制度的起源、形成、兴盛、衰亡、评价及涉及土司制度的职官、经济、军事、教育等方面的史料予以编纂，并辑录《明史》《清史稿》中的“土司志”。而《中国土司制度史料类纂——分省卷》，则应主要包括云南卷、贵州卷、四川卷、两湖卷、两广卷、甘青藏卷，每个分省卷根据具体实施情况编纂。总述卷和分省卷的主要内容应包括土司制度建置编（包括各地土司制度的起源、发展、兴盛、衰亡和评价）、职官编（包括各地土司层级、类别、等级、文职、武职等)、食货编（包括户口、土地、纳贡、赋税、财货、救灾等)、武备编（包括兵制、装备、职责、奖惩、抚恤、内斗、仇杀、征调、叛乱等)、教育编（学校、科举）等内容；而总述卷还包括土司志编和附录编，分省卷还包括规建编（城市、组织、建筑、碑匾、交通、水利等)、风俗编（包括土司生产、生活、交际、祭礼、婚姻、丧葬、信仰、岁时等习俗)、人物编（包括土官传记、土官世系、土司族谱、土司碑刻、墓志铭等)、艺文编（包括涉及土司制度的各种奏疏、土司著述等）诸方面内容[①]。此外，分省卷还包括附录编，主要有杂事（逸事、异迹、祥异、

① 李良品：《中国土司制度与土司文化研究应注意的八个问题》，《民族学刊》2015 年第 3 期。

异物、寇乱等)、××蛮司志(《蛮司合志》分省辑录)、××司志(如湖北《卯洞司志》、四川《九姓司志》《九姓志略》《酉阳宣抚司志》《永宁宣抚司志》《天全六蕃招讨司志》《播州宣慰司志》《者架甸长官司志》等,贵州有《贵州宣慰司志》、广西有《白山司志》等,上述司志多保存在《文渊阁四库全书》往字号第三厨)。

(二)中国土司制度史料类纂的体例框架

中国土司制度史料类纂可以按照总—分的框架进行,即总卷以正史、会典、明清实录、明清档案史料等为主体,形成“中国土司制度史料类纂——总述卷”;分卷以西部地区地方志书为主体,形成“中国土司制度史料类纂——云南卷”“中国土司制度史料类纂——贵州卷”“中国土司制度史料类纂——四川卷”“中国土司制度史料类纂——广西广东卷(简称‘两广卷’)”“中国土司制度史料类纂——湖南湖北卷(简称‘两湖卷’)”“中国土司制度史料类纂——甘肃青海西藏卷(简称‘甘青藏卷’)”。

中国土司制度史料类纂的结构框架应采取“以时为经,以事为纬,分级分类,经纬交织”的“类书”体例[①],采用三级类目的形式类纂,即全书分为总述、云南、贵州、四川、两广(广东、广西)、两湖(湖南、湖北)、甘青藏(甘肃、青海、西藏)七卷,每卷分为建置、职官、规建、食货、武备、学校、风俗、人物、艺文九“编”为一级类目,是全书的纲;“编”下辖二级类目为“章”,约五十章;章下又按问题设“节”,每节相关问题有总论、汇考、表格、纪事、考辨、杂录、外编等,是三级类目。其体例类似于《古今图书集成》的汇编—典—部的三级类目。[②]“类纂”的编纂体例——类书体的体例不仅是一种创新,而且将总论、汇考、表格、纪事、考辨、杂录、外编七种体裁各有所用,相互补充,使“类纂”体裁、结构和章法诸方面近似于志书,但又必须有别于志书。

三 中国土司制度史料类纂的预设与手段

中国土司制度史料类纂的任务就是客观、公正、全面地记载土司制

① 刘树波:《新方志单元竖写的几个问题》,《黑龙江史志》2007 年第 11 期。

② 聂家昱:《〈古今图书集成〉及其编纂者陈梦雷》,《图书与情报》2003 年第 3 期。

度发展变化、反映土司制度的基本面貌，为构建“土司学”理论体系做出一定贡献，以彰显中国土司制度史料类纂的学术性。因此，类纂过程中必须做好各种预设，采用合适的研究手段和技术路线。

（一）中国土司制度史料类纂的各种预设

1. 中国土司制度史料类纂的时限预设

按照中国土司制度形成于元、兴盛于明及清初、衰微于清中后期，彻底废止于民国的历史过程。中国土司制度史料类纂应以中央政府开始设置土司至改土归流结束期间的史料为主，土司设置前和改土归流后为辅。

2. 中国土司制度史料类纂的职方预设

对云南、贵州、四川、两广、两湖、甘青等地史料的收集、整理与运用，原则上以省级层面的通志、总志、合志以及府志、州志、厅志、县志中的史料为主（发生过重大历史事件的土司除外），以土司族谱、土司墓志铭、笔记等民间文献为辅。

3. 中国土司制度史料类纂的工作方案预设

主要包括类纂的指导思想、任务与要求，组织领导与分工，方法步骤与质量标准等，还应包括类纂的总体结构、字数、断限、数据使用、行文规范、图表设计、文字表述、评审与出版发行等。①

（二）中国土司制度史料类纂的研究手段

中国土司制度史料类纂在形式上有别于其他史料编纂，其研究手段可归结为四个结合。

1. 历时性与共时性相结合

中国土司制度史料类纂以历史时期中国土司制度的起源、发展、兴盛和改土归流的过程为经，以土司制度在云南、四川、贵州、广西、湖南、湖北、广东、甘肃、青海等地的实施为纬，并从各地土司建置、职官、规建、食货、武备、学校、风俗、人物、艺文等系统的相关内容予以编纂，这将形成时间与空间交叉结合的立体覆盖。

2. 整体性与差异性相结合

中国土司制度史料类纂总述卷在全国土司制度起源、形成、发展、

① 严希：《志书主编的基本素质、工作内容和工作要领》，《广西地方志》2003 年第 1 期。

兴盛、衰弱、评价等史料的前提下，重点以四川、云南、贵州、广西、湖南、湖北、甘肃、青海等各省区土司制度史料探寻不同阶段、不同民族、不同地域在实施土司制度过程中的差异，这就形成了全国整体性与地域差异性史料的结合。分省卷史料编纂以一定区域为记述范围，无论大至管理一府一州的土司，还是管理一县一乡镇的土司，甚至小至管理百户的土司，均以元明清及民国时期各自的行政区域为空间范围归入。各类专编均以一定区域内的某主题作为类纂对象，这就形成了史料类纂的总分特色。

3. 资料性与学术性相结合

一般来讲，中国土司制度史料类纂的任务不需要探索土司制度的发展规律，而是客观、公正、全面地记载土司制度发展变化的史实，反映土司制度的基本面貌及主要特点，从而为历史学、民族学、政治学、社会学、民族学、民俗学、方志学、军事学、史料学、档案文献编纂学等学科积累系统而科学的资料，既为当政者决策提供科学依据，又为科研工作提供原始材料。鉴于此，类纂时应采用“述而不论”的写法，寓学术观点于史料记述之中。

4. 连续性与综合性相结合

中国土司制度史料类纂的连续性应突出表现在内容的连贯性上。中国土司制度史料类纂应贯古通今，探本求源，将中国土司制度在各地的起源、形成、发展、兴盛及衰弱等发展变化轨迹清晰地展示出来。这样，史料类纂能将全国或各土司辖地历代情况予以详细记载，让读者从中了解中国土司制度发展进程的概貌。中国土司制度史料类纂各分主题综合记载全国各地土司当时的基本面貌，内容广泛，涉及各业，举凡历史、地理、政治、经济、军事、教育等各种门类。既记大事要事，也记小事及奇闻趣事，既记当时现状，也记历史发展，强调横不缺项，纵不断线，具备章学诚“方志编纂应学术化、历史化”的特点。[①]

① 钱茂伟：《以史入志：章学诚方志学核心理念的再认识》，《中国地方志》2004 年第 5 期。

第四节　学科建设力求自觉化

所谓学科，或指一定科学领域，或指一门科学的分支，或指高校教学与科研等的功能单位。学科不仅是高等学校的基本要素，而且也是高校履行培养人才、科学研究、社会服务和文化传承创新等职能的重要载体。“中国土司学”作为一个相对独立的知识体系，必须建立健全，逐渐系统并趋于完善，而其落脚点在于加强“中国土司学”的学科建设。“中国土司学”的学科建设与一般学科建设既有相同之处，也有相异之处。从理论上讲，“中国土司学”的学科建设应该成立完善的领导机构，创建科学的学科建设规划，明确不同阶段的发展目标和任务，制定符合实际的实施举措。具体而言，其重点在于加强学科方向、学科特色、学科队伍、科学研究、科研平台、人才培养等建设。但事实上“土司学”这一概念提出仅五年，就像一个初生婴儿，仍需要无数土司研究者的细心呵护。因此，著者呼吁土司研究学界的专家学者，加强“中国土司学”学科建设，并使之成为一种学术自觉。①

一　凝练学科方向

任何一个学科（包括专学）的学科方向建设都是学科建设的基础。学科方向建设是学科体系结构的几大基本要素之一。学科体系结构一般由学科门类、一级学科、二级学科和学科方向共同组成。②“中国土司学”应属于历史学下面比较特殊的二级学科，其方向的凝练十分重要。

学科方向又有研究方向或学术研究方向之称，它是在学科基本确立之后，依据本学科的学术前沿、发展动态、国民经济或区域经济发展需要、自身条件等而确立的既稳定又发展、既差异又联系的若干个研究方向的组合。任何一门学科，其学科建设的核心就是学科方向的建设。一般来讲，申报省市级或国家级重点学科，在研究方向方面，其要求相对

---

①　李良品：《土司研究者的学术自觉：加强“中国土司学”学科建设》，《西北民族大学学报》2016 年第 2 期。

②　梅友松等：《地方高校可持续发展机制研究》，中国文史出版社 2013 年版，第 149 页。

明确。如申报重庆市的重点学科，就必须要有4—6个稳定的研究方向，各研究方向均有5年以上的长期积累，有相关项目和成果做良好支撑，且研究方向居国内先进水平。根据中国土司学学科建设的需要以及中国土司制度与土司文化研究的实际，著者认为，“中国土司学”的学科方向应包括如下四个。

（一）“中国土司学”的理论建构和方法研究

土司制度研究是一切土司研究以及“中国土司学”理论构建的基础，没有土司制度深层次的研究，其他方面的研究往往难以深入。要对土司制度进行深层次研究就必须对包括土司职衔与品级制度、承袭制度、征调制度、朝贡制度、赋税制度、司法制度、奖惩制度、文教制度以及改土归流政策、革除土司的安插制度等进行深入研究，从而达到丰富“中国土司学”的理论构建和多学科方法研究的目标。同样，对“中国土司学”进行理论构建和多学科方法研究，不仅能加深和提高对土司制度、土司文化、土司现象等方面的认识和理解，使土司问题的相关研究走向深入和系统化，使学科领域理论化和研究方法多样化，而且通过元明清时期土司制度的深入研究以及国家治理规律的探寻，为推进国家治理的现代化及今天的民族区域自治提供历史借鉴。因此，加强“中国土司学”的学科理论构建与方法研究，不仅十分必要，而且势在必行。

（二）中国土司制度史料编纂整理与土司制度研究

中国土司制度的史料十分丰富，主要包括明清及民国时期的档案、实录、政书、奏议、文集、笔记、地方志及其他地方史书、碑刻、家谱、契约文书、考古材料、地方文献等，对这些史料予以编纂整理，是一项十分急切且浩大的工程。同时，中国土司制度的内涵十分丰富，其具体的子制度包括诸如职衔制度、承袭制度、朝贡制度、征调制度等众多方面。然而，迄今为止除著者出版的《土司时期西南地区土兵制度与军事战争研究》一书对征调制度进行深入研究外，其余子制度基本上无人问津。事实上，中国土司制度史料编纂整理与土司制度研究是“中国土司学”最基础、最主要的研究方向，迫切需要从西南地区、中南地区和西北地区土司制度相关资料的收集整理、系统研究出发，分析和诠释土司制度的地域性、时代性、民族性等特征。

（三）中国土司文化与土司文学研究

土司文化有着非常丰富、深广的内涵，既包括物质形态的土司文化、制度形态的土司文化、民俗形态的土司文化等，又包括文化精神形态的土司文化。特别是随着湖南永顺老司城、湖北咸丰唐崖土司城、贵州遵义海龙屯三处土司遗址成功入选世界文化遗产，土司遗址文化越来越受到学界与各土司文物保护单位所在地政府的高度重视，他们企盼用文化学、经济学、旅游学的眼光来分析土司文化的保护传承、开发利用、产业结构以及区域经济发展，并在保护中开发，在开发中保护。土司文学也是亟待研究的一个学术热点。目前的研究者主要有胡绍华、彭福荣、蔡晓龄等人，研究对象局限于容美田氏土司、石砫马氏土司、纳西族土司以及土家族土司等。其实，在明清时期，西南、中南和西北地区的诸多土司留下了内容丰富、形式多样的文学作品（如贵州水西土司安国亨的众多碑记与书信、广西忻城莫氏土司和重庆酉阳冉氏土司的诗文），遗憾的是，研究者对这些土司文学的研究却十分有限。

（四）改土归流与国家治理（地方治理）研究

随着时代发展，土司制度本身的弊端与痼疾愈发显现，与明清中央王朝秉持传统的“天下观”和“一统观”之治国理念的矛盾与冲突愈加突出，故改土归流成为明清王朝顺应历史潮流而实施的重大举措，在中国历史上具有里程碑的作用。所谓改土归流，就是在少数民族地区废除世袭土司，改派有一定任期的流官，实行和汉族地区相同的管理制度（如设立府州县、编查户口、丈量土地、征收赋税等）。这是少数民族地区一次顺应历史潮流的重大政治体制改革和经济体制改革。[①] 土司地区的改土归流是该地区土司制度的终结，改土归流的实施以及对民族地区的国家治理，不仅为保持国家领土主权的完整、推进中华民族的最终形成做出了巨大贡献，而且在建设和完善国家制度与社会制度、加强国家治理、地方治理等方面取得重大成效。在我国全面推进国家治理的进程中，深入研究明清时期的改土归流，有效吸取明清中央王朝国家治理和地方治理的有益养分，对于实现国家治理体系和治理能力的现代化大有裨益。

① 贾大泉、陈世松主编：《四川通史》（卷六·清），四川人民出版社2010年版，第353页。

“中国土司学”与其他学科一样，学科方向的选择与确立也要遵循继承、发展与交叉三个原则。所谓“继承”，就是要尊重元明清时期中央政府在西部民族地区实施土司制度这一客观事实，肯定已有研究优势，突出“中国土司学”理论构建、土司制度与土司文化研究的特色。所谓“发展”，就是要瞄准“中国土司学”的学科前沿，依据我国科技发展趋势、国民经济或地方社会经济发展需要，培育出与“中国土司学”密切相关的新兴学科。所谓“交叉”，就是要将应用哲学、经济学、法学、教育学、文学、历史学、理学、工学、农学、医学、军事学、管理学、艺术学等学科知识和理论进行有机重组，使这些学科的理论与方法有机渗透，提升优势学科，创建交叉学科。①

二　建设学科队伍

众所周知，学科队伍的建设是任何学科建设的核心。学科队伍水平的高低，直接关系到学科建设的成败。学科队伍建设的基本目标是努力建设一支结构合理、素质良好、富有活力、精干高效的研究队伍，不断促进学科建设向更高层次迈进。② 目前“中国土司学”的学科队伍分散在全国的高校、科研院所和地方政府部门，虽然有一个会员近 200 人的“中华炎黄文化研究会土司文化专业委员会”，但基本上处于散兵游勇、各自为战的局面。基于此，著者建议，应在学科带头人的带领下快速造就若干高水平的学术带头人和一批学术骨干。

（一）学科带头人

学科带头人是某一学科领域的学术群体领头人，是教学和科研工作的组织、实施和负责者，他不仅是业务上的先行者，而且是师德、工作作风等方面的表率。③“中国土司学”学科带头人在学科发展、梯队建设、科学研究、人才培养中是起带头和核心作用的专家、学者。他在面对重大项目和社会影响较大的项目时，必须具有核心领导作用，具备很高的

---

①　梅友松等：《地方高校可持续发展机制研究》，中国文史出版社 2013 年版，第 150 页。

②　同上书，第 150—151 页。

③　宋秀红、罗明远：《我校学科负责人的选拔、考核和管理刍议》，《重庆邮电学院学报》2002 年第 3 期。

学术地位，在国内有较高知名度，在国际上也有一定影响。

（二）学术带头人

所谓学术带头人，是对“中国土司学”的学科方向有较深入的研究，能够掌握“中国土司学”某个学科方向的发展动态，有坚实的理论基础、宽广的专业知识和丰富的实践经验；有高尚的品德修养、道德情操和为学科献身的精神，有很强的协调能力及社会活动能力；学术带头人能带领“中国土司学”的某个学科方向团队集体攻关。[①]

（三）学术骨干

一个学科要拥有重大、重点项目，要发表高档次的论文，出版高质量的学术专著，只靠“中国土司学”学科负责人和学科带头人的努力是无法完成的，还需要有“中国土司学”团队中学术骨干的支持和配合。“中国土司学”的学术骨干，是对“中国土司学”的学科方向有一定的研究，能够掌握“中国土司学”某个学科方向的发展动态，有一定的理论基础和较丰富的专业知识、较强的研究能力，还要有为“中国土司学”某个学科方向献身的精神并在“中国土司学”的发展方向、梯队建设、科学研究、人才培养中起带头作用的专家、学者。

三　加强科学研究

科学研究是“中国土司学”学科建设的重要载体和发展过程，也是“中国土司学”建设与发展的关键。“中国土司学”要在国内外学术界占有一席之地，必须加强土司研究。

（一）项目申报

从近十多年的科学研究来看，要想在一个学科有重大发展，首先要有国家级、省部级的重大、重点、规划项目的立项。通过立项，明确研究意义与目标、内容与观点、思路与方法、重点与难点以及创新之处，然后筹集资金，组织队伍，加强研究。土司问题和改土归流的研究，自1991年王继光先生主持“明清甘青土司研究”以来，计有17项国家社科基金项目。2016年，全国哲学社会科学规划办公室加大了土司研究的力度，计立项了李良品的“中国土司制度与国家治理研究”、罗康智的“明

---

① 梅友松等：《地方高校可持续发展机制研究》，中国文史出版社2013年版，第150页。

清时期土司制度与民族地区社会治理研究”、罗维庆的“后申遗时代土司遗址的保护与利用研究”、冉红芳的“世遗视野下的唐崖土司历史与社会文化研究”、唐晓涛的“狼兵狼人的历史与族群认同变迁研究”、尤佳的“南方土司制度与北方盟旗制度比较研究”、蓝武的“国家治理视角下明清时期壮族地区的开发与改土归流研究”、谭清宣的“国家治理视域下明清时期西南地区改土归流研究”8项。教育部人文社科项目2010年李良品获得“土司时期乌江流域土兵制度与军事战争研究”以来，计有10项以“土司”或“改土归流”冠名。在这35项社科基金项目和教育部项目中，有5人获得2项，龚荫先生获得国家社科基金重点和西部项目各1项，瞿州莲、齐德舜、田利军分别获得国家社科基金和教育部项目各1项，著者获得教育部规划项目2项。实践证明，只有通过项目的研究，才能出高质量和高水平的成果，才能获得高级别的奖项。如龚荫先生的国家社科基金项目“中国土司制度史”的最终成果《中国土司制度史》（三卷本），于2015年获得了第七届高等学校科学研究优秀成果三等奖；著者的教育部项目“土司时期乌江流域土兵制度与军事战争研究”的最终成果《土司时期西南地区土兵制度与军事战争研究》于2015年获国家民委社会科学研究成果民族问题研究著作类二等奖。在未来的国家社科基金项目的储备方面，除了组团申报重大项目“中国土司制度通史”“中国土司大辞典”“中国土司印信图录”“中国土司地图集”等之外，还应该在土司制度、土司职衔制度、土司朝贡制度、土司司法制度、土司奖惩制度、土司升迁制度、土司安插制度、土司民族关系等方面加强国家社科基金项目和教育部项目的申报，这些项目对构建中国土司学无疑能起到奠基作用。

（二）土司研究

科学研究是“中国土司学”学科建设和发展的生命源泉和不懈动力。“中国土司学”构建团队成员不以地远而懈怠，不因力弱而自卑，始终围绕相关学科方向从事科学研究。著者曾经做过不完全的统计，土司研究主要涉及土司制度、土司机构与职衔、改土归流、土司文化、土司公文、土司经济、土司关系、土司建筑、土司军事、土司政治、土司建置、土司教育、中国土司学等多个方面，并取得了可喜成绩。在未来的研究中，除了继续深入研究上述内容外，还应在土司制度与国家治理、朝贡制度与国家认同、改土归流与地方治理、改土归流与民族地区发展、土司遗址保护与地方经济发展等方面下足功夫，使土司研究得到进一步的深入和“中国土司学”理论体系得到充实与完善。当然，随着已获得而尚未结题的国家社科基金和教育部规划基金项目如李世愉“中国土司制度史料编纂整理与研究”、龚荫“基于宦谱家谱诰敕谕旨等的土司制度研究”、成臻铭“明代土司政治文化研究”、彭福荣“乌江流域历代土司的国家认同研究”、葛政委“容美土司国家认同研究”等项目的深入研究，我们有理由相信，土司研究一定能取得更加丰硕的成果，“中国土司学”的学科理论一定会更加系统和更加完善。

四　搭建科研平台

科研平台是聚集和培育科研人才、组织科学研究、开展学术交流的重要基地。“中国土司学”科研平台的任务是以提高持续创新能力为目标，针对“中国土司学”学科发展和社会发展中的重大问题，以理论研究和应用研究为主开展创新性研究，为当前的国家治理、社会和谐、民族团结、各民族共同发展提供重要的智力支撑。“中国土司学”科研平台应该是相对独立的科研实体，是科学研究的组织机构，包含各级研究基地、学术刊物、学科网站、学术交流等。

（一）基地建设

研究基地建设是“中国土司学”学科建设的标志性工程和龙头工程。其功能在于真正成立理论创新和知识创新中心、专门人才的吸纳和培养中心、决策咨询服务中心、信息资源与交流中心、科研体制改革的示范中心，以此推动土司研究的繁荣和发展。迄今为止，土司研究的基地只有两个，一个是广西忻城县建立的“中华炎黄文化研究会土司文化专业委员会研究基地”，另一个是中国社会科学院历史研究所与遵义师范学院共建的“土司文化研究基地”。此外，还有长江师范学院的“西南地区土司文化研究中心”、吉首大学的“中国土司文化研究中心”等校级研究中心，这些研究基地的成立与建设，有利于整合优势资源、积聚优秀人才、壮大科研实力、提升研究水平、加强学科建设、凸显研究特色。

（二）学术刊物

学术期刊作为重要的信息源，与一般图书及其他文献相比较，具有出版周期短，传播信息快，情报量大，学科交叉，内容新颖，时效性强等特点，因而在政治、经济、文化、教育、科研等各个领域发挥着十分重要的作用。[①] 目前，在《青海民族研究》《吉首大学学报》《长江师范学院学报》《遵义师范学院学报》等刊物已常年开设土司研究的栏目，这是一个利好的事情，但这还不够，要建立“中国土司学”，创办一份诸如《土司论坛》之类的刊物势在必行，其栏目可以设置“中国土司学理论与方法”“土司史研究”“土司制度研究”“土司文化研究”“土司个案研究”“学术信息”等。

（三）学科网站

为进一步扩大土司研究的社会影响、汇聚学术资源和展示中国土司研究成就，目前长江师范学院与中华炎黄文化研究会土司文化专业委员会共建的“中国土司网”已进入实际运行阶段。“中国土司网”开设了“即时新闻”“研究平台”“专家学者”“土司文化”“土司遗存”“田野考察”“研究资料”“成果速览”“学术交流”“研究项目”“研究论著”“理论构建”“下载专区”“土司制度数据库”“学术导航”等栏目，集中展现中国土司制度与土司文化研究的动态、专家学者、研究成果、土司文化遗存和研究资料等。但目前还存在信息来源不丰富，点击率不高，关注度不够等不足，需要更多专家、学者的关注以及共建单位加强建设。

（四）学术交流

这里的学术交流是指以学术研究、信息、学术思想为主要内容的活动。这种活动是“中国土司学”学科建设的重要组成部分，是土司研究专家、学者向同行展示研究成果，得到评论和承认的团体活动，是土司研究者学术生涯的一种生活方式。目前，“中国土司学”学科的学术交流平台主要有“中国土司网”、2015 年开始的学术成果评奖以及每年一届的“中国土司制度与土司文化”国际学术研讨会和《中国土司制度与土司文化研究年度发展报告》等。笔者认为，在湘鄂黔三地“土司遗址”获准列入《世界遗产名录》的后申遗时代，无论是国家有关单位还是文化企

① 郭华：《试论期刊的作用》，《江西图书馆学刊》2000 年第 1 期。

业，在深入挖掘土司制度与土司文化精髓的同时，必须深入研究土司文化"走出去"战略，向世界传播中国土司文化。可以采用普及读物、动漫、影视作品等形式，以国际化的语言阐释中国土司文化，彰显中华民族文化特色，提升中国文化的国际竞争力。

此外，中国土司学学科建设还应该重视土司研究后备人才的发现与培养，加强中国土司制度与土司文化资源数据库建设等。只有这样，才能建立"中国土司学"，并使之健康发展，茁壮成长，立于我国学科之林。

参考文献

一 文献资料类

（元）陈桱：《通鉴续编》，清文渊阁四库全书本。

（元）周致中撰：《异域志》，中华书局1981年版。

（明）钱古训撰，江应樑校注：《百夷传》，云南人民出版社1980年版。

（明）李化龙：《平播全书》（点校本），大众文艺出版社2008年版。

（明）田汝成：《炎徼纪闻》，中华书局1985年版。

（明）诸葛元声：《两朝平攘录》卷5《播上播下》，见《中国野史集成》（卷17），巴蜀书社1992年版。

（明）茅瑞征：《万历三大征考》，见《续修四库全书》，上海古籍出版社1995年版。

（明）王阳明：《王阳明全集》，上海古籍出版社1992年版。

（明）何乔新：《勘处播州事情疏》，中华书局1985年版。

（明）俞汝楫：《礼部志稿》，清文渊阁四库全书本。

（明）申时行：《明会典》，中华书局1989年版。

（明）无名氏：《土官底簿》，台湾商务印书馆1986年影印本。

《明实录·熹宗天启实录》，上海书店1982年影印版。

（明）沈德符：《万历野获编》，中华书局1997年版。

（明）宋濂：《元史》，中华书局1976年版。

（明）张学颜等：《万历会计录》，参见《续修四库全书》（831卷），上海古籍出版社2002年版。

《度支奏议》，《续修四库全书》卷0485，上海古籍出版社2002年版。

（明）谈迁：《国榷》，中华书局1988年版。

（清）陈莲叔、邓实：《鹊碧录》，广陵书社 2006 年版。
（清）谷应泰：《明史纪事本末》，中华书局 1985 年版。
（清）允禄、鄂尔泰：《硃批谕旨》，乾隆三年（1738）武英殿朱墨套印本。
（清）鄂尔泰、尹继善：《乾隆云南通志》，乾隆元年（1736）刻本。
（清）年羹尧等：《康熙定番州志》，巴蜀书社影印本 2006 年版。
（清）鄂尔泰等：《乾隆贵州通志》，巴蜀书社影印本 2006 年版。
（清）李台等：《嘉庆黄平州志》，巴蜀书社影印本 2006 年版。
（清）戴名世：《戴南山全集》，还书屋民国七年（1918）木活字印本。
（清）罗绕典：《黔南职方纪略》，道光二十七年（1847）罗氏家刻本。
（清）严从简著，余思黎点校：《殊域周咨录》，中华书局 1993 年版。
（清）汪森辑，黄盛陆等校点：《粤西文载校点》，广西人民出版社 1990 年版。
（清）昆冈等：《钦定大清会典事例》，中华书局影印本 1991 年版。
（清）袁文揆：《滇南文略》，上海书店 1994 年版。
（清）严如煜：《苗防备览》（点校本），岳麓书社 2013 年版。
（清）蓝鼎元：《边省苗民事宜论》，《小方壶斋舆地丛钞》（第八帙）。
（清）贺长龄：《皇朝经世文编》（卷八十六）《兵政十七·蛮防上》。
（清）陈梦雷：《古今图书集成》，中华书局民国二十三年（1934）影印本。
（清）张廷玉：《明史》，中华书局 1974 年版。
（清）乾隆：《钦定大清会典则例》，乾隆十三年（1748）抄本。
（清）阿桂：《钦定兵部军需则例》，上海古籍出版社 2002 年版。
（清）毛奇龄：《蛮司合志》，见《中国边疆少数民族古文献》，四川民族出版社 1983 年版。
（清）沈德符：《万历野获编补遗》，中华书局 1959 年版。
《清高宗实录》，台湾华文书局 1969 年影印本。
中国第一历史档案馆编：《朱批奏折》，江苏古籍出版社 1991 年版。
（清）冉奇镳、冉天泽：《康熙冉氏忠孝谱》，康熙二十二年（1681）刻本。
（清）冉崇文：《冉氏家谱》，同治二年（1863）刻本，现藏重庆市酉阳县图书馆。
（清）岑毓英：《西林岑氏族谱》，光绪十四年（1888）刻本。

（清）黄宅中：《道光大定府志》（点校本），中华书局2000年版。

（清）陈世盛：《绥阳县志》，《贵州府县志辑（卷36）》，巴蜀书社2006年版。

（清）张天如等：《永顺府志》卷首《上谕》，乾隆二十八年（1763）抄刻本。

（清）冯世瀛、冉崇文编纂，酉阳自治县档案局整理：《酉阳直隶州总志》，巴蜀书社点校本2009年版。

（清）任启烈：《九姓司志》，乾隆四十五年（1780）刻本。

（清）洪际青：《龙山县志》，嘉庆二十三年（1818）刻本。

（清）全文炳：《光绪平乐县志》，台湾成文出版社1967年版。

（清）王槐龄：《补辑石砫厅新志》，道光二十三年（1843）刻本。

（民国）刘显世、谷正伦：《贵州通志》（点校本），贵州大学出版社2010年版。

（民国）祝世德：《汶川县志》，民国三十三年（1944）铅印本。

张兴文等：《卯洞土司志校注》，民族出版社2001年版。

贵州省地方志编纂委员会：《贵州省志·教育志》，贵州人民出版社1990年版。

贵州省遵义县志编纂委员会：《遵义县志》，贵州人民出版社1992年版。

阿坝藏族羌族自治州地方志编纂委员会：《阿坝州志》，民族出版社1994年版。

石柱县志编纂委员会：《石柱县志》，四川辞书出版社1994年版。

耿马傣族佤族自治县地方志编纂委员会：《耿马傣族、佤族自治县志》，云南民族出版社1995年版。

甘孜州志编纂委员会：《甘孜州志》，四川人民出版社1997年版。

兰书臣：《中华文化通志·制度文化研究典·兵制志》，上海人民出版社1998年版。

云南省广南县地方志编纂委员会编：《广南县志》，中华书局2001年版。

吴高仪等：《德宏州文化艺术志》，内部刊印，2001年。

酉阳县志编纂委员会：《酉阳县志》，重庆出版社2002年版。

韦业猷：《忻城土司志》，广西人民出版社2005年版。

编纂领导小组：《中华覃氏志》，内部刊印，2005年。

《阿坝州志》总编室：《阿坝州志合纂稿·补遗：土司土官》，《阿坝州志》总编室，2009 年。

遵义市汇川区高坪镇志编纂委员会：《遵义市汇川区高坪镇志》，方志出版社 2012 年版。

大新县地方志办公室编：《大新土司志》，广西人民出版社 2013 年版。

刘丽编著：《遵义市风俗志》，中国文史出版社 2014 年版。

五峰长乐坪：《容阳堂田氏族谱》，民国三十三年（1942）五峰渔关朱东新石印本。

广西壮族自治区博物馆：《广西土司制度资料汇编》，内部刊印，1962 年版。

云南省编辑组：《景颇族社会历史调查》，云南人民出版社 1985 年版。

广西壮族自治区编辑组：《广西少数民族地区碑文契约资料集》，广西民族出版社 1987 年版。

四川省民族研究所《清末川滇边务档案史料》编辑组编：《清末川滇边务档案资料》，中华书局 1989 年版。

王梅堂等：《清代武定彝族那氏土司档案史料校编》，中央民族学院出版社 1993 年版。

四川黔江地区民族事务委员会编：《川东南少数民族史料辑》，四川民族出版社 1996 年版。

方国瑜主编：《云南史料丛刊》，云南大学出版社 1998 年版。

杨一凡、田涛：《中国珍稀法律典籍续编：少数民族法典法规与习惯法（上）》，黑龙江人民出版社 2002 年版。

李荣高等：《云南林业文化碑刻》，德宏民族出社 2005 年版。

尹绍亭、唐立主编：《中国云南耿马傣文古籍编目》，云南民族出版社 2005 年版。

重庆酉阳冉氏族谱续修委员会：《冉氏族谱·总谱》，内部刊印，2007 年。

彭司礼：《保靖彭氏宗谱》，保靖彭氏宗谱编委会，2008 年版。

朱金甫等：《清代典章制度辞典》，中国人民大学出版社 2011 年版。

覃章义：《施南覃氏族谱校注》，恩施日报社印刷厂 2016 年版。

二　国内外研究著作

佘贻泽：《中国土司制度》，正中书局1944年版。
江应樑：《明代云南境内的土官与土司》，云南人民出版社1958年版。
黄开华：《明代土司制度设施与西南开发》，新亚研究所图书馆出版社1964年版。
《清史论丛》第三辑，中华书局1982年版。
谭其骧：《中国历史地图集》，中国地图出版社1982年版。
龚荫：《明清云南土司通纂》，云南民族出版社1985年版。
吴永章：《中国土司制度渊源与发展史》，四川民族出版社1988年版。
龚荫：《中国土司制度》，云南民族出版社1992年版。
郭松义、李新达：《中国政治制度通史》，人民出版社1996年版。
李治安：《唐宋元明清中央与地方关系研究》，南开大学出版社1996年版。
马大正、刘逖：《二十世纪的中国边疆研究——一门发展中的边缘学科的演进历程》，黑龙江教育出版社1997年版。
李世愉：《清代土司制度论考》，中国社会科学出版社1998年版。
埃里克·霍布斯鲍姆着：《史学家——历史神话的终结者》，马俊亚等译，上海人民出版社2002年版。
崔永红著：《土官与土司》，青海人民出版社2004年版。
辛鸣：《制度论——关于制度哲学的理论建构》，人民出版社2005年版。
蓝承恩：《忻城莫氏土司500年》，广西人民出版社2006年版。
安介生：《历史民族地理》，山东教育出版社2007年版。
谭必友：《清代湘西苗疆多民族社区的近代重构》，民族出版社2007年版。
董建辉：《明清乡约：理论演进与实践发展》，厦门大学出版社2008年版。
成臻铭：《清代土司研究：一种政治文化的历史人类学观察》，中国社会科学出版社2008年版。
彭福荣、李良品：《石砫土司文化研究》，重庆出版社2009年版。
蔡玉葵：《秦良玉军事思想初探》，石柱土家族自治县人民政府地方志办公室，2010年版。
彭陟焱：《乾隆朝大小金川之役研究》，民族出版社2010年版。
贾大泉、陈世松主编：《四川通史》，四川人民出版社2010年版。

唐晋源、唐晋湘：《唐璆文集》，当代中国出版社 2010 年版。
龚荫：《中国土司制度史》，四川人民出版社 2012 年版。
梅友松等：《地方高校可持续发展机制研究》，中国文史出版社 2013 年版。
李良品、李思睿、余仙桥：《播州杨氏土司研究》，华中科技大学出版社 2015 年版。
方铁：《方略与施治：历朝对西南边疆的经营》，社会科学文献出版社 2015 年版。
成臻铭：《土司制度与西南边疆治理研究》，社会科学文献出版社 2016 年版。

三 研究论文类

葛赤峰：《土司制度之成立及其流弊》，《边事研究》1930 年第 5 期。
佘贻泽：《明代之土司制度》，《禹贡》1935 年第 11 期。
佘贻泽：《清代之土司制度》，《禹贡》1936 年第 5 期。
吴文藻：《边政学发凡》，《边政公论》1941 年第 5—6 期。
凌纯声：《中国边政之土司制度》，《边政公论》1943 年第 11—12 期。
杜玉亭：《土司职称及其演变考释》，《学术研究》1963 年第 6 期。
李世愉：《试论清雍正朝改土归流的原因和目的》，《北京大学学报》1984 年第 3 期。
韦文宣：《“土官”与“土司”》，《广西民族研究》1987 年第 4 期。
苏钦：《苗例考析》，《民族研究》1993 年第 6 期。
王文成：《云南边疆土司制度的终结述论》，《云南学术探索》1994 年第 3 期。
余嘉华：《雪山文脉传千古——兼谈土司文化评价的几个问题》，《民族艺术研究》1996 年第 2 期。
张利：《论历史比较研究法的意义和作用》，《许昌师专学报》1996 年第 4 期。
董建新：《论制度功能》，《现代哲学》1996 年第 4 期。
苏钦：《论古代民族法制中的“因俗而治”》，《法学杂志》1997 年第 3 期。

于玲：《土司制度新论》，《中南民族学院学报》1997 年第 4 期。

龙大轩：《历史上的羌族习惯法与国家制定法》，《现代法学》1998 年第 6 期。

白耀天：《土官与土司考辨》，《广西地方志》1999 年第 3 期。

王德忠：《论辽朝“因俗而治”统治政策形成的历史条件》，《求是学刊》1999 年第 5 期。

郭华：《试论期刊的作用》，《江西图书馆学刊》2000 年第 1 期。

马德普：《论政治制度及其功能》，《郑州大学学报》2000 年第 5 期。

刘正寅：《试论中华民族整体观念的形成与发展》，《民族研究》2000 年第 6 期。

刘强、卫光辉：《古老而又年轻的江外土司文化》，《创造》2001 年第 8 期。

宋秀红、罗明远：《我校学科负责人的选拔、考核和管理刍议》，《重庆邮电学院学报》2002 年第 3 期。

史晓波：《浅议杨氏治播的积极影响》，《贵州文史丛刊》2002 年第 4 期。

严希：《志书主编的基本素质、工作内容和工作要领》，《广西地方志》2003 年第 1 期。

马大正：《关于构筑中国边疆学的断想》，《中国边疆史地研究》2003 年第 3 期。

聂家昱：《〈古今图书集成〉及其编纂者陈梦雷》，《图书与情报》2003 年第 3 期。

余宏模：《略论明代贵州建省与改土设流——纪念贵州建省 590 周年》，《贵州民族研究》2003 年第 4 期。

钱茂伟：《以史入志：章学诚方志学核心理念的再认识》，《中国地方志》2004 年第 5 期。

贾霄锋：《元明清时期西北与西南土司制度比较研究》，硕士学位论文，西北师范大学，2004 年。

郑东：《学术概念的特质与学术发展的动能》，《河北学刊》2005 年第 2 期。

王春玲、于衍学：《清代改土归流成因分析》，《西北民族大学学报》2005 年第 4 期。

程静微：《甘肃永登连城鲁土司衙门及妙因寺建筑研究——兼论河湟地区明清建筑特征及河州砖雕》，硕士学位论文，天津大学，2005 年。
王兆萍：《制度的文化功能》，《理论研究》2006 年第 3 期。
田晶：《明代普通行政制度与土司行政制度比较研究》，《民族论坛》2006 年第 6 期。
韩基灿：《浅议非物质文化遗产的价值、特点及其意义》，《延边大学学报》2007 年第 4 期。
田广清、李倩、刘建伟：《制度的十大功能：学理层面的诠释》，《北京行政学院学报》2007 年第 5 期。
骆昭平等：《从〈教士条规〉看广西忻城土司官族的教育思想》，《广西社会科学》2007 年第 5 期。
熊贵平：《以夷制夷方略及其在汉代形成和发展的原因探析》，《江西师范大学学报》2007 年第 6 期。
李良品等：《石柱“秦良玉文化”的类型、成因与保护》，《重庆社会科学》2007 年第 11 期。
刘树波：《新方志单元竖写的几个问题》，《黑龙江史志》2007 年第 11 期。
陈友力：《明前期优抚政策研究》，硕士学位论文，西南大学，2007 年。
赵秀文：《永登连城鲁土司历史文化资源及其旅游开发》，硕士学位论文，西北师范大学，2007 年。
付春、于晓燕：《“奢安之乱”与“沙普之乱”比较研究》，《贵州民族研究》2008 年第 1 期。
蔡晓龄：《明代纳西族土司文学回瞻》，《云南民族大学学报》2008 年第 5 期。
蒋芳春：《论明代丽江木氏土司的家族教育》，硕士学位论文，云南师范大学，2008 年。
蓝韶昱：《中国壮族与越南岱族土司制度比较述略》，《广西社会主义学院学报》2009 年第 2 期。
李良玉：《土司与土司文化研究刍议》，《广西师范大学学报》2009 年第 3 期。
陈世鹏：《南诏国和水西土司与中央王朝战争比较研究》，《贵州民族学院学报》2009 年第 5 期。

成臻铭:《论土司与土司学——兼及土司文化及其研究价值》,《青海民族研究》2010 年第 1 期。

蓝武:《认同差异与“复流为土”——明代广西改土归流反复性原因分析》,《广西民族研究》2010 年第 3 期。

岳小国:《清代鄂西与川边改土归流之比较研究——以容美土司与德格土司为例》,《湖北民族学院学报》2010 年第 5 期。

李良品、邹淋巧:《论播州“末代土司”杨应龙时期的民族关系》,《贵州民族研究》2010 年第 5 期。

彭福荣:《试论土司文学的特征》,《西南民族大学学报》2010 年第 9 期。

栾成斌:《贵州改土归流源流考》,硕士学位论文,贵州大学,2010 年。

王强:《明代西南地区改土归流研究》,硕士学位论文,浙江大学,2010 年。

成臻铭:《群在时空之间:论明代土司的民族族系分布特点》,《青海民族研究》2011 年第 1 期。

洪涵:《国家权力在民族地区的延伸——以云南德宏傣族土司制度为例》,《云南民族大学学报》2011 年第 2 期。

李世愉:《关于构建“土司学”的几个问题》,《云南师范大学学报》2011 年第 2 期。

毛佩琦:《关于土司研究的几点思考》,《云南师范大学学报》2011 年第 2 期。

李良品:《历史时期重庆民族地区的土司制度》,《重庆邮电大学学报》2011 年第 3 期。

李国明:《土司制度下的地方与中央:以佤族聚居区为例》,《承德民族师专学报》2011 年第 4 期。

马大正:《关于中国边疆学构筑的几个问题》,《东北史地》2011 年第 6 期。

胡绍华:《论容美土司文学的国家认同意识》,《三峡大学学报》2011 年第 6 期。

王惠敏:《清军难以攻克大小金川之原因探析》,博士学位论文,中国社会科学院研究生院,2011 年。

冯海晓:《明代西南、西北边疆地区土司制度比较研究》,硕士学位论文,云南大学，2011 年。

成臻铭：《时势造学：土司残留时期的中国土司学——1908—1959 年土司研究理论与方法探源》，《青海民族研究》2012 年第 1 期。

刘笃才：《中国古代地方法制的功能结构与发展》，《北方法学》2012 年第 1 期。

赵瑞军：《中国古代文官制度的统治功能》，《现代人才》2012 年第 1 期。

陈跃：《“因俗而治”与边疆内地一体化——中国古代王朝治边政策的双重变奏》，《云南师范大学学报》2012 年第 2 期。

王慧婷：《明代甘青地区的“土官”与“土司”》，《贵州文史丛刊》2012 年第 3 期。

彭福荣：《国家认同：土司研究的新视角》，《广西民族研究》2012 年第 3 期。

李良品：《中国土司研究百年学术史回顾》，《贵州民族研究》2011 年第 4 期。

成臻铭：《1960—1999 年土司研究理论与方法演进轨迹》，《广西民族大学学报》2012 年第 6 期。

成臻铭：《再论土司学的对象与研究方法》，《民族论坛》2012 年第 8 期。

杨庭硕、李银艳：《土流并治：土司制度推行中的常态》，《贵州民族研究》2012 年第 3 期。

杨庭硕：《试论土司制度终结的标志》，《云南师范大学学报》2012 年第 3 期。

胡绍华：《论容美土司文学与民族文化融合》，《民族文学研究》2012 年第 1 期。

马国君、李红香：《论王阳明对黔桂土司地区的治理与边疆稳定》，《广西民族研究》2012 年第 4 期。

邹映：《明代云贵地区改流复土现象研究》，硕士学位论文，广西师范大学，2012 年。

李世愉：《研究土司制度应重视对清代档案资料的利用》，《青海民族研究》2013 年第 1 期。

罗群：《云南土司制度发展与嬗变的制度分析》，《中国边疆史地研究》2013 年第 1 期。

王晓锋、刘延苗：《章学诚史学思想中的历史事实问题》，《西北大学学报》2013 年第 3 期。

谭志满、霍晓丽：《土司时期少数民族社会治理过程中的文化策略——以鄂西南地区容美土司为例》，《中南民族大学学报》2013 年第 3 期。

周智生：《明代丽江木氏土司藏区治理策略管窥》，《中国边疆史地研究》2013 年第 4 期。

李成燕：《"中国土司制度史料编纂整理与研究"课题立项》，《中国史研究动态》2013 年第 4 期。

葛政委：《祖先再造与国家认同——容美土司〈田氏族谱〉和〈蹇氏族谱〉的人类学解读》，《三峡论坛》2013 年第 6 期。

姬刚：《云南土司司署建筑形制及其文化内涵研究——以南甸和孟连宣抚司署为例》，硕士学位论文，昆明理工大学，2013 年。

刘砚月：《"内在边陲"与权利博弈：十六世纪贵州土司的变迁研究——以贵州宣慰使安国亨为中心》，硕士学位论文，南京大学，2013 年。

方铁：《深化对土司制度的研究》，《云南师范大学学报》2014 年第 1 期。

李世愉：《土司制度基本概念辨析》，《云南师范大学学报》2014 年第 1 期。

教军章：《公共制度管理功能缺陷补救的公民参与途径》，《甘肃行政学院学报》2014 年第 1 期。

秦和平：《关于 20 世纪 50 年代中国共产党终结土司制度的认识》，《北方民族大学学报》2014 年第 1 期。

李良品、李思睿：《构建"土司学"的几点思考》，《青海民族研究》2014 年第 2 期。

成臻铭：《新世纪十三年内的中国土司学——2000—2012 年土司研究的理论与方法论的取向》，《青海民族研究》2014 年第 2 期。

李良品、张芯：《明代土家族土兵抗倭的缘起、进程与取胜原因》，《长江师范学院学报》2014 年第 2 期。

葛政委：《影响容美土司国家认同的因素分析》，《三峡大学学报》2014 年第 3 期。

龙先琼：《历史人类学视野下的土司遗址——以永顺老司城为对象》，《吉首大学学报》2014 年第 3 期。

李良品、赵毅：《土司制度：国家权力在西南土司地区的延伸》，《长江师范学院学报》2014 年第 5 期。

方铁：《土司制度与元明清三朝治夷》，《贵州民族研究》2014 年第 10 期。

何先龙：《马头寨古建筑群见证千年水东文化历史》，《贵阳文史》2014 年第 5 期。

龙春燕：《水西土司物质文化述论》，《长江师范学院学报》2014 年第 5 期。

葛政委：《土司文化遗产的价值凝练与表达》，《长江师范学院学报》2014 年第 5 期。

李敏等：《土司系列遗产的国内外同类遗产对比分析》，《中国文化遗产》2014 年第 6 期。

何先龙：《中国土司制度源流新探》，《长江师范学院学报》2014 年第 4 期。

王晓、祝笋：《唐崖土司城规划与建筑特色分析》，《三峡论坛》2014 年第 4 期。

葛政委、黄天一：《向心的凝聚：容美土司国家认同研究》，《广西民族研究》2014 年第 5 期。

马率帅：《水西安氏土司地方社会控制研究》，硕士学位论文，中南民族大学，2014 年。

李良品、李思睿：《明清时期西南民族地区宗族组织的结构、特点与作用》，《广西民族研究》2015 年第 1 期。

李良品：《明清时期西南民族地区传统教育述论》，《教育文化论坛》2015 年第 1 期。

武沐、王素英：《元代只有土官之名没有土官之制》，《中国边疆史地研究》2015 年第 1 期。

宋娜、陈季君：《播州土司、永顺土司和唐崖土司文化中的国家认同观念》，《遵义师范学院学报》2015 年第 1 期。

葛政委：《论边缘族群的国家认同模式——兼议容美土司国家认同的历程》，《铜仁学院学报》2015 年第 2 期。

李良品、李思睿：《改土归流：国家权力在西南民族地区乡村社会的扩张》，《青海民族研究》2015 年第 2 期。

廖可斌：《〈征播奏捷传〉的成书方式和思想倾向》，《文学遗产》2015 年第 1 期。

石腾飞、刘敏：《走进个案——从比较、抽象到理论建构》，《华东理工大学学报》2015 年第 5 期。

彭寿清、李良品：《论明代土司地区的儒学教育》，《西南民族大学学报》2015 年第 3 期。

彭福荣：《中国土司国家认同的逻辑起点与利益法则》，《青海民族研究》2015 年第 2 期。

段红云：《明清时期云南边疆土司的区域政治与国家认同》，《广西民族大学学报》2015 年第 5 期。

梁亚群：《岑氏土司国家认同研究——基于〈田州岑氏土司族谱〉的历史解读》，《长江师范学院学报》2015 年第 4 期。

郭新榜：《国家认同视野下的丽江木氏土司诗文研究》，《泰山学院学报》2015 年第 2 期。

毛莉：《寻找土司研究“下一个风口”》，《中国社会科学报》2015 年 7 月 8 日。

邹建达：《土司研究应避免碎片化》，《遵义师范学院学报》2015 年第 3 期。

谢孝明：《清代“改土归流”：土司制度与伯克制度的比较》，《贵州社会科学》2015 年第 12 期。

崔镐玹：《土司山城与高句丽山城比较分析》，《南方文物》2015 年第 1 期。

曹力：《试比较近代卫藏贵族与西康土司的对内统治差异》，《四川民族学院学报》2015 年第 3 期。

付鑫鑫：《海龙囤：兴衰 725 年的土司城》，《上海文汇报》2015 年 7 月 22 日。

李世愉：《土司制度历史地位新论》，《长江师范学院学报》2015 年第 3 期。

龚荫：《关于土司制度研究问题》，《西南民族大学学报》2015 年第 3 期。

李良品：《中国土司制度与土司文化研究应注意的八个问题》，《民族学刊》2015 年第 3 期。

彭福荣：《乌江流域环境资源与土司国家认同研究——以播州为例》，《西南民族大学学报》2015 年第 3 期。
李世愉：《深化土司研究的几点思考》，《辽宁大学学报》2015 年第 4 期。
魏登云、陈季君：《论播州土司文化遗产及其价值》，《攀登》2015 年第 5 期。
祁建华：《明成祖民族关系思想初探》，硕士学位论文，烟台大学，2015 年。
苍铭：《从〈钦定学政全书〉看清前期西南土司土民教育政策》，《民族教育研究》2015 年第 2 期。
李西玲：《明清时期土司地方治理特征的研究——以忻城莫氏土司为例》，《怀化学院学报》2015 年第 9 期。
蒲瑶：《帝国边缘的权利与社会——茂州羌族土司研究》，硕士学位论文，广西师范大学，2015 年。
朱强：《民国时期的德宏土司与边疆治理研究》，硕士学位论文，云南大学，2015 年。
方悦萌：《清朝前期对南方土司地区的法治统治》，博士学位论文，云南大学，2015 年。
戴玥琳：《凉山彝族土司文化探究——以甘洛县田坝地区为例》，硕士学位论文，中央民族大学，2015 年。
吴佯卫：《文化遗存与地方互动：海龙屯土司文化遗存的历史人类学研究》，硕士学位论文，西南大学，2015 年。
彭福荣：《乌江流域土司文化述略》，《长江师范学院学报》2016 年第 1 期。
廖佳玲、谭清宣：《中国土司学的研究历程、内容及理论构建》，《西北民族大学学报》2016 年第 2 期。
李良品、吴晓玲：《论明清时期土司制度的构成——学理层面的诠释》，《三峡论坛》2016 年第 3 期。
李良品：《土司研究者的社会重任：构建“中国土司学”》，《青海民族研究》2016 年第 4 期。
李良品：《“土官”与“土司”概念之再辨》，《广西师范学院学报》2016 年第 5 期。
李良品、袁娅琴：《土司文化的界定、特点与价值》，《遵义师范学院学报》2016 年第 4 期。

李世愉：《试论“土司文化”的定义与内涵》，《遵义师范学院学报》2016 年第 2 期。

罗维庆：《土司文化的边际界定》，《遵义师范学院学报》2016 年第 2 期。

李世愉：《土司文化：沟通边疆与中央的桥梁》，《文史知识》2016 年第 4 期。

杨虎得、柏桦：《明代宣慰与宣抚司》，《西南大学学报》2016 年第 2 期。

曾超：《永顺司的权力赋值研究》，《长江师范学院学报》2016 年第 5 期。

曾超：《酉阳司权赏问题研究》，《湖北民族学院学报》2016 年第 5 期。

曾超：《酉阳司权力赋值绩效研究》，《重庆师范大学学报》2016 年第 6 期。

韩庆祥：《话语体系建构的核心要义与内在逻辑》，《学习时报》2016 年 10 月 31 日。

李良品、彭福荣：《深化土司研究的突破点》，《民族学刊》2016 年第 5 期。

彭福荣：《试论中国土司国家认同的实质》，《青海民族研究》2016 年第 4 期。

蓝韶昱：《边境土司社会跨境互动与国家认同——以广西龙州县域为例》，《青海民族研究》2016 年第 4 期。

田光辉、田敏：《湘西永顺土司的社会治理与国家认同》，《学术界》2016 年第 1 期。

孔含鑫、吴丹妮：《论土司治理边疆中西南少数民族宗教文化的作用》，《青海民族研究》2016 年第 3 期。

李良品：《土司研究者的学术自觉：加强“中国土司学”学科建设》，《西北民族大学学报》2016 年第 2 期。

何威：《家族视域下的西北土司与西南土司比较研究》，《中央民族大学学报》2016 年第 5 期。

王献水：《土司遗址的活态保护——以老司城为例》，硕士学位论文，湖南师范大学，2016 年。

李良品：《土司制度终结的三个标志》，《吉首大学学报》2016 年第 5 期。

郗玉松：《改土归流后土家族社会治理研究》，《山西档案》2016 年第

4 期。

马强：《土司历史地理研究刍议——以西南地区土司地理为主的考察》，《遵义师范学院学报》2016 年第 6 期。

宋娜：《论“家国同构”格局下的土司治理方式——以播州杨氏土司为考察中心》，《长江师范学院学报》2016 年第 2 期。

李西玲：《明清时期忻城土司地方治理的研究》，硕士学位论文，吉首大学，2016 年。

刘家铨：《王朝 · 边地 · 土司：边疆管控与明代桂西南政区演变研究》，硕士学位论文，广西师范大学，2016 年。

方铁：《土司制度研究方法述论》，《云南师范大学学报》2017 年第 2 期。

李良品：《深化土司研究的十个问题》，《长江师范学院学报》2017 年第 2 期。

李良品：《土司研究取向的新视野》，《民族学刊》2017 年第 3 期。

李良品、葛天博：《齐政修教：明清时期土司地区国家治理方略》，《中南民族大学学报》2017 年第 4 期。

后　记

《中国土司学导论》是国家民委民族问题研究后期资助项目最终成果，意在填补中国土司学界至今尚无土司学研究专著的空白。经过近三年的不懈努力，《中国土司学导论》终将付梓。出版在即，有几句话不得不说。

三年弹指一挥间，其中翻检史籍、沙里淘金的酸甜苦辣，只有学者自知。《中国土司学导论》的撰写，是一件十分庆幸而又惴惴不安的事情。说庆幸，是因为本书成为中国土司学界的首部专著，并且是国家民委民族问题研究后期资助项目；说不安，是因为在中国土司研究的110年中，无数的前辈时贤出版了无数的专著、文集，撰写发表了数以千计的学术论文，他们的学术功力比本人强，研究比本人深，本人何德何能敢于以本书名写作并出版？尤其是这样优秀的国家级出版社？由于本人时间、精力、水平等限制，“中国土司学”也只是粗线条勾勒，不能说是真正意义上的学术研究。加之本书旷古“始生”，问题自然难免。

值得本人十分高兴的是，在撰写、出版《中国土司学导论》的过程中，得到多方支持与广泛关照，促使我们奋进，并使我们铭记于心。

本书的出版，得益于成臻铭先生于2009年在广西忻城县举办的“全国土司文化研讨会”上第一次提出“土司学”这个概念，从而开启了我国“土司学”从无到有的土司学术史的研究历程，之后，马大正、李世愉、毛佩琦、方铁、彭武麟、邹建达、彭福荣、岳小国、谭清宣、张凯、李思睿、邹育、廖佳玲等一大批专家学者积极参与，形成了“少小咸来，群贤毕至”的良好局面，这促使本人产生刻苦学习、不懈努力、抢占先机、早日出书的原动力。

本书的一些章节内容，先期在《西南民族大学学报》《中南民族大学学报》《青海民族研究》《广西民族研究》《贵州民族研究》《吉首大学学报》《民族学刊》《长江师范学院学报》《三峡论坛》《广西师范学院学报》《遵义师范学院学报》《西北民族大学学报》等刊物发表，本人十分感谢上述学术刊物的主编与各位编辑，他们对相关论文的刊发，无形之中坚定了本人及主要合作者撰写和出版本书的信心。

《中国土司学导论》一书在研究、撰写过程中，借用了众多先辈时贤、博士和硕士研究生的研究成果，在书中基本上注明了出处，但个别地方可能未及注明，疏漏之处，恳请专家学者及年轻晚辈的谅解。无论是作注还是未作注，我们在此一并致以真诚的感谢！因为没有各位专家学者及年轻晚辈的研究成果，本书就不会问世。应该说，本书的付梓是站在无数巨人肩膀上的结果。

本专著在研究和撰写过程中，得到长江师范学院党委书记彭寿清教授、校长黄大勇教授、主管副校长张明富教授等有关领导的高度重视，给予了精神鼓励和学术指导，让本人有充裕的时间潜心研究。长江师范学院乌江流域社会经济文化研究中心彭福荣教授、余继平教授、莫代山博士，他们不仅多次就本书的框架、体例和主要内容等展开讨论，并提出了诸多建设性的建议和意见，而且对出版该书给予大力支持和真心理解，在此，本人表示真诚的感谢！

在撰写本书的过程中，我校考上西南大学硕士研究生的廖佳玲、吴晓玲、周娥，文学院本科学生罗婷、任媚、谢鑫等同学为本书的撰写做了大量实在的工作，在此，本人谨致感谢！

在撰写本书的过程中，我的妻子、女儿和儿子，他们的期盼与“督促”成为本人永恒的动力，尽管亲人的爱是无疆和无私的，然而我还是希望有所收获以回报他们。所以，我希望把这本书当作一个“礼物”送给我的家人。尤其要感谢我的女儿李思睿，她在中山大学攻读博士学位阶段，为本书的撰写和论文的发表做了很多实在的工作。

中国社会科学出版社孔继萍老师及其他工作人员在编辑、校对过程中，认真负责的态度以及为本书无私奉献与付出的精神，令本人十分钦佩、难以忘怀。

《中国土司学导论》因涉及领域较为宽泛，在撰写过程中本人虽然力求做好各项工作，但因学术修养和研究能力的不足而缺点和疏漏在所难免，因此，本人真诚希望土司研究学界的朋友以及广大读者批评指正，恳请专家学者不吝赐教。书中涉及“石砫”一词，限于1959年第一批简化汉字前的县名、县地，1959年以后称县名一律用“石柱”一词，恳请读者理解。

春华秋实，年复一年，《中国土司学导论》的完稿只是本人科学研究中一个段落的结束，我想，明天的人生之路又将从这里启程。

李良品

2017年5月18日于长江师范学院鉴湖之滨